Steffen Kirchner
Totmotiviert?

Steffen Kirchner

# Totmotiviert?

Das Ende der Motivationslügen
und was Menschen wirklich antreibt

Bibliografische Information der Deutschen Nationalbibliothek

Die Deutsche Nationalbibliothek verzeichnet diese Publikation
in der Deutschen Nationalbibliografie; detaillierte bibliografische
Daten sind im Internet über http://dnb.d-nb.de abrufbar.

ISBN 978-3-86936-657-9

2. Auflage 2015

Lektorat: Anke Schild, Hamburg
Umschlaggestaltung: Stephanie Böhme |
www.stephanieboehme.de
Satz und Layout: Das Herstellungsbüro, Hamburg |
www.buch-herstellungsbuero.de
Druck und Bindung: Salzland Druck, Staßfurt

www.gabal-verlag.de
www.twitter.com/gabalbuecher
www.facebook.com/gabalbuecher

# Inhalt

Vorwort von den Huberbuam     7

Einleitung     10

**TEIL 1: Motivation zwischen Mythos und Mystik –
Zeit für Aufklärung**     17

Tschüss, Tschakka! Das Ende der Motivationsscharlatane     19

Manipulationsspiele – wie Motivation missbraucht wird     42

Motivationskunst – was Menschen wirklich antreibt     68

**TEIL 2: Motivationslügen und Lebensirrtümer**     83

*Motivationslüge 1:*
»Sie können alles schaffen, woran Sie glauben.«
Die Lüge vom positiven Denken     85

*Motivationslüge 2:*
»Man kann sich nur selbst motivieren.«
Die Lüge vom Allheilmittel Selbstmotivation     109

*Motivationslüge 3:*
»Programmieren Sie sich auf Erfolg.«
Die Lüge von der Planbarkeit des Lebens     128

*Motivationslüge 4:*
»Selbstbewusstsein ist Voraussetzung für Erfolg.«
Die Lüge vom geborenen Siegertypen     149

*Motivationslüge 5:*
»Harte Arbeit ist der Schlüssel zum Erfolg.«
Die Lüge vom Überschreiten persönlicher Leistungsgrenzen
und der Macht der Disziplin     168

*Motivationslüge 6:*
»Behalten Sie stets Ihr Ziel vor Augen.«
Die Lüge von der Zielorientierung     192

*Motivationslüge 7:*
»Erfolg macht glücklich.«
Die Lüge vom Glück                                                    214

*Motivationslüge 8:*
»Geben Sie niemals auf!«
Die Lüge vom Durchhalten                                              234

**TEIL 3: Spezielle Motivationslügen in Beruf, Schule und
Leistungssport**                                                      255

*Motivationslüge 9:*
»Loben und belohnen Sie mehr.«
Die Lüge von der Sucht nach Anerkennung                               257

*Motivationslüge 10:*
»Geld motiviert nicht.«
Die Lüge über die Wirkungslosigkeit finanzieller Anreize              278

*Motivationslüge 11:*
»Trennen Sie Arbeit und Privatleben.«
Die Lüge von der Work-Life-Balance                                    298

*Motivationslüge 12:*
»Suchen Sie sich einen Beruf, der Ihnen vor allem Spaß macht.«
Die Lüge vom Spaßfaktor im Job                                        320

*Motivationslüge 13:*
»Stärken stärken, Schwächen ignorieren.«
Die Lüge von den schwachen Schwächen                                  344

**TEIL 4: No rain, no rainbow – über Sonnen- und Schattenseiten**     369

Was können Sie von Rednern, Trainern und Coaches erwarten?            371

Die fünf größten Vorurteile gegen Motivationscoaches und
Referenten                                                            375

Seriöse Coaches, Trainer und Redner – woran man sie erkennt
und wie man sie findet                                                382

DANKE                                                                 397
Register                                                              399
Über den Autor                                                        407

## Vorwort von den Huberbuam

Erfolg ist unser Ziel, die Motivation ist der Weg!

Aber Motivation ist kein Produkt, das man sich mühelos an jeder Straßenecke besorgen kann, um erfolgreich zu sein.

Um die 1000 Meter hohe Granitwand am El Capitan in Rekordzeit zu durchsteigen, gehört mehr dazu als die bloße Wunschvorstellung, der Beste zu sein, irgendwelche Motivationsmantras zu verinnerlichen und sich den Erfolg über Motivation, Motivation und noch eine Packung Motivation herbeizureden.

Die Herausforderung scheint unlösbar zu sein: Ein gut eingespieltes Team braucht drei Tage durch die Wand, der Rekord liegt bei 2 Stunden und 48 Minuten, aufgestellt von Hans Florine aus den USA und Yuji Hirayama aus Japan. Jeder wusste, das ist ein Rekord für die Ewigkeit. Aber genau in dieser Unmöglichkeit, die Grenze erneut zu verschieben, steckt die Essenz der Motivation. Es ist diese kindliche Neugierde, die das Feuer der Leidenschaft entzündet.

Diese aus dir selbst entstehende Motivation lässt dich Grenzen sprengen und hat Substanz. Nicht die Ernte, der Erfolg, das Ziel steht im

Fokus, sondern ein langer und harter Weg zum Berg beschreibt erst mal den nächsten Schritt. Wir erleben einen Grenzgang in der Vorbereitung, im detaillierten, zielgerichteten Training, in perfekter Teamarbeit, im Überwinden vieler Probleme. Am Berg selbst zählt vor allem auch die Fähigkeit, im richtigen Moment »Nein!« zum weiteren Aufstieg sagen zu können. In der »Motivationsbranche« wird hingegen oft das Gefühl vermittelt, es müsse immer nur nach oben gehen, ohne Pause, ohne Reflexion.

Immer schneller, immer höher, immer weiter! Doch oft ist dieser geradlinige, zielorientierte Weg eine Sackgasse. Manchmal muss man ein paar Schritte zurückgehen oder den Aufstieg sogar abbrechen und auf den richtigen Zeitpunkt warten! Andernfalls wird die Gefahr für das eigene Leben unkalkulierbar. Dieses »Nein« wurde am Ende unser Schlüssel zum Erfolg: Weil wir immer wussten, warum wir gescheitert sind, haben wir den Glauben an unser Team nie verloren und sind mental und körperlich immer stärker geworden. Die Interaktionen im Team haben sich automatisiert. Wir spürten, der richtige Zeitpunkt ist nah.

Wir stehen wieder am Einstieg des El Capitan. Dieses Mal ist alles anders. Die Luft ist kühl, es sind keine Teams in der Wand unterwegs, die unsere Performance beeinträchtigen könnten. Wir sind fokussiert auf den Moment. Alexander zählt mich an, drei, zwei, eins, go! Wir starten und tauchen als Team in ein System ein, das im Moment kein anderer verstehen kann.

Kommandos, Kletterzüge, der Fels rast an uns vorbei, wir denken nicht mehr, sind im absoluten senkrechten Flow unterwegs.

Am Gipfel wird die Zeit gestoppt. Die Uhr bleibt bei 2 Stunden 45 Minuten und 45 Sekunden stehen. Ein neuer Rekord!

Es gibt in diesem Moment nichts mehr, was über uns steht. Es ist der Moment, der unser Leben jetzt bestimmt. Dieser Moment trägt den Namen »Erfolg« – oder anders übersetzt und viel schöner: Es ist eine innerliche Freude, es ist Glück.

Dieses Buch von Steffen Kirchner ist ein Augenöffner, um die Zusammenhänge echter Lebensqualität und Spitzenleistung ganzheitlicher zu betrachten. Zu oft werden die Faktoren für Erfolg und Glück zu einseitig dargestellt. Natürlich kann jeder Mensch seine Grenzen sprengen und ungeahnte Leistungen vollbringen. Entscheidend ist dabei aber auch, sich selbst bei der Jagd nach immer neuen Gipfeln nicht zu vergessen, da man sonst auch bei ihrer Erreichung keine Begeisterung mehr empfindet. Es ist Zeit für mehr Weitblick und eine neue Betrachtung eines alten Themas. Denn am Ende geht es nur um eines: die Reise des Lebens mit allen Höhen und Tiefen bewusst wahrzunehmen, sich an großen und kleinen Dingen zu erfreuen und das Glück zu leben!!!

Wir schicken euch allen ein Augenzwinkern und Lachen!

*Thomas und Alexander Huber*

# Einleitung

Es war im Herbst 2009, als ich bei einem großen Weiterbildungsevent in Stuttgart saß und zusammen mit rund 4000 weiteren Zuhörern andächtig den Anekdoten und Tipps großer Trainerpersönlichkeiten lauschte. Ich war noch ein Neuling in der Branche der »Motivational Speaker«, doch die Geschichten und Botschaften, die ich an diesem Tag hörte, machten mich stutzig. Hier ein Beispiel:

*Es war einmal ein Bauer, der ein Adlerei fand. Er legte es in das Nest seiner Hennen im Hühnerhof. Der Adler wurde zusammen mit den Hühnerküken ausgebrütet und wuchs gemeinsam mit ihnen auf. Er lebte auf der Hühnerfarm und hielt sich auch selbst für ein Huhn. Er gackerte und benahm sich genauso wie die anderen Hühner. So verging Jahr um Jahr und der Adler wurde älter und älter. Eines Tages, als er wieder einen Spaziergang über den Hühnerhof machte, entdeckte er hoch am Himmel oben einen großen, prächtigen Vogel, der majestätisch seine Kreise zog. Bewundernd beobachtete er die elegante Flugshow.*

*»Wer ist das?«, fragte er schließlich ein Huhn.*

*»Das ist ein Adler, der König der Lüfte«, antwortete das Huhn.*

*»Wäre es nicht herrlich, wenn wir auch so hoch am Himmel kreisen könnten?«, sagte der alte Adler.*

*»Vergiss es«, entgegnete das Huhn. »Wir sind nur Hühner und wir können nicht fliegen.«*

*So besann sich der alte Adler wieder auf sein bodenständiges, eintöniges Schicksal und starb eines Tages in dem festen Glauben, ein Huhn gewesen zu sein.*

Ende der Story – es gibt kein Happy End.

Und die Moral von der Geschicht? *»Schauen Sie in den Spiegel, und erkennen Sie, dass auch Sie ein Adler sind!«* Tschakka!

Viele Trainer, Coaches und Autoren benutzen diese Story bis heute, um den Menschen ihre Selbstbegrenzung bildhaft vor Augen zu führen. Das Problem ist nur: Die Botschaft der Geschichte ist kompletter

Unsinn. Sie ist ein Paradebeispiel dafür, wie zahlreiche Motivationsversuche, die sicher gut gemeint sind, in ganz falsche Richtungen führen. Denn nicht jeder Mensch ist dazu geboren, ein Adler zu sein und fliegen zu können. Nicht jeder kann alles schaffen und auch nicht in jedem steckt das Potenzial zur Nummer eins. Es ist wie in der Tierwelt: Ein Pinguin ist auf dem Land ein unbeholfener Tollpatsch, im Wasser jedoch ein Spitzenathlet. Jeder sollte sein Element finden – das muss nicht die Luft sein, und dann muss man auch nicht fliegen lernen. Doch es entspricht dem Zeitgeist der Gleichmacherei, dass für unterschiedliche Menschen gleiche Standards und Erfolgsleitsätze definiert werden. Weltweit lauten die Botschaften der meisten Motivationspäpste: »Wagen Sie mehr; gehen Sie das Risiko ein!«, »Versuchen Sie das Unmögliche!«, »Werden Sie reich!«. Dass diese pauschalen Empfehlungen nicht zu jeder Persönlichkeit passen, interessiert dabei offensichtlich wenig. Nirgends wird so hemmungslos gelogen wie beim Versuch, anderen Menschen zu sagen, wie sie ihr Leben führen und glücklich werden sollen.

Ich möchte gleich zu Beginn eine wichtige Sache klarstellen: Das Ziel meines Buches ist es nicht, mit einzelnen Personen oder gar einer ganzen Branche abzurechnen. Ganz im Gegenteil, mir liegen Coaches, Trainer und Redner, die im Bereich von Motivation und Persönlichkeitsentwicklung arbeiten, sehr am Herzen. Zahlreiche hervorragende und ehrliche Experten bewirken hier Tag für Tag viel Gutes für den Lebenserfolg und das Lebensgefühl zahlreicher Menschen. Leider werden die Stimmen dieser guten Fachleute jedoch häufig durch das Geschrei von Gurus übertönt, die mit verlockenden Täuschungen mehr Aufmerksamkeit auf sich ziehen. Aus diesem Grund möchte ich mit diesem Buch meine Stimme erheben und eine klarere Trennung von Wahrheiten und Lügen erreichen. Es geht mir darum, ohne viel Fachchinesisch, aber mit Praxisbezug und Einfachheit ein neues Bewusstsein für die Funktionsweisen menschlicher Motivation zu schaffen. Denn ich bin davon überzeugt, dass Menschen sich selbst wie auch andere erst dann auf sinnvolle Weise in eine positive Richtung entwickeln können, wenn bestimmte Zusammenhänge darüber, was uns wirklich wichtig ist, verstanden werden. Ich bin kein Freund von Feindbildern und werde daher auch keines aufbauen. Es ist sinnlos, Schuldige zu suchen und sie wie eine Sau durchs Dorf zu treiben. Es geht vielmehr darum, über ein Thema aufzuklären, das uns alle betrifft, und dabei deutlich zu machen, aus welchem Grund manche Motivationsirrtümer bis heute Bestand haben.

Mir ist es auch wichtig zu betonen, dass die meisten der in diesem Buch beschriebenen fehlerhaften Motivierungsansätze nicht aus böswilligen oder manipulativen Absichten heraus entstehen. Häufig fehlen ganz einfach das Know-how und ein Verständnis der wahren Zusammenhänge. In der Schule haben wir schließlich kaum etwas über Motivation gelernt – außer dass wir sie haben sollten. Das hilft im Lebensalltag jedoch nicht viel weiter, und die negativen Auswirkungen dieser Bildungslücke erkennt man nicht zuletzt daran, wie manche Menschen ihre Unternehmen, Mitarbeiter, Kinder und auch ihr eigenes Leben führen. Deshalb ist es mir ein großes Anliegen, Ihre Sensibilität für dieses wichtige Thema mit diesem Buch zu unterstützen. Motivation ist keine Kunst, die man nur schwer erlernen könnte, sondern ein Prinzip, das es zu verstehen gilt. Nur durch Bildung und Aufklärung wird man immun gegen Lügen – auch gegen Motivationslügen.

Dieses Buch verfolgt in jedem Kapitel im Grunde drei Ziele. Erstens werden natürlich alte Irrtümer und Motivationslügen entlarvt. Zweitens will ich Ihnen die Wahrheit hinter diesen Lügen erklären, denn in jeder großen Lüge steckt zumeist auch ein wahrer Kern. Drittens lasse ich Sie mit diesen Erkenntnissen dann nicht alleine, sondern werde Ihnen gezielte Vorschläge und Handlungsempfehlungen anbieten, die praxiserprobt sind und Ihnen bei der Umsetzung neuer Erkenntnisse helfen werden. Sie sehen: Ich plane auf den nächsten Seiten keinen blinden Rundumschlag gegen die Gilde der Motivationstrainer, sondern werde Ihnen, neben all meiner deutlichen Kritik, vor allem neue Sichtweisen und Hilfestellungen vermitteln, die Sie sowohl in Ihrem Berufsleben als auch in Ihrem Privatleben nutzen können.

Dieses Buch habe ich außerdem für die vielen seriösen und ehrlichen Trainer, Speaker und Coaches geschrieben, die hervorragende Arbeit leisten und zu Unrecht in bestimmte Schubladen gesteckt werden.

Viele Könner im Markt sind dabei eher stille und unauffällige Arbeiter. Da die Vertreter der Tschakka-Fraktion deutlich lauter auf die Pauke hauen, gewinnen diese jedoch meist eine deutlich größere Anhängerschaft. Es ist keine Neuheit, dass sich Egomanie oftmals vor inhaltlicher Qualität durchsetzt. Ich erinnere mich beispielsweise noch mit Schaudern an einen vor Selbstverliebtheit nur so strotzenden Vortrag von Carsten Maschmeyer bei einem großen Weiterbildungsevent. Die einstündige Rede glich einer Diashow mit Fotos von Maschmeyer mit seinen mächtigen Kumpeln. Maschmeyer mit Klitschko, Maschmeyer mit Gottschalk, Maschmeyer mit Schröder. Nur das Foto von Maschmeyer mit Gott fehlte – aber den wollte er auf der Bühne ja selbst spielen. Als inhaltlichen Höhepunkt präsentierte er den Zuhörern das Motto: »Erfolg ist machbar, wenn man nur weiß, wie.« Versuchen Sie erst gar nicht, den tieferen Sinn dieser Aussage zu ergründen – es gibt keinen. Verstehen Sie mich bitte richtig: Ich bin beileibe kein Gegner von Unterhaltung auf der Bühne. Spaß, starke Bilder, auflockernde Präsentationen und gut erzählte Geschichten sind das Salz in der Suppe eines guten Vortrags. Jedoch sollten sie niemals stellvertretend, sondern lediglich unterstützend für inhaltliche Qualität und Tiefe sein. Ich habe ab dem Punkt ein Problem, wenn Unterhaltung dazu benutzt wird, um wichtige Informationen bewusst »unten zu halten« und zu verdecken. Ganz gleich, ob es um die mühelose Erfolgsbestellung beim Universum geht oder um die ständige Phrasendrescherei, angefangen bei *»Du kannst alles schaffen«* bis hin zu *»›Geht nicht‹ gibt's nicht«*: Nach anfänglicher Euphorie erkennt früher oder später jeder die ernüchternde Wahrheit, dass diese Leitsätze zwar knackig klingen, aber dennoch falsch sind.

**Häufig fehlt Wissen über die Sinnhaftigkeit bestimmter Motivierungsmethoden!**

Mir ist es ein persönliches Anliegen, Menschen mehr praktisches Wissen zum Thema Motivation zu vermitteln, das sich auf konkrete Beispiele im Lebens- und Unternehmensalltag bezieht. Ich habe in den letzten Jahren beobachtet, dass Leute keine theoretischen Konzepte brauchen, sondern neue Sichtweisen in praktischen Situationen, in denen alte Motivationsphilosophien – teils unbemerkt – zu unguten Ergebnissen führen. Beispielsweise ist es bis heute im Leistungssport gang und gäbe, dass Trainer ihre Schützlinge zum Ziel der Leistungssteigerung laut anschreien beziehungsweise anfeuern, damit diese schneller sprinten, härter verteidigen oder besser schlagen können. Wie auf www.sciencedaily.com zu lesen war, haben Wissenschaftler der Michigan State University jedoch vor einigen Jahren herausgefunden, dass diese Maßnahmen bei vielen Athleten nicht zu Leistungssteigerungen führen, sondern häufig zum Gegenteil. Hier wird deutlich: Es mangelt oft nicht am Willen, sondern am Wissen über die Sinnhaftigkeit bestimmter Motivierungsmethoden.

Dieses Wissensdefizit offenbart das wahre Problem: Häufig fehlt es weniger an Motivation und Wille als an Beziehung. Wir beschäftigen uns zu wenig damit, was uns selbst und andere wirklich antreibt. Manchmal werde ich von Firmenbossen gefragt: »Aber, Herr Kirchner, wissen Sie, wie viel Zeit das kostet, wenn ich mich jetzt mit allen meinen Mitarbeitern beschäftigen soll?« Ja, das weiß ich. Ich weiß aber auch, was die zentrale Aufgabe einer jeden Führungskraft ist: Führung! Und Führung ist ausschließlich Beziehung. Wer ehrlich ist, muss zugeben, dass dafür nicht die Zeit fehlt, sondern das Bewusstsein für diese hohe Priorität. Zeit fehlt nie, man verschwendet sie höchstens mit anderen Dingen. Der legendäre Fernsehmoderator Robert Lemke sagte einmal sehr schön: »Kein Mensch ist so beschäftigt, dass er nicht die Zeit hat, überall zu erzählen, wie beschäftigt er ist.« Mancherorts habe ich in den letzten Jahren den Eindruck gewonnen, dass neben klaren Prioritäten auch einfach das ehrliche Interesse am Menschen fehlt. Wie oft habe ich schon auf Firmen-Webseiten den Spruch gelesen: »Der Mensch steht bei uns im Mittelpunkt.« Schön! Aber dieses Motto hatten die Kannibalen auch schon.

Ich persönlich mag Lebensweisheiten und Motivationssprüche. Doch sie sind schnell dahingesagt. Die Frage bei einem Lebensmotto ist: Zu wie viel Prozent ist es unser Leben und zu wie viel Prozent nur Motto?

Aufmerksamkeit ist das Wichtigste, was Sie einem Menschen schenken können. Und ich freue mich sehr darüber, dass Sie nun mir und diesem Buch Ihre Aufmerksamkeit schenken. Ich habe es mir lange und reiflich überlegt, ob ich dieses Buch in dieser Form schreiben soll. So manchem werden meine Ausführungen womöglich an der ein oder anderen Stelle sauer aufstoßen. Doch die Motivationspfuscherei in gravierendem Ausmaß muss endlich ein Ende haben. Wir dürfen unsere Leistungsfreude nicht prostituieren, indem wir uns zur schnellen Nummer von Motivationszuhältern machen, die unseren Geist vergiften durch den Aufruf zur Jagd nach dem grenzenlosen Erfolg. Es gilt Verantwortung zu übernehmen für ein Thema, das für jeden wichtig ist. Sinnvolle Erfolgsstrategien und Motivation sind das Fundament jeder Kindererziehung und Partnerschaft ebenso wie der Mitarbeiter- und Lebensführung. Dieses Fundament darf nicht aus Lügen und Irrtümern bestehen, da sonst alles, was wir in der Folge darauf aufbauen, zum Einsturz verdammt wäre.

Lassen Sie uns nun den Nebel der Verschleierung so gut wie möglich lüften, damit wir gemeinsam mehr Klarheit gewinnen über ein Thema, das nicht so eindimensional ist, wie es oft dargestellt wird. Ich habe mich dafür entschieden, mich im schillernden Motivationszirkus nicht wie ein Stier am Nasenring durch die Manege ziehen zu lassen. Ich möchte, dass Sie auf den folgenden Seiten Freude haben, aber ich möchte Sie nicht unterhalten. Ich werde alte Glaubenssätze und Handlungsmuster hinterfragen und Sie womöglich manchmal nicht im bisherigen Denken bestätigen. Die Menschheit braucht keine weiteren Entertainer oder Gurus, sondern Aufklärer, die sich trauen, Wahrheiten auszusprechen. Diese Rolle nehme ich gerne an. Ich würde mir wünschen, dass Sie dieses Buch dazu nutzen, um auf eine neue Weise auf altbekannte Themen zu schauen. Es ist an der Zeit, manch altes Paradigma durch ein neues zu ersetzen. Prüfen Sie, in welchen Bereichen Sie sich darauf einlassen möchten. Jetzt ist der richtige Zeitpunkt für Veränderung. Oder wie es Grönemeyer so schön auf den Punkt bringt: Zeit, dass sich was dreht.

Viel Freude beim Lesen wünscht Ihnen
Ihr

# TEIL 1:

## Motivation zwischen Mythos und Mystik – Zeit für Aufklärung

# Tschüss, Tschakka!
# Das Ende der Motivationsscharlatane

Vor nicht allzu langer Zeit wurde ich von einem großen Unternehmen für ein Mitarbeitercoaching gebucht, an das ich mich wohl für immer erinnern werde. Die Firma hatte wenige Tage zuvor für ihre Jahres-Kick-off-Veranstaltung einen bekannten Rednerkollegen gebucht, der für sein recht extrovertiertes Auftreten bekannt ist und auch während des Vortrags nicht an Selbstlob sparte. Er sollte als Höhepunkt der Veranstaltung auftreten und der Belegschaft einige seiner Motivations- und Erfolgstipps vermitteln. Da die Geschäftsleitung dann aber von Inhalt und Methodik des Vortrags eher weniger begeistert war, hatte man mich nun engagiert, um die »Problemfälle« der Firma in Form von persönlichen Einzelcoachings zu bearbeiten.

Auf meinem Tagesplan stand ein Gesprächstermin mit Robert, einem der ehemals erfolgreichsten Verkäufer der Firma. Ich betrat sein Büro und setzte mich ihm gegenüber an den Tisch. Er würdigte mich keines Blickes und versteckte seinen Kopf hinter dem Computerbildschirm. Nach einer andächtigen Schweigeminute ergriff ich das Wort und sagte: »Hallo, Robert, wie geht es Ihnen? Wir haben heute einen Gesprächstermin. Wissen Sie darüber Bescheid?« Robert schwieg ein paar weitere Sekunden, bewegte dann seinen Kopf am Bildschirm vorbei, schaute mir in die Augen und sagte mit zischender Stimme: »Kennen Sie den Unterschied zwischen einem Schneemann und mir?« Ich schüttelte etwas verdutzt den Kopf. Robert: »Den Schneemann können Sie nur im Winter am Arsch lecken.«

Spontan musste ich lachen, denn ich bin wirklich nicht zart besaitet und dieser freche Spruch gefiel mir. Mein Lachen blieb mir aber schnell im Halse stecken, als Robert von seinem Stuhl aufstand, mir die Bürotür aufhielt und mit scharfem Ton anfügte: »Verlassen Sie mein Büro. Sofort!« Ich war geschockt. Der Typ meinte den Spruch tatsächlich ernst und wollte mich rausschmeißen! So was war mir in meinem ganzen Leben noch nicht passiert. Ich bat Robert darum, mir wenigstens die Chance zu geben, zu erfahren, was der Grund für seine ablehnende Haltung war. Nach kurzer Diskussion gab er nach und setzte sich mit mir an den Tisch. Er erzählte mir von seinen nahezu traumatischen Erlebnissen wenige Tage zuvor beim Auftritt meines Kollegen. Wie Robert berichtete, mussten die Zuhörer auf Anweisung des Motivationstrainers aufstehen, sich auf die Brust trommeln und mehrere dämliche Erfolgsfloskeln unzählige Male hintereinander herausbrüllen. »Ich bin das größte Geschenk für die Welt! Ich schaffe alles, was ich will! Jeder findet mich attraktiv und sexy!« Mehrere Minuten muss dieses Theater angedauert haben. Danach sollte jeder der Anwesenden seine Grenzen überwinden, indem er nach vorne auf die Bühne kommen musste, um zu lauter Musik öffentlich zu tanzen. Während der Tanzeinlage war das Publikum dazu angehalten, den Tänzer johlend anzufeuern, wobei die grölende Menge immer kleiner wurde, da rund 50 Prozent der Belegschaft nach und nach den Saal verließen. »Und als ob das nicht schon genug gewesen wäre, schicken die mir jetzt so einen Motivationsterroristen auch noch direkt ins Büro«, sagte Robert und sah mich wütend an. »Ich will von euch allen nichts mehr hören und sehen. Wenn Sie den Grund für meine schlechten Leistungen wissen wollen, dann gehen Sie mal rüber ins Büro und reden Sie mit meinem Chef. Der müsste die Antwort darauf wissen.«

Nach einiger Zeit konnte ich Robert etwas beruhigen. Ich bedankte mich bei ihm für seine Ehrlichkeit und versuchte ihm meine Philosophie und Arbeitsweise zu vermitteln, die sich gänzlich von dem unterscheidet, was er von anderer Seite bislang kennengelernt hatte. Nach einiger Zeit hörte er mir immer interessierter zu, und am Ende kam es doch noch zu einem guten Coachinggespräch, in dem wir gute Hilfestellungen für ihn entwickeln konnten. Bei unserem Abschied dankte er mir mit den Worten: »Danke, das hat mir geholfen. Schön zu wissen, dass es auch seriöse Menschen in Ihrer Branche gibt.«

## Nach Wellnessesoterik und Tschakka – was kommt nun?

Die Zeiten billigster »Fast-Food-Motivation« neigen sich immer mehr dem Ende zu. Viele Leute haben einfach genug von der ewigen Beschwörung des Glaubens an sich selbst, vom unermüdlichen Appell à la »Du musst nur richtig wollen« und vor allem auch von diesem sinnbefreiten Tschakka-Theater zur Selbstanfeuerung, um Dinge zu tun, die man eigentlich gar nicht tun will. Vielleicht hat sich der ein oder andere von Ihnen schon gefragt: Was bedeutet denn eigentlich überhaupt dieses »Tschakka« und woher kommt es?

Der Begriff »Tschakka« (ursprünglich eigentlich »Tsjakkaa«) ist ein Schlachtruf, der vom holländischen Motivationstrainer Emil Ratelband erfunden wurde. Die Geburtsstunde der deutschen Tschakka-Plage war 1998, als Ratelband beim TV-Sender RTL 2 eine Sendung mit dem Titel »Tsjakkaa! Du schaffst es!« bekam. Während der dreißigminütigen Sendung konfrontierte der niederländische Motivationsguru ausgewählte Personen regelmäßig mit ihren größten Phobien. Ratelband setzte den Leuten Vogelspinnen aufs Gesicht, wickelte ihnen Boas um die Kehle und vieles mehr. Im Grunde also schon damals ein Format auf dem heutigen Niveau des Dschungelcamps. Nach 13 haarsträubenden Folgen zeigte der Sender Erbarmen und setzte die Sendung wieder ab. Zyniker sagen, dieses Niveau war sogar für RTL 2 zu niedrig. Sehr viel wahrscheinlicher ist aber, dass die seelischen Folgeschäden bei den Opfern dieser Motivationsfolter zu gravierend waren.

**Die Geburtsstunde der »Tschakka«-Plage schlug 1998 auf RTL 2**

In einer Sendung fiel Ratelband beispielsweise wie Superman samt TV-Crew ins Wohnzimmer von Maren ein. Maren war 36 Jahre alt und litt an einer Agoraphobie, einer schweren psychischen Krankheit. Maren hatte seit rund neun Jahren ihr Haus kaum verlassen. »Ein Nein existiert nicht«, warf Mr Tsjakkaa seiner Klientin gleich zu Beginn an den Kopf. Im Drehplan war vorgesehen, dass sie spätestens am Nachmittag durchs 40 Kilometer entfernte Brandenburger Tor laufen sollte. Doch davon ahnte die »letzte Ostfrau, die noch nie im Westen war« (Anmoderation des Senders), zu diesem Zeitpunkt noch nichts.

Ratelband saß neben seiner Klientin auf der Couch und begann seinen Exorzismus. »Gestern ist Geschichte!« und »Ich bin der glücklichste Mensch der Welt« sollte Maren laut rufen und dabei wie ein Adler mit den Armen flattern. Doch die junge Frau stand mit kraftlos hängenden Schultern da und quälte sich mit dünner Stimme, den vorgesagten Text herunterzuleiern.

Beschwörend mahnte Ratelband die Angstkranke, den »Beweis für ganz Deutschland« zu liefern, dass sie könne, wenn sie nur wolle. Schließlich schaffte er es, Witze reißend und »Tschakka« schreiend, dass Maren mit ihm tatsächlich in seinem protzig in Szene gesetzten Bentley bis zum 500 Meter entfernten Feuerwehrhaus fuhr. Wieder und wieder musste der Motivationsguru an der Kreuzung umdrehen, weil es die Frau vor Panik regelrecht beutelte. Nach rund zwei Stunden schloss die zweifache Mutter am Feuerwehrgebäude ihre weinenden Kinder in die Arme. Die Dorfjugend stand dabei und lachte sich kaputt über die Szenerie. Doch Ratelband hatte noch deutlich mehr abschreckende Aufgaben auf Lager. Nach ein paar weiteren grausamen Stunden war die Frau körperlich wie auch psychisch am Ende und komplett ausgelaugt von ihren Angst- und Schreikrämpfen. Der Dreh wurde abgebrochen. Ratelbands morgendliches Strahlelächeln hatte sich in eine eiserne Maske verwandelt. Marens Gatte habe sie blockiert, grummelte er, und außerdem müsse sie »ihren Schalter selbst umdrehen«. Tschüss, Tschakka.

### Tschüss, Tschakka! Macht- und Egospiele haben ausgedient

Derartige Szenen haben über die letzten Jahre bei den Opfern dieser seltsamen Aufführungen viel Schaden angerichtet. Und sie haben zudem denjenigen geschadet, die beruflich in der Persönlichkeitsentwicklung arbeiten und durch inhaltsstarke Vorträge, Seminare oder Einzelsitzungen echten Nutzen für andere stiften. Bis heute fragen bei meinem Büro rund 50 Prozent aller Kunden im Vorfeld gezielt nach, ob die Arbeit von Herrn Kirchner auch garantiert nichts mit Tschakka-Tschakka-Geschrei zu tun hat. Die Angst vor einem möglichen Schaden durch einen unseriösen Motivationsclown ist aus nachvollziehbaren Gründen groß. Der Verlust an Vertrauen in die »Motivationsexperten«, ganz gleich aus welchem Bereich, ist gewaltig, obwohl der Großteil der dort agierenden Fachleute durchaus professionell arbeitet. Die Qualität der Branche ist deutlich besser als ihr Ruf. Doch der in den letzten Jahren durch vereinzelte mediengeile Egomanen entstandene Imageschaden ist so gravierend, dass es wahrscheinlich noch einige Jahre dauern wird, bis dieser Seriositätsverlust endgültig behoben ist.

Auch mir persönlich wird beim Spiel mit der »Kraft des Geistes« einfach zu viel geflunkert. Ein repräsentatives Beispiel dafür sind meiner Meinung nach die sogenannten Mentalisten, die seit einigen Jahren wie Pilze aus dem Boden schießen. Ein Mentalist ist kein Experte auf dem Gebiet mentalen Trainings, sondern nichts anderes als ein Bühnenmagier, der mit Zaubertricks und Illusionen arbeitet. Er ist kein Hellseher, der seinen Geist so trainiert hat, dass er außergewöhnliche mentale Fähigkeiten besitzen würde, sondern ein professioneller Illusionist. Das Bedauernswerte jedoch ist: Bekannte Magier wie David Copperfield oder Siegfried und Roy kommunizierten früher stets offen und ehrlich die Wahrheit, dass alles, was sie machen, eben auf Illusionskunst basiert. Die Mentalisten hingegen, angeführt vom Wahrheitsverdreher Uri Geller, versuchen heutzutage ganz bewusst den Eindruck entstehen zu lassen, sie könnten durch ihre Gedankenkraft tatsächlich bestimmte übernatürliche Dinge erfahren oder erreichen. Nicht zuletzt in der erfolgreichen TV-Show für neue Mentalisten, »The next Uri Geller«, wurde der Zuschauer vor einigen Jahren von vorne bis hinten angelogen. Da mentale Fähigkeiten allerdings nur begrenzt messbar und nachvollziehbar sind, kann Otto Normalverbraucher jedoch kaum noch zwischen Wahrheit und Lüge unterscheiden.

Leider werden heute in der Öffentlichkeit Mentalisten, Mentaltrainer, Psychologen oder Motivationscoaches oft mehr oder weniger in die gleiche Schublade gesteckt. Ich bin es mittlerweile gewohnt, Sätze zu hören wie: »Hey, Kirchner, du machst doch auch irgend so einen Mental- und Motivationskram, oder? Los, motivier mich mal für die Arbeit und zaubere mir meine faulen Gedanken weg.« Sie schmunzeln vielleicht darüber – und ich würde es wahrscheinlich auch tun, wenn ich die negativen Folgen nicht regelmäßig erleben würde. Ich bin davon überzeugt, dass völlig falsche Vorstellungen über dieses sehr ernsthafte und auch komplexe Thema zumindest teilweise daher rühren, dass der Öffentlichkeit von vielen Medien bislang nur inhaltliche Magerkost vorgesetzt wurde. Daher zielt mein Buch nicht zuletzt darauf, diesem Informationsmangel mit fachlicher Qualität, Seriosität, Ehrlichkeit und echtem Interesse am Menschen aktiv entgegenzutreten und Aufklärung zu betreiben.

Es ist spürbar, dass in der Bevölkerung nach und nach ein Umdenken stattfindet. Ganz offensichtlich gibt es ein Interesse, mehr über ein Thema zu erfahren, das viel zu bieten hat und jeden betrifft, über das aber bislang kaum etwas Sinnvolles zu erfahren war. Die Beobachtungen der letzten Jahre geben mir Hoffnung, dass sich mittlerweile nicht mehr jeder jeden Mist erzählen lässt und die Leute kritischer werden. An Schulen muss ich beispielsweise heute vor meinen Vortragsveranstaltungen oftmals mehrseitige Anti-Sekten-Erklärungen unterschreiben, in denen ich versichere, dass weder ich noch mein Team etwas mit Scientology oder ähnlichen kriminellen Gruppierungen zu tun haben. Und wissen Sie was? – Das unterschreibe ich von Herzen gerne!

Ich bin zwar kein Freund von Bürokratie, aber es macht mir Freude, zu sehen, dass sich die Leute immer differenzierter mit bestimmten Anbietern auf dem Markt auseinandersetzen und Seriosität und Qualität einfordern. Nur noch selten rufen Firmen mit einer Vortragsanfrage in meinem Büro an, weil sie »irgendeinen Motivationstrainer« brauchen, der mal für etwas Auflockerung bei der Unternehmenstagung sorgt. In der Regel haben die Entscheider mittlerweile klare Vorstellungen von dem, was sie wollen, sowie vor allem auch von dem, was sie keinesfalls wollen – nämlich einen oberflächlichen Motivationszirkus ohne Inhalt. Das ist ein sehr gutes Zeichen für die Entwicklung der Zukunft! Die Zeiten ändern sich. Wird auch Zeit!

## Die Neudefinition des Erfolgs

Jeder Mensch auf der Welt strebt nach Leistung und Erfolg, denn daran hing schon immer das Überleben des Menschen. Was sich allerdings verändert hat, ist die Definition von »Erfolg«. Früher lautete die Maxime, Erfolg sei das Erreichen selbst gesetzter Ziele; heutzutage merken immer mehr Leute, dass wahrer Erfolg noch deutlich mehr beinhaltet als blanke Zielerreichung.

Jeder Mensch lebt in zwei Welten, einer äußeren und einer inneren. In der äußeren Welt geht es um Zahlen, Leistung, Anerkennung, Fortschritt, Zielerfüllung und Status. In der inneren Welt hingegen spielen persönliche Werte die zentrale Rolle. Die Umsetzung von Werten lässt sich kaum in Zahlen abbilden, sondern spiegelt sich in der Regel eher in einem subjektiven Lebensgefühl wider. Dieses Lebensgefühl könnte man Erfüllung nennen.

**Erfüllung ist mehr als das Erreichen gesetzter Ziele**

Es ist entscheidend, zu verstehen, dass wirkliche Erfüllung nur dann entstehen kann, wenn beide Welten sozusagen Hand in Hand gehen und gleichberechtigt zusammen existieren. Natürlich kann man auch Ziele erreichen, ohne auf persönliche Werte zu achten. Die Zielerreichung fühlt sich dann allerdings meist leer an, da sie im wahrsten Sinne des Wortes wertlos ist.

Die Leistungsgesellschaft hat in den letzten Jahren diese Ebene der tiefen persönlichen Werte nahezu komplett unter den Tisch gekehrt. All die brüllenden Verkaufstrainer, Tschakka-Prediger und sonstigen Erfolgsgurus haben mit ihrem Leistungsoptimierungsgeschrei die Stimme der inneren Bedürfnisse der Menschen zu übertönen versucht. »Immer höher, immer schneller, immer weiter« war das Motto, was lange funktionierte, aber mittlerweile von immer mehr Leuten als Irrweg entlarvt wird.

Die ständige Jagd nach immer noch höheren Gipfeln, auf denen angeblich das große Glück auf uns wartet, entspricht einem Weltbild, das auf Illusionen und Lügen aufgebaut ist. Die Generation der Motivationsgurus, die stets die unendlichen Möglichkeiten für immer noch mehr Erfolg predigte, hat sich zur Kellnerin an der Theke dieser Fehlentwicklung gemacht. Den Gästen wurde ganz bewusst immer mehr vom Gift der Erfolgsmaximierung ausgeschenkt, obwohl so einige schon deutlich zu viel davon intus hatten. Heute sieht man verzweifelte Versuche, aus diesem Laden rauszukommen. Ausgebrannte Manager suchen den Weg in die Stille des Klosters, um zu meditieren. Andere machen Extremtouren auf entlegenste Berggipfel oder nehmen an Survivalcamps im Dschungel teil. All diese Maßnahmen sollen dazu führen, den Weg zu sich selbst wiederzufinden. Es ist der Versuch eines Rettungssprungs aus dem Hamsterrad des Leistungswahns. Der Punkt ist nicht, dass Leistungsziele schlecht sind. Der Punkt ist, dass Leistungsziele nicht alles sind.

### Von der Leistungs- und Spaßorientierung zur Sinnorientierung

Gerade bei der jüngeren Generation war in den letzten Jahren eine Gegenbewegung zur Leistungsgesellschaft zu beobachten. Diese Gegenbewegung trägt den Namen »Spaßgesellschaft«. Junge Menschen, die schon in der Schule teilweise zu angepassten Leistungserbringern abgerichtet werden sollten, haben begonnen, gegen die alten Prinzipien, Regeln und Paradigmen der Erfolgsmaximierung zu rebellieren. Dabei führt die Spaßgesellschaft natürlich genauso in eine Sackgasse wie das reine Leistungsdenken. Beides bringt dem Menschen auf Dauer nicht das, was er eigentlich empfinden möchte. Menschen wollen leisten und leben zugleich. Daher ist es wichtig, Lebensfreude und attraktive Leistungsziele in Einklang zu bringen, da man sich nur so nachhaltig topmotiviert und glücklich fühlen kann. Wer sich für gar nichts mehr engagiert, nur noch rumgammelt und jeden Lebensplan als Spinnerei der Alten abtut, landet lediglich am benachbarten Ufer derselben Insel – auf die er ja nie wollte. Es ist die Insel der Sinnlosigkeit.

Der exzessive Gebrauch von Facebook und anderen sozialen Medien, Computerspielen oder auch das berühmte Komasaufen sind nur einige Beispiele dafür, wie viele junge Menschen heutzutage versuchen, den Schmerz dieser Sinn- und Orientierungslosigkeit zu betäuben.

Bei der Frage, was diese Jugendlichen mit ihren fragwürdigen Frei-zeitbeschäftigungen erreichen wollen, kann einem das Phänomen »Facebook« wichtige Erkenntnisse liefern.

Neurowissenschaftler haben herausgefunden, dass bei Jugendlichen während der Benutzung von Facebook ein bestimmter Stoff im Kör-per verstärkt ausgeschüttet wird (vgl. www.bizzwire.de). Dieser Stoff heißt Oxytocin. Oxytocin ist vereinfacht gesagt das »Kuschelhor-mon«, das auch vermehrt vom Körper produziert wird, wenn man körperliche Nähe erfährt, etwa beim Kuscheln, beim Küssen oder beim Sex. Auch für die Treue spielt Oxytocin in der Partnerschaft eine zentrale Rolle. Personen mit einem Mangel an Oxytocin fühlen sich unverbunden und bleiben daher auch in ihrem (Liebes-)Leben eher unverbindlich.

Wonach sich Menschen offensichtlich also tatsächlich sehnen, ist das Gefühl, verstanden und geliebt zu werden. Viele Jugendliche ver-suchen die fehlende Verbundenheit in ihrer realen Welt durch die Ersatzbefriedigung der virtuellen Welt auszugleichen. Das gilt übri-gens nicht nur für die junge Generation. Wer im realen Leben keine Verbundenheit erfährt, der erschafft sich eine künstliche Welt. Nicht grundlos lag der geschätzte Unternehmenswert des Second-Life-Be-treibers Linden Lab im Jahre 2009 bei rund 700 Millionen US-Dollar. Konzerne wie Linden Lab, Facebook und Co. profitieren davon, dass viele in der virtuellen Welt das suchen, was sie der realen Welt vermissen.

**Menschen kompensieren ihr Unglück oft mit Ersatz-befriedigungen**

Daraus lernt man, dass Lebenssinn viel mit Verbun-denheit zu tun hat. Nur wer sich als Mensch ange-nommen fühlt, anstatt lediglich als Leistungserbringer funktionieren zu müssen, empfindet Sinn in seinem Tun und Handeln. Der Mensch braucht Bindungen, das ist eine biologische Urerfahrung, die er schon im Mutterleib gemacht hat. Diese Erfahrung ist Emotion pur, die in den tiefsten Gehirnstrukturen verankert ist und mit Zielerreichung und maximalem Erfolgswillen erst mal noch gar nichts zu tun hat. Wer sein Leben und Handeln als sinnvoll empfindet, ist automatisch langfristig motiviert – ganz ohne Tschakka-Gedöns oder Motivationstechniken, die den inneren Schweinehund kastrieren sollen. Wer andere Menschen nachhaltig motivieren will, kommt daher nicht darum herum, darüber nachzudenken, was für diese Menschen sinnstiftend ist.

## ERFOLGSREGEL

### Wer Leistung will, muss Sinn bieten.

### Motivation führt durch den Tag, Inspiration führt durchs Leben

Bei manchen Leuten habe ich ab und an den Eindruck, die haben zu Hause einen Abreißkalender, wo auf jedem Blatt steht: »Heute ist nicht dein Tag.« Man erkennt solche Zeitgenossen meistens schon an ihrem Gesichtsausdruck, dem leeren oder grimmigen Blick und der Richtung, in der sich die Falten rund um ihre hängenden Mundwinkel demnächst entwickeln werden. Klar, Muskeln, die man kaum benutzt, bilden sich zurück. Das gilt fürs Gesicht genauso wie für Beine, Bauch und Po. Solchen Zweckpessimisten die positiven Seiten des Lebens näherbringen zu wollen, kann einen zum Verzweifeln bringen. Man hat den Eindruck, sogar wenn sie wie Jesus übers Wasser laufen könnten, würden sie immer noch jammern: »Schau, nicht mal schwimmen kann ich.«

Woher kommt so eine negative Haltung? Wird man so geboren? Sind das schlechte Gene, eine böse Kindheit oder falsche Erziehung? Oder ist so ein Mensch einfach von Natur aus unmotiviert? Nichts davon ist der Fall. Laut aktuellem Stand der Wissenschaft ist es zwar durchaus so, dass es bestimmte Einflussfaktoren für das menschliche Verhalten gibt, die ihren Ursprung in den Genen oder auch in frühkindlichen Erfahrungen und Erziehungsmustern haben. Von großer Bedeutung ist allerdings noch ein ganz anderer Aspekt, den man durchaus

selbst aktiv mit beeinflussen kann: die grundsätzliche Lebensorientierung.

Motivation ist etwas, was Menschen durch den Tag führt. Inspiration
ist etwas, was Menschen durchs Leben führt. Das Wort »Inspiration«
kommt vom lateinischen Begriff »inspiratio« und bedeutet so viel wie
»der Seele Leben einhauchen«. Die Seele diente stets als spirituelle
Metapher für die grundlegende Orientierung im Leben. Mit dieser
Orientierung ist gemeint, sich seiner Werte bewusst zu sein und einen
Lebenssinn mit dementsprechender Lebensaufgabe zu definieren.
Denn wie soll man Motivation und Wille in sich und anderen Menschen entwickeln, wenn dafür kein Sinn und Zweck erkennbar ist?
Oder anders gesagt: Wie soll man wissen, wie man den Tag nutzen
soll, wenn man nicht weiß, wofür man sein Leben nutzen
soll?

Woran es Menschen mangelt, denen der tagtägliche
Antrieb für etwas fehlt, ist nicht die Motivation, sondern Inspiration und Orientierung. Motivation ist bildlich gesprochen das Benzin in Ihrem Körper, während
die Inspiration der Motor ist. Je stärker der Motor, desto besser kann durch einen gut gefüllten Benzintank die
Kraft des Autos auf die Straße gebracht werden. Somit wird
auch klar, warum all die Tschakka-du-kannst-alles-schaffen-Me-
thoden nur mangelhafte Wirkungen erzielen. Es bringt nicht viel, immer mehr Benzin in ein Auto zu gießen, wenn kein funktionsfähiger
Motor vorhanden ist. Und ebenso unsinnig ist es, die Geschwindigkeit
zu erhöhen, wenn man auf der falschen Straßenseite unterwegs ist.
Aus diesem Grund ist es jetzt an der Zeit, sich nicht länger an den
oberflächlichen Motivationsphrasen zu orientieren, da diese überall
hinführen, nur nicht dahin, wo das eigene Herz hinmöchte.

**Wenn der Motor nicht funktioniert, hilft kein Tanken**

## Motivationsphrasen, die die Welt nicht (mehr) braucht

Es gibt unzählige Glückskekssprüche, Phrasen und Scheinweisheiten, die seit vielen Jahren immer und immer wieder aufs Neue beschwört werden. Die Volkshypnose der Motivationsmafia kennt kein Erbarmen. Mit ihren inhaltslosen, aber gut klingenden Sprüchen und Redewendungen versetzt sie eine große Anzahl an Leuten seit jeher erfolgreich in eine Art Motivationstrance. Viele glauben, was sie hören oder lesen – nicht weil es wahr wäre, sondern weil sie an diese Wahrheit gerne glauben würden. Es ist ähnlich wie bei einem Lottospieler: Die Hoffnung auf das große Los, auf den mühelosen Millionengewinn, stirbt zuletzt, aber am Ende bei einer Wahrscheinlichkeit von 0,000007 Prozent doch ziemlich sicher. Dennoch hat jeder den Satz im Ohr: »Nur wer mitspielt, kann gewinnen.«

Alle Botschaften, die einem den Weg des großen Erfolgs, Glücks oder Wohlstands zum Nulltarif versprechen, sind immer gezielte Werbebotschaften und Motivationslügen, die nichts anderes zum Ziel haben, als den Adressaten etwas zu verkaufen. Achten Sie daher auf die billigen Motivationsköder, die ihnen geschickte Menschenangler hinwerfen. Verlassen Sie sich bei dem, was Sie vorgesetzt bekommen, nicht nur auf das äußere Erscheinungsbild. So mancher Wurm mag zwar gut aussehen, doch entscheidend ist, ob er Ihnen bekommt. Besonders die drei folgenden inhaltslosen Motivationsphrasen diverser Sprücheklopfer sind mir aus diesem Grund ein Dorn im Auge:

*Phrase 1:*
*Es gibt keine Probleme. Es gibt nur Herausforderungen.*
Diese Phrase zählt zu meinen »Favoriten«. Sie zeigt so schön den unbeholfenen Versuch, negative Dinge im Leben zu verdrängen und zwanghaft positiv zu sehen, nur weil man irgendwo mal gelernt hat, dass man immer positiv denken sollte. Dabei ist das Ganze doch Augenwischerei. Manchmal ist ein Problem einfach nur ein Problem. Ein Problem wird nicht deswegen kleiner, weil Sie das Wort aus Ihrem Wortschatz streichen und es durch ein anderes ersetzen. Es ist auch nichts grundsätzlich Schlechtes an Problemen. Sie dürfen sich vor-

übergehend durchaus auch einfach mal unschön anfühlen. Warum sollte immer alles gut, leicht und voller Sonnenschein sein? Wer sagt, dass das mehr Lebensenergie gibt? Wächst eine Pflanze nur durch den hellen, warmen Frühling und Sommer oder nicht auch durch den harten, kühlen Herbst und Winter? Warum glauben wir dann, nur immer zwei Jahreszeiten im Leben festhalten zu müssen? Haben Sie schon mal einen Kraftsportler gesehen, der nach zahlreichen Wiederholungen an seine Grenzen kommt, dessen Muskeln bereits brennen und der aber trotzdem noch mal versucht, alle Kraftreserven zu mobilisieren, um noch eine weitere Wiederholung zu schaffen? Lächeln diese Athleten? Lächelte Matthias Steiner, als er bei Olympia 2008 in Peking seine Hantelstange mit 203 Kilogramm in die Höhe riss, um olympisches Gold zu gewinnen? Nein, er nahm den Schmerz und die Anstrengung an und stieß einen Kraftschrei aus, um dadurch die Energie in sich zu mobilisieren, das schwergewichtige Problem überwinden zu können.

> **Das größte Problem vieler Menschen: Sie glauben, keine Probleme haben zu dürfen**

Das Problem der meisten Menschen ist gar nicht ihr Problem. Das Problem ist, dass viele glauben, keine Probleme haben zu dürfen. Das wirkliche Problem ist unsere problematische Einstellung zu Problemen. Weil wir irgendwann mal gelernt haben, dass man keine Probleme haben sollte. Denn wer Probleme hat, der lebt falsch, richtig? Nein, nicht richtig!

Die Wahrheit ist, dass ein Problem nur dann wirklich gelöst werden kann, wenn man es annimmt und seine Existenz akzeptiert. Das kann nicht gehen, wenn man nicht einmal das Wort aussprechen darf. Diese Schönmalerei führt häufig dazu, dass die notwendige Energie nicht mobilisiert werden kann, um ein Problem aktiv anzugehen und es zu lösen. Ganz nach dem alten Kindermotto: Wenn ich dich nicht sehe, siehst du mich auch nicht.

Ja, Sie dürfen sich ärgern, wenn ein Problem auftaucht. Und ja, Sie dürfen dann auch in Ihrem Auto mit den Fäusten auf das Lenkrad trommeln wie ein afrikanischer Buschhäuptling oder gepflegt unge-

pflegte Worte schreien. Man muss doch nicht immer nur ausschließlich auf der positiven Gefühlswolke über jeden Problemberg gleiten.
Ich bin definitiv ein großer Freund der positiven Psychologie und ver-
trete die Meinung, dass man sich nicht zu lange mit negativen Gedanken und Gefühlen aufhalten sollte. Doch meine Erfahrung zeigt auch:
Je länger man zwanghaft versucht, ausschließlich positiv zu bleiben,
und alles Negative kategorisch verdrängt, desto schwerer wird es tatsächlich, wirklich positiv zu bleiben. Also entspannen Sie sich, Sie
dürfen ruhig auch mal ein Problem haben und sich darüber ein paar
Minuten aufregen.

*Phrase 2:*
*Der einfache Weg zu Erfolg und Veränderung ist ...*
Diese Phrase ist die zentrale Philosophie der Wellness-Esoterik-Be-
wegung in den letzten Jahren. Damit will man den Menschen suggerieren, dass Erfolg ganz mühelos erreicht wird, rein durch die Veränderung der Gedanken. Klingt gut. Verkauft sich auch gut. Ist aber
Blödsinn. Denn weder Erfolg noch Veränderung sind einfach.

Ich möchte damit keinesfalls behaupten, dass Erfolg und Veränderungen zwangsweise immer schwierig sein müssen. Es geht einfach
nur darum, sich bewusst zu machen, was es bedeutet, sich für eine
Veränderung oder einen erwünschten Erfolg zu entscheiden.

Jede Veränderung beziehungsweise jedes gesetzte Ziel, zu dessen Erreichung man sich selbst verpflichtet, bringt Opfer mit sich. Es ist immer ein Preis zu bezahlen, egal, was man tut oder lässt. Diesen Preis
bezahlt man in Form von Geduld, Anstrengung, Zeit, Geld oder auch
anderen Dingen. Sie wohnen niemals mietfrei im Haus des Erfolgs. Es
ist immer eine Form von Aufwand damit verbunden, denn jeder Out-
put benötigt Input – in der Wirtschaft wie auch allgemein im Leben.

Aber: Die Aussage »Alles hat seinen Preis« verkauft sich nicht so gut
wie ein Buchtitel à la »Bezahlter Urlaub für immer« oder »Wie Sie
mühelos Ihre Ziele erreichen«. Doch ich will Ihnen in diesem Buch
die Wahrheit bieten, die bislang gerne verschwiegen wurde. In die-

ser Hinsicht halte es mit Ihnen wie ein guter Freund. Wirklich gute Freunde sind nicht dazu da, um Ihnen zu sagen, was Sie hören wollen, sondern um Ihnen das zu sagen, was Sie hören müssen.

In manchen Fällen ist nur ein kleineres Opfer für den gewünschten Erfolg notwendig, was die Sache dementsprechend leichter macht. In anderen Fällen ist der zu bezahlende Preis für die Veränderung allerdings exorbitant hoch. Die Wahrheit ist: Wer Gewicht verlieren will, muss die Kartoffelchips aufgeben. Wer aufhören will zu streiten, muss lernen, sein Temperament zu zügeln. Wer seine finanzielle Situation verbessern möchte, muss entweder mehr sparen oder mehr Geld verdienen. All das kostet Energie, denn es müssen bestimmte alte Gewohnheitsmuster und Routinen gebrochen und durch neue ersetzt werden. Wer sagt, dass das leicht ist, der lügt – Punkt, aus. Zur Natur des Menschen gehört offenbar das Gewohnheitsprinzip. Nicht umsonst heißt es ja: Der Mensch ist ein Gewohnheitstier. Der Körper mag keine Veränderungen, denn er will Energie sparen; und Gewohnheiten, Routinen und Automatismen sparen Energie. Das ist ein biologisches Naturgesetz.

> **Es ist immer ein Preis zu zahlen, egal, welches Ziel man anstrebt**

Um es bildlich auszudrücken: Wer die Spitze eines Berges definiert, auf den er steigen will, definiert auch gleichzeitig die Tiefe des Tals, das er durchschreiten muss. Die Ratgeberliteratur der letzten Jahre hat aus Gründen der Verkaufsförderung oftmals nur die schöne Aussicht auf dem Gipfel des Erfolgs beschrieben, den jeder mit der richtigen Einstellung erreichen kann. Die tolle Aussicht war nicht die Lüge, aber vom Weg dorthin wurde nichts erzählt. Was es nämlich an Entbehrungen bedeutet, nach oben zu kommen und vor allem auch oben zu bleiben, verrät einem kaum einer der Apostel des »positiven Denkens« und »richtigen Wünschens«. Die Wahrheit aber ist, dass es keinen einzigen erfolgreichen Profisportler, Musiker, Schauspieler, Unternehmer oder sonstigen Menschen auf der Welt gibt, der den Weg nach oben mühelos gegangen ist, rein durch eine positive Einstellung. Die verkauften Scheinweisheiten und Erfolgsstrategien widersprechen also ganz klar der jahrhundertealten Realität, die überall zu beobachten wäre, wenn man nur mal hinschauen würde.

*Phrase 3:*
*Das Einzige, was Sie tun müssen, ist …*
Charismatische Motivations- und Erfolgsgurus verkünden seit Jahrzehnten, dass sie den Schlüssel für alle Probleme haben. »Das Einzige, was Sie zu tun haben, um reich, glücklich, erfolgreich, unwiderstehlich zu werden, ist …« Sorry, aber da galoppiert ja schon von Anfang an der Unsinn ins Gehirn.

Ich sage Ihnen: Das Einzige, was Sie zu lassen haben, um dabei nicht gewaltig auf die Nase zu fliegen, ist, solchen Phrasen zu glauben. Es gibt nicht die eine Sache, die es zu lernen oder zu befolgen gilt, um all Ihre Träume erreichen zu können. Es hört sich aus Marketingsicht nur wieder gut an, dass man den Leuten erzählt, sie hätten nur eine einzige Sache zu befolgen, dann würde alles bestens laufen. Erfolg aber ist komplex. Es gilt mit einer Sache zu beginnen und nach und nach die einzelnen Sprossen der Erfolgsleiter hochzusteigen. Und es gibt keine Leiter, deren Spitze man mit einem Schritt erreichen kann.

Erfolg ist ein ständiges Lernen aus verschiedensten Erfahrungen. Und Erfahrungen ergeben sich auch aus falschen Entscheidungen, also aus Fehlern. Diese manchmal notwendigen Fehler können Sie nur dann machen, wenn Sie viel ausprobieren. Aus diesem Grund gibt es vieles, was Sie zu lernen und zu beachten haben auf Ihrem Weg. Also lassen Sie sich bitte künftig nie mehr die eierlegende Wollmilchsau vom »einzigen goldenen Erfolgsschlüssel« versprechen. Das ist pure Motivationslügerei!

## Motivationstrainer ade – warum man Motivation nicht trainieren kann

Es gibt im Bereich der Motivation einen sehr großen Irrtum: nämlich dass Wille und Motivation das Gleiche sind. Tatsächlich sind Willenskraft und Motivationskraft zwei komplett unterschiedliche Antreiber, die sich im Optimalfall gegenseitig ergänzen. Obwohl Gehirnforscher dies bereits vor einigen Jahren beweisen konnten, haben die meis ten selbst ernannten Experten das noch immer nicht kapiert und geben auf Bühnen oder in Büchern weiterhin ziemlich viel Unfug zum Besten. Es gibt beispielsweise zahlreiche ehemalige Profisportler, die berichten, wie sie mit großem Willen und starker Disziplin gewisse Erfolge erreicht haben. Wer diese Fähigkeiten allerdings mit Motivation verwechselt, die man sich antrainieren könnte, hat gar nichts verstanden.

### Die Lebensmotive sind stabil

Motivation ist ein unbewusst entstehendes, natürliches Streben eines Menschen, seine emotionalen Bedürfnisse zielgerichtet zu befriedigen. Unsere Motivation ist bildlich gesprochen also so etwas wie der emotionale Fingerabdruck unserer Persönlichkeit. Das Bild des Fingerabdrucks passt auch deswegen gut, weil sich die Grundzüge der Lebensmotive eines Menschen im Laufe seines Lebens nicht mehr wesentlich verändern. Dies bestätigen unter anderem auch die jahrzehntelangen Forschungsarbeiten des amerikanischen Motivationspsychologen Dr. Steven Reiss, der weltweit zu den führenden Experten der Motivationsforschung zählt. Reiss führte zusammen mit einem Forscherteam zahlreiche Studien durch, an denen Tausende von Probanden aus verschiedenen Alters-, Berufs- und ethnischen Gruppen teilnahmen. Er konnte wissenschaftlich fundiert nachweisen, dass Motivation ein auf Emotionen basierendes, natürliches Grundstreben des Menschen ist, das weder rational beeinflussbar noch im Laufe eines Lebens wesentlich veränderbar ist. Schon der deutsche Philosoph Arthur Schopenhauer brachte es seinerzeit auf den Punkt, als er sagte: »Der Mensch kann zwar tun, was er will, aber er kann nicht wollen, was er will.«

**Motivation ist das Streben danach, seine emotionalen Bedürfnisse zielgerichtet zu befriedigen**

Der Gegenspieler der Motivation ist die Volition. Volition ist die Willenskraft und Umsetzungsstärke eines Menschen. Sie ist im Gegensatz zur Motivation die bewusste willentliche Umsetzung von Zielen und Motiven in Ergebnisse. Bei diesem Umsetzungsprozess sind in der

Regel bestimmte Handlungsbarrieren oder Schwierigkeiten zu überwinden. Genau für diese Überwindung braucht man die Willenskraft. Daraus ergibt sich ein neuer Blickwinkel, denn: Motivation ist vereinfacht gesagt das, was ein Mensch von Natur aus will. Volition ist wiederum die benötigte Kraft, um dieses Wollen in Ergebnisse umsetzen zu können. Bei dieser Umsetzung gibt es oftmals Handlungsbarrieren und Probleme zu überwinden, die nicht angenehm sind. Willenskraft ist also im Grunde die Fähigkeit, etwas zu tun, was man von Natur aus eigentlich gar nicht tun will.

Nehmen wir ein praktisches Beispiel. Stellen Sie sich einen Menschen mit einer ausgeprägten Form von »Eigenschweißallergie«, man könnte auch »Faulheit« sagen, vor. Jemand, für den Sport die nebensächlichste Nebensache der Welt ist, ist durchaus motiviert. Allerdings dafür, seinen inneren Wunsch nach Bequemlichkeit zu verwirklichen. Er will nach dem Motto leben: »Wenn du jemanden beim Ausruhen triffst, hilf ihm.«

Nehmen wir weiter an, dieser bequeme Mensch leidet mit Mitte 40 an starkem Übergewicht und bekommt von seinem Arzt die Empfehlung, sich mindestens zweimal in der Woche für jeweils 45 Minuten sportlich zu betätigen. Um diesen Auftrag umsetzen zu können, braucht der Mann sehr viel Volition, also Willenskraft. Er muss zweimal in der Woche gegen seine natürliche Motivation der Bequemlichkeit handeln, um das Ziel des Abnehmens und somit gesteigerter körperlicher Gesundheit erreichen zu können. Wenn unser Freund dann nach zwei Wochen wieder täglich faul vor dem Fernseher sitzt, anstatt über den Trimm-dich-Pfad im Wald zu hoppeln, dann war das nicht ein Problem seiner Motivation, sondern seiner Volition. Denn er verhält sich motiviert, da er seinem natürlichen inneren Streben nachgibt – was nicht immer das Beste sein muss, wie man sieht.

### Eine Abrechnung mit dem Beruf des Motivationstrainers

Wer diesen Zusammenhang nun verstanden hat, erkennt, dass man Motivation überhaupt nicht trainieren kann. Denn Lebensmotive sind mehr oder weniger »festgelegte« Bedürfnisstrukturen eines Menschen, die eine hohe Zeitstabilität haben. Aus diesem Grund ist auch die Berufsbezeichnung des »Motivationstrainers« unsinnig. Falls Sie schon mal auf meiner Facebook-Seite waren, werden Sie aber vielleicht gesehen haben, dass auch ich dort unter »Steffen Kirchner Motivationstrainer und Mentalcoach« zu finden bin. Das hat den einfachen Hintergrund, dass sich diese im Grunde fehlerhafte Berufsbezeichnung so stark eingebürgert hat, dass man kaum drum herumkommt, diese Begrifflichkeit im eigenen Marketing zu verwenden. Andernfalls wird man von potenziellen Kunden im Internet gar nicht gefunden. Daher habe ich sie schweren Herzens übernommen, mit dem persönlichen Hintergedanken, damit viele Menschen auf meine Arbeit aufmerksam zu machen, um ihnen dann die fehlerhafte Sichtweise zum Thema Motivationstraining erklären zu können.

Es ist nicht unsere Aufgabe, die Motivation von anderen zu trainieren. Aber wir können Menschen dabei unterstützen, wieder wahrzunehmen, wie sie eigentlich motiviert sind und was genau sie in ihrem Leben emotional bewegt. Motivation kann man nur erkennen und dann in der Folge auch versuchen zu leben. Motive kann man nicht durch Trainingsmethoden »besser« machen. Wer an seiner oder der Persönlichkeit anderer ständig herumtrainiert oder schraubt, verfolgt damit keine Persönlichkeitsentwicklung, sondern Manipulation. Entwickeln kann sich etwas nur, wenn man es freilässt.

Ein bequemer Mensch ist und bleibt ein bequemer Mensch. Deshalb kann man ihn trotzdem dazu bewegen, zweimal in der Woche die vom Arzt auferlegte Sporteinheit zur Gewichtsabnahme durchzuziehen. Aber eben nicht über den Versuch, ein Bedürfnis nach sportlicher Aktivität von außen anzutrainieren. Und schon gleich gar nicht über Motivationstrainer, die in Büchern oder Vorträgen »Beweg deinen Arsch!« brüllen.

Im Gegensatz zur Motivation ist die Volition durchaus trainierbar. Unsere Willenskraft ist vergleichbar mit einem Muskel, den es zu stärken gilt. Genau hier setzen oftmals dann auch die sogenannten Motivationstrainer an, oft ohne dass ihnen bewusst ist, an welcher Stelle ihre

»Trainingsmethoden« ansetzen, wenn sie über die Kraft von Disziplin oder Selbstüberwindung sprechen. All das hat nichts mit Motivation zu tun, sondern mit der genau entgegengesetzten Fähigkeit.

Zwischen Motivation und Volition unterscheiden zu können, ist für die Erziehung von Kindern, die Führung von Mitarbeitern oder auch die eigene Lebensführung absolut wesentlich. Es kann nämlich für einen Menschen definitiv nützlich sein, sich ab und an selbst überwinden zu können, um etwas zu tun, was ihm gerade widerstrebt. Allerdings kann und darf es nicht das Ziel sein, die eigenen Lebensbedürfnisse ständig in den Hintergrund zu rücken. Wohin es Menschen führt, die langfristig rein über die Willenskraft angetrieben werden, kann man an den vielen unglücklichen Gesichtern erkennen, die einem gehäuft in den Fluren erfolgreicher Großunternehmen begegnen. Die harten Zahlen stimmen, doch die Menschen haben sich dabei oft auch weit von sich selbst entfernt. Viele sind zwar erfolgreich, aber nicht mehr erfüllt, da sie vor Jahren gelernt haben, täglich zu funktionieren und sich selbst zu etwas zu überwinden, was sie im Grunde gar nicht wollen.

**Im Gegensatz zur Motivation ist die Willenskraft trainierbar**

### Achten Sie auf Ihr Lebensenergiekonto

Stellen Sie sich die menschliche Motivation bildhaft wie ein Bankkonto vor. Das Geld auf diesem Konto ist Ihre Lebensenergie. Wenn Sie nun mit Willenskraft etwas tun, was Sie Energie kostet, dann ist das bildlich gesprochen nichts anderes als eine Geldabhebung. Richten Sie gar gleich einen Dauerauftrag ein, reduziert sich der Kontostand mittel- bis langfristig merklich. Umgangssprachlich wird hierbei auch von Energiekillern im Leben gesprochen, was je nach persönlicher Situation das Arbeitsumfeld, Selbstvorwürfe, Ängste, Streit, eine Krankheit, der regelmäßige Zwangsbesuch im Fitnessstudio oder auch der unausweichliche Besuch der ungeliebten Schwiegermutter (Spitzname »Schwiegermonster«) sein kann.

Es versteht sich von selbst, dass am Ende des Tages mindestens so viel Energie auf das Konto eingezahlt werden sollte, wie auf der anderen Seite abgehoben wird. Andernfalls führt das Ganze in eine Überschuldung oder einen Konkurs. Einzahlungen nehmen Sie vor, indem Sie Ihre Lebensmotive erfüllen und tun, was Ihnen wirklich wichtig ist, außerdem füllt sich das Konto durch positive Mitmenschen, Lob, Wertschätzung und vieles mehr. Das Ziel ist es nicht, nur Geld (Energie) auf Ihrem Konto anzuhäufen, denn Geld bekommt nur einen Sinn, wenn man es in etwas investiert. Die Energie, die Sie bekommen, wenn Sie tun, was Sie lieben, gilt es zu investieren in die Tätigkeiten, die Ihnen auf dem Weg zum Ziel ab und an schwerfallen. Investieren Sie täglich, aber mit Bedacht und Augenmaß. Um sich erfüllt fühlen zu können, ist es das Wichtigste, dass Ihr Energiekonto im Plus bleibt.

Die möglichen Folgen, die sich daraus ergeben können, dass man tagtäglich mehr Energie investiert, als man bekommt, sind hinlänglich bekannt. Nicht umsonst heißt es so schön: »Ich fühle mich ganz leer.« Aus diesem Grund ist es auch so wichtig, eine Lebensveränderung Schritt für Schritt und mit einer Strategie durchzuführen – und nicht, wie es diverse Lebenshilfegurus verkünden, von heute auf morgen ganz mühelos durch ein Fingerschnippen. Wer zehn Dinge im Leben gleichzeitig verändern will, kommt meist mit dem Einzahlen neuer Lebensenergie gar nicht so schnell hinterher, wie sie an anderer Stelle wieder abgehoben wird. So entsteht kein Lebensglück, sondern Depression und Burn-out.

Die Wahrheit ist natürlich auch: Es gibt kaum ein attraktives Ziel auf der Welt, das man ausschließlich aus der natürlichen Motivation heraus erreichen kann. Ein Energieinvestment zur Überwindung von Widerständen ist eigentlich immer notwendig.

**Der Preis einer Zielerreichung
ist die Menge an Lebensenergie, die wir dafür
aufzuwenden haben.**

Es ist unabdingbar, den Muskel der Überwindungskraft regelmäßig dosiert zu trainieren und somit die persönliche Willensstärke zu verbessern. Nur wer sich selbst überwinden kann und seine Komfortzonen ab und an verlässt, kommt im Leben auch auf Ebenen, auf denen er zuvor nicht war. Andererseits ist es eine große Motivationslüge, zu behaupten, man müsse sich stets außerhalb seiner Komfortzone bewegen. Die Willenskraft löst nicht sämtliche Probleme.

Der Eigenantrieb aus dem Willen heraus ist ein wichtiger Bestandteil. Der Antrieb aus dem Herzen heraus allerdings ist der wahre Kern. Gut beobachten kann man dies am Beispiel der Könige eiserner Selbstdisziplin und scheinbar grenzenloser Selbstüberwindung. Extremsportler Joey Kelly oder auch der Survivalexperte Rüdiger Nehberg haben in ihrem Leben bereits nahezu unmenschliche Leistungen erbracht. Dies wird immer mit ihrer Willenskraft erklärt, doch das ist nur die halbe Wahrheit. Spitzenleistungen sind keine reine Willensfrage, sondern entstehen durch ein Zusammenspiel mit der noch tiefer sitzenden Motivation und Inspiration. So hat bei Joey Kellys Extremtouren mit Sicherheit immer auch sein natürliches Bedürfnis nach öffentlicher Anerkennung einen großen Anteil am Erfolg. Anwesende Kamerateams helfen ihm dabei, die Energie zu entwickeln, um seine waghalsigen und kräftezehrenden Abenteuertouren erfolgreich zu beenden.

Der innere Antrieb für die spektakulären Aktionen des Überlebenskünstlers Rüdiger Nehberg, wie beispielsweise seine Überquerung des Atlantiks auf einem simplen Bambusfloß, entstand in erster Linie auf Basis seines großen Idealismus. Nehberg ist jemand, der die Welt verbessern möchte und das mit seiner Arbeit übrigens auch tut. Er ist kein Selbstdarsteller, sondern jemand, der eine tiefe Motivation verspürt, etwas Gutes für die Welt und andere Menschen zu bewirken. Mit seiner Atlantiküberquerung verfolgte er in den 90er-Jahren das große Ziel, möglichst viel Aufmerksamkeit für den damals dramatisch voranschreitenden Völkermord an den Yanomami-Indianern zu schaffen. Durch seine aufsehenerregende Aktion auf dem Meer gelang es ihm, die Medien für sein Anliegen zu gewinnen. Der so erzeugte öffentliche Druck auf die Regierung führte dazu, dass den Yanomami ein geschütztes Reservat zugestanden wurde, in dem sie bis heute glücklich und sicher leben. Weiterhin ist Rüdiger Nehbergs Stiftung TARGET zu erwähnen, die sich bereits seit Jahren auf eindrucksvollste Weise und sehr erfolgreich gegen die weibliche Genitalverstümmlung einsetzt.

Triebfeder und Grundlage von Nehbergs Tun ist seit jeher nicht seine Willenskraft, sondern sein großes idealistisches Bedürfnis, das Leben anderer Menschen ein Stück besser zu machen. Dies hat ihm in den letzten Jahrzehnten die Energie gegeben, um in der Folge die notwendige Willenskraft entwickeln zu können. Diese Willenskraft war notwendig, denn teilweise riskierte er bei der Umsetzung seiner Projekte sein Leben. Nehbergs Grundlage sind seine Motivation und Inspiration, der Wille ist sein Werkzeug. Rüdiger Nehberg hat seine Motivation nie trainieren müssen. Er ist hochgradig motiviert – manchmal könnte man sogar meinen, er war fast übermotiviert. Motivationstechniken oder Tschakka-Gebrüll braucht er jedenfalls genauso wenig, wie Sie so etwas brauchen. Was der umtriebige Menschenrechtsaktivist hat, ist viel wertvoller: Er weiß, wer er ist und welche Bedürfnisse ihn im Leben antreiben. Er ist stets seinem Herzen gefolgt und hat, getragen von diesem inneren Streben, auch seinen Willen durch tägliches Training gestärkt. Mit Motivationstraining hat all das nichts zu tun, sondern mit Lebenssinn.

# Manipulationsspiele – wie Motivation missbraucht wird

Auf dem Rücken der Motivationslehre werden heute viele Kämpfe ausgefochten. Häufig entsteht der Eindruck, Motivation hätte etwas mit der Manipulation von Mitarbeitern, Kindern oder wem auch immer zu tun. Diese Sichtweise ist nachvollziehbar, geht aber dennoch komplett an der Wahrheit vorbei. Wer die Bedürfnisse und inneren Antreiber von Menschen auf egoistische Weise manipuliert, motiviert sie über kurz oder lang zu Tode. Eine auf Nachhaltigkeit orientierte Motivationsphilosophie stellt stets die Beziehungsoptimierung in den Mittelpunkt. Es kann keine langfristig hochwertige Motivationsqualität geben, wenn das Verhältnis zwischen den daran beteiligten Menschen nicht stimmt. Es ist wie mit Kindern: Erziehung geht nur durch Beziehung.

Es gibt verschiedene Typen von »Motivationskünstlern«, die in diesem Zusammenhang ganz unterschiedliche Strategien verfolgen. Die Welt des Profifußballs zeigt dies besonders schön. Felix Magath, der dafür bekannt ist, Spielern mit fiesen Medizinballübungen und militärischem Drill Beine zu machen, nutzt eher Motivationsmethoden wie Druck, Stress, Angst und Kontrolle. Nicht umsonst hat er bereits vor langer Zeit den Spitznamen »Quälix« verliehen bekommen. Sein Beispiel zeigt, dass man in Kombination mit hoher Fachkompetenz auf diese Weise durchaus erfolgreich sein kann. Allerdings nur immer sehr kurzzeitig. Magath bekleidete in den rund 22 Jahren seiner Profikarriere als Trainer elf Trainerstationen (Stand Ende 2014). Das entspricht einer durchschnittlichen Verweildauer von rund zwei Jahren. Bei allem Respekt für die Erfolge von Felix Magath: Nachhaltigkeit sieht anders aus. Verwunderlich ist der ständige Wechsel seiner Arbeitgeber allerdings nicht. Denn wer primär über negative Emotionen und Motivationsmethoden arbeitet, zerstört Menschen inklusive der Beziehungsebene zu ihnen. Wenn dann der Trainer »seine Spieler nicht mehr erreicht«, wird es Zeit für einen Wechsel.

Dass auch das harte Geschäft des professionellen Fußballs so nicht funktionieren muss, zeigten in der Vergangenheit verschiedene Gegenbeispiele, etwa Ottmar Hitzfeld und Jürgen Klopp. Beide können ebenfalls auf viele Jahre im Profigeschäft zurückblicken, standen bei ihren Klubs aber immer sehr lange unter Vertrag. Hitzfeld war alleine in Deutschland 13 Jahre lang Klubtrainer, davon rund sechs Jahre bei Borussia Dortmund und sieben Jahre bei Bayern München. Seine Erfolge mit diversen Deutschen Meisterschaften, Pokalsiegen und den beiden Champions-League-Triumphen 1997 und 2001 sprechen für sich. Auch Jürgen Klopps Bilanz ist eindrucksvoll. Jeweils sieben Jahre hat er als Profitrainer für den 1. FSV Mainz 05 und Borussia Dortmund gearbeitet. Die Mainzer führte er in die 1. Bundesliga; in Dortmund erreichte er zwei Deutsche Meistertitel, einen Pokalsieg und ein Finale in der Champions League. Leute wie Hitzfeld und Klopp werden in der Branche und sogar darüber hinaus allgemein sehr geschätzt. Hier scheint es einen wesentlichen Unterschied in der Grundphilosophie im Vergleich zu Felix Magath zu geben.

**Museumsreif: das Prinzip »Pünktlich kommen, arbeiten und Klappe halten«**

Die alten Diktaturmethoden, die in den 80er- und 90er-Jahren noch funktioniert haben, da sie gemeinhin akzeptiert wurden, sind bei der neuen Generation Gott sei Dank kaum mehr umsetzbar. Mündige Angestellte lassen sich weder im Sport noch in der Wirtschaft so wehrlos abrichten, wie das im Industriezeitalter der Fall war. Das Prinzip »Pünktlich kommen, arbeiten und Klappe halten« gehört schon längst ins Museum, auch wenn das zu mancher Führungskraft mit antiquierten Einstellungen offenbar noch nicht ganz durchgedrungen ist. Es geht heute vielmehr darum, den anderen zu verstehen, mit ihm offen zu kommunizieren, sich für ihn ehrlich zu interessieren und einzusetzen. Die Aufgabe besteht darin, Menschen den Freiraum zu geben, den sie brauchen, damit sie ihre natürliche Motivation entfalten können. Die Menschheitsgeschichte ist voll von Befreiungsgeschichten. In der heutigen Arbeitswelt erleben wir in gewisser Weise nun dasselbe. Erfolgreiche, moderne Führungskräfte agieren aus der Mitte ihres Teams heraus und sitzen nicht wie ein Sklaventreiber hoch oben auf einem Thron, um von dort dem Arbeitervolk ihre

Befehle zu diktieren. Die Zeit der Alleinherrscher und Diktatoren ist eindeutig vorbei.

## Motivation ist keine Manipulation

Oft verschwimmen die Grenzen zwischen Motivation einerseits und Manipulation andererseits. Das Vorurteil, dass jede Motivation automatisch auch eine Form der Manipulation darstelle, kann ich so nicht gelten lassen. Natürlich ist der Versuch, jemanden zu motivieren, genau genommen ein Manipulationsversuch, da versucht wird, das Gegenüber zu beeinflussen. Bei dieser Sichtweise wäre aber generell jedes Gespräch Manipulation. Jeder Satz, den Eltern zu ihren Kindern sagen, jede Botschaft, die Lehrer ihren Schülern mitteilen, jeder Arbeitsauftrag, den Führungskräfte ihren Mitarbeitern geben – all das wäre dann Manipulation im engsten Sinne.

Unterstellt wird hier eine negative, manipulative Absicht mit dem Ziel, jemand anderem zu schaden. In der Psychologie, Soziologie und Politik bedeutet »Manipulation« eine gezielte Einflussnahme auf das Verhalten von Einzelnen oder Gruppen, die diesen verborgen bleiben soll. Hier geht es also darum, Einfluss auf sein Gegenüber zu nehmen, *ohne* dass dieser davon Notiz nimmt.

**Motivation hat das Ziel, dass sich Menschen besser und stärker fühlen**

Wirkliche Motivation von Menschen hat genau das Gegenteil zum Ziel. Natürlich nimmt man mit einer Motivierungsmaßnahme, etwa mit einem ehrlichen Lob oder einem Dankeschön, Einfluss auf sein Gegenüber. Die Einflussnahme ist hierbei jedoch nicht latent, sondern manifest und von einer positiven Absicht getragen. Eine menschenorientierte und seriöse Motivationsstrategie hat im Gegensatz zu Manipulationsmaßnahmen niemals das Ziel, jemanden unbemerkt dazu zu bringen, etwas zu tun, was er gar nicht tun will. Vielmehr geht es gerade um Offenheit und eine verbesserte Beziehungsqualität zwischen beiden Parteien. Motivation hat das Ziel, dass sich Menschen besser und stärker fühlen. Sie soll Leistung und Gefühlsqualität steigern, anstatt die Ressourcen der Mitarbeiter auszubeuten. Motivorientierte Führung ist keine verdeckte emotionale Schmiergeldzahlung, sondern eine offene »Überweisung« auf das »Energiekonto« des Gegenübers. Menschenorientierte Motivierung stellt Beziehung her, anstatt zu trennen. Wer seinem Gesprächspartner das Gefühl gibt, bedeutsam zu sein, und ihm echte Aufmerksamkeit schenkt, löst bei ihm hohe Aktivitäten in den Motivationszentren des Gehirns aus.

## Das Wichtigste, was Sie einem Menschen schenken können, ist echte Aufmerksamkeit.

Der Satz »Behandle jeden so, wie du selbst behandelt werden willst« ist in Bezug auf motivorientierte Menschenführung ein Trugschluss. Denn nicht jeder möchte so behandelt werden wie Sie. Leider betätigen sich viele sogenannte Motivationsexperten eher als Manipulationsexperten, da sie anderen Menschen nicht das sagen, was sie hören müssten, sondern nur das, was sie hören sollen. Menschen zu voller Größe und Stärke aufblühen zu lassen, ist in Wahrheit gar nicht immer erwünscht. Denn starke Menschen sind schwerer zu kontrollieren und auch schwerer zu regieren. In einer persischen Parabel heißt es dazu so schön: »Keiner darf so wachsen, wie er will, weil sonst die anderen merken würden, dass auch sie nicht so gewachsen sind, wie sie es eigentlich mal wollten.«

Auf dem heimischen Fensterbrett machen sich diese Bonsaibäumchen ganz nett. Doch ein Mensch ist kein Bonsaibaum, den man in eine gewünschte Form biegen sollte. Man muss den Leuten in ihrer Entwicklung Freiraum lassen, ohne dabei ihr Wachstum zu unter-

drücken oder nach dem Geht-nicht-gibt's-nicht-Prinzip an ihnen zu
ziehen.

**Halten Sie niemanden kleiner,
als er sein könnte,
aber machen Sie ihn auch nicht größer,
als er sein will.**

## Jeder kann alles schaffen? Warum Motivationsmärchen »in« sind

Die Lügenmärchen der Motivationsbranche entstehen oftmals durch
gezielte Manipulationsversuche, manchmal aber auch schlicht und
einfach durch eine Kombination aus gefährlichem Halbwissen und
totaler Ahnungslosigkeit. Besonders die Motivationstipps, die auf
pseudowissenschaftlichen Füßen stehen, erfreuen sich großer Be-
liebtheit. Schauen wir uns zunächst den bekanntesten Klassiker unter
den Motivationsmärchen an: die Fabel von der Flugunfähigkeit von
Hummeln.

### Die Lüge vom Hummel-Prinzip

Eine Hummel hat nur 0,7 Quadratzentimenter Flügelfläche und wiegt
gleichzeitig aber 1,2 Gramm. Genauso wie ein Ottfried Fischer nur
schwer Weitsprungweltmeister werden kann, ist es nach den Gesetzen der Aerodynamik unmöglich, bei diesem physikalischen Verhältnis zu fliegen – heißt es. Hummeln müssten daher eigentlich wie Stei-

ne vom Himmel fallen. Diese Hypothese formulierten Forscher in den 30er-Jahren, als sie gerade erst damit begannen, die aerodynamischen Prinzipien des Fliegens zu verstehen. Diesen damaligen Wissensstand nahmen die Positiv-denken-Fetischisten natürlich mit Freude zum Anlass, um daraus ein Märchen zu kreieren, das den Glauben an die grenzenlose Macht des eigenen Geistes untermauern sollte. Denn die Botschaft des Hummel-Prinzips ist natürlich, dass eine Hummel zwar nach den Gesetzen der Physik nicht fliegen kann, doch da sie davon nichts weiß, fliegt sie eben trotzdem. Zack – und schon hat man wieder den »wissenschaftlichen« Beweis dafür, dass doch alles geht, wenn man nur daran glaubt.

Zugegeben: Diese Story ist wirklich schön. Aber sie ist eben nicht wahr. Wer dieses Motivationsmärchen auf Basis der heutigen wissenschaftlichen Erkenntnisse, also über 80 Jahre später, überprüft, der stößt schnell auf einen experimentellen Nachweis von Charles Ellington aus dem Jahr 1996, der die Wahrheit ganz anders aussehen lässt, als es uns die Berufsesoteriker weismachen wollen. Die Flugfähigkeit der Hummel hat nämlich weder etwas mit ihrem unerschütterlichen Glauben und positiven Denken zu tun noch damit, dass sie nichts von physikalischen Gesetzen weiß. An der Universität in Cambridge führte Ellington Versuche zum Insektenflug durch. Dabei fand er heraus, dass beim Flügelschlag der Hummel sogenannte Wirbel erzeugt werden, die ähnlich einem Tornado einen gewissen Auftrieb erzeugen. Das Forscherteam wollte es ganz genau wissen und untersuchte das Flugverhalten von Insekten in einem Windkanal. Die anströmende Luft wurde mit Rauch versetzt, sodass mit einer Hochgeschwindigkeitskamera Bilder von der Strömung gemacht werden konnten. Somit war für jeden sichtbar, dass für den größten Teil des Auftriebs nicht das Flügelflattern, sondern ein bis dahin unbekannter zylinderförmiger Wirbel an der Flügelvorderseite der Insekten verantwortlich war. Die Hummel kann also fliegen, weil sie von diesem Auftrieb getragen wird, und nicht, weil sie an etwas glaubt oder nicht glaubt.

Der Punkt ist: Durch die Kraft des eigenen Glaubens an persönliche Fähigkeiten und Möglichkeiten kann man durchaus in bestimmten Situationen kaum für möglich Gehaltenes doch schaffen. Das beweisen

Menschen nach Naturkatastrophen, im Profisport oder auch in anderen Lebensbereichen Jahr für Jahr aufs Neue. Es ist allerdings einfach unnötig, das Vertrauen der Leute in die oft unvorstellbare Kraft des Geistes durch solche pseudowissenschaftlichen Lügengeschichten zu missbrauchen. Jeder, der heute über einen Internetzugang verfügt, kann herausfinden, dass die Geschichte komplett erfunden und erlogen ist. Das Schlimme daran ist, dass die »Experten«, die diesen Nonsens seit Ewigkeiten erzählen, über die neuen wissenschaftlichen Erkenntnisse der Forscher längst Bescheid wissen. Denn das Phänomen wurde schon vor über 15 Jahren aufgeklärt! Doch diese neue Wahrheit passt einfach nicht ins Konzept des positiven Denkens – also schweigt man sie lieber tot. So wird ein Irrtum der Vergangenheit zu einer bewussten Motivationslüge in der Gegenwart. Wie so oft mangelt es nicht an Informationen, sondern an Ehrlichkeit.

### Fragwürdige Interpretationen des Marshmallow-Tests

Ein zweites typisches Beispiel dafür, wie aus einer wissenschaftlichen Studie eine mehr als fragwürdige Schlussfolgerung gezogen wird, ist der berühmte Marshmallow-Test von Walter Mischel. Zwischen 1968 bis 1974 führte Mischel mit Kindern Experimente zum Belohnungsaufschub durch. In Einzelsitzungen wurde den etwa vier Jahre alten Kindern eine begehrte Süßigkeit vor Augen geführt, beispielsweise ein Marshmallow. Der Versuchsleiter sagte dem jeweiligen Kind, dass er nun für unbestimmte Zeit den Raum verlassen würde, und verdeutlichte ihm, dass es ihn durch das Klingeln einer Glocke jederzeit zurückrufen konnte, um dann ein Marshmallow zu erhalten. Würde das Kind aber warten, bis der Versuchsleiter von selbst zurückkommt, bekommt es gleich zwei Marshmallows. Wenn die Kinder die Glocke nicht betätigten, kehrte der Versuchsleiter gewöhnlich nach rund 15 Minuten zurück. Das Experiment fand in den Folgejahren noch in diversen anderen Variationen statt.

In sogenannten Nachbeobachtungsstudien wurde nachgewiesen, dass die Kinder, die bei diesem Experiment signifikant länger warten konnten als andere, auch als Heranwachsende als deutlich kompetenter in schulischen und sozialen Bereichen beschrieben wurden, besser mit Frustration und Stress umgehen konnten und zudem eine tendenziell höhere schulische Leistungsfähigkeit zeigten. Auf gut Deutsch gesagt: Die Probanden, die ihren Naschimpuls besser im Griff hatten (man nennt das »Selbstregulation«), erfreuten sich später an einem besseren Leben als die anderen. So weit, so gut. Bei den Schlussfolgerungen allerdings gibt es aus meiner Sicht zwei grundsätzlich fehlerhafte Annahmen.

Der erste Irrtum lautet zusammengefasst: »Geduld ist die Tugend der Glücklichen.« Ich möchte doch infrage stellen, dass die Fähigkeit zur Geduld grundsätzlich glücklich macht. Was nachweislich stimmt, ist, dass leistungsfähige und erfolgreiche Menschen oftmals die Willenskraft besitzen, naheliegende Belohnungen geduldig aufzuschieben. Diese Fähigkeit lässt allerdings keine grundsätzliche Aussage über das subjektive Lebensglück des Betreffenden zu. Wiewohl ich davon überzeugt bin, dass es wichtig und sinnvoll ist, die Fähigkeit zur Geduld in gewissem Rahmen zu erlernen und zu trainieren, möchte ich auch darauf hinweisen, dass wir in einer Aufschiebe-Gesellschaft leben: Viele Menschen finden ihr Lebensglück deshalb nie, weil sie ihre Belohnung Jahre, Jahrzehnte, ja sogar manchmal das ganze Leben lang aufschieben. Oder haben Sie noch nie von der modernen Volkskrankheit »Aufschieberitis« (Prokrastination) gehört? Die Leute schieben nicht nur wichtige Aufgaben immer weiter hinaus, sondern auch das, was ihnen selbst im Leben wichtig wäre. Sie warten auf das, was sie so gerne hätten, bis nach Ende der Schulzeit, dann bis die Karriere läuft, bis der Kredit für das Haus abbezahlt ist, bis man eine Familie hat, bis die Kinder aus dem Gröbsten raus sind, bis die Kinder aus dem Haus raus sind, bis man im Ruhestand ist … und wenn sie nicht gestorben sind, dann warten sie noch heute auf ihr Glück. Eine stark ausgeprägte Fähigkeit zur Impulskontrolle und zum Belohnungsaufschub kann insofern Segen oder Fluch sein. Und zugleich kenne ich auch einen Haufen sehr ungeduldiger Menschen (mich selbst eingeschlossen), die absolut glücklich sind in ihrem Leben.

> **Es ist nicht immer ein Vorteil, geduldig zu warten**

Verstehen Sie mich bitte richtig, ich habe nichts gegen den Marshmallow-Test an sich. Ich bin nur gegen die Gießkannen-Botschaften, die man daraus ableitet: dass man Menschen damit vermitteln will, wie »richtig leben« funktioniert. Jeder kann seine Lebensqualität sicherlich in dem ein oder anderen Bereich optimieren, aber definitiv nicht jeder auf die gleiche Art und Weise beziehungsweise mit der gleichen Strategie. Was in einer Situation ein Glücksbringer ist, wird in der anderen Situation zum reinsten Gift. Das gilt auch für den unzerstörbaren Geduldsfaden und die Fähigkeit zum Belohnungsaufschub.

Eine weitere, noch viel haarsträubendere Schlussfolgerung aus dem Marshmallow-Test war, dass Geduld und die Fähigkeit zum Belohnungsaufschub mehr oder weniger angeboren seien. Ein riesiger Irrtum, wie sich einige Zeit später herausstellte. Auf www.alltagsforschung.de berichtet Daniel Rettig von Celeste Kidd, die in einem Heim für obdachlose Familien in Kalifornien arbeitete. Kidd entwickelte ihre eigene Theorie, als sie von Mischels Marshmallow-Studien las: Wenn Kinder es gewohnt seien, dass man ihnen ständig ihre Sachen wegnehme, dann führe das zu einer tiefgreifend emotionalen Entscheidung, eben nicht auf bessere Zeiten zu warten, sondern lieber gleich das zu nehmen, was einem aktuell sicher ist. Zusammen mit ihrem Doktorvater Richard Aslin initiierte sie eine neue Studie und kam zu folgendem Ergebnis: Ob ein Kind das Marshmallow sofort isst oder auf ein zweites wartet, kann von den Versuchsleitern manipuliert werden (vgl. Celeste Kidd / Holly Palmeri / Richard Aslin: Rational snacking. Young children's decision-making on the marshmallow task is moderated by beliefs about environmental reliability. Cognition 126, Nr. 1/2013).

**Geduld ist nicht angeboren**

Kidd erteilte zwei Gruppen von Kindern die Aufgabe, einen weißen Aufkleber zu bemalen, der später einen Trinkbecher schmücken sollte. Die Kinder der ersten Gruppe bekamen nun eine Dose mit gebrauchten Wachsmalstiften überreicht. Doch Kidd versprach, dass sie mal kurz aus dem Raum gehen werde, um neue und bessere Stifte zu holen. Und das tat sie auch. Nun legte sie einen kleinen Aufkleber auf den Tisch und sagte den Kindern, dass sie rasch noch mal schönere Aufkleber holen werde. Wenig später kehrte sie mit einer großen Auswahl von Aufklebern zurück.

Der Vergleichsgruppe machte sie dieselben Versprechen – allerdings mit dem großen Unterschied, dass sie ihre Versprechen brach. Sie habe einen Fehler gemacht, erklärte sie den drei- bis fünfjährigen Kindern, es seien keine neuen Stifte beziehungsweise keine neuen Aufkleber vorhanden. Und so erfuhren diese Kinder wiederholte Enttäuschungen.

Diese Erfahrungen prägten ganz offensichtlich das Verhalten beim anschließenden Marshmallow-Test. Während die Kinder der ersten Gruppe durchschnittlich zwölf Minuten warteten, griffen die Kinder der Vergleichsgruppe nach drei Minuten zu. Doch das war noch nicht alles: Immerhin neun Kinder der ersten Gruppe schafften es, die kompletten 15 Minuten zu warten, wohingegen dies nur ein Kind aus der zweiten Gruppe tat.

Wie Kidds Version des Marshmallow-Tests klar beweist, wird die Fähigkeit von Kindern zum Belohnungsaufschub erheblich von ihrer Umgebung und von ihren Erfahrungen beeinflusst. Das gilt übrigens nicht nur für Kinder, sondern auch für Erwachsene. Was lernen wir daraus? Fähigkeiten wie Selbstkontrolle, Willenskraft und Disziplin sind gut und schön, doch wenn sie für einen Menschen sinn- und wertlos erscheinen, werden sie vernachlässigt. Mit einer grundsätzlich fehlenden, nicht angeborenen Fähigkeit im Bereich der Volition hat all dies aber nicht viel zu tun. Menschen kommen nicht mit bestimmten Verhaltensweisen auf die Welt, sondern sie erlernen sie. Natürlich gibt es grundlegende Tendenzen bestimmter Persönlichkeitsausprägungen, die im Gehirn bereits kurz nach der Geburt festgelegt sind. Doch welche Verhaltensmuster und Fähigkeiten (inklusive der viel beschworenen Willensstärke) sich in der Folge daraus entwickeln, steht auf einem ganz anderen Blatt.

Was Sie also in erster Linie aus dem Marshmallow-Test lernen können, ist, dass die Wirksamkeit der Belohnungsdressur in direkter Abhängigkeit zu einer vertrauensvollen zwischenmenschlichen Beziehung steht. Nur auf dieser Basis besteht die Möglichkeit, dass eine Person dazu bereit ist, bisherige Verhaltensweisen und Persönlichkeitsmuster noch mal zu überdenken und gegebenenfalls sogar zu verändern. Kein Mensch wird sich mittel- bis langfristig gesehen durch hohle Versprechungen in seinem Verhalten lenken lassen, sondern ausschließlich durch die Erfahrung, dass sein Vertrauen nicht missbraucht, sondern gerechtfertigt ist. Menschen misstrauen übrigens nicht von Natur aus; Misstrauen wird in erster Linie durch sich wiederholende Erfahrungen erlernt. Dies gilt sowohl für die Mitarbeiterführung als auch für die Kindererziehung!

### Verkaufsförderung durch Motivationsmärchen

Mit diesen beiden Geschichten von der Hummel und dem Marshmallow-Test möchte ich verdeutlichen, dass es sich lohnt, bestimmte Geschichten und Botschaften genauer zu analysieren, um keinen Schaden aus falsch gezogenen Schlüssen zu erleiden. Oft enthalten solche Storys durchaus auch einen gewissen wahren Kern. Doch man sollte niemals komplett unreflektiert und naiv glauben, was so behauptet wird. Motivationsmärchen haben in aller Regel ein Hintergrundziel: Verkaufsförderung. Für dieses Ziel wird eine Motivationspropaganda erschaffen, mit der man die Leute nicht mehr über ein Thema informieren, sondern die Köpfe der Kernzielgruppe weichkochen will. Daher ist es wichtig, sich mit der Materie und ihren Zusammenhängen aktiv auseinanderzusetzen, anstatt alles zu schlucken, was einem vorgesetzt wird. Nur wer diese Eigenverantwortung übernimmt, kann versteckten Irrtümern und Motivationslügen entgegenwirken. Es gibt keine andere Wahl, als sich selbst darum zu kümmern. Wenn wir uns blind führen oder motivieren lassen, ohne in Eigeninitiative zu entdecken, wohin wir geführt werden, gelangen wir am Ende an Orte, an die wir niemals wollten.

Es gibt viele tolle Motivationsstrategien und Erkenntnisse auch aus der positiven Psychologie, die das Leben nachweislich verbessern können. Es lohnt sich also, sich mit mehreren Konzepten zu beschäftigen, denn den richtigen Weg für sich findet man schneller, wenn man ihn selbst sucht, anstatt ihn sich von anderen vorgeben zu lassen. Die Welt der Lebenshilfe-, Esoterik- und Motivationsratgeber ist in erster Linie keine Weltverbesserungsgemeinschaft, sondern ein riesiger Wachstumsmarkt, bei dem viele ihr Stück vom Kuchen abbekommen wollen. Die Konkurrenz wird dabei immer größer und die Kuchenstücke für einige immer kleiner. Vor allem für diejenigen, die mittlerweile kalte Füße kriegen, da die alte Volkshypnose und Verkaufsshow nicht mehr so leicht funktioniert wie noch vor einigen Jahren. Nicht zuletzt deshalb werden die Täuschungsmanöver und Lügengeschichten in Bezug auf Lebensmotivation und Glück mittlerweile immer skrupelloser.

## Das Geschäft mit Lebenshilfe und Motivation

Wenn Sie heute in große Buchhandlungen gehen, finden Sie oft eine riesige Abteilung für den Bereich Lebenshilfe, Psychologie, Management & Führung, Esoterik, Ratgeber und Spiritualität. Die Branche boomt nach wie vor. Neben unzähligen Büchern werden auch Kartensets, Power-Armbänder, Kalender und vieles mehr verkauft, was das Leben lebenswerter machen soll. Steine in Form von Delfinen, Elefanten, Herzen baumeln als Anhänger an einem Band und sollen die Kinder vor dem »unsichtbaren Gift der Umwelt« schützen. Natürlich ein echtes »Muss« für verantwortungsbewusste Eltern.

Die Umsatzmaschinerie im Coaching- und Seminarmarkt läuft auf Hochtouren. Der Deutsche Bundesverband Coaching geht davon aus, dass es allein in Deutschland etwa 8000 bis 9000 Business-Coaches gibt, die mit Coachingseminaren in Unternehmen rund 350 Millionen Euro umsetzen. In den vergangenen zehn Jahren sei der Markt im Schnitt zweistellig gewachsen. Grundsätzlich bewerte ich diese Entwicklung als positiv, da sie zeigt, dass für Mitarbeiter im Vergleich zu früher immer mehr getan wird, um

**Die Umsatzmaschinerie im Coaching- und Seminarmarkt läuft auf Hochtouren**

sie zu unterstützen. Allerdings wuchs in den letzten Jahren vor allem die Esoterikbranche besonders gewaltig. Esoterikmessen ziehen nach wie vor Zehntausende von Besuchern Jahr für Jahr an. Im Jahr 2000 lag der geschätzte Umsatz in Deutschland bei rund 9 Milliarden Euro, 2010 bereits bei 20 Milliarden. Der Heidelberger Zukunftsforscher Eike Wenzel beziffert den Umsatz, der mit Esoterik in Deutschland aktuell gemacht wird, auf rund 25 Milliarden Euro im Jahr und schätzt, dass er in wenigen Jahren bei rund 35 Milliarden liegen wird (vgl. Die Zeit; http://www.zeit.de/2010/28/Esoterik/komplettansicht).

Die Zahlen sind also gewaltig, wobei die einzelnen Bereiche aber bisweilen nur schwer voneinander abzugrenzen sind, zumal es neben den Ikonen der Lebenshilfebranche auch diverse größere Firmen gibt, die nichts anderes machen, als Gute-Laune-Zeug zu verkaufen. Diese Unternehmen haben manchmal auch dementsprechend fröhliche Namen und vermarkten seit Jahren mit wachsendem Erfolg ihre Merchandisingprodukte. Nur mal als Vergleich: Der Umsatz von Pornografie im Internet wurde im Jahr 2009 für Deutschland mit etwa 0,64 Milliarden Euro beziffert, macht somit nur einen Bruchteil der Summe aus, die im deutschen Lebenshilfe-, Esoterik- und Motivationssektor erzielt wird. Nur damit Sie mal eine Vorstellung von den Dimensionen der Branche bekommen.

Das Kerngeschäft des Psychomarkts ist nach wie vor der Verkauf von Büchern. Etliche Jahre waren Esoterik-Ratgeber wie *The Secret* von Rhonda Byrne der Renner auf dem Buchmarkt. Heinrich Hugendubel, Chef der größten deutschen Buchhandelskette, gab bereits vor mehreren Jahren offen und ehrlich zu, dass der Buchhandel »jahrelang nur von Esoterik und Reiseführern gelebt« habe (Spiegel 10/2000, Die Luftnummern der Lizenzstrategen). Das Berliner Unternehmen Questico machte mit seinen unerträglichen Astrologieshows im Fernsehen und den Telefonberatungen seiner mehr als 2500 freiberuflichen Hellseher bereits im Jahr 2010 über drei Millionen Euro Gewinn. Ich frage mich wirklich des Öfteren, warum in Deutschland ständig über die skurrilsten Verbote, Kontrollen und Beschränkungen diskutiert wird, während eine ganze Horde von Esoterikclowns beim Sender AstroTV jeden Tag Menschen öffentlich und ungestraft hinters

Licht führen dürfen. Hier würde sich tatsächlich mal eine genauere Prüfung anbieten, zu welch fatalen Folgeerscheinungen diese Hokuspokusberatungen bei den Kunden führen.

Natürlich ist jeder zurechnungsfähige erwachsene Mensch für sein Leben erst einmal selbst verantwortlich. Man kann sicherlich auch die Meinung vertreten, dass diejenigen, die sich an AstroTV oder sonstige dubiose Anbieter wenden, eben das bekommen, was sie verdienen. Mir ist klar, dass keiner zu diesen fahrlässigen Kontaktaufnahmen gezwungen wird und jeder Mensch seines eigenen Glückes Schmied ist. Doch die wirklich spannende Frage ist doch, warum es offenbar so viele hochgradig verzweifelte und desorientierte Menschen gibt, mit denen derartige Scharlatane ihr Geld verdienen können. Wonach suchen die Leute, dass sie zum Hörer greifen und sich von einem Fremden innerhalb von ein paar Minuten sagen lassen, ob sie sich scheiden lassen oder ihren Job hinwerfen sollen?

**Den Menschen fehlen Sinn, Orientierung und stärkende Beziehungen**

Für mich ist die Antwort klar: Diese Menschen suchen nach Orientierung, Halt und Stärke. Seitdem sich ein großer Teil der Bevölkerung aus verschiedensten Gründen von kirchlichen Institutionen abwendet, ist ein gewisses Vakuum entstanden. In genau diese Lücke der Orientierungslosigkeit stoßen nun seit vielen Jahren immer mehr Sekten und fragwürdige Lebenshilfeanbieter. Sie alle wissen, was ihre Zielgruppe braucht: 1. klare Anweisungen, 2. Glaube an eine tolle Zukunft, 3. ein Vorbild und 4. das Gefühl, jederzeit Hilfe bekommen zu können. Dieses Raster ist immer dasselbe. Man macht es sich aus meiner Sicht zu einfach, wenn gesagt wird, dass die Leute selbst schuld sind, wenn sie bei AstroTV und Co. anrufen. Das Problem ist tiefgreifender, denn es geht im Kern um ein grundsätzliches Gesellschaftsproblem. Immer mehr Menschen fehlen Sinn, Orientierung und stärkende Beziehungen in ihrem Leben. Das wissen viele Anbieter und Verführer auf dem Markt geschickt für die eigenen Zwecke auszunutzen.

Unabhängig von der hochgradig unseriösen Esoterikszene, deren Machenschaften Gott sei Dank immer kritischer beäugt werden, hat sich speziell in den letzten Jahren ein neuer, schon sehr starker Markt parallel dazu entwickelt. Schlagwortartig kann man ihn als den Markt der »mentalen Fitness« umschreiben. Die Deutschen investieren Jahr für Jahr immer mehr Zeit und Geld in Mentaltrainings, Coachings, Persönlichkeitsseminare, Karriereberatungen und verschiedenste Buchratgeber. Grundsätzlich ist das auch eine positive Entwicklung, denn oftmals handelt es sich hierbei, eben im Gegensatz zur Esoterikszene, um bewährte Methoden und gut ausgebildete Fachleute, deren Angebote fundiert und seriös sind. Verstehen Sie mich bitte richtig, wenn ich in diesem Buch an manchen Stellen mit einigen Leuten oder Entwicklungen so hart ins Gericht gehe: Ich liebe mein Berufsfeld und verdiene selbst mit Coachings und vor allem Vorträgen über Motivations- und Führungsthemen mein Geld. Es ist ein wunderbarer Beruf, und es gibt eine Menge tolle Kollegen, die das Herz am rechten Fleck haben. Gerade deshalb finde ich es so schade, dass der Ruf dieser Branche durch einige wenige, die ihrer Sucht nach Selbstdarstellung und Profitmaximierung frönen, in Mitleidenschaft gezogen wird. Es ist an der Zeit, sich dagegen zu wehren und sich einzusetzen für eine seriöse Persönlichkeitsarbeit mit Menschen.

### Das Uri-Geller-Phänomen – wenn sich die Wahrheit stärker biegt als der Löffel

Wer sich für »mentale Stärke« oder »die Kraft der Gedanken« intensiver interessiert, stößt früher oder später immer auf den Namen »Uri Geller«. Geller ist definitiv einer der Urväter des professionellen öffentlichen Schwindels mit der Macht des Geistes. Zwar hat er der Welt mit seinen verbogenen Löffeln ein faszinierendes Zauberstück geschenkt, aber gleichzeitig damit auch viele Leute für dumm verkauft. Es gibt einen grundsätzlichen Unterschied zwischen Mentalisten à la Uri Geller und professionellen Bühnenmagiern wie zum Beispiel David Copperfield. Im Gegensatz zu Zauberkünstlern, die stets betonen, eine reine Illusion für das Publikum zu erzeugen, behauptet Geller (und auch mancher seiner fragwürdigen Nachahmer) seit jeher, dass er tatsächlich über übersinnliche mentale Fähigkeiten verfüge. Vielleicht gibt es vereinzelt Menschen in der Welt, die bestimmte

Fähigkeiten besitzen, bei denen die Wissenschaft bis heute vor einem Rätsel steht. Doch Geller gehört sicher nicht zu dieser Spezies und das weiß er auch selbst.

Die Botschaft von der schier grenzenlosen Macht seines Geistes, mit der er Unmögliches möglich machen könne, verkündet der professionelle Löffel- und Wahrheitsverbieger noch bis zum heutigen Tag, insbesondere als »Motivational Speaker« bei zahlreichen Firmenveranstaltungen in der halben Welt. Man muss der Fairness halber sagen: Gellers Auftritte sind durchaus unterhaltsam und gut gemachte Show. So weit, so gut. Wenn aber dem Publikum in Vorträgen oder TV-Shows der Schein der Show als Wahrheit verkauft wird und somit das Ganze zur Scheinwahrheit mutiert, dann ist bei mir Feierabend! So etwas bringt mich wirklich auf die Palme, denn Schwindler dieser Art versetzen viele leicht beeinflussbare Leute geistig in die mittelalterliche Welt des Aberglaubens zurück. Auch für die Gutgläubigen hat man als Experte auf der Bühne oder im TV eine Verantwortung zu tragen! Aus meiner Sicht sogar gerade für diese Zielgruppe, denn genau diese Leute brauchen aufgrund ihrer eigenen Unsicherheit seriöse Ratgeber.

Uri Geller wurde mit seinen verbogenen Löffeln bereits in den 70er-Jahren bekannt. Er löste damals eine wahre Welle aus, was das Interesse am Übernatürlichen betrifft. Seither gilt das Löffelverbiegen als Synonym für übersinnliche Kräfte und ist beispielsweise auch eine Schlüsselszene in einem der weltbekannten Matrix-Filme. Durch Gellers vehemente Behauptung, dass er übernatürliche Kräfte besitze, die er von Gott, Außerirdischen oder einem Blitzeinschlag habe (da ist er sich nicht so ganz sicher), rief er einige Gegner auf den Plan. Der Zauberkünstler und Wissenschaftler James Randi war einer davon. Er entlarvte Geller vor laufenden Kameras – doch dieser fand eine Ausrede und viele seine Jünger blieben ihm treu. Randi schrieb ein Buch über Gellers Techniken und Schwindeleien, worauf dieser per Klage den Druck des Buches zu verhindern versuchte. Allerdings vergeblich. Geller musste sogar noch Schadenersatz an der Verlag zahlen. In den Folgejahren wurde von allen Gerichten auch jede weitere seiner unzähligen Klagen bezüglich einer Gegendarstellung abgelehnt. Warum nur?!

Heute gibt es massenhaft Beweise in Form von Videos, Büchern und Zeugen, die Uri Gellers fadenscheinige Machenschaften entlarven. Es ist offensichtlich, dass das Einzige, was er verbiegen kann, die Wahrnehmung der Leute ist. Manch einer behauptet in Internetforen sogar boshaft, Geller könne sein eigenes Rückgrat bereits so weit verbiegen, dass er sich bald damit selbst am Arsch lecken könnte. Man sieht: Der Mann polarisiert und genau deswegen bleibt er für so viele interessant. Uri Geller hat nach wie vor zahlreiche Fans, die seine fantasievollen Darstellungen für bare Münze nehmen. Daraus lernt man: Viele Menschen interessiert nicht die Wahrheit, sondern nur das, was sie gerne für wahr halten möchten.

**Der falsche Zauber des Motivationshokuspokus**

Betrachtet man die heutige Szene der Motivationstrainer, Coaches und Ratgeber, so kann man erkennen, dass die Zeiten von Ratelband und erst recht von Geller vorbei sind – und mit AstroTV will sich vermutlich auch kaum jemand gemeinmachen. Langsam, aber sicher finden immer mehr seriöse und fundierte Ansätze den Weg auf den Markt. Doch noch immer gibt es ein paar unverbesserliche »Spezialisten«, die auf der Bühne klassische Uri-Geller-Zaubertricks aufführen, um dem Publikum eine besondere Kraft ihres Geistes vorzugaukeln. Manche verbiegen mit ihren Vortrags- und Seminarteilnehmern auf der Bühne Metallstangen: angeblich rein dank ihrer mentalen Erfolgsprogrammierung. Dass sich die Metallstangen auch völlig »unmotiviert« verbiegen lassen, wissen die meisten Leute nicht. Ganz bewusst setzen die Motivationsgurus auf die Wirkung der Massenpsychologie, und wenn die Masse erst mal vor Begeisterung tobt, schaltet der Einzelne seinen Verstand aus und glaubt, was er glauben will. Dass das funktioniert, wissen wir ja hinreichend aus unserer Geschichte.

Neben dem berühmten Verbiegen von Eisenstangen ist auch die Stuhl-Levitation dafür ein schönes Beispiel. Mancher von Ihnen kennt dieses Experiment womöglich noch von lustigen Spieleabenden im Schullandheim. Videos darüber gibt es zur Genüge auf YouTube und anderen Plattformen. Bei dieser Übung geht es darum, dass vier

Personen eine relativ schwere Person mit einem Gewicht von mindestens 90 Kilo von einem Stuhl hochheben. Dazu dürfen sie aber nur ihre beiden jeweiligen Zeigefinger benutzen (die Hände werden gefaltet, die Zeigefinger nach vorn gestreckt). Hört sich magisch an und geht bei guter Anmoderation durch den Leiter des Experiments natürlich erst mal auch nicht. Macht der Trainer dann aber seinen Hokuspokus, entsteht ein durchaus verblüffender Effekt für die Zuschauer, da das Schwergewicht locker und leicht über einen Meter vom Stuhl hochgehoben werden kann. Hinter der ganzen Nummer steckt natürlich nicht die unendliche Macht der positiven Gedanken, sondern ganz einfach ein bisschen Physik. Heben vier Personen durch ein entsprechendes Kommando zur gleichen Zeit etwas an, verteilt sich die Masse gleichmäßig auf alle acht Arme. Bei einem 90 Kilo schweren Probanden reden wir dann noch von circa 11 Kilogramm Belastung pro Arm. Das kann auch ein 12-Jähriger. Der Schlüssel ist die Gleichzeitigkeit des Anhebens, denn nicht umsonst gibt es seit ewigen Zeiten die gemeinsamen Hau-ruck-Rufe, wenn man im Team schwerere Gewichte von einem Ort zum anderen bewegen möchte. Hinter vielen scheinbaren Beweisen, die auf Bühnen für bestimmte Zusammenhänge erbracht werden, steckt also mehr Schein als Sein.

Mit der »Kraft der Gedanken« wird viel getrickst

Diese Form der Motivationsshow ist übrigens ganz unnötig, denn man kann sein Publikum auch mit seriöser Bühnenperformance bestens begeistern. Es ist ganz ähnlich wie in der Comedyszene: Es gibt die schnellen Lacher, und es gibt Humor mit Tiefgang, den nur wenige beherrschen. In der Motivationsbranche lässt sich ein ähnlicher Vergleich ziehen: Den schnellen Wow-Effekt bekommt man durch oberflächliche »Zauberkunststücke« problemlos. Menschen nachhaltig zu bewegen, benötigt allerdings Tiefe und vor allem Inhaltsstärke, die natürlich trotzdem mit guter Unterhaltung verbunden werden darf.

Neben oberflächlichen Experimenten wird außerdem auch mit anderen gezielten Halbwahrheiten sehr viel Geld in der Branche verdient. Nach dem lauten Tschakka-Geschrei der 90er-Jahre wurde das Liedchen vom »kosmischen Bestellservice« rauf und runter gesungen. Es geht dabei darum, dass man angeblich durch die Kraft seiner Gedanken alles in sein Leben ziehen kann, was man möchte. Natürlich haben unsere Gedanken durchaus eine spürbare Auswirkung auf unser Leben, denn Denkprozesse beeinflussen unsere Gefühle, unsere Einstellungen, unser Verhalten und somit unsere Realität. Doch was diverse Lebenshilfeanbieter aus diesem Zusammenhang konstruiert haben, gleicht eher einer Fata Morgana als seriöser Motivationspsychologie.

**Beim Universum bestellen ist Tschakka mit Hut**

Die Botschaft, dass sich jeder – durch die Kraft seiner Gedanken – beim Universum vollkommen mühelos eine Million Euro, den Traumkörper, einen Traumpartner und vieles mehr bestellen könne, ist im Grunde Tschakka mit Hut. Eines der in Deutschland berühmtesten Bücher zu diesem Thema ist Bärbel Mohrs Bestseller *Bestellungen beim Universum. Ein Handbuch zur Wunscherfüllung.* Es erschien 1998 und wurde alleine im deutschsprachigen Raum über zwei Millionen Mal verkauft. Allerdings wurde bei den meisten Lesern danach irgendwie nicht das geliefert, was sie nach Anleitung des Buches beim Universum bestellt hatten. Bärbel Mohr wurde trotzdem zum Star der Szene und reagierte prompt auf die »Lieferengpässe« des Kosmos. Flugs schrieb sie ein neues Buch mit dem Titel *Reklamationen beim Universum. Nachhilfe in Wunscherfüllung.* Sie lachen jetzt vielleicht, aber auch dieses Buch entwickelte sich zu einem Bestseller. Dieser durchschlagende Erfolg hatte nichts mit inhaltlicher Qualität zu tun, sondern mit der Sehnsucht der Menschen nach einem erfüllten Leben. Dass Wunschexpertin Bärbel Mohr im Jahr 2010 bereits mit 46 Jahren an Krebs verstarb, mag dabei gar nicht so recht ins Bild passen. Wenn man ihre Lehre tatsächlich ernst nehmen würde, dass jedes Lebensereignis eine selbst gewählte Bestellung beim Universum sei, könnte man versucht sein zu sagen: Da hat sie wohl falsch bestellt.

Mittlerweile gibt es Gott sei Dank auch einige sehr seriöse Anbieter der Positiven Psychologie. Allerdings verirren sich auch heute noch unzählige Menschen in der Welt der Wellnessesoterik. Ich persönlich bin grundsätzlich keinesfalls gegen Spiritualität und auch nicht gegen spektakuläre Demonstrationen, wie beispielsweise einen Feuerlauf über glühende Kohlen. Alles, was fundiert vonstattengeht und echten, ehrlichen Nutzen für Menschen stiftet, findet meine vollste Unterstützung. Es gibt beispielsweise durchaus auch gute Feuerlaufseminare, bei denen vernünftig mit den Teilnehmern gearbeitet wird, sodass man tatsächlich etwas für sein Leben mitnehmen kann. Wunderbar. Ich bin ein Fan der modernen Erlebnispädagogik, denn es ist sehr wichtig, Menschen nicht nur zu informieren, sondern vor allem auch zu emotionalisieren, um sie ins Handeln zu bringen. Der Mensch lernt am besten durch Erlebnisse, die unter die Haut gehen. Jeder Gehirn- und Lernforscher der Welt kann Ihnen das bestätigen. Genau aus diesem Grund ist es so wichtig, sehr achtsam damit zu sein, was man Menschen auf emotionaler Ebene vermittelt. Für alles, womit man Menschen unter die Haut geht, trägt man eine besondere Verantwortung. Achten Sie daher auf die Details von Methoden, Kursen und Experimenten, denn oftmals sind es nur Kleinigkeiten, die einen schlechten von einem guten Ansatz unterscheiden.

## Der schmale Grat zwischen Top- und Totmotivierung

Auch bei der Motivation von Menschen ist es so, dass viele Ansätze und Methoden zwar gut gemeint sind, doch durch Übertreibung, Wissenslücken oder andere Fehler zum Gegenteil dessen führen, was sie eigentlich hätten bewirken sollen. So kommt es ganz schnell, dass man jemanden totmotiviert, obwohl man ihn eigentlich topmotivieren wollte. Ein schönes Beispiel für so einen kleinen Denkfehler mit großer Auswirkung ist für mich eine Aussage der berühmten amerikanischen TV-Moderatorin Oprah Winfrey. Ihr Tipp an ihre Zuschauer war: *»Du kannst alles haben. Aber nicht alles auf einmal.«* Entschuldigung, ich schätze Frau Winfrey wirklich sehr, aber dieser Satz ist geistiger Sondermüll. Wir können nicht alles haben, schaffen oder sein – weder auf einmal noch Schritt für Schritt. Das ist eine große Motivationslüge, auch wenn sie mit einer kleinen Schleife verziert wurde.

Manche Bühnengurus merken mittlerweile, dass sich die alten Motivationsbären nicht mehr jedem so mühelos aufbinden lassen wie früher, da die Leute kritischer geworden sind. Die neue Strategie sieht nun so aus, dass man an manchen Stellen ein Stück weit von den ursprünglichen Schwindeleien zurückrudert, um dann eine »aufgeweichte« Motivationslüge zu erzählen. Der weltweit bekannte Erfolgstrainer Zig Ziglar, der Menschen sicherlich auch viele gute Inhalte nahegebracht hat, sagte einmal: *»Sie können im Leben alles erreichen, was Sie erreichen wollen, wenn Sie nur genügend anderen Menschen helfen, zu erreichen, was diese haben wollen.«* Ein schöner Satz, der gut klingt. Aber es ist wieder eine Motivationslüge mit Schleifchen. Nach dem Nimm-2-Prinzip verpackt er eine Wahrheit mit einer Lüge, sodass sich das Ganze insgesamt nicht mehr ganz so tschakkamäßig anhört. Doch es ist nach wie vor gelogen, zu sagen, dass man im Leben alles erreichen kann, was man will – ganz gleich, wie viele Helfer man dabei zur Seite hat.

### Zwischen Selbstaufopferung und Multitasking – Motivationsdressur in der Geschäftswelt

Mit großer Sorge sehe ich, dass in vielen Unternehmen die Incentivierungslokomotive weiterhin auf Hochtouren läuft. Verdiente Mitarbeiter, Führungskräfte und Geschäftspartner werden von einem Event zum nächsten geschickt. Es gibt eine inflationäre Zahl von Betriebsfeiern, VIP-Reisen, Gutscheinen für Wellnesstempel, Topboni, Extraboni, Sonderboni – Hauptsache, der Schmerz der Alltagsfrustration lässt vorübergehend nach. Ich habe mich in den letzten Jahren mit Hunderten von Menschen in verschiedensten Firmen unterhalten und dabei festgestellt, dass dieses Schmerzmittel immer weniger wirkt. Wer seine Mitarbeiter auf Dauer schlechter behandelt als seine Kunden und sie für dumm verkauft, der hat in den nächsten Jahren ein gewaltiges Problem. Auf meine Frage an einen Konzernleiter, warum er mich denn ohne jegliche inhaltliche Absprache im Vorfeld als Referenten für seine Vertriebspartnertagung gebucht habe, erwiderte dieser nur schmallippig: *»Ach, wissen Sie, wir holen jedes Jahr irgendeinen Redner zu unserem Event. Ihr Inhalt ist egal. Es geht nur darum, dass die Leute mal was anderes hören und wir unserer Pflicht nachkommen, etwas für die gute Stimmung zu tun.«* Auf meine Nachfrage, ob er dies ernst meine, antwortete er: »*Ja, natürlich. Für nächstes Jahr holen wir sogar einen ganz bekannten Kabarettisten. Die Hauptsache ist doch, dass die Leute Spaß haben und von ihrem Alltag abgelenkt werden.*« Ich sah ihn mit ernster Miene an und sagte: »*Ich könnte Ihnen für übernächstes Jahr gleich noch einen guten Grabredner empfehlen. Den können Sie dann für Ihre Firma buchen, wenn Sie mit dieser Einstellung so weitermachen.*« Der Mann hätte mich, glaube ich, am liebsten rausgeschmissen, aber er schüttelte nur den Kopf und ließ mich wortlos stehen. Die »Beerdigung« des Unternehmens fand übrigens vor wenigen Monaten statt.

Gerade im Bereich der Mitarbeitermotivierung hat es in den letzten Jahren einige äußerst ungünstige Entwicklungen gegeben. Motivationsmaßnahmen werden dabei teilweise als Betäubungsmittel eingesetzt, um den Schmerz des »Patienten« vorübergehend auszuschalten. Dass die »Krankheit« durch diese Ablenkung nicht behandelt, sondern immer schlimmer gemacht wird, kann man in Wirtschaftsbetrieben landauf, landab beobachten. Alleine im Jahr 2011 wurden bundesweit 59,2 Millionen Arbeitsunfähigkeitstage aufgrund psychischer Erkrankungen registriert. Das bedeutet einen Anstieg von mehr als 80 Prozent in den letzten 15 Jahren. Rund 20 Prozent aller Erwerbstätigen erleben Burn-out-ähnliche Phasen (vgl. TK Gesundheitsreport & KKH-Allianz & WHO & Stressreport Deutschland 2012). Diese Zahlen sprechen eine deutliche Sprache. Die Motivierungsdressur macht nichts besser, aber vieles schlechter.

Lassen Sie uns an dieser Stelle doch mal zwei berühmte Leitsätze unter die Lupe nehmen, die ursprünglich sicherlich gut gemeint waren, aber deren Auswirkungen dennoch äußerst kontraproduktiv sind.

Erstens. Das berühmte Credo vom *König Kunde* hat in den letzten Jahren dazu geführt, dass viele Mitarbeiter zwar auf maximalen Kundenservice dressiert wurden, doch selbst beim Spiel »Der Mensch steht bei uns im Mittelpunkt« ausgegrenzt wurden. Nicht selten wird der unfreundlichste Kunde noch besser behandelt als der eigene Mitarbeiter. Der Ton, in dem mit den Angestellten gesprochen wird, sowie die Mühe, die man sich für seine Angestellten macht, entsprechen teilweise den Standards grauer Vorzeiten. Bei meinen berufsbedingten Einblicken – beispielsweise in die Hotellerie – ereilt mich immer wieder das kalte Grausen. Nobelschuppen, die den edlen Gästen nur das Feinste vom Feinen servieren, speisen ihre fleißigen Servicebienchen mit billigen Essensresten ab. In manchen Fünf-Sterne-Häusern hatte ich schon die Gelegenheit, zu sehen, wo die Belegschaft des Hotels untergebracht ist. Falls Sie den Kinofilm *Titanic* kennen, ist Ihnen wahrscheinlich der krasse Unterschied zwischen der Unterbringung der Passagiere in der ersten Klasse und in der dritten Klasse in Erinnerung geblieben. Dort war es in gewisser Weise ähnlich.

Es ist traurig, dass die Orientierung an den Wünschen der Gäste oftmals vor den eigenen Mitarbeitern haltmacht. Dabei ist doch die Belegschaft der wichtigste »Gast« des Unternehmens, der dessen Qualität nach außen kommuniziert wie kein anderer. Auf Dauer können Menschen nur die Qualität an Aufmerksamkeit an andere weitergeben, die ihnen auch selbst entgegengebracht wird. Der Mitarbeiter ist derjenige, der die Stimmung und den Geist der Unternehmenskultur auf die Kunden überträgt. Ist die Beziehungsebene zwischen Arbeitgeber und Arbeitnehmer gestört, beeinträchtigt dies auch unweigerlich die Beziehungsebene zwischen Kunden und Unternehmen – ganz egal, mit wie viel finanziellen Anreizen oder sonstigem Motivierungsdoping man versucht, den müden Gaul bei Laune zu halten.

»Der Kunde ist König« ist natürlich keine grundsätzlich schlechte Philosophie. Aber wenn der Kunde König ist, muss der Mitarbeiter ein Kaiser sein, der die größte Wertschätzung im Unternehmen erfährt. Selbstverständlich haben Mitarbeiter gewisse Opfer für ihr Unternehmen oder ihre Kunden zu erbringen, aber volle Selbstaufopferung ist eine Haltung, die gegen die menschliche Natur geht. Menschen sind egoistische Wesen und interessieren sich in erster Linie für ihre eigenen Ziele. Wenn Unternehmen daher möchten, dass sich die Mitarbeiter für die Firmenziele mit Herz engagieren, dann sollte man den Angestellten auch den Respekt entgegenbringen, sich für ihre Ziele zu interessieren. Genau an diesem Punkt liegt der Schlüssel zu nachhaltiger Mitarbeitermotivation. Auf Dauer setzen sich die Leute gerne dann für das Unternehmen oder ein Projekt ein, wenn sie auf der anderen Seite wissen, dass man sich im Unternehmen auch spürbar für sie und ihre Ziele einsetzt. Eine Hand wäscht die andere. So etwas nennt man übrigens sozialen Egoismus. Am Ende geht es immer um das eigene Gefühl des Mitarbeiters. Denn man kann in keinem Menschen ein Gefühl erzeugen, das man nicht selbst empfindet.

Zweitens. Ein anderer Leitsatz, der sich als großer Unfug in den Köpfen festgesetzt hat, ist die Wichtigkeit der persönlichen *Multitasking-Fähigkeit*. Der Multitasking-Hype zeigt ganz klar, dass wir mittlerweile in einer Zuvielisation leben anstatt in einer Zivilisation. Es gibt einfach zu viel von vielem. Zu viele Regeln, zu viele Gesetze, zu viele Werbebotschaften, zu viele Verkehrsschilder, zu viel Produktauswahl in den Großmärkten und zu viele Arbeitsaufgaben, die in zu kurzer Zeit erledigt werden sollen. Wer heutzutage nicht angibt, alles Mögliche gleichzeitig machen zu können, dessen Chancen sinken auf dem Arbeitsmarkt gewaltig. Die Forderung nach der Multitasking-Fähigkeit beruht auf einem großen Schwindel, den man auch wissenschaftlich nachweisen kann. Denn Fakt ist: Multitasking gibt es nicht!

Zahlreiche Hirnforscher, unter ihnen beispielsweise der sehr anerkannte Münchener Psychologe Professor Ernst Pöppel, haben diesen Beweis schon seit Langem erbracht. Das hört aber keiner gern und wird auch der Mitarbeiterschaft gern verschwiegen, denn warum sollte man seine Leute in ihrem Arbeitstempo freiwillig einbremsen? Es ist doch gut fürs Geschäft, wenn jeder versucht, über sein Limit hinauszugehen, nicht wahr? Nein, das ist nicht wahr, sondern eine reichlich altmodische Einstellung, bei der alle Beteiligten verlieren.

**Multitasking führt zu höheren Fehlerquoten**

Studien zeigen: Das Gehirn kann Aufgaben nur nacheinander abarbeiten und ist nur dazu in der Lage, sich auf eine Sache wirklich zu konzentrieren. Bei mehreren gleichzeitigen Aufgaben arbeitet das Gehirn langsamer und produziert höhere Fehlerquoten! Schritt für Schritt und eins nach dem anderen, so müsste daher die Devise lauten. Auch Ernst Pöppel betont, dass das Gehirn von seinem Aufbau her nicht in der Lage ist, mehrere Dinge gleichzeitig zu steuern. Es könne nur ein einzelner Sachverhalt im Zentrum des Bewusstseins stehen.

Die landläufige Meinung, dass Frauen das Multitasking deutlich besser beherrschen als ihre männlichen Kollegen, muss man an dieser Stelle ins Museum zu den Legenden stellen. Liebe Frauen, was Sie tatsächlich besser können, ist, mit gleichzeitig anfallenden Aufgaben besser zurechtzukommen und die verschiedenen Abläufe geordneter umzusetzen. Das liegt, so auch Professor Pöppel, mit hoher Wahrscheinlichkeit daran, dass Frauen seit Menschengedenken mehr Übung darin haben, mehrere Aufgabenfelder gleichzeitig im Griff zu haben. Die Hausfrau von früher konnte zugleich Plätzchen backen, Wäsche waschen und nebenbei auch noch auf die Kinder aufpassen. Bei einfachen Tätigkeiten kann Routine in der Tat viel bewirken. Aber sobald neue und ungewohnte Aufgaben hinzukommen, leidet die Effizienz des Gehirns und der Mensch beginnt langsamer zu arbeiten.

Das haben die amerikanischen Hirnforscher David Meyer und Jeffrey Evans von der Universität Michigan sogar gezielt erforscht. Ihre Versuche ergaben, dass die Geschwindigkeit der Reizverarbeitung beim Multitasking um bis zu 40 Prozent sinkt. Meyer und Evans ließen Freiwillige mehrere Aufgaben gleichzeitig erledigen und steigerten die Anzahl der auszuführenden Aufgaben immer weiter. Bei manchen Probanden schaffte das Gehirn nicht einmal die Hälfte der Leistung, die es bei der Konzentration auf eine Aufgabe erbringen würde. Zusätzlich zu dieser Erkenntnis sind sich Wissenschaftler auch darüber einig, dass zu viel auf einmal Stress erzeugt, der Menschen krank macht. Der Körper reagiert mit Bluthochdruck, Kopfschmerzen und Schlafstörungen. Die emotionalen Folgen davon sind u. a. Lustlosigkeit, Frustration und innere Leere.

Was lernen wir daraus? Immer mehr tun bringt nicht immer mehr Ergebnis. Menschen dazu zu motivieren, immer mehr in immer kürzerer Zeit zu schaffen, führt in eine Sackgasse, in der Motivation und Gesundheit stark beschädigt und vielleicht sogar zerstört werden. Wir brauchen andere Wege, neue Strukturen und Organisationsformen. Aber vor allem brauchen wir mehr Ehrlichkeit. Vieles, was der emotionalen Zufriedenheit und somit auch der Motivation von Menschen guttut, ist bereits erkannt worden. Nur reicht das Erkennen nicht aus.

Man muss sich auch dazu bekennen und diesen modernen Erkenntnissen Rechnung tragen, indem man diese Informationen weitergibt und selbst aktiv umsetzt. Die Probleme von morgen können nicht mit dem Denken von gestern gelöst werden – auch nicht die Motivationsprobleme.

# Motivationskunst –
## was Menschen wirklich antreibt

»Jeder Mensch hat etwas, das ihn antreibt«, heißt es in der Werbe-
kampagne einer deutschen Bank. Diese Aussage ist korrekt, doch es
stellt sich die Frage: Was genau ist dieses »etwas«? Was genau treibt
Menschen an? Gibt es eine Sache, die jeden Menschen in Bewegung versetzt und ihn ins Handeln bringt? Die Antwort ist ein klares
»Jein«. Einerseits treibt jeden von uns etwas anderes im Leben an.
Die individuelle Motivation einer Person können Sie sich wie eine
Art »emotionalen Fingerabdruck« vorstellen – also einzigartig. Jedoch
gibt es dennoch bei uns allen eine Art »gemeinsamen Nenner« in
Bezug auf das, was uns bewegt. Durch Aktivitäten in den sogenannten limbischen Zentren des Gehirns entstehen bei jedem Menschen
bestimmte emotionale Grundbedürfnisse, die unser Verhalten steuern
und vom Grundprinzip tatsächlich bei allen Menschen mehr oder weniger gleich funktionieren.

Die Intensität unserer Wünsche, etwas zu erreichen, zu bekommen
oder zu erleben, verändert sich ständig. Wenn wir bekommen, was
wir schon immer wollten, wird unser Verlangen danach in vielen Fällen noch größer, manchmal jedoch auch kleiner. Sicherlich kennen
Sie das Gefühl, wenn ein gewisser Sättigungsprozess einsetzt und man
zumindest vorübergehend zufrieden ist. Bei erfolgreichen Profisportlern kann man diesen Mechanismus nach großen Erfolgen beobachten: Ihre Motivation lässt etwas nach und sie sind nicht mehr ganz so
»hungrig« auf den Erfolg wie zuvor. Wie sehr wir etwas wollen, hängt
sehr stark von der Ausprägung unserer limbischen Emotionssysteme
ab. Jedes menschliche Wesen besitzt im Kern die gleichen emotionalen Grundbedürfnisse, allerdings jeder unterschiedlich stark. Diese
Programme haben sich im Laufe der gesamten Evolution entwickelt
und sind sozusagen Teil unseres »genetischen Betriebssystems«.

Das oberste Ziel dieser Programme ist es, das eigene Überleben zu
schützen. Um diese Existenzsicherung zu gewährleisten, hat Mut-

ter Natur bereits vor vielen Millionen Jahren bestimmte emotionale Grundmechanismen angelegt, die nicht erst in den Gehirnen von Menschen, sondern auch schon bei all unseren Vorgängern nachweisbar sind. Auf diese Weise konnte sich der Mensch überhaupt erst entwickeln, da die Emotionssysteme das Überleben und die Entwicklung auf unserem Planeten möglich machten.

## Wonach Menschen am meisten streben

Ich habe in den letzten Jahren unzählige Menschen eingehend beobachtet und analysiert. Dabei bin ich zu einem interessanten ersten Ergebnis gekommen. Es gibt einen bestimmten Kernantrieb in uns allen, warum wir das tun, was wir tun. Vernunft oder Unvernunft spielen dabei keine Rolle. Jede Handlung eines Menschen basiert auf dem Wunsch, sich gut oder noch besser fühlen zu können. Dieses schwammige »sich gut fühlen« möchte ich allerdings an dieser Stelle noch konkretisieren, denn was ist dieses »gut« genau? Ich fühle mich gut, wenn ich ein Tennismatch gewinne, wenn ich etwas Leckeres esse, meine Freundin treffe, ein Bad nehme oder eine tolle neue Idee entwickle. Welchen Zustand aber suchen wir genau? Ich habe diese Frage lange untersucht und bin für mich zu einem klaren Ergebnis gekommen: Am Ende geht es immer um das Gefühl von *Stärke*.

Was wir suchen, ist Stärke

Stärke ist das existenziellste emotionale Bedürfnis eines jeden Lebewesens. Es ist ein seit Urzeiten verankertes Überlebensprogramm. Ohne Stärke gibt es kein Überleben. Nicht umsonst geht es in der Tierwelt ja auch um das Recht des Stärkeren. Im Laufe der Evolution war körperliche Stärke und Robustheit die Grundvoraussetzung dafür, die eigene Existenz und die der Spezies zu sichern. Heutzutage spielen neben der körperlichen Stärke auch noch andere Faktoren wie mentale Stärke oder emotionale Stärke eine wichtige Rolle. Jede menschliche Handlung basiert im Wesentlichen auf dem Wunsch, sich stark beziehungsweise noch stärker fühlen zu können. Denn wer innerlich wie auch äußerlich stark ist, erhöht seine Chance auf Erfolg, fühlt sich sicher und somit auch glücklich.

In Büchern oder Seminaren zur Persönlichkeitsentwicklung geht es immer um dieselben Themen: Selbstvertrauen, Selbstbewusstsein, Selbstsicherheit, Selbstliebe, Selbstbehauptung. Im Kern steckt hinter diesen Themen immer das Prinzip der Stärke, denn jede Art von Vertrauen baut auf dieser Grundemotion auf. Stärke ist die Basis für alles – sogar für die Fähigkeit, Liebe im Leben zu geben und anzunehmen. Nur wer sich stark fühlt, ist in der Lage, ein Gefühl wie Liebe zuzulassen und damit das Risiko der Verletzbarkeit bewusst einzugehen. Wer sich innerlich schwach fühlt, hat es schwer, sich für echte Liebe im Leben zu öffnen, da sich das eigene Herz aus Angst vor Schmerz und Verletzung verschließt.

**Stärke ist die Basis für alles, sogar für die Liebe**

Dieses Urprogramm des Überlebens ist in den Genen von Lebewesen seit Milliarden von Jahren gespeichert. Vor rund 3,5 Milliarden Jahren entwickelten sich die ersten lebenden Zellen, die Bakterien. Auch wenn es verrückt klingt, aber schon diese ersten Lebensformen trugen die gleichen »emotionalen Grundstrukturen« in sich wie wir. Vor ca. 250 Millionen Jahren entwickelten sich dann die ersten Säugetiere. Die Entwicklung des Menschen dauerte noch einige Zeit, denn erst vor rund 1,8 Millionen bis 300 000 Jahren betrat der Homo erectus, der erste aufrechte Mensch, die Bühne der Welt. Er war der erste mehr oder wenige zivilisierte Zeitgenosse, der bereits Hütten baute, sich in Tierhäute kleidete und Feuer machte. Erst langsam begann zu jener Zeit dann auch eine stärkere soziale Kooperation mit den »Mitmenschen«, um gemeinsam zu jagen oder in härteren Gegenden überleben zu können. Bis dahin ging es im Rahmen des Überlebenskampfs der Evolution immer nur um eine egoistische Form von Stärke, wo jeder sich selbst der Nächste war, um nicht auf den Speiseplan der Konkurrenten (auch innerhalb der Herde) zu geraten. Der heutige Mensch, der Homo sapiens (wissender Mensch), lernte erst vor ca. 90 000 bis 40 000 Jahren richtig sprechen. Das erklärt auch unsere Kommunikationsprobleme in Beziehungen oder Firmen, denn das

Sprechen ist rein evolutionär gesehen eine recht neue »Erfindung«. Menschen funktionieren weniger über das, was sie hören, sondern mehr darüber, was sie fühlen.

Wissenschaftler haben bereits mehrfach bestätigt, dass wir heutigen Menschen eine genetische Übereinstimmung von etwa 99 Prozent mit dem Schimpansen haben, was man im Straßenverkehr ja jeden Tag aufs Neue wunderbar erkennen kann. *National Geographic Deutschland* berichtet, dass laut Studienergebnissen das Erbgut von Mensch und Schimpanse – je nach Analysemethode – zwischen 93,5 und 99,4 Prozent identisch sei. Im Durchschnitt bleibe ein Unterschied zwischen Schimpanse und Mensch von nur 1,5 Prozent. Die Differenz im Erbgut von Menschenfrauen und Menschenmännern hingegen kann sogar zwei bis vier Prozent betragen. Es gibt demnach sogar Paare, bei denen der Mann einem Schimpansenmännchen ähnlicher ist als seiner Frau – was manche Frauen wohl in ihren Beobachtungen bestätigen dürfte.

Genetische Weiterentwicklung ist also etwas, was nur äußerst langsam stattfindet. Aus diesem Grund tragen wir nach wie vor die emotionalen Überlebensprogramme in uns, die auf das Überleben des Stärkeren ausgerichtet sind. Die Faktoren Stärke und Schutz sind auch heute noch der zentrale Dreh- und Angelpunkt, der unser gesamtes Handeln bestimmt. Weltmeister dieses Prinzips sind übrigens die Bakterien. Sie sind die absolut robustesten Überlebenskünstler. Sie waren die Ersten auf der Erde und sind bis heute von der Anzahl her unantastbar die am meisten verbreiteten Lebewesen der Welt. Alle Lebewesen, ganz gleich, ob Bakterien, Reptilien, Säugetiere, Neandertaler oder Menschen, versuchen seit jeher auf Basis derselben Emotionssysteme ihr Überleben zu sichern und Stärke zu gewinnen.

## Maslow ade – wie Motivation entsteht und warum jeder ein Motivationskünstler sein kann

Lassen Sie uns nun das Thema der emotionalen Grundbedürfnisse genauer beleuchten und untersuchen, was Menschen tagtäglich in Bewegung versetzt und motiviert. Im Sport ist ja oft die Rede vom »Motivationskünstler«, der es auf nahezu magische Weise schafft, müde, ängstliche oder scheinbar unmotivierte Spieler wieder Feuer fangen zu lassen. In der Tat gibt es Menschen, die eine besondere Fähigkeit besitzen, in anderen Leuten neue Energie zu entfachen. Der Terminus »Kunst« darf allerdings nicht so verstanden werden, dass es sich dabei um etwas außergewöhnlich Schwieriges und nicht für jeden Erlernbares handeln würde.

In Wahrheit bezeichnet der Begriff »Kunst« jede im weitesten Sinne entwickelte Tätigkeit, die auf Wissen, Übung, Wahrnehmung und Vorstellung basiert. Als gute Beispiele dienen hier u. a. die Heilkunst oder die Kunst der freien Rede. Eine Kunst in diesem Sinne beruht also nicht zwingend auf einer unvergleichlichen Begabung, sondern ist eher ein sehr gut erlerntes Handwerk. Und dies bringt uns näher an die wahre Bedeutung des Wortes »Motivationskunst«, denn auch dieses »Handwerk« ist erlernbar. Menschen im positiven Sinne nachhaltig motivieren zu können, ohne sie dabei totzumotivieren, ist eine Fähigkeit, die meiner Überzeugung nach jeder Mensch auf dieser Welt erlernen kann, wenn er denn wirklich will. Das Ganze ist keine Talentfrage, sondern eine Frage der persönlichen Einstellung.

Interessant ist, dass jeder den Begriff »Motivation« kennt und zu dem Thema auch eine eigene Meinung hat. Doch kaum jemand weiß wirklich, was positive Motivation ist, wie sie entsteht und wie nicht. Dass diese Wissenslücken bestehen, ist nicht verwunderlich, denn weder in der Schule noch im Studium oder in der Ausbildung lernt man darüber sonderlich viel. Das Einzige, was wir darüber erfahren, ist, dass wir angeblich in manchen Bereichen zu wenig davon haben. Das war zumindest die Botschaft meiner Eltern und Lehrer während meiner Schulzeit. Ihre Wahrnehmung kann ich heute im Nachgang durchaus verstehen, denn meine Motivationszentren im Gehirn wa-

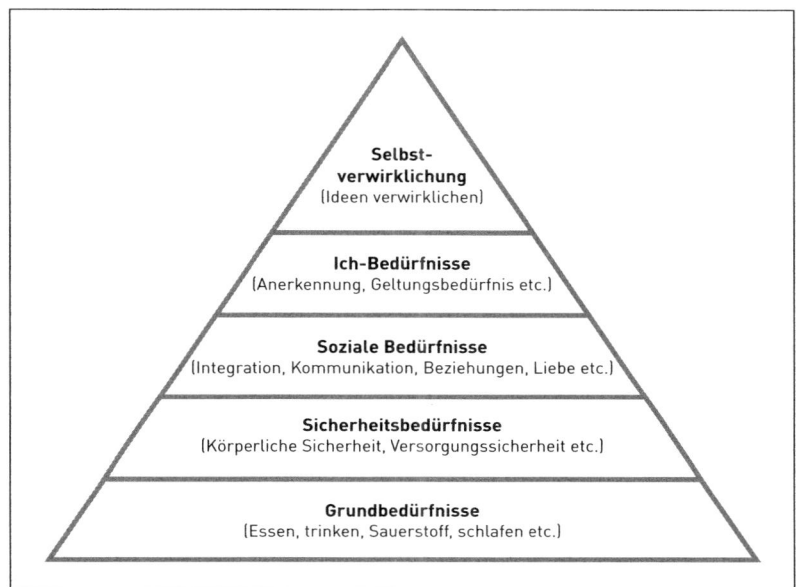

Die Maslowsche Bedürfnispyramide

ren tatsächlich ab und an kurz davor, Arbeitslosengeld zu beantragen. Wie man diesen Zustand jedoch ändern konnte, darüber gab es sehr unterschiedliche Meinungen. Mancher Motivierungsversuch funktionierte besser, mancher schlechter ... und mancher bewirkte das Gegenteil des Beabsichtigten. Es ist schwer, etwas zu vermitteln, dessen Funktionsweise man selbst nicht wirklich versteht.

Falls Sie zu den Menschen gehören, die sich Teile ihrer Lebenszeit schon mit einem Studium, weiterführenden beruflichen Ausbildungen oder Managementbüchern vertrieben haben, sind Sie mit großer Wahrscheinlichkeit schon über die Maslowsche Bedürfnispyramide gestolpert. Dieses klassische Erklärungsmodell der menschlichen Motivation wird seit Jahrzehnten in den Bildungsfabriken des Landes gebetsmühlenartig gelehrt, obwohl das Ganze bereits längst widerlegt und überholt ist. Der Psychologe Abraham Maslow, einer der wichtigsten Gründerväter der Humanistischen Psychologie, beschreibt unterschiedliche Bedürfnisse auf unterschiedlichen hierarchischen

Ebenen. Maslow selbst hat die Pyramidenform allerdings nicht erfunden, sie wird ihm immer wieder fälschlicherweise in die Schuhe geschoben. Das Pyramidenmodell stellt vielmehr eine Interpretation von Maslows Ausführungen dar und geht unter anderen auf den Verhaltenspsychologen Werner Correll zurück. Maslows damals wegweisende Veröffentlichung lautete *A Theory of Human Motivation* und präsentierte im Grunde ein theoretisches Prinzip einer »Bedürfnishierarchie«, das er auf über 100 Seiten darstellte, wie gesagt ganz ohne Pyramidenschnickschnack.

So schön die Idee von der hierarchischen Bedürfnispyramide auch ist – sie ist falsch. Der theoretische Ansatz war, dass menschliche Bedürfnisse aufeinander aufbauen, ähnlich wie eine Leiter, die von unten nach oben führt. Demzufolge war der Grundgedanke, dass beispielsweise Sicherheitsbedürfnisse (etwa nach Schutz oder Geborgenheit) für einen Menschen erst dann zum Tragen kommen, wenn seine physiologischen Bedürfnisse (etwa nach Essen oder Schlaf) gedeckt sind. In Teilen sicherlich korrekt, aber eben nur in Teilen. Dass dieser theoretische Ansatz in die Irre führt, wurde durch die moderne Motivations- und Gehirnforschung mehrfach belegt. Denn emotionale Bedürfnisse und Motive eines Menschen entwickeln sich nicht stufenweise nacheinander, sondern existieren gleichzeitig. So hat beispielsweise ein Obdachloser, der aktuell nach der Absicherung seines Sicherheitsbedürfnisses strebt und einen geschützten Schlafplatz sucht, durchaus gleichzeitig auch soziale Bedürfnisse, beispielsweise nach Verbundenheit und Liebe. Auch die höchste Stufe der Selbstverwirklichung ist nichts, was erst am Ende der Kette wirksam würde. Vielmehr ist Selbstverwirklichung etwas, was Menschen bereits von klein auf emotional bewegt, auch wenn sie sich schwerpunktmäßig auf tieferen Pyramidenebenen bewegen und sich beispielsweise um Anerkennung oder Integration bemühen.

Es bleibt also festzuhalten: Maslows Bedürfnislehre war ein fundamental wichtiger Schritt in der Entwicklung der Motivationspsychologie. Seine Arbeit war Gold wert, denn sie hatte Pioniercharakter. Doch nun ist es an der Zeit, dass die Pyramide, begleitet von anerkennendem Applaus, endgültig ins Motivationsmuseum einziehen darf, um dort ihren Ehrenplatz einzunehmen. Es ist Zeit für ein neues Motivationsverständnis.

## Die Unterschiede zwischen Motivation, Emotion und Gefühl

Was Menschen wirklich motiviert, begeistert und in Bewegung versetzt, ist ein komplexes Zusammenspiel verschiedenster emotionaler Faktoren. Um die Zusammenhänge zu verstehen, gilt es nun ein paar Begrifflichkeiten voneinander abzugrenzen. Ich möchte dabei keine Haarspalterei betreiben, aber es ist wichtig, sich gewisse Unterschiede bewusst zu machen, da ansonsten einige Missverständnisse und Irrtümer nie aus dem Weg geräumt werden können. Ich versuche Ihnen das Ganze nun möglichst simpel und ohne viel wissenschaftliches Fachchinesisch darzustellen.

Der erste Punkt ist, dass Emotionen genau genommen nicht das Gleiche sind wie Gefühle. Zwar werden diese Begriffe umgangssprachlich synonym verwendet, doch das ist wissenschaftlich betrachtet nicht korrekt. Im Gehirn des Menschen gibt es bestimmte emotionale Zentren, die Teil des sogenannten limbischen Systems sind. Dieses limbische System dient dazu, emotionale Aktivitäten zu verarbeiten und daraus unter anderem ein Triebverhalten zu entwickeln oder intellektuelle Leistungen zu fördern, indem bestimmte Stoffe (Endorphine, Hormone) im Körper freigesetzt werden. Emotionen sind sehr komplexe und vollkommen unbewusste biochemische Vorgänge in unserem Gehirn, die auch neuronale, elektrische Impulse (Gedanken) verursachen.

Nehmen wir ein Beispiel: Angenommen, Sie geraten auf einer Autofahrt in eine lebensgefährliche Situation. Im entgegenkommenden Verkehr auf einer Landstraße übersieht Sie ein Autofahrer und bricht mit seinem Wagen rund 50 Meter vor Ihnen aus der Schlange aus, um zu einem Überholmanöver anzusetzen. Jetzt geht es um Bruchteile von Sekunden, die über Leben und Tod entscheiden können. Im

**Emotionen und Gefühle sind nicht dasselbe**

Gehirn ist jetzt Hochbetrieb. Die Informationen über die brandgefährliche Situation werden über das Sehzentrum direkt ins Gehirn geleitet, der Reiz wird dort als äußerst »bedeutend« bewertet und beginnt über die Emotionszentren unverzüglich die biologischen Funktionen des Körpers zu regulieren. Ihre Pupillen weiten sich, Herzfrequenz und Blutdruck steigen schlagartig, Ihnen wird sofort die notwendige Energie zur Verfügung gestellt, damit Sie »instinktiv« blitzschnell reagieren und Ihr Leben retten können. In der Folge lenken Sie Ihr Auto mit einer reflexartigen Bewegung geschickt am auf Sie zukommenden Wagen vorbei und lösen damit die Situation. Von den hochintensiven neuronalen und emotionalen Prozessen in Ihrem Gehirn haben Sie währenddessen bewusst nichts mitgekriegt. Sie haben einfach aus dem Affekt heraus reagiert, ohne überhaupt bewusst darüber nachdenken zu können, was Sie jetzt tun müssen. Daraus lernen wir: Emotionen sind biochemische Vorgänge, die zu blitzartigen unbewussten Gedankenprozessen führen, die zum Großteil automatisch ablaufen, ohne dass man darauf bewussten Einfluss nehmen kann. Die Folge sind entsprechende Reaktionen und Verhaltensmuster.

Was nun in der Folge nach Ihrem Ausweichmanöver passiert, nennt man Gefühle. Man bekommt starkes Herzklopfen, fängt vielleicht an zu weinen oder zu zittern und es wird einem ganz schlecht vor Schreck. Gefühle sind also ein Prozess, bei dem Ihnen bestimmte emotionale Vorgänge bewusst werden und Sie die Situation zu bewerten beginnen. Da jeder Mensch eine gegebene Situation anders bewertet, haben die Leute bei den gleichen Erlebnissen ganz unterschiedliche Gefühle. Während so mancher sich bei der Achterbahnfahrt kaputtlacht oder vor Vergnügen schreit, macht sich ein anderer vor Angst fast in die Hose oder ist vor Schreck stumm und wartet mit zugekniffenen Augen, bis der Horrortrip endlich ein Ende hat. Der Körper bekommt vom Gehirn den Auftrag, die unbewussten emotionalen Prozesse durch gezielte Körpergefühle bewusst zu machen. Man nimmt dann zum Beispiel ein Magengrummeln, Angstschweiß, Schmetterlinge im Bauch oder ein angenehmes Kribbeln am ganzen Körper wahr. Die fünf Minuten vor einem Vortrag lösten bei mir vor einigen Jahren beispielsweise das Gefühl einer zugeschnürten Kehle aus. Mein Gehirn signalisierte emotional Alarmstufe Rot und ich wollte aus der Situation fliehen. Durch viele positive Erfahrungen haben sich meine Gefühle vor dem Gang auf die Bühne inzwischen komplett verändert. Mittlerweile empfinde ich vor jedem Auftritt ein freudiges Kribbeln im Bauch. Gefühle sind etwas sehr Individuelles und Wechselhaftes.

Aus den Emotions- und Gefühlsprozessen ergibt sich nun in der Folge auch die Motivation. Man kann ganz vereinfacht sagen: Motivation entsteht, wenn emotionale Bedürfnisse auf Ziele ausgerichtet werden, die deren Befriedigung dienen. Der Begriff »Motiv« stammt vom lateinischen Wort »*motivum*« ab, was so viel heißt wie »Beweggrund« oder »Antrieb«. Die Motivation beschreibt

**Hinter der äußerlichen Motivation steht ein inneres emotionales Grundbedürfnis**

also den Antrieb, ein bestimmtes emotionales Defizit aufzulösen. Wenn ein Mensch die äußerliche Motivation verspürt, mehr Geld zu verdienen, steht dahinter immer ein inneres emotionales Grundbedürfnis, beispielsweise nach Sicherheit. In Wahrheit geht es also nie um die Dinge, die wir glauben haben zu wollen oder die uns motivieren, sondern um die Emotionen, die wir damit in uns entwickeln wollen.

An dieser Stelle stellt sich die Frage: Welche emotionalen Grundbedürfnisse gibt es? In der modernen Motivations- und Gehirnforschung finden sich hierzu verschiedene Einteilungen. Ich möchte Ihnen im Folgenden eine vereinfachte, aber dennoch fundierte Einteilung der emotionalen Kräfte im Gehirn zeigen. Dabei stütze ich mich zu großen Teilen auf den Limbic-Ansatz des Motivationspsychologen Hans-Georg Häusel, den er auch in mehreren seiner empfehlenswerten Bücher ausführlich beschrieben hat (vgl. Hans-Georg Häusel: Think Limbic!, Freiburg 2005). Häusels Theorie habe ich durch meine eigenen praktischen Erkenntnisse und Analysen in Teilbereichen ein Stück weit verändert und verfeinert.

## Die vier Emotionssysteme des Menschen

In den limbischen Arealen unseres Gehirns gibt es vereinfacht gesagt vier emotionale Kräfte, auf die jede Verhaltensweise des Menschen zurückzuführen ist. Auch bei Säugetieren und anderen Lebewesen kann man diese emotionalen Grundtendenzen zu großen Teilen schon beobachten. Pauschal kann man sagen, dass sämtliche Lebewesen auf der Erde durch die gleichen drei Emotionssysteme im Gehirn angetrieben werden. Bei Säugetieren wie auch beim Menschen hat sich im Laufe der Evolutionsgeschichte ein weiteres Emotionssystem herausgebildet, auf das ich als Letztes eingehen werde. Lassen Sie uns nun die vier Kategorien nacheinander genauer anschauen.

### 1. Das Dominanzsystem

Das limbische Dominanzsystem sorgt dafür, dass Lebewesen sich durchsetzen und Konkurrenten verdrängen können, dass sie aktiv sind und das eigene Territorium ausweiten. Für das Überleben ist das seit jeher unverzichtbar. Für den modernen Menschen ergeben sich daraus bestimmte emotionale Grundbedürfnisse wie Wachstum, Erfolg, Freiheit, Macht, Bedeutsamkeit und Leistung. Jeder Mensch will wachsen, sich weiterentwickeln, kontinuierlich erfolgreich sein. Genauso wollen sich Mensch und Tier bedeutsam fühlen. Forscher an der University of California haben beispielsweise herausgefunden, dass Eifersucht eine Emotion ist, die evolutionär geprägt und weniger anerzogen ist (vgl. Gehirn und Geist, Nr. 10/2014). Die Versuchsleiter filmten 36 Hunde beim Umgang mit ihren Besitzern, wobei diese ihre Vierbeiner ignorieren und stattdessen eine Attrappe streicheln sollten. 78 Prozent der Versuchshunde reagierten sehr früh mit eifersüchtigem Gebaren gegen den gleichartigen Konkurrenten. Wenn die Besitzer einem Eimer zuredeten oder ein Buch lasen, waren die Eifersuchtsreaktionen der Hunde deutlich geringer. Eifersucht aufgrund des Gefühls von mangelnder Bedeutsamkeit verweist somit auf ein Urbedürfnis, das schon vor dem Menschen in der Tierwelt zum Tragen kam.

Die Stärke dieser Dominanzbedürfnisse ist bei jedem individuell ausgeprägt. Menschen, die sehr stark von diesem Emotionssystem angetrieben werden, interessieren sich auch häufig intensiv für Lebensgeschichten berühmter Erfolgspersönlichkeiten oder lieben Statussymbole. Auch das Streben nach eigener Karriere, die Weiterentwicklung der eigenen Firma oder persönlicher Aufstieg genießen oft Priorität bei sogenannten »Dominanzlern«. Doch ganz unabhängig davon, ob dieses Emotionssystem bei Ihnen nun stärker oder weniger stark ausgeprägt ist: Jeder Mensch hat dieses emotionale Grundbedürfnis bis zu einem gewissen Grad. Es gibt keinen Menschen, der ohne das Gefühl, Erfolg zu haben, Leistung zu bringen oder bedeutsam zu sein, auf Dauer glücklich sein kann.

## 2. Das Stimulanzsystem

Das Emotionssystem der Stimulanz treibt Lebewesen seit jeher dazu an, neue Reize zu suchen und Unbekanntes zu entdecken. Die daraus entstehenden emotionalen Grundbedürfnisse sind Neugier, der Wunsch nach Abwechslung, Spaß und Genuss, zudem ein gewisses Verlangen nach Risiko. Menschen hassen Langeweile. Neue Reize sind für jeden wichtig, wenn auch nicht für jeden in gleichem Maße. Die Lust auf neue Herausforderungen kann im Laufe des Lebens natürlich etwas abflauen. Vor allem dann, wenn man wiederholt die schmerzliche Erfahrung macht, dafür bestraft zu werden, dass bestimmte Herausforderungen nicht gemeistert werden oder man Erwartungen nicht erfüllt. Die Folgen sind fatal, denn wer sich nicht mehr traut, neue Dinge auszuprobieren, legt nicht nur sein Stimulanzsystem weitestgehend still, sondern beeinträchtigt auch sein Dominanzsystem. Erfolg und Wachstum sind jedoch nur durch Veränderung und Risiko möglich. Wer immer nur das tut, was er bisher getan hat, kann auch nur das schaffen, was er bisher geschafft hat. Auf diesen Stagnationsmodus ist die menschliche Natur allerdings nicht ausgelegt. Somit ist es ganz natürlich, dass es negative Körpergefühle auslöst, wenn das Stimulanzsystem zu lange auf Stand-by läuft. Veränderung ist ein Überlebensprinzip in der Natur. Aus diesem Grund können Unsicherheit und Abwechslung durchaus auch positive Werte im Leben sein.

Menschen, die eine hohe Aktivität im Stimulanzsystem haben, sind meist sehr kreativ, unternehmens- und abenteuerlustig. Der millionenschwere Erlebnisunternehmer Jochen Schweizer hat es wie kaum ein anderer verstanden, allein über diese menschliche Emotionsebene sein erfolgreiches Unternehmen aufzubauen. Als Dienstleister für außergewöhnliche Erlebnisse jenseits der Komfortzone hat er eine Topmarke geschaffen, die nicht nur in Deutschland bekannt ist. Aber auch bekannte Weltunternehmen arbeiten auf Basis dieser Erkenntnisse. Denken Sie nur mal an bekannte Werbeslogans wie den von BMW: »Freude am Fahren«. Hier kommt die Markenphilosophie des bayerischen Autobauers direkt zum Vorschein, die primär auf die Stimulanzebene setzt. Während bei BMW also das Fahrerlebnis an vorderster Front steht, arbeitet Audi in erster Linie mit dem Dominanzsystem seiner Kunden, indem man stets versucht, anderen einen Schritt voraus zu sein: »Vorsprung durch Technik«.

### 3. Das Sicherheitssystem

Jeder Mensch und jedes Lebewesen besitzt, als Gegenpol zur Stimulanz, auch ein Emotionssystem, das auf Sicherheit zielt. Hier entsteht das Streben nach Schutz, Stabilität und Gewohnheit. Der Urtrieb des Überlebens ist sehr tief verankert und unsere Existenz hängt von unserer Sicherheit ab. Sich vor Gefahren und Risiken zu schützen, ist eines der wichtigsten emotionalen Grundbedürfnisse des Menschen. Sieht man sich einer Gefahr oder Unsicherheit zu stark ausgeliefert, beginnen sämtliche Alarmglocken der biologischen Überlebensmechanismen zu läuten und man befindet sich in einem mentalen, emotionalen und somit auch körperlichen Stresszustand. Die Krankheitsbilder, die sich auf Dauer daraus entwickeln, sind bekannt: Depressionen, Burn-out und andere Erschöpfungssyndrome sind nur ein paar Beispiele dafür.

Menschen mit einem stärker ausgeprägten Grundbedürfnis nach Sicherheit versuchen Risiken und Veränderungen eher zu vermeiden als andere. Im Gegensatz zu »Stimulanzlern« versuchen sie, Gewohnheiten und Routinen aufzubauen oder beizubehalten. Bewahren und beschützen steht hier an erster Stelle auf der Tagesordnung. Ahnen Sie schon, welcher Autobauer diese Gruppe gezielt anspricht? Es ist Mercedes. Mercedes hatte vor allem früher das Ziel, seine Kunden überwiegend über das Sicherheitssystem zu gewinnen, indem man die Produkte als besonders sicher und komfortabel verkaufte. Dementsprechend ist das Durchschnittsalter von Menschen, die Mercedes fahren, ein Stück höher, als es bei BMW oder Audi der Fall ist. Dabei spielt auch die altersbedingte hormonelle Veränderung im Körper eine Rolle. Während im frühen Erwachsenenalter zwischen 18 und 25 Jahren die Stoffe Dopamin (primär im Stimulanzsystem) und Testosteron (primär im Dominanzsystem) im Gehirn das Sagen haben, gehen diese Botenstoffe mit dem Älterwerden zurück. Je älter man wird, desto mehr übernimmt das Stress- und Angsthormon Cortisol die Führung. Dies ist eine sinnvolle Einrichtung der Natur, denn ältere Menschen müssen mehr auf Sicherheit, Schutz und Komfort achten als junge. Aus diesem Grund gewinnt man Rentner auch mehr über das Bedürfnis nach Sicherheit als über die Emotionen von Neugier und Wachstum.

## 4. Das Sozialsystem

Dieses Emotionssystem nimmt insofern eine Sonderstellung ein, als es sich entwicklungsgeschichtlich im Gehirn als letztes entwickelte. Während Dominanz-, Stimulanz- und auch Sicherheitsmechanismen bereits bei allen vorgeschichtlichen Evolutionsstufen zu finden sind (Säugetiere, Reptilien, Bakterien), kam das Sozialsystem (das Streben nach Bindung und Fürsorge) erst deutlich später dazu. Aus diesem Grund sind menschliche Verhaltensweisen auch stärker von Dominanz, Stimulanz und Sicherheit geprägt als von Fürsorge und Bindung. Dennoch ist der Mensch ein durch und durch soziales Wesen und hat ein starkes Streben danach, anderen zu helfen oder sich mit jemandem verbunden zu fühlen. Die Existenz des Sozialsystems ist übrigens auch bei vielen Säugetieren zu beobachten. Beispielsweise gehen Elefanten noch Jahre nach dem Tod eines Herdenmitglieds an den Ort, an dem das Tier beispielsweise von Elfenbeinjägern erschossen wurde, und trauern an dieser Stelle. Dieses Verhalten werden Sie bei Reptilien wie Krokodilen oder Schlangen niemals finden. Diese Tiere besitzen nämlich kein derartiges Sozialsystem.

In jedem Menschen ist somit einerseits das Bedürfnis, zu unterstützen (Fürsorge), angelegt sowie andererseits auch der Wunsch eines gewissen Zusammengehörigkeitsgefühls. Die Wichtigkeit von Familie, Freunden, Vereinsleben, Religionsgemeinschaften etc. beweisen diesen Umstand in unserer Gesellschaft. Jeder von uns will sich geliebt fühlen, aber auch Liebe und Unterstützung weitergeben können. Ganz nach dem Motto: »*Glück verdoppelt sich, wenn man es verschenkt.*« Jemand, der nicht das Gefühl hat, in irgendeiner Form etwas beitragen oder jemandem helfen zu können, verliert auf Dauer massiv an Lebensenergie und Motivation. Menschen werden nicht erst zum sozialen Wesen erzogen, sondern tragen diese Veranlagung im Grunde von Geburt an in sich.

**Menschen fehlt nicht die Motivation, sondern ein Bewusstsein für das, was sie wirklich wollen**

Aus diesen vier Emotionssystemen ergeben sich somit die folgenden emotionalen Grundbedürfnisse des Menschen: 1. der Wunsch, wachsen zu können und erfolgreich zu sein, 2. der Wunsch nach Abwechslung, 3. der Wunsch nach Sicherheit und Schutz, 4. der Wunsch nach Verbundenheit und 5. der Wunsch danach, für andere einen Beitrag leisten und helfen zu können. Vielleicht wird Ihnen jetzt auch bewusst, warum man Motivation gar nicht trainieren kann und die Bezeichnung »Motivationstrainer« in diesem Sinne gar keinen Sinn macht. Jeder Mensch auf der Welt ist motiviert, denn Motivation entsteht aus den ununterbrochenen emotionalen Prozessen in den limbischen Zentren des Gehirns. Was Menschen also manchmal fehlt, ist nicht die Motivation, sondern ein klares Bewusstsein für das, was sie wirklich wollen. Manchmal fehlt auch das richtige Arbeitsumfeld oder der entsprechende Einfluss an Menschen, damit man erleben kann, was man erleben will. Genau hier liegt unsere Aufgabe in der Arbeit mit der Motivation. Es geht darum, bei unseren Mitmenschen zu erkennen, was ihnen wirklich wichtig ist und sie emotional bewegt. Das Gleiche gilt auch für uns selbst. Denn wer selbst die Gefühle in seinem Leben empfindet, die er empfinden möchte, kann auf Dauer auch anderen Menschen gute Gefühle geben.

# TEIL 2:

## Motivationslügen und Lebensirrtümer

## Motivationslüge 1:

### *»Sie können alles schaffen, woran Sie glauben.«*
### Die Lüge vom positiven Denken

*In diesem Kapitel erfahren Sie, warum der Glaube alleine eben keine Berge versetzen kann und was »positives Denken« im günstigsten Falle bewirken, aber in vielen Fällen auch anrichten kann. Sie bekommen einen Einblick darin, was unseren Geist tatsächlich steuert und wie man Mentaltechniken so einsetzt, dass sie sich vorteilhaft anstatt kontraproduktiv auswirken. Gleichzeitig beleuchten wir, warum eine persönliche Wertekultur das A und O ist, um nicht Gefahr zu laufen, zu einem Junkie der reinen Erfolgsmaximierung zu mutieren.*

### Entlarvung der Lüge

Testosterongeschwängerte, euphorische Motivationssprüche waren schon immer das wichtigste Marketinginstrument zahlreicher Motivations- und Erfolgspropheten. Das hat sich bis heute nicht geändert. Getreu dem Motto *»Du kannst alles schaffen, woran du glaubst«* wird nach wie vor das scheinbare Erfolgsprinzip des positiven Denkens verbreitet, ohne dabei aber die menschliche Mentalebene in ihrer Tiefe zu verstehen. Dass die Wahrheit hierbei gerne nur oberflächlich beleuchtet wird, ist kein Zufall. Denn *»Yes you can!«* verkauft sich eben besser als *»Selbsterkenntnis ist der erste Schritt zur Besserung«*. Doch genau auf diese Selbsterkenntnis käme es an, da nur derjenige seine Potenziale entfalten und alte Grenzen überwinden kann, der sich selbst samt seinen emotionalen und mentalen Abläufen verstehen lernt. Ihre inneren Warnlämpchen sollten daher zukünftig immer bei Aussagen wie den folgenden aufleuchten:

*»Sie können alles haben, wenn Sie nur daran glauben!«*
*»Sie schaffen, was Sie wollen!«*
*»Der Glaube kann Berge versetzen!«*
*»›Geht nicht‹ gibt's nicht!«*
*»Nichts ist unmöglich!«* (Sorry, Toyota!)

Menschen auf der ganzen Welt werden mit derartigen Überflieger-Botschaften tagtäglich bombardiert. Was vom Gesagten tatsächlich wahr und umsetzbar ist, scheint höchstens indirekt eine Rolle zu spielen. Hauptsache, die Menge stimmt jubelnd in den Chor mit ein: *»Yes we can! Tschakka!«* Der Preis dieser Volkshypnose ist hoch. Denn die meisten Menschen, die solchen Botschaften über grenzenlosen Reichtum oder Erfolg Glauben schenken, machen sich damit mittelfristig gesehen eher unglücklich und motivieren sich im wahrsten Sinne des Wortes zu Tode. Natürlich steckt nicht immer eine böse Absicht hinter allem, doch das ändert nichts an der Tatsache, dass der Wahrheitsgehalt solcher Aussagen weit an der Realität vorbeigeht. Die sich daraus ergebenden dramatischen Folgen erlebe ich durch meinen Beruf beinahe täglich. Das Frustrationslevel der Menschen steigt früher oder später so massiv an, dass es nicht selten zu Folgeerscheinungen wie Burn-out, Depression oder Resignation kommt. Viele können und wollen nicht akzeptieren, dass manches sich nicht ganz so einfach umsetzen lässt, wie es den Anschein erweckt.

Nicht jeder kann alles schaffen und nicht immer ist alles möglich, Punkt, aus! Ich selbst spiele nach wie vor ganz passabel Tennis in der Bundesliga (Herren 30). Sicherlich bin ich in diesem Sport, den ich heiß und innig liebe, besser als 90 Prozent aller Tennisspieler in Deutschland – und ich hätte von Kindheit an bis heute alles dafür gegeben, einmal im Leben das Profiturnier von Wimbledon gewinnen zu können. Hätte ich das schaffen können? Wäre das möglich gewesen? Nein, niemals! Könnte jeder Mensch ein Stargeiger wie David Garrett oder ein Fußballgenie wie Franck Ribéry werden? Nein! Denn Erfolg ist eben nicht nur eine Frage des Willens und des Glaubens, sondern in erster Linie auch eine Frage persönlicher Begabung, die dann frühzeitig mit viel Fleiß und Übung gefördert werden muss. Es ist sinnlos, Potenziale zu fördern, die man gerne hätte, aber in Wahrheit nicht hat.

Versuchen Sie nicht, Stärken in Bereichen zu entwickeln, in denen Sie keine Talente mitbringen! Es ist vielmehr die Aufgabe eines jeden Menschen, herauszufinden, in welchem Bereich er besondere Talente besitzt, um daraus dann solche Stärken zu entwickeln, dass er damit etwas Großartiges für sich und andere Menschen schaffen kann. Der bekannte Hirnforscher Gerald Hüther erklärt in seinem empfehlenswerten Buch *Jedes Kind ist hochbegabt* mithilfe neurobiologischer Erkenntnisse sehr schön, dass jeder Mensch von klein auf durchaus das Potenzial für außergewöhnliche Fähigkeiten besitzt. Aber deswegen kann doch noch lange nicht jeder alles schaffen!

Wer seine eigenen Grenzen überwinden möchte, tut gut daran, dabei auch die Grenzen des Möglichen und vor allem des Sinnvollen nicht außer Acht zu lassen. Andernfalls bringt die blinde Erfolgs- und Glücksjagd in der Regel das Gegenteil dessen, was man sich eigentlich erhofft hatte. Damit wird persönliche Potenzialentfaltung nicht gefördert, sondern verhindert.

**Es geht oft mehr als bisher, aber eben nicht alles**

Speziell durch meine Arbeit als Coach im Spitzensport weiß ich, wie wichtig es ist, alte Glaubensbegrenzungen zu überwinden und über sich hinauszuwachsen. Die Wahrheit lautet: Es kann zwar nicht jeder alles schaffen, aber meistens dennoch mehr, als er bisher glaubte oder ihm bislang möglich war. Im knallharten Profisportgeschäft, wo menschliche Leistungen ständig rein durch kühle Zahlen und Statistiken bewertet werden, ist es eine Grundvoraussetzung, die persönliche Leistungsfähigkeit und auch Leistungsbereitschaft kontinuierlich zu steigern. Doch glauben Sie mir: Allein mit positivem Denken und dem Glauben an scheinbar grenzenlose Möglichkeiten kommt man dabei nicht sehr weit.

Gerade die weltbesten Profisportler werden nicht deswegen zu den Königen ihrer Disziplin, weil sie sämtliche Grenzen ignorieren. Vielmehr entwickeln sie ein klares Bewusstsein für veränderbare und eben auch unveränderbare Limits. Die Champions dieser Welt wissen genau, wo noch unentwickeltes Potenzial in ihnen steckt, aber auch, in welchen Bereichen das Ende der Fahnenstange bereits erreicht ist.

Erfolglose Personen erkennt man im Gegensatz dazu oftmals daran, dass sie das Mögliche nicht möglich machen, weil sie sich in der Zwischenzeit zu intensiv mit dem Unmöglichen beschäftigen.

Lassen Sie uns nun die Kraft unseres Geistes genauer beleuchten. Sicherlich kennen Sie Sätze wie: »*Verändere dein Denken und es verändert sich dein Leben.*« Hinter dieser Aussage steckt durchaus ein wahrer Kern. Denn mentale Prozesse haben nachweisbar eine Auswirkung auf unsere Biochemie und sind damit unvermeidbar auch für unsere Gefühle und unser Verhalten verantwortlich. Die Qualität unseres Verhaltens bestimmt die Qualität unseres Lebens. Das gilt für Essverhalten, Konsumverhalten und Arbeitsverhalten genauso wie für Beziehungsverhalten oder Kommunikationsverhalten. Auch die mit dem »positiven Denken« verbundene Technik des positiven Selbstgesprächs ist beispielsweise seit Jahrzehnten im Profisport weit verbreitet. Es wäre eine Lüge, zu behaupten, dass diese oder ähnliche Techniken gar keine Wirkung erzielen könnten. Doch die Praxis zeigt, dass beim Versuch, mentale beziehungsweise emotionale Probleme zu lösen, die Grenzen der kognitiven Selbstmanipulation schnell erreicht sind. Die Wirkungsgrenzen des positiven Denkens sind viel enger, als gemeinhin angenommen oder von diversen Motivationstrainern gerne glaubhaft gemacht wird.

Fakt ist natürlich aber auch: Solange sie nicht zu Größenwahn und Realitätsverlust führen, sind positive Gedanken für die gefühlte Lebensqualität definitiv deutlich besser als negative. Doch diese gefühlte Lebensqualität hat nichts damit zu tun, das Unmögliche möglich zu machen, alles schaffen zu können oder möglichst viel Erfolg und Reichtum zu erlangen.

Davon können wir Deutschen ein Lied singen. Denn obwohl wir es durch unsere scheinbar »unbegrenzten Möglichkeiten« zu weltweit führendem Wohlstand gebracht haben, zählt Deutschland in Sachen Glücklichsein nach wie vor zu den Entwicklungsländern. Eine im April 2013 veröffentlichte UNICEF-Studie ermittelte die Lebenszufriedenheit von Kindern in 29 europäischen und nordamerikanischen Staaten. Auch hier zeigte sich ein ähnliches Ergebnis: Die Niederlande belegten Platz 1, Deutschland liegt weit abgeschlagen auf Platz 22. Was also tun, um sich motivierter, glücklicher und stärker zu fühlen? Müssen wir beginnen, Negatives noch mehr auszublenden und dafür noch positiver zu denken? Den Hebel beim positiven Denken anzusetzen, führt nirgendwohin. Denn als Werkzeug für wirkliche Qualitätssprünge im Leben funktioniert das Ganze einfach nicht. Und dafür gibt es auch erklärbare Gründe.

## Die Wahrheit hinter dem Schein

### Warum Gedankenkontrolle nicht den erwünschten Erfolg bringen kann

Das Problem beim »positiven Denken« ist nicht, dass es grundsätzlich falsch ist, sondern dass seine Wirksamkeit sehr begrenzt ist – und dass es zudem oft falsch verstanden wird. »*Denk doch einfach mal nichts und sei ganz locker. Du musst jetzt einfach an dich glauben und deinen Kopf ausschalten!*«, so der Tipp eines Vaters an seine vor Nervosität schlotternde und verheulte Tochter kurz vor dem Start ihres Skirennens. Einfach mal den Kopf ausschalten und nichts denken – haben Sie sich auch schon mal gefragt, wie das eigentlich gehen soll? Wie ist man denn »einfach ganz locker« und glaubt an sich? Der unüberlegte Gebrauch solch abgedroschener Sätze schadet mehr, als er nutzt. Natürlich meinen es Eltern, Trainer, Vorgesetzte und Coaches mit solchen Aussagen meist gut, aber das Ergebnis ist dennoch, dass derartige Motivationssprüche den Adressaten eher noch mehr unter Stress setzen. Warum wohl? Weil man es nicht umsetzen kann, obwohl man es so gerne möchte und natürlich wie ein Verrückter versucht! Man kann seinen Kopf nicht einfach so ausschalten wie einen PC. Viel hilfreicher wäre es, zu verstehen, wie »das Gerät« wirklich funktioniert, sodass man es sinnvoll benutzen kann.

Wer hat nicht vor einem Test schon mal die Hosen richtig voll gehabt? Zum Beispiel vor einem Referat, vor dem Abitur, vor einem Tennismatch gegen den ewigen Angstgegner oder vor der praktischen Führerscheinprüfung. Jeder Mensch kennt diese Angst. Erinnern Sie sich doch jetzt bitte mal an eine Ihrer Angstsituationen zurück und versetzen Sie sich in Ihre damalige Lage. Wäre Ihnen in dieser Situation geholfen gewesen, wenn Sie sich selbst eingeredet hätten, dass sie jetzt einfach mal positiv denken und sich selbst sagen sollen: »*Ich schaffe das schon; es wird schon gut gehen*«? Hilft so was wirklich in emotionalen Momenten weiter? In der Regel kaum. Hätte Ihnen damals irgendjemand mit derartigen Sätzen das beklemmende Gefühl nehmen können? Wohl kaum. Denn bewusstes Denken – in Form von Information oder Belehrung – hat nur geringen Einfluss auf emotionale Prozesse im Gehirn. Das Konzept des positiven Denkens ist gut gemeint, aber ziemlich wirkungsschwach, was auf wissenschaftlicher Ebene gut erklärbar ist.

Die Neuroforschung hat angeblich herausgefunden, dass es im menschlichen Gehirn täglich rund 60 000 Gedankenprozesse gibt, also circa einen Gedanken pro Sekunde. Ob diese Zahl tatsächlich stimmt, sei mal dahingestellt. Allerdings wird sie in der Literatur immer wieder genannt, unter anderem auch von dem bekannten amerikanischen Psychotherapeuten Dr. Daniel Amen (vgl. Daniel G. Amen: Das glückliche Gehirn, München 2010). Ein Großteil dieser Prozesse läuft jedenfalls unbewusst ab; hier finden sich Zahlen zwischen 80 und 99 Prozent. Im Grunde ist der genaue Anteil aber auch vollkommen egal, denn eine Tatsache, die bei allen Forschern unumstritten ist, hat der australische Gehirnforscher Allan Snyder sehr treffend in einem Satz auf den Punkt gebracht: »*Ihr Bewusstsein ist nur eine PR-Aktion Ihres Gehirns, damit Sie denken, Sie hätten auch noch was zu sagen.*« Das bedeutet vereinfacht gesagt: Das allermeiste von dem, was Sie denken, kriegen Sie bewusst gar nicht mit.

Dazu kommt nun eine weitere, sehr wichtige Information: Ein Großteil der Gedanken, die Sie denken, sind tagtäglich die gleichen. Das müssen Sie sich auf der Zunge zergehen lassen: Die meisten Ihrer Gedanken von gestern haben Sie heute wieder – und morgen auch – und übermorgen auch. Warum ist das so? Weil das Verhalten des Menschen, genauso wie seine mentalen und emotionalen Abläufe, über Automatismen (Konditionierungen, Gewohnheiten etc.) gesteuert wird. Auch wenn Sie heute etwas ganz anderes tun als gestern, arbeitet Ihr Gehirn überwiegend im unterbewussten Autopilot-Modus und weniger über bewusste Denkprozesse. Lassen Sie mich diesen Zusammenhang anhand des Beispiels Ihrer ersten Fahrstunde erklären.

Ihr erstes Mal am Steuer eines Autos war Stress pur. Sie mussten ans Kuppeln denken, mussten gleichzeitig den richtigen Gang einlegen, in den Spiegel schauen, den Blinker rechtzeitig setzen und ganz nebenbei auch noch den Erklärungen des Fahrlehrers folgen. Im Gehirn entstand dabei Chaos, da es für diese zahlreichen Prozesse noch keine Routinen oder Automatismen gab, auf die das Gehirn hätte zurückgreifen können. Heute stellt sich die Situation ganz anders dar. Mittlerweile können Sie ganz gemütlich mit kontrollierten 70 km/h durch die Innenstadt brettern, nebenbei den Wetterbericht verfolgen und zwischendurch auch noch Ihrer Beifahrerin vom gestrigen Kinobesuch erzählen. Sie fahren sozusagen auf Autopilot-Modus. Doch auch wenn Sie mittlerweile über das Autofahren nicht mehr bewusst nachdenken, laufen im Gehirn dennoch überwiegend die gleichen neuronalen Prozesse ab wie bei Ihrer ersten Fahrstunde. Wie sehr es in Ihrem Oberstübchen arbeitet, kriegen Sie gar nicht mehr bewusst mit. Genau das Gleiche gilt für alle anderen Lebensbereiche. Das Bewusstsein denkt, aber das Unterbewusstsein lenkt.

**Autopilot-Programme sparen Energie – auch beim Denken**

Diese Autopilot-Programme des Unterbewusstseins wurden von Mutter Natur aus einem Grund angelegt: Sie sparen Energie. Unser menschlicher Organismus ist grundsätzlich auf Energiesparen ausgelegt. Dieser evolutionären Grundeinstellung unseres »Betriebssystems« können wir uns nicht entziehen. Im Zusammenhang damit müssen Sie wissen, dass »Denken« an sich, etwas überspitzt gesagt, ein relativ problematischer Zustand für den Körper ist, der gern vermieden wird. Warum ist das so?

Unser Gehirn macht etwa zwei bis drei Prozent unseres Körpergewichts aus. Beim aktiven bewussten Nachdenken verbraucht es aber bis zu 20 Prozent der gesamten Körperenergie. Sie können sich vorstellen, dass Sie als Hausmeister in einem solchen Gebäude auch sehr darauf bedacht wären, diesen extremen Energiefresser möglichst oft auf Stand-by zu schalten, um keine unnötige Energie zu verschwenden. Genau aus diesem Grund übrigens ist die Bildzeitung mit einer Auflage von rund 2,5 Millionen Exemplaren die meistgelesene Tageszeitung Deutschlands, während die Zeitschrift *Spektrum der Wissenschaft* eben leider nur rund 100 000 Leser für sich begeistern kann. Zugespitzt formuliert: Um die *Bild* zu lesen, braucht man nicht unbedingt ein denkendes Gehirn.

### Der Kreislauf des Lebens

Das Beispiel der Bildzeitung zeigt sehr schön, wie Menschen über die Ebene des Unterbewusstseins beeinflusst werden können. Die Redakteure der *Bild* verstehen es nämlich meisterhaft, bei ihren Lesern bestimmte Gefühle zu erzeugen, indem Informationen so emotional verpackt werden, dass die Informationsaufnahme fürs Gehirn maximal einfach ist. Man kann von der *Bild* halten, was man will, aber die Verantwortlichen dort schaffen es wie kaum jemand anderes, das Unterbewusstsein der Leser direkt anzusprechen und sie dadurch auch zum Kauf der Zeitung zu animieren.

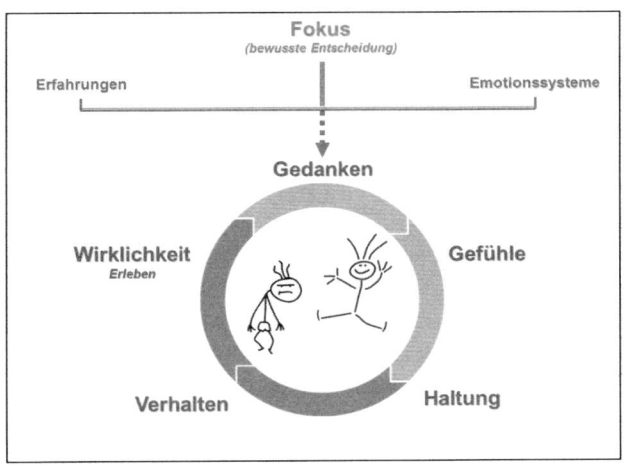

Der Kreislauf des Lebens

Um den Einfluss unserer Gedanken auf unser Leben noch besser verstehen zu können, schauen Sie sich bitte nun die Abbildung zum Kreislauf des Lebens genau an. Oben auf 12 Uhr stehen als Erstes die Gedanken. Diese Gedanken, die uns, wie bereits erwähnt, überwiegend gar nicht bewusst werden, erschaffen über kurz oder lang bestimmte Gefühle. Zum einen ein seelisches Gefühl (eine Emotion) und dann häufig auch ein körperlich wahrnehmbares Gefühl (Bauchkribbeln, Kloß im Hals, kalte Hände, Herzpochen etc.). An der Binsenweisheit »Man fühlt sich auf Dauer so, wie man denkt« ist also definitiv was dran. Auf Basis dieser Gefühle entwickelt sich eine bestimmte Haltung beziehungsweise Einstellung zu einer Sache, einem Menschen, einer Situation oder zu uns selbst. In der Folge ergibt sich aus der inneren Haltung unser für andere erkennbares Verhalten. Das bedeutet im Klartext: Man agiert und kommuniziert früher oder später immer entsprechend seiner inneren Einstellung. Oder um es mit anderen Worten zu sagen: Das Gefühl, das Sie Ihren Mitmenschen vermitteln, ist eine Reflexion Ihrer eigenen Gefühle.

Nehmen wir ein praktisches Beispiel: Stellen Sie sich einen frustrierten jungen Fußballprofi vor, der mit seiner Mannschaft in einer schweren sportlichen Krise steckt. Er sitzt auf der Ersatzbank, kommt kaum zum Zug und hat keine Beziehung zum Trainer. Seine Gedanken kreisen den ganzen Tag nur um die Probleme des Teams sowie um die eigene Karrieretalfahrt. Dementsprechend fühlt er sich extrem schlecht, wirkt müde, lustlos und unglücklich. Da er diese Gefühle schon seit zehn Wochen hat, ist auch seine Einstellung gegenüber dem Trainer, der Mannschaft und seinen eigenen Fähigkeiten negativ. Er entwickelt die Glaubenssätze: »Ich habe irgendwie das Fußballspielen verlernt« und »Dem Trainer bin ich scheißegal«. Das Verhalten des Spielers auf dem Platz können Sie sich wahrscheinlich gut vorstellen. Ihm passieren Fehler, die keinem A-Jugendspieler unterlaufen, und die Körpersprache gleicht der von Mr Bean. Nun nehmen wir weiterhin an, der Klub entscheidet sich für einen Trainerwechsel. Es kommt ein charismatischer Trainer ins Team, der die Sprache der jungen Spieler spricht, da seine eigene Spielerkarriere erst wenige Jahre zurückliegt. Er spricht fast täglich mit unserem Sorgenkind auf und auch abseits des Platzes und stellt ihm in Aussicht, beim nächsten Bundesligaspiel in der Startelf dabei zu sein. Unser Spieler bekommt nach und nach andere Gedanken und somit auch andere Gefühle. Das Selbstvertrauen steigt wieder und daher verändert sich auch seine Haltung. Nach zwei bis drei Spielen von Beginn an entwickelt er die Glaubenssätze: »Der Trainer liebt mich« und »Ich kann's ja doch noch«. Seine Einstellung zu sich und seinem Trainer verändert sich und infolgedessen zeigt er auch ein anderes Verhalten. Selbstsicher spielt er wieder seine Pässe, zeigt Kampfgeist und steigert seinen Laufeinsatz im Spiel wie auch im Training. Eine solche Verhaltensänderung führt natürlich nach einer gewissen Zeit immer auch zu einer Veränderung der Ergebnisse, also der Wirklichkeit, in der der Spieler lebt. Entscheidend war allerdings, dass der Trainer begann, auf die Gedanken und Gefühle des Spielers Einfluss zu nehmen; alles andere waren Konsequenzen daraus. Eine Belehrung oder »Verhaltenstherapie« im Sinne von Maßregelungen hätte mit Sicherheit nicht diese Ergebnisse gebracht. Entscheidend war vielmehr, dass der Trainer dem Spieler neue Erfahrungen ermöglicht hat, indem er viel mit ihm gesprochen und ihm das Vertrauen geschenkt hat, ihn von Beginn an spielen zu lassen. Erfahrungen, die wir machen, haben einen massiven Einfluss auf die »Färbung« unserer Gedanken.

Aus diesem Grund spielt auch das Umfeld eines Menschen eine enorm wichtige Rolle für seine Lebensentwicklung. Denn wenn sich beispielsweise Jugendliche in einem harten Umfeld auf den Hinterhöfen ihres Stadtviertels bewegen und sich mit roher Gewalt die ersehnte Anerkennung im Leben zu erkämpfen versuchen, dann machen sie auf Basis dieses Verhaltens früher oder später natürlich auch dementsprechende Erfahrungen. Diese Erfahrungen wirken sich wiederum im Kreislauf des Lebens so aus, dass sie zu neuen Gedanken und Haltungen führen. Und genau an dieser Stelle entwickelt sich dann eine Persönlichkeit mit den dementsprechenden Charakterzügen. Dass diese Charakterzüge anders geartet sind als bei Menschen, die mit viel Wertschätzung und Zuneigung aufwachsen, dürfte nicht sonderlich verwundern. »Charakter« verstehe ich hier nicht als etwas Angeborenes, sondern als eine psychische Gewohnheit, die erlernt wurde. Dies ist nicht zu verwechseln mit den angeborenen Ausprägungen unserer Emotionssysteme, die bildlich gesprochen das grundlegende »Betriebssystem« unseres Wesens darstellen. Welches Programm (Charakterzüge) allerdings auf Basis des Betriebssystems installiert und benutzt wird, steht auf einem ganz anderen Blatt. Die Verantwortung dafür liegt stets in Händen des Programmierers und des Computerbenutzers. Das Betriebssystem ist niemals schuld, denn es geht um seine Benutzung. Das bedeutet: Ganz gleich, was für emotionale Veranlagungen Sie haben und was für ein Typ Mensch Sie sind – Erfolg und Erfüllung im Leben sind primär eine Frage der Eigenverantwortung. Gleichzeitig ist es natürlich im Bereich der Erziehung oder auch Mitarbeiterführung entscheidend, keine Sabotageprogramme bei anderen Menschen zu installieren und ihnen keine »Viren« in den Kopf zu setzen, die ihnen Schaden zufügen. Bestehende Charakterzüge eines Menschen sind durchaus noch mal veränderbar. »Umprogrammieren« kann man diese psychischen Automatismen bei sich und anderen allerdings nicht durch Belehrung, Bestrafung oder Beschulung. Es gelingt vielmehr dadurch, dass man dafür sorgt, dass ein Mensch neue, und zwar positivere emotionale Erfahrungen macht als bisher. So erhält die Person zumindest eine Chance, ein positiveres Verhaltensprogramm zu entwickeln, als Alternative zum beispielsweise bislang dominierenden Aggressionsprogramm.

Der »Kreislauf des Lebens« zeigt also, warum alle Belehrungen, Standpauken und nachträglichen Erziehungsversuche bei uns selbst oder bei anderen Menschen in der Regel kaum eine Wirkung erzielen. Denn all diese Manipulations- und Belehrungsversuche spielen sich ausschließlich auf der Ebene des Verhaltens ab und sind genau genommen eine Form von Dressur. Menschen wollen sich allerdings noch weniger dressieren lassen als Tiere. Dressur führt niemals zu wirklicher Freiheit oder guten Gefühlen. So bekommt den Burnout am Ende der Dompteur, und alle Beteiligten sind körperlich wie psychisch am Ende. Achten Sie auf diese Zusammenhänge: bei der Mitarbeiterführung, aber auch in der Partnerschaft oder der Kindererziehung.

### Sprache und Funktionsweise des Unterbewusstseins

Um wirklich nachhaltige Veränderungsprozesse in Gang setzen zu können, gilt es nun, den Hebel an der richtigen Stelle, dem Unterbewusstsein, anzusetzen. Um diesen Zusammenhang richtig zu verstehen, stellen Sie sich das gesamte Wesen des Menschen bitte einfach wie einen Eisberg vor.

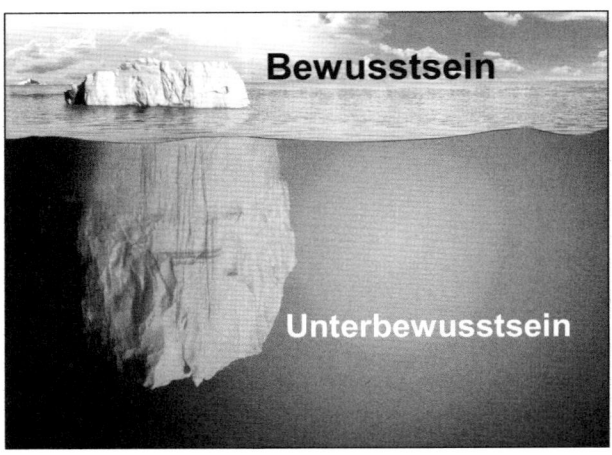

Das Eisbergmodell: die Persönlichkeitsebenen des Menschen

Die Spitze des Eisbergs, also der sichtbare kleine Teil unseres Geistes, ist unser Bewusstsein beziehungsweise der analytische Verstand. Dieser funktioniert über die Sprache von Informationen: Zahlen, Daten, Fakten. Der sehr viel größere Teil unseres Geistes ist allerdings, wie beim Eisberg auch, der unsichtbare Teil unter der Wasseroberfläche, unser Unterbewusstsein. Und jetzt kommt der entscheidende Punkt: Das Unterbewusstsein beeinflusst man nicht über die gleiche Sprache wie das Bewusstsein, also nicht über Informationen wie »Du musst nur daran glauben« und »Alles ist möglich!«. Das Unterbewusstsein arbeitet über Gefühle und bildhafte Vorstellungen und steuert darüber einen Großteil unseres Verhaltens. Denken Sie beispielsweise an einen

Kinobesuch. Die riesige Leinwand setzt Sie relativ lange starken visuellen Reizen in Form von Bildern oder Szenen aus, die direkt auf Ihr Unterbewusstsein wirken. Deshalb zeigen sich im Kino oftmals auch körperliche Reaktionen und Verhaltensweisen, die vor dem heimischen Fernseher nicht so leicht passieren – sprich, man lacht sich laut halb schlapp, erschreckt sich zu Tode oder verdrückt ein paar Tränen, obwohl man das eigentlich vielleicht gar nicht will. Dem Unterbewusstsein ist dies aber relativ egal, denn es steuert unsere Gefühle und Verhaltensweisen unabhängig davon, ob unser bewusster Verstand das will oder nicht. Denken Sie etwa an Profisportler, die vor Angst ganz schwere Beine oder Arme bekommen und wie gelähmt wirken. Wenn bestimmte negative Vorstellungen über die aktuelle Situation bestehen (vielleicht das Szenario einer drohenden Blamage gegen einen schwachen Gegner), so antwortet das Unterbewusstsein darauf mit bestimmten emotionalen und biochemischen Prozessen, sodass man sich eben entsprechend schlecht fühlt. Daher heißt es ja auch so schön: »Der Geist ist willig, aber das Fleisch ist schwach.«
Dieser Spruch bringt es auf den Punkt. Auch wenn der Kopf will, kann der Körper den Willen oftmals nicht umsetzen, da unsere Gefühle und Verhaltensweisen primär nicht über den Kopf, sondern über das Unterbewusstsein gesteuert werden.

**Positives Denken beschäftigt sich lediglich mit der Spitze des Eisbergs**

Genau aus diesem Grund greift auch das positive Denken meist zu kurz. Denn positiv umdenken kann man ja nur diejenigen Gedanken, die einem rational bewusst werden. Doch wie wir bereits gelernt haben, läuft ein Großteil dieser Gedanken unter der Wasseroberfläche, also vollkommen unbewusst, ab. Durch gezieltes Denken hat man darauf keinen direkten Zugriff. Den Menschen zu erzählen, man müsse nur einfach anders denken, vermittelt zwar die Hoffnung, alles ganz nach Wunsch verändern zu können, doch die Wahrheit ist nicht so einfach. Positives Denken beschäftigt sich lediglich mit der Spitze des Eisbergs. Wie müssen tiefer eintauchen und an die Basis des Eisbergs herankommen.

Wissenschaftler gehen davon aus, dass rund 50 Prozent unserer grundlegenden Persönlichkeitsmerkmale bereits von Geburt an vorhanden sind. Die anderen 50 Prozent entstehen durch Erziehung, eigene Lebenserfahrungen und bewusste Persönlichkeitsentwicklung. Jeder Mensch kommt also schon mit einer Art »vorinstalliertem Betriebssystem« auf die Welt und bringt je nach Ausprägung seiner Emotionssysteme (Dominanz, Stimulanz, Sicherheit und soziale Bindung) auch gewisse Veranlagungen für bestimmte Stärken und Schwächen mit. Genau aus diesem Grund ist beispielsweise beruflicher Erfolg nicht einfach nur eine Frage der Einstellung, sondern auch abhängig von der frühkindlichen Prägung. Denn Menschen mit einem niedriger ausgeprägten Dominanzsystem haben in der Folge ein geringeres Streben nach Macht, Verdrängung, Wachstum und Status. Dementsprechend werden sie in ihrem Leben auch weniger den Aufstieg auf der Karriereleiter anstreben oder sich auf finanziellen Reichtum fokussieren als andere. Allein schon dieser Umstand verdeutlicht, dass der Spruch *»Jeder kann alles schaffen, wenn er nur daran glaubt«* nicht sinnvoll ist. Denn unabhängig davon, dass eben nicht jeder alles schaffen kann, will auch gar nicht jeder alles schaffen. Nicht jeder will die Nummer eins sein – was für eine dumme Motivationslüge! Viele Menschen sind von Natur aus schlichtweg nicht dazu geboren, Profisportler, Vertriebsleiter oder Vorstandschef in einem großen Unternehmen zu werden. Dennoch besitzt jeder Mann und jede Frau einzigartige Potenziale und Fähigkeiten, die es zu entdecken gilt, damit man auf seine eigene Weise glücklich werden kann. Aber dieses Glück finden eben nicht alle auf dem höchsten Gipfel eines Berges.

In dem von mir entwickelten Kreislaufmodell, das ich Ihnen oben dargestellt habe, erkennen Sie, dass unser Fokus von zwei Bereichen beeinflusst wird. Das bedeutet, dass Sie das, was Sie im Leben sehen, nie komplett objektiv wahrnehmen und auch nicht so wahrnehmen, wie dies andere Menschen tun. Mit anderen Worten: Man sieht die Welt nicht so, wie es in ihr aussieht, sondern so, wie es in einem selbst aussieht. Der Grund dafür ist, dass jeder Mensch bis zu einem gewissen Grad auch zum Produkt seiner Erfahrungen (Konditionierungen) und Prägungen wird. Hier geht es einerseits um genetische Prägungen, andererseits aber auch um (früh-)kindliche Erlebnisse in der Familie oder auch in der Schule, die sich über die Jahre immer mehr verfestigt haben und ihrerseits zu einer bestimmten Haltung geführt haben. Derjenige, der Sie heute sind, wurden Sie also aufgrund äußerer Einflussfaktoren (Erfahrungen) sowie durch die individuelle Ausprägung Ihrer Emotionssysteme. Den Konflikt, der in diesem Zusammenhang mit der Technik des positiven Denkens entsteht, erkläre ich Ihnen anhand eines konkreten Beispiels aus meiner Vergangenheit.

In meiner Zeit als Tennistrainer habe ich verschiedenste Menschen trainiert. Oftmals waren es erfahrene Sportler, die seit Jahren spielten, manchmal waren aber auch komplette Neulinge dabei. Kam ein Schüler zu mir, der noch nie in seinem Leben eine Vorhand geschlagen hatte, brachte ich ihm innerhalb von zwei bis drei Trainingsstunden eine korrekte Schlagtechnik bei. Kam jemand mit einer seit Jahren eingeschliffenen falschen Technik, brauchte die Korrektur manchmal Monate. Auch die Trainingswissenschaft bestätigt diese Erfahrung. Beim Technikerwerb im Tennissport geht man von rund 150 Wiederholungen (Schlägen) aus. Bei der Technikkorrektur benötigt man für das gleiche Ergebnis häufig bis zum Zehnfachen an Wiederholungen.

Was bedeutet das für unser Leben? Natürlich können wir uns in jedem Lebensalter noch verändern und neue Erfolgsprogramme in unserem Unterbewusstsein etablieren. Aber nicht von heute auf morgen und auch nicht mühelos per kosmischer Bestellung beim Universum! Lassen Sie sich nicht für dumm verkaufen, wenn man Ihnen einreden will, dass Sie innerhalb von zehn Wochen problemlos mit dem Rauchen aufhören, Ihren Traumjob finden, finanzielle Freiheit erlangen und mit 30 Kilo weniger auf den Rippen wie Lassie über die Wiese jagen können – rein durch die Kraft Ihrer Gedanken, versteht sich. Das ist einfach gelogen und gegen die Natur! Jeder Mensch kann sich zu jeder Zeit noch verändern, wenn er will, und persönliche Weiterentwicklung ist absolut wichtig. Aber beides kostet Kraft, Energie, Zeit und somit manchmal eben auch viel Geduld. Wer diese Tatsache leugnet, belügt sich selbst. Wenn Sie ungeduldig, radikal und rein ergebnisorientiert vorgehen, werden Sie von Ihrem Unterbewusstsein mit so viel Gefühlschaos bestraft, dass Sie am Ende aufgeben werden und dann noch tiefer im Dreck sitzen als zuvor.

Ich weiß aus meiner Arbeit, dass positive Veränderungen für jeden möglich sind. Aber bitte auf natürliche Weise, mit kontrollierten Wachstumsphasen. Kein Baum in der Natur wächst in zehn Wochen fünf Meter hoch. Er wächst konstant im Frühling und im Sommer. Genauso gibt es für ihn auch Zeiten des Stillstands im Herbst und Winter. Sicherlich tendieren viele Menschen eher dazu, sich zu unterschätzen, als zu überschätzen, und sollten erkennen, dass deutlich mehr in ihnen steckt, als sie bisher dachten. Aber der klare Menschenverstand sagt uns doch auch, dass ein Baum nicht schneller wächst, nur weil man an ihm zieht, und dass auch nicht jeder Baum 20 Meter hoch werden kann, weil er dafür eben auch nicht das »Betriebssystem« besitzt. Entscheidend ist doch vielmehr, wie gesund und schön der Baum ist, ganz gleich, welche Größe in welcher Zeit er erreicht hat. Wer im Leben auf der Jagd nach dem mühelos bestellbaren und ewigen Glück ist, verhält sich genauso wie ein Baum, der nur darauf wartet, dass endlich mal eine Zeit kommt, in der von Januar bis Dezember die Sommersonne scheint.

**Chancen und Risiken beim Verändern unterbewusster Programme**

Wie Sie bereits erfahren haben, ist Energieaufwand etwas Unerwünschtes für den menschlichen Organismus und wird nach Möglichkeit vermieden. Aus diesem Grund verändern sich Menschen auch ungern. Nicht weil sie nicht wollen, sondern weil ihnen die Emotionssysteme signalisieren, dass Veränderungen Gefahr und Energieverlust bedeuten. Wie können dennoch Veränderungsprozesse möglich gemacht werden?

Veränderung ist dann möglich, wenn die Kosten-Nutzen-Rechnung des persönlichen Energiemanagements stimmt, wenn also der zu erwartende Gewinn höher ist als der befürchtete Energieaufwand und Stress. Fakt ist, dass für jede Veränderung, genauso wie für jedes Ziel, das man erreichen möchte, immer auch ein »Preis« für den Weg dorthin zu bezahlen ist. Auch wenn die Esoterikterroristen immer mit einem kostenlosen Weg zur Wunscherfüllung werben: Es gibt ihn nicht; und wenn es ihn gäbe, wäre das nicht erfüllend. Auch im Sport schmeckt der hart erarbeitete Triumph süßer als der Sieg gegen einen unterklassigen Gegner, der nach wenigen Minuten aufgibt. Ebenso verschafft uns das selbst erarbeitete Geld mehr Glücksgefühle und Stolz als ein geschenkter Geldbetrag in gleicher Höhe. Der Weg des mühelosen und blitzartigen Erfolgs ist weder realistisch noch wirklich attraktiv.

Als Coach habe ich mich unter anderem auch in Hypnose und ähnlichen Methoden ausbilden lassen. Daher weiß ich, dass es sehr wohl gezielte Techniken gibt, unerwünschte Programme im Unterbewusstsein innerhalb kurzer Zeit durch positivere zu ersetzen. Doch auch hier liegt in den meisten Fällen nicht die Lösung des wirklichen Problems. Nehmen wir ein Beispiel.

**Müheloser Erfolg ist weder realistisch noch attraktiv**

Ein Klient kommt zu einem Hypnosetherapeuten, weil er mit seinem übermäßigen Zigarettenkonsum aufhören möchte. Die einfachste und schnellste Möglichkeit besteht nun darin, den Klienten durch Hypnose in einen tiefen Trancezustand zu führen, bei dem das Unterbewusstsein für neue Bilder und Suggestionen sehr zugänglich ist. In diesem Zustand wird ihm dann der Geschmack von Tabak madig gemacht, sodass im Regelfall seine Lust am Rauchen deutlich reduziert oder sogar verschwunden ist. Wurde jetzt wirklich das Problem mühelos weggezaubert? Nein, denn in Wirklichkeit kam der Klient gar nicht wegen des Rauchens, sondern weil er an einer Sucht leidet, die es aufzulösen gilt. Dazu müsste er aber etwas in seinem Inneren verändern und in seiner Persönlichkeit wachsen. Das Wort »Sucht« kommt von »suchen«, meint der Volksmund. Auch wenn das etymologisch nicht haltbar ist (»Sucht« kommt von »siechen«), können wir doch beobachten: Ein Mensch, der an einer Sucht leidet, sucht nach etwas. Die Frage ist also: Wonach sucht er? Wenn er einfach seinen Appetit auf Zigaretten aus dem Unterbewusstsein verbannt, ist seine Suche damit in aller Regel nicht beendet. Nicht selten suchen sich Betroffene dann ein neues, vielleicht sogar noch schädlicheres Ventil, um den negativen Gefühlen in Körper und Geist zu entkommen.

Der Lösungsansatz für wirkliche Veränderungen geht also stets tiefer und beschäftigt sich nicht nur mit dem, was man gerade mal eben mühelos loswerden oder erreichen möchte. Genau das Gleiche gilt auch für den ewigen Wunsch nach mehr Glück, mehr Erfolg, mehr Liebe oder mehr Anerkennung. Wer diesen Mangel dadurch beheben möchte, dass er sein Unterbewusstsein mit Motivations-Zaubersprüchen und Positiv-denken-Suggestionen betäubt, wird sehr bald sein blaues Wunder erleben.

### Denken Sie nicht nur positiv – seien Sie positiv

Sie haben nun bereits erfahren, dass dem positiven Denken aufgrund psychischer Prozesse (Bewusstes und Unbewusstes) enge Grenzen gesetzt sind. Wenn positives Denken nicht das Allheilmittel ist, was kann uns dann helfen? Mein Tipp lautet: Hören Sie auf, positiv zu denken, und fangen Sie an, positiv zu sein. Darunter verstehe ich, dass Sie bei sich und anderen auf allen Ebenen für so viel positiven Input wie möglich sorgen, und zwar in einer Sprache, die das Unterbewusstsein auch versteht. Also nicht durch Informationen, Belehrungen und Verhaltensregeln, sondern dadurch, dass Sie positive Vorstellungen, Erfahrungen und Gefühle vermitteln.

Achten Sie zunächst einmal darauf, welches Bild Sie sich von Ihren Mitmenschen, Ihrem Job, Ihrem Leben und von sich selbst machen. Könnte man so manche Situation oder ärgerliche Verhaltensweise eines Kollegen nicht auch anders bewerten? Schon bei den Indianern gab es früher den berühmten Spruch: »*Verurteile niemals einen Menschen, solange du nicht mindestens einen Tag in seinen Mokassins gelaufen bist.*« Viele Dinge erscheinen anders, wenn man die Perspektive wechselt. Ich empfehle Ihnen dazu als Einstieg die Übung »*Was ist das Gute daran?*«, die ich Ihnen ganz am Ende des Kapitels genauer erkläre. Positiv zu sein bedeutet, sich seiner wichtigsten Werte im Leben bewusst zu werden und nach ihnen zu leben.

Eindrucksvoll demonstriert hat mir das vor einigen Jahren eine Stewardess auf meinem Flug von München nach Düsseldorf. Ich saß in einem der frühmorgendlichen Businessflieger, in dem sich manchmal seltsame Menschen tummeln. Neben mir saß ein extrem unfreundlicher und negativ wirkender Mann, bei dessen Anblick man das Gefühl hatte, er hätte gestern bei einer Beerdigung einen Strauß gefangen. Er wusste nicht, wohin mit seiner schlechten Laune, und nörgelte an allem gut hörbar herum. Während des Fluges ging unsere Stewardess mit ihrem Getränkewagen den Gang entlang nach vorne in Richtung Cockpit. Mein ungenießbarer Sitznachbar schaute ihr hinterher und ätzte mit Blick auf die etwas füllige Körperstatur unserer Flugbegleiterin: »Oh Gott, seit wann stellt die Lufthansa denn Kühe ein?« Ich hielt den Atem an. Das hatte er doch jetzt nicht wirklich in dieser Lautstärke gesagt? Doch, hatte er. Die Stewardess blieb stehen, drehte sich zu ihm um, strahlte ihn an und sagte: »Mein Herr, die Lufthansa stellt seit dem Zeitpunkt Kühe ein, seitdem wir auch Schweine transportieren.«

Nachdem ich meine Lachtränen wieder getrocknet hatte, wurde mir eine Erfolgsregel klar: Erfolg und Erfüllung im Leben haben weniger mit dem zu tun, was wir denken oder was in unserem Umfeld passiert. Es hat viel mehr damit zu tun, welche Bedeutung wir bestimmten Ereignissen geben und wie wir darauf reagieren. Mit positivem Denken alleine hat das nicht viel zu tun, sondern sehr viel mehr mit klaren Werten, die das eigene Leben prägen, indem man sie ungeachtet der äußeren Umstände lebt.

Achten Sie zweitens auch darauf, mit welchen Bildern Sie sich selbst tagtäglich füttern. Damit meine ich speziell auch die zahlreichen intensiven Bildbotschaften, die mit der täglichen Nachrichtenflut aus Radio, TV, Tageszeitung oder Internet auf Ihr Unterbewusstsein einprasseln. Informiert zu sein, ist sicherlich gut, aber die negativen Informationen x-mal über alle Kanäle zu wiederholen, ist kontraproduktiv für das eigene Energielevel. Nicht die Medien sind schlecht, sondern unser Umgang damit.

Achten Sie darüber hinaus auf Ihre Vorstellungen, die Sie von Situationen, Aufgaben oder Menschen haben. Vorstellungen sind lebendige Bilder! Nicht umsonst muss man darauf aufpassen, was man sich

»einbildet«, denn wie es das Wort schon sagt: Es entsteht dabei ein Bild im Inneren. Prüfen Sie für sich, ob Sie einen Menschen oder ein Ereignis nicht schon etwas vorschnell in eine bestimmte negative Schublade gesteckt haben, die man noch mal verändern könnte. Nicht zufällig führt die Vorstellung des Fußballers, den nächsten Elfmeter keinesfalls verschießen zu dürfen, häufig zu dem Ergebnis, dass der Ball überall hingeht, nur nicht ins Tor. Denn egal, ob Sie etwas unbedingt erreichen oder unbedingt vermeiden wollen – in beiden Fällen kreieren Sie dabei eine klare Vorstellung davon in Ihrem Unterbewusstsein. Das bedeutet, dass man sich auch den unerwünschten Aspekt auf diese Weise intensiv einbildet, wodurch das Unterbewusstsein programmiert wird und entsprechend dem Bild reagieren muss, indem es bestimmte Stoffe im Körper freigesetzt (etwa Dopamin bei Vorfreude und Neugier oder Cortisol und Adrenalin bei Angst und Stress).

**Innere Bilder und Vorstellungen beeinflussen unsere Gefühlswelt**

Nutzen Sie daher gezielt Ihre Vorstellungskraft und Fantasie, die über die Bildsprache direkt mit Ihrem Unterbewusstsein verbunden sind. Wer sich konkret vorstellt, wie er etwas schafft, kann deshalb zwar nicht alles schaffen, aber er sorgt für positivere Gefühle und damit auch mehr Energiebereitstellung in seinem Inneren. Die Erfolgswahrscheinlichkeit wächst dadurch unvermeidbar. Versetzen Sie sich in positive Erlebnisse Ihrer Vergangenheit oder imaginieren Sie die gewünschte Zukunft und laden Sie damit Ihr Energiekonto positiv auf.

Natürlich findet ein Großteil dieser Bewertungen, wie bereits beschrieben, unbewusst durch eine Art spontanen neuronalen Reflex statt. Dennoch ist es auch wichtig, zu verstehen, dass wir unseren bewussten Fokus durchaus zur Korrektur von Bewertungen einsetzen können. Schon Viktor Frankl, der berühmte österreichische Neurologe und Psychiater, sagte: *»Zwischen Reiz und Reaktion gibt es einen Raum.«* Wer einen Handlungsreiz spürt, kann in vielen Fällen noch bewusst entscheiden, ob und wie er darauf reagiert. Um entgegen dem Reiz handeln zu können, braucht man allerdings wiederum Energie. Diese Energie liefert uns am besten ein etabliertes Wertesystem im Leben.

## Warum Ziele alleine nicht reichen

Meine berufliche Praxis hat mir gezeigt, dass immer wieder neue, noch höhere oder noch attraktivere Ziele allein einen Menschen auf Dauer nicht motivieren. Ganz einfach deshalb, weil Ziele nur das »Wohin« definieren, also das, was man erreichen will. Doch sie definieren nicht das »Wie«, also auf welche Weise man es erreichen will. Aus diesem Grund ist es wichtig, sich neben Zielen auch eine persönliche Wertekultur aufzubauen. Werte sind beispielsweise Vertrauen, Familie, Glaube, Kreativität, Ehrgeiz, Sparsamkeit, Leichtigkeit, Genuss, Qualität oder Lebensqualität.

Der Mensch kann nur kurzfristig seinen persönlichen Werten entgegen handeln, ohne sich dabei selbst zu sabotieren. Auf Dauer ist es daher notwendig, die Ebenen der persönlichen Ziele und Werte miteinander in Einklang zu bringen. Denn Werte legen fest, wie man sich im Leben fühlen möchte und was einem wirklich wichtig ist auf dem Weg zur persönlichen Zielerreichung. Dieses Sich-gut-Fühlen entscheidet darüber, ob das persönliche Energiekonto im Soll oder im Haben steht. Wenn Sie entsprechend Ihrer persönlichen Werte leben, haben Sie auch die Kraft, ab und an unbequeme Tätigkeiten oder Entscheidungen durchzuziehen. Schon Roy E. Disney, Sohn des Mitbegründers der Walt Disney Company, sagte einmal: »Es ist nicht schwer, Entscheidungen zu treffen, wenn du erst weißt, welches deine Werte sind.«

Was die Erfolgsgurus dieser Welt bei ihrer Ziele-Hetzjagd gern verschweigen: Erst Werte geben unserer Zielerreichung eine Bedeutung. Stellen Sie sich als Metapher dazu eine mehrere Hundert Meter lange Straße bei einem Laufwettbewerb vor. Ganz vorne sieht man das Band über der Ziellinie. Auf dem Weg dorthin stehen Ihnen unzählige Verhaltensoptionen zur Verfügung: Sie können versuchen, Ihre Konkurrenten zu verletzen, den Schiedsrichter zu bestechen oder sich (vielleicht trotz eines Handicaps) aus eigener Kraft bis zur Ziellinie zu kämpfen. Nicht alle Optionen werden Ihnen das Gefühl geben, das Sie im Grunde suchen, da es Sie erfüllt.

Der Vorteil der Werteorientierung gegenüber der blanken Zielorientierung ist, wie bereits erwähnt, dass sie unserem Unterbewusstsein eine klare Vorstellung davon gibt, wie wir uns verhalten wollen und was auf unserem Weg zum Ziel alles Priorität genießt. Diese Vorstellung lenkt Ihre Aufmerksamkeit und Ihr Bewusstsein auf das wirklich Wesentliche.

Ganz unabhängig davon ist übrigens der blanke Erfolg nicht das, was große Persönlichkeiten in Wirklichkeit ausmacht, und auch nicht das, was andere Menschen langfristig gesehen zu Fans dieser Persönlichkeiten macht. Es sind die Werte eines Menschen, die er im Laufe der Zeit entwickelt und lebt, die auf Dauer gesehen die wahre Qualität seines Lebens ausmachen. Zwei Legenden des Sports beweisen diese Tatsache: Roger Federer und Lance Armstrong. Federer hat immer seine Ziele verfolgt und dabei seine Werte gelebt. Armstrong verfolgte auch immer seine Ziele, aber er vergaß seine Werte dabei. Er hat sich selbst und viele andere Menschen betrogen, um seine Ziele zu erreichen. Doch man hat gesehen: Am Ende bleibt von Trophäen nicht viel übrig, wenn die Hülle der Persönlichkeit, die sie in die Höhe reißt, leer ist.

Ein klares Wertebewusstsein schützt Sie davor, sich selbst zu Tode zu motivieren oder sich von außen totmotivieren zu lassen. Denn Werte beantworten Ihnen die Frage: *»Was ist mir im Leben wirklich wichtig?«*

Wer sein Leben nachhaltig verändern will, sollte in Ruhe darüber nachdenken, welche Werte ihm in seinem Leben am wichtigsten sind. Erst wenn hierüber Klarheit besteht, kann man das eigene Verhalten und die daraus resultierenden Charakterzüge nach und nach verändern. Auch mögliche falsche Zielsetzungen werden erkannt und können korrigiert werden. Wer nämlich für ein Ziel beispielsweise seine wichtigsten zwischenmenschlichen Werte opfert, begeht meist einen dramatischen Fehler. Dieser wird häufig erst dann bemerkt, wenn man über die Ziellinie gelaufen ist und keiner kommt, um zu gratulieren.

# FAZIT

- Nicht jeder kann alles schaffen und »Geht nicht« gibt's sehr wohl. Aber man kann meist mehr schaffen, als man zunächst glaubt.

- Die Wirkkraft des positiven Denkens ist nicht sehr weitreichend. Mitunter kann positives Denken sogar gefährlich werden: wenn man sämtliche Grenzen ignoriert.

- Gefühle und Verhalten werden primär über unterbewusste Programme gesteuert und nicht über den Verstand.

- Das Unterbewusstsein wird weniger durch Information und Belehrung beeinflusst als durch emotionale Bilder und Erfahrungen.

- Erfolg ist nicht gleich Erfüllung. Nicht jeder will der Beste werden.

- Erst eine bewusste Werteorientierung ermöglicht sinnvolle Veränderungsprozesse und ein nachhaltiges Motivationsgefühl.

## HANDLUNGSEMPFEHLUNGEN FÜR UNTERNEHMER

- Führen Sie im Unternehmen nicht nur Zielvereinbarungsgespräche, sondern etablieren Sie eine Wertekultur.

- Analysieren Sie die Persönlichkeit Ihrer Mitarbeiter genau. Nicht jeder will immer mehr schaffen und die Karriereleiter bis ganz nach oben hinaufklettern.

- Schulen und informieren Sie Ihre Mitarbeiter nicht zu Tode. Sorgen Sie stattdessen für engere Beziehungen der Leute untereinander.

- Entwickeln Sie bei Mitarbeitern keine Stärken in Bereichen, in denen sie keine Talente mitbringen. Nicht jeder kann in allem gut werden!

## HANDLUNGSEMPFEHLUNGEN FÜR ELTERN

- Fördern Sie jedes noch so unwichtig erscheinende Talent. Jedes Kind kann Stärken entwickeln, aber nicht unbedingt in dem Bereich, in dem man das selbst gerne hätte.

- Seien Sie ein Vorbild für Ihre Kinder und reden Sie mehr über Lebenswerte und Träume statt über Leistungen und Noten.

## ALLGEMEINE HANDLUNGSEMPFEHLUNGEN

- Analysieren Sie Ihre Lebenswerte. Was sind die fünf für Sie wichtigsten Werte im Leben?

- Lernen Sie, negative Situationen oder Erlebnisse anders zu bewerten. Machen Sie dazu die Übung: *»Was ist das Gute daran?«* Schreiben Sie auf ein leeres Blatt die Frage: »Was ist das Gute daran, dass … (Ihr aktuelles oder vergangenes Problem)?« Suchen Sie nun eine Woche lang jeweils 15 Minuten täglich nach positiven Aspekten, die sich aus diesem Problem ergeben (haben). Was haben Sie alles geschafft? Was konnten oder mussten Sie lernen? Welche neuen Menschen haben Sie dadurch kennengelernt?

## Motivationslüge 2:

### *»Man kann sich nur selbst motivieren.«*
### Die Lüge vom Allheilmittel Selbstmotivation

> *In diesem Kapitel erfahren Sie, warum die Behauptung, man könne sich nur selbst motivieren, ein großer Irrtum ist. Ich zeige Ihnen, inwiefern innere und äußere Motivationsfaktoren zusammenhängen. Sie erfahren, welche Grundvoraussetzungen dazu führen, dass sich ein Mensch längerfristig in Bewegung setzt und aktiv bleibt. Ich erkläre Ihnen, welchen positiven Einfluss äußere Anreize auf unseren Antrieb haben und welche Risiken es dabei zu beachten gibt.*

### Entlarvung der Lüge

Wenn ich mit Eltern, Trainern oder Entscheidern in Unternehmen über die Frage spreche, mit welchen Strategien man Menschen stärker motivieren und zu höheren Leistungen antreiben kann, ergeben sich in der Regel zwei Lager: Die einen versuchen, die Rolle des Dompteurs für ihre lauffaulen »Esel« zu spielen und ständig Motivierungsimpulse von außen zu setzen. Die anderen weisen jegliche Verantwortung von sich und behaupten: »Da kann man eh nichts machen, denn jeder Mensch kann sich nur selbst motivieren.« Dieses Schwarz-Weiß-Denken führt langfristig gesehen nie dazu, dass sich Leistungspotenziale voll entfalten können.

In der Vergangenheit behandelte man die Leute ähnlich wie Zirkuspferde. Wollte »der Gaul« nicht so, wie er sollte, dann bestrafte oder belohnte man ihn. Die Bestrafung war die häufigste Form der Erziehungs- und Steuerungsmaßnahme. Missfielen die erbrachten Ergebnisse, holte man kurzerhand die Peitsche heraus und machte den

Leuten Beine. Ganz nach dem Motto: »Wer nicht hören will, muss fühlen.« Jeder Faulpelz lernt allerdings über kurz oder lang, wie er den schmerzhaften Peitschenhieb aushalten oder ihm mit einer geschickten Ausweichbewegung entkommen kann. So muss entweder immer schneller, immer härter oder immer häufiger geschlagen werden, um im wahrsten Sinne des Wortes spürbare Effekte zu erzielen. Auf diese Weise verlieren beide Parteien. Denn einerseits geht der Bestrafte am ständigen Schmerz zugrunde, andererseits aber erleidet auch der Dompteur über kurz oder lang einen Burn-out, da der Motivierungsaufwand unverhältnismäßig hoch wird und sämtliche Grenzen sprengt.

Nicht zuletzt aus diesem Grund ist die Motivierung durch Bestrafung und Schmerz heutzutage eher aus der Mode gekommen. Mittlerweile sind es eher Belohnungen, die man den Leuten wie Zuckermöhren vor die Nase hält, damit sie sich bewegen. Belohnungen alleine sind allerdings auch kein Allheilmittel, denn hier tritt ebenfalls sehr bald ein Gewöhnungseffekt mit anschließender Abhängigkeit ein. So wird sich jemand auf Dauer für die gleiche Belohnung immer weniger anstrengen. Beispielsweise bewirkt ein Unternehmen durch eine regelmäßige Zahlung von Erfolgsprämien in Höhe von 1000 Euro im ersten Jahr deutlich stärkere Motivationsschübe als nach fünf Jahren. Der Grund dafür liegt in der sogenannten »Belohnungserwartung«. Wer eine bestimmte »Motivationsdroge« von außen fest erwartet, da er sie aufgrund der Erfahrungen in der Vergangenheit bereits gewohnt ist, wird zu einer Art »Motivationsjunkie«. Das Gehirn beginnt nach einer bestimmten Zeit, die Belohnung als feste Größe mit einzukalkulieren und somit den besonderen Motivationseffekt massiv zu verringern.

In der Fußballbundesliga kann man dieses Phänomen häufig beobachten. Wenn eine Mannschaft wie Bayern München aufgrund ihrer Überlegenheit bereits mehrere Spieltage vor Saisonende die Deutsche Meisterschaft gewinnt, ist der Freudentaumel am Tag der Meisterfeier relativ überschaubar. Wird die Meisterschaft allerdings erst am letzten Spieltag unter Dach und Fach gebracht, tritt eine überraschende Belohnung ein, was im Gehirn einen starken Motivationskick verursacht. Das Gleiche gilt auch für die Meisterschaftsprämien von Spielern. Ein gestandener Profi eines internationalen Topklubs, der es aus den letzten Jahren gewohnt ist, hohe Meisterschaftsprämien zu bekommen, freut sich darüber weniger als ein Spieler eines eher unscheinbaren Vereins, der dies nur selten erlebt. Der Mensch ist ein Gewohnheitstier, und wiederkehrende Reize werden, ganz gleich, ob es sich dabei um Bestrafung oder Belohnung handelt, sehr schnell zur Routine und verringern damit die Effektwirkung stetig. Aus diesem Grund ist auch die konstante, gleichartige Motivierung von Menschen keine geeignete Strategie, denn am Ende ist der Dompteur gezwungen, immer mehr oder immer größere Zuckermöhren aufzuhängen. Sein Burn-out kommt in diesem Falle zwar deutlich langsamer als bei der Bestrafung, aber er kommt.

## Der Unterschied zwischen Motivation und Motivierung

Eine wichtige Erkenntnis bleibt in diesem Zusammenhang aber festzuhalten: Reize, die man von außen setzt, haben definitiv eine Auswirkung auf den anderen Menschen. Es ist falsch, zu behaupten, dass man niemanden außer sich selbst motivieren kann. Mit nahezu jedem Satz, jeder Aufforderung, jeder Frage und jeder Bitte nehmen wir Einfluss auf das Verhalten des Gegenübers. Der entscheidende Unterschied, der meist nicht verstanden wird, ist der zwischen Motivierung und Motivation. Was tatsächlich von außen kaum veränderbar ist, ist die grundsätzliche Motivation eines Menschen. Die Ausprägungen unserer Lebensmotive und inneren Bedürfnisse sind zeitstabil und zu einem großen Teil durch Genetik und frühkindliche Prägung festgelegt. Einen Menschen mit Neugier und einem hohen Streben nach Wissen werden Sie niemals zu einem reinen Praktiker umerziehen können, den es kaltlässt, Neues zu erfahren und sich weiterbilden zu können. Genauso werden Sie aus einem eher vorsichtigen Menschen, der ein hohes Bedürfnis nach Sicherheit hat, keinen Adrenalinjunkie machen, der immer auf der Suche nach neuen Abenteuern ist. Doktern Sie also bitte nicht länger an der grundlegenden Persönlichkeit eines

**Äußere Reize motivieren Menschen durchaus**

anderen herum. Menschen wertschätzend zu führen bedeutet, ihre einmaligen Persönlichkeitsausprägungen anzuerkennen und ihnen die Möglichkeit zu geben, die persönlichen Potenziale voll zu entfalten.

Im Gegensatz zur Motivation, dem emotionalen Fingerabdruck eines Menschen, steht die Motivierung eines Menschen. Dies ist der gezielte Versuch von außen, durch bestimmte Reize Verhaltensänderungen zu erzeugen. Das ist durchaus möglich und hat übrigens umso stärkere Effekte, je besser man dabei auch die tatsächlichen Bedürfnisse (Lebensmotive) der jeweiligen Person berücksichtigt. So kann man beispielsweise einen antriebsschwachen Menschen, der ein hohes inneres Bedürfnis nach Anerkennung hat, mit gezielten Worten der Wertschätzung durchaus aus seinem Motivationsloch herausholen. Seriöse Motivierung bedeutet, zu erkennen, was für den anderen wirklich bedeutsam ist, und diese Bedürfnisse konkret zu befriedigen. Diese Einflussnahme funktioniert natürlich auch im negativen Sinn. Bestimmte Worte, Gesten oder sonstige Reize können Menschen nicht nur motivieren, sondern im ungünstigen Falle auch genauso demotivieren.

Nehmen wir dazu ein Beispiel: Angenommen, Sie drohen Ihrem Kind an, ihm das Handy wegzunehmen, wenn es sich nicht endlich auf seine restlichen Hausaufgaben konzentriert und die Englischvokabeln lernt. Nun kann es passieren, dass der Nachwuchs noch demotivierter auf seine Lernpflicht reagiert, gegen den elterlichen Sklaventreiber rebelliert und gar nichts mehr tut. Diese Form von Streik bedeutet allerdings nicht, dass das Kind keine Motivation besitzt, sondern dass es auf das Problem mit seinem Motiv von Rache, Kampf und Widerstand reagiert. Wer Kinder hat, die eine eher dickköpfige und kämpferische Persönlichkeit besitzen (nicht jedes Kind besitzt diese Motivausprägung), wird mit solchen Motivierungsversuchen die Demotivation nur noch weiter steigern. Wenn Sie es schaffen würden, aus den Hausaufgaben einen Wettbewerb zu machen, bei dem sich das Kind mit jemandem oder an etwas (z. B. an einer Zeitvorgabe) messen kann, wäre sein Wettkampfmotiv genutzt, um es zielführend zu motivieren. In Bezug auf unser Beispiel könnte es eine Möglichkeit sein, Ihrem Kind zu sagen, dass es nun eine Stunde Zeit hat, um seine Englischvokabeln zu lernen. Danach kommen Sie, um die Vokabeln abzufragen. Hat das Kind maximal zwei Fehler, bekommt es das Handy zurück, und zwar bis zum Abendessen. Hat es gar keinen Fehler, gehört ihm das Handy für den Rest des Tages. Diese Motivierungsstrategie hat in diesem speziellen Fall eine höhere Wahrscheinlichkeit, zu fruchten.

Auch die berühmte innere Kündigung, die Mitarbeiter meist dann vollziehen, wenn sie sich übergangen, ausgenutzt oder überfordert fühlen, beruht auf einer Form von Demotivierung durch äußere Einflussnahme. Allerdings kann auch hier nicht die Rede davon sein, dass der Angestellte keine Motivation mehr besäße. Er zeigt lediglich mit seinen Verhaltensweisen, welche Lebensmotive gerade bei ihm in hohem Maße betroffen sind. So reagiert mancher auf die Erfahrung, ausgenutzt zu werden, mit Wut und Aggression, andere hingegen mit Rückzug und einer großen Portion der berühmten Leck-mich-am-Arsch-Einstellung. Diese innere Kündigung wird oft heimlich, still und leise vollzogen, ohne dabei nach außen hin auffällig zu werden. Das Lieblingsspiel solcher Mitarbeiter lautet »Beamtenmikado« – wer sich zuerst bewegt, verliert. Wer genau hinsieht, versteht, dass diese Verhaltensweise aus einer hohen Emotionalität beziehungsweise emotionalen Verletzung heraus entstanden ist. Davon, dass jemand unmotiviert handelt, kann also nicht die Rede sein. Seine Verhaltensmotivation entspricht nur nicht der Erwartungshaltung der Firma.

Erfolgreiche Chefs, Trainer und Unternehmen verstehen es, ihre Mitarbeiter oder Spieler über gute Beziehungsverhältnisse zu motivieren. Diese Beziehungsqualität gilt es sich konsequent zu erarbeiten und täglich zu pflegen. Erst wer erkennt, was sein Gegenüber emotional wirklich will, kann durch gezielte äußere Motivierungsmaßnahmen demjenigen auch das geben, wonach ein tatsächliches Bedürfnis besteht. Aus meiner Coachingtätigkeit im Profisport kann ich Ihnen dazu ein Beispiel nennen: Im Rahmen meiner Zusammenarbeit mit einem professionellen Sportverein setzte ich ein umfangreiches Testverfahren ein, um bei sämtlichen Spielern des Teams die Lebensmotive genau analysieren zu können. Auf diese Weise konnte man dann sowohl die individuellen Bedürfnisse der einzelnen Spieler erkennen als auch die sich daraus ergebenden Mannschaftswerte. Es ergab sich die interessante Konstellation, dass ein einziges Lebensmotiv im Mannschaftsdurchschnitt stark überproportional ausgeprägt war: das Lebensmotiv »Familie«. Familienmenschen sind sehr fürsorglich und haben das Wohl ihrer Kinder wie auch das ihrer Lebenspartner immer im Blick. Es besteht ein starker Wunsch, sich intensiv um den eigenen Nachwuchs kümmern zu können und ausreichend Zeit dafür zu haben. Diese Werte sind nicht jedem Menschen sehr wichtig im Leben, doch bei diesem Team gab es hier einen hohen Ausschlag. Aus dieser Erkenntnis über die Motivation der Truppe galt es für uns nun, gezielte Motivierungsmaßnahmen zu entwickeln. Der Klub richtete auf dem Vereinsgelände einen »Kids & Family Club« ein, bei dem eine Kinderbetreuung für den Nachwuchs der Spieler zur Verfügung gestellt wurde – vergleichbar mit einer Kinderanimation in einem Klubhotel im Urlaub. Somit hatten die Mütter deutlich mehr Freizeit für sich und konnten vom Stress mit den Kleinsten ein paar Stunden am Tag entspannen. Unterschätzen Sie nicht, wie wichtig die Zufriedenheit der Spielerfrau für die Leistungsfähigkeit des Spielers ist. Ich habe schon so manche Spielerfrau erlebt, die ganz neidisch auf ihren Ehepartner war, weil der so glücklich verheiratet war.

**Motivation ist abhängig von Beziehung**

In unserem »Kids & Family Club« hatten die jungen Familien außerdem auch den ganzen Tag über die Möglichkeit, miteinander zu spielen, gemeinsam zu essen und so weiter. Der positive Effekt dabei war, dass wir die Familienwelt der jungen Väter in ihre Arbeitswelt integrierten und sie somit auch zum Verein eine familiärere Bindung aufbauten. Plötzlich wurden Arbeit, Familie und Verein für sie eins. Gleichzeitig entfiel auf Anweisung des Trainers ein Großteil der Trainingslager, wie sie ansonsten vor Bundesligaspielen häufig sind. Bei so einem Trainingslager fährt das Team tags zuvor an einen anderen Ort, um sich dort ungestört zusammen auf das Spiel vorbereiten zu können, ganz ohne Medienrummel und familiären Trubel. Im Grunde keine verkehrte Maßnahme, aber für unsere Spieler eher demotivierend, da das Familienmotiv nicht hinreichend Berücksichtigung fand. Sicherlich können Sie sich vorstellen, dass unsere Maßnahmen für viele positive Emotionen und Reaktionen bei den Spielern und ihren Familien sorgten. Die Stimmung und Leistungsbereitschaft der Sportler steigerte sich dementsprechend, was sich nach einiger Zeit auch positiv auf die Tabellensituation auswirkte.

Diese Motivierungsmaßnahmen in Bezug auf das Familienstreben unserer Athleten nutzten wir konsequent in allen möglichen Bereichen unserer Arbeit. Ich erinnere mich an eine Ansprache des Trainers in der Kabine vor einem äußerst bedeutsamen Spiel. Die Anspannung vor der Partie war schon Tage zuvor bei allen Beteiligten spürbar. Die Frage, die sich stellte, war: Wie motiviert man das Team für so eine Aufgabe optimal? Macht man die Jungs heiß auf den Gegner und versucht Aggression gegen den Kontrahenten aufzubauen, um ihn aus der Halle zu schießen? In bestimmten Fällen und zu bestimmten Zeitpunkten kann so etwas gut funktionieren. Unser Trainer jedoch fand aufgrund seines Wissens über die emotionalen Bedürfnisse dieser Mannschaft eine ganz andere und deutlich motivorientiertere Ansprache. Er sagte: »Jungs, heute geht es um alles, das wisst ihr. Doch ihr spielt heute nicht gegen den Gegner und auch nicht nur für die Fans, die euch zusehen. Ihr spielt für die, die ihr liebt und die euch lieben. Da draußen sitzen eure Familien unter den Zuschauern. Spielt für eure Kinder. Spielt so, dass ihr abends nach Hause kommen könnt und sie stolz auf ihren Vater sein werden!« Eine kurze, aber grandiose Ansprache. Was danach folgte, war einer der höchsten und außergewöhnlichsten Siege der kompletten Vereinsgeschichte. Wer weiß, was für andere wichtig ist, kann schon mit wenigen Worten tief unter die Haut gehen.

## Der Mythos vom »Mythos Motivation«

Eines der berühmtesten Aufklärungsbücher im Bereich Motivation und Führung ist *Mythos Motivation. Wege aus einer Sackgasse* (Frankfurt am Main / New York 2010). Ich schätze den Autor dieses Werkes, meinen Kollegen Reinhard Sprenger, sehr. Er ist ein kompetenter Mann mit sehr viel Erfahrung und hat mit seinen Büchern viele wichtige

Erkenntnisse vermittelt und Irrtümer aufgedeckt. Die Lektüre seiner Werke kann ich also ausdrücklich nur empfehlen. Meiner Meinung nach irrt Reinhard Sprenger jedoch in einem ganz zentralen Punkt. Er sagt: »*Alles Motivieren ist Demotivieren. Belobigen, Belohnen, Bestechen, Bedrohen, Bestrafen: Alles, was in Unternehmen an Tricks und Kniffen zur Mitarbeiter-Motivation praktiziert wird, ist kontraproduktiv.*« Sprengers Philosophie nach motivieren bestimmte »Lobintervalle« und übertrieben verteilte Anerkennung grundsätzlich nicht. Bei allem Respekt muss ich dennoch sagen: Diese Aussagen sind größtenteils schlicht und einfach falsch.

Richtig ist mit Sicherheit, dass sich ein großer Teil der heutigen Incentivierungsmaschinerie in Unternehmen langfristig negativ auf die Gefühlswelt und das Verhalten von Menschen auswirkt. Fakt ist auch, dass Belobigung oder Bestrafung kontraproduktiv sein können – jedoch nicht in jedem Fall und auch nicht in jeder Intensitätsstufe. Mitarbeitermotivierung ist nichts grundsätzlich Negatives. Sie wird nur oft falsch praktiziert. Zum einen deswegen, weil das notwendige Know-how dafür fehlt, zum anderen aufgrund mangelnder zwischenmenschlicher Beziehungen. Sprenger ist mit seiner radikalen Haltung zum grundsätzlichen Irrtum der Motivierung selbst einem Irrtum erlegen. Nämlich dem Irrtum, dass Anreizsysteme oder auch sonstige extrinsische Motivierungsmaßnahmen die Eigenverantwortung von Menschen zerstören und man ausschließlich durch Selbstentfaltung zur optimalen Umsetzung eigener Leistungspotenziale gelangt.

## Die Wahrheit hinter dem Schein

Auf Sprengers Zug sind einige aufgesprungen, die nun behaupten, dass alles Motivieren über außengesteuerte Anreizsysteme demotivierend sei, da versucht werde, den Mitarbeiter über eine Außensteuerung abhängig zu machen. Angestellte würden diesen Versuch früher oder später stets durchschauen und gegen diese Manipulation mit Leistungsverweigerung rebellieren. Was dabei allerdings im Eifer des Gefechts übersehen wird, ist, dass der Mensch ein hundertprozentig emotionales Wesen mit bestimmten Veranlagungen und Bedürfnissen ist. Diese Bedürfnisse lassen sich oftmals nicht nur »aus sich selbst heraus« befriedigen. Außerdem sind Menschen in den Ausprägungen ihrer jeweiligen Motivation sehr unterschiedlich. Was den einen demotiviert oder kaltlässt, führt beim anderen zu wahren Begeisterungsstürmen. Sprenger hat recht, wenn er sagt, dass Motivations- und Führungsprobleme häufig dadurch entstehen, dass zu wenig mit dem Mitarbeiter gesprochen wird und es oftmals generell an der positiven Grundeinstellung zum Menschen mangelt. Im Kern geht es dem Mitarbeiter aber trotz allem in erster Linie um die reine Befriedigung seiner emotionalen Bedürfnisse. Um diese Lebensmotive ausleben zu können, kann es bei einigen Menschen durchaus sinnvoll sein, in Maßen externe Reize zu setzen. Das Streben nach Anerkennung kann beispielsweise eben nicht jeder für sich allein umsetzen. Menschen, die ein starkes Bedürfnis danach haben, positiv bewertet zu werden, und denen Zuspruch und Feedback von außen sehr wichtig sind, können sich dieses positive Gefühl nicht allein geben. Sich selbst motivieren zu können, ist definitiv eine wichtige Fähigkeit, die es zu erlernen gilt. Doch auch die Motivierung von außen ist zusätzlich sinnvoll, wenn sie nicht überstrapaziert wird. Entscheidend ist dabei eine gute zwischenmenschliche Beziehung als Basis, auf der die Motivierung persönlichkeitsbezogen und in vernünftiger Dosierung erfolgt.

**Was motiviert Menschen eigentlich?**

Die Frage, was Menschen antreibt und ihr Verhalten steuert, beschäftigt schon seit jeher Feldherren, Staatschefs, Profitrainer, Eltern, Lehrer und Führungskräfte. Aus meiner Erfahrung eines der besten Modelle hierzu hat Dr. Steven Reiss entwickelt, der, wie in Teil 1 des Buches bereits erwähnt, zu den weltweit führenden Experten im Bereich der Motivationsforschung zählt. Reiss, der in den USA für seine Forschungsarbeit bereits mehrfach ausgezeichnet wurde, deckte unter anderem auf, dass unser Verhalten auf 16 grundlegende Lebensmotive zurückgeführt werden kann. Viele Größen des Profisports, darunter der Trainer Jürgen Klopp und der Gewichtheber Matthias Steiner, haben das Reiss Profile (Copyright: Reiss Profile Germany GmbH) ebenso wie zahlreiche Wirtschaftsunternehmen bereits genutzt, um die Bedürfnisse ihrer Leute und Teams besser verstehen zu lernen.

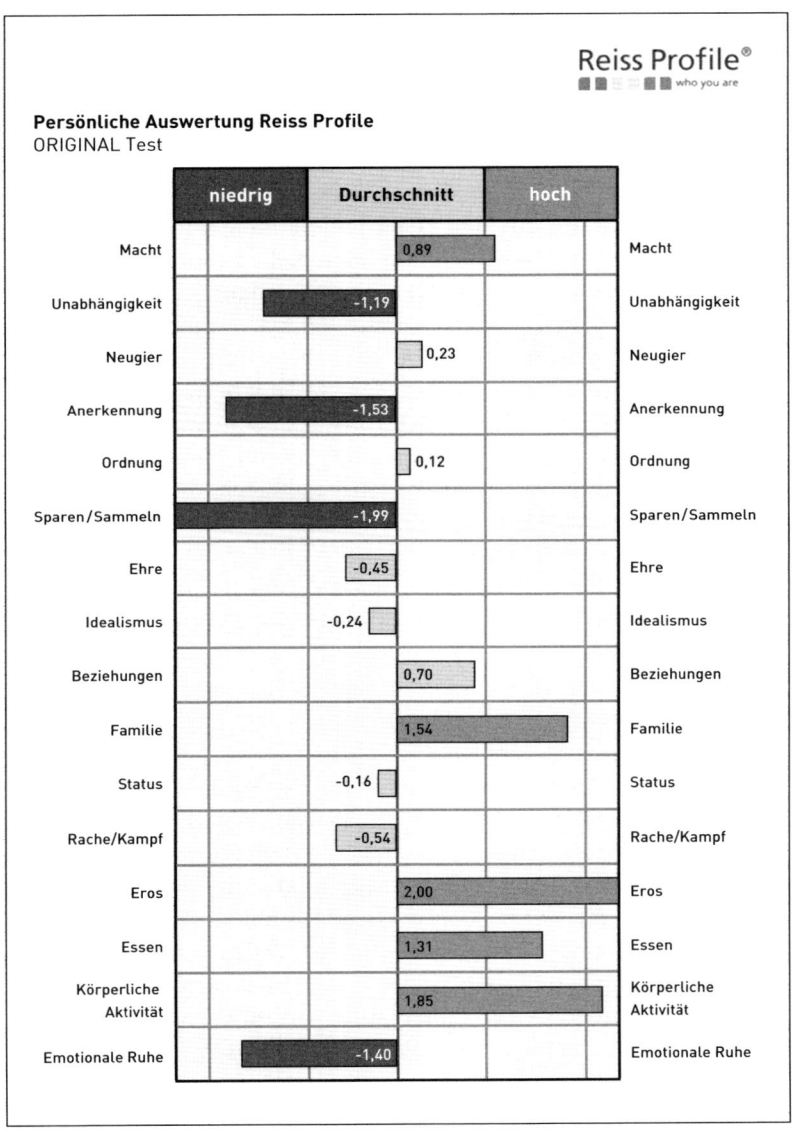

Die Abbildung zeigt das Profil eines von mir betreuten Profisportlers. Die Testauswertung zeigt den »emotionalen Fingerabdruck« seiner Motivation. Beispielsweise hat der Spieler ein starkes Streben nach »Macht«, was darauf hinweist, dass es ihm wichtig ist, Verantwortung zu übernehmen, selbst Entscheidungen treffen und Einfluss nehmen zu können. Der Wunsch, selbst anführen zu können, ist hier stärker ausgeprägt als beim Durchschnitt der Bevölkerung. Interessant ist auch seine Ausprägung beim Motiv »Rache / Kampf«. Dieses Motiv zeigt das Wettkampfstreben eines Menschen und gibt Klarheit darüber, wie sehr er sich mit anderen messen und sich gegen sie durchsetzen will. Eine Person mit einer hohen Ausprägung bei diesem Motiv zieht also Energie aus dem direkten Wettbewerb mit einem Kontrahenten und fühlt sich durch das Ziel, den anderen besiegen zu können, stark motiviert. In der Abbildung sehen Sie, dass bei meinem Sportler nur eine relativ niedrige Ausprägung des Rache / Kampf-Motivs vorhanden ist und er eher nach Harmonie strebt als nach direktem Wettkampf gegen andere. Somit wird auch klar, dass es ein Irrtum ist, zu glauben, dass Spitzenleister, ganz gleich in welcher Branche, immer starke Ellbogen brauchen und andere verdrängen wollen. Dieser Athlet, den ich mehrere Jahre betreute, zählt auf seiner Position und in seiner Sportart mittlerweile zu den Besten in ganz Europa. Ihn treibt nicht der Wunsch nach dem Sieg über andere zu Spitzenleistungen an. Ihn können Sie nicht damit heißmachen, anderen »das Fell über die Ohren zu ziehen«. Dennoch ist dieser Spieler hoch motiviert – nur eben auf anderen Kanälen.

**Der Coach muss einen Umgang finden, der den anderen emotional berührt**

Dieses Wissen war für mich als Coach Gold wert, da ich deutlich gezieltere Maßnahmen ergreifen konnte, um ihn während unserer Zusammenarbeit für Veränderungsprozesse in seinem Denken und Handeln zu motivieren. Da ich verstand, was ihm wirklich wichtig war und was er braucht, um sich gut fühlen zu können, wählte ich einen Umgang mit ihm, der ihn tatsächlich emotional berührte. Ich lernte, ihn nicht so zu behandeln, wie ich behandelt werden will, sondern so, wie er behandelt werden will. So etwas wirkt unvermeidbar, denn jeder Mensch hat ein »Belohnungssystem« in seinem Gehirn, welches die biochemische Prozesse im Körper kontrolliert und somit auch für die Verhaltensweise eines Menschen eine entscheidende Rolle spielt.

**ERFOLGSREGEL**

**Führung bedeutet,
die äußeren Motivierungsmaßnahmen
an die inneren Bedürfnisse
seines Gegenübers anzupassen.**

### Können, Wollen, Dürfen – der Dreiklang der Leistungsfreude

Ein Punkt, der häufig nicht verstanden wird, ist, dass nachhaltige Leistungsfreude nicht ausschließlich eine Frage der persönlichen Motivation ist. Die dauerhafte Freude am Leben und an der eigenen Leistung setzt drei Faktoren voraus: das Können, das Wollen und das Dürfen.

Das Können umfasst diejenigen Kompetenzen und individuellen Fähigkeiten, die sich ein Mensch im Laufe seines Lebens angeeignet hat. Auf Dauer hat nur derjenige Freude an der Leistung, der auch das kann, was er will. Denn fehlt die Kompetenz, fehlt früher oder später auch der Erfolg. Da jeder Mensch aber erfolgreich sein will, entsteht auf diese Weise ein Motivationsloch. Wer sich selbst oder andere topmotivieren möchte, muss dafür sorgen, dass die Qualität der Kompetenzen auf einem dementsprechend hohen Niveau ist, das sich zudem konstant weiterentwickelt.

Das Wollen eines Menschen habe ich oben bereits ausführlich erklärt. Es kann stark vereinfacht als die Gesamtheit der persönlichen Bedürfnisse (Lebensmotive) und Ziele eines Menschen beschrieben werden. Das Wollen ist im Grunde das, was man klassisch unter »Motivation« versteht.

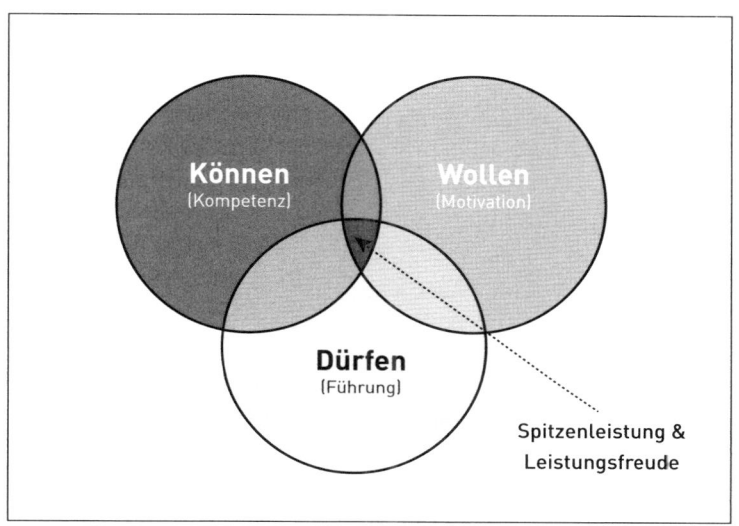

Könnnen – Wollen – Dürfen

Das Dürfen ist der Bereich, der im Rahmen der Entwicklung von Leistungsfreude oft vergessen oder zumindest vernachlässigt wird. Zu ihm gehören alle Regeln und Normen, die die Entscheidungs- und Handlungskompetenzen einer Person festlegen. Im Grunde ist es der Rahmen, innerhalb dessen sich jemand bewegen darf. An dieser Stelle entstehen die meisten Führungs- und Motivationsprobleme. Denn was hilft es, wenn jemand etwas unbedingt will (Motivation) und das Ganze auch kann (Kompetenz), aber es nicht darf?! Andererseits ist es natürlich auch sinnlos, wenn jemand etwas sehr gut kann, aber nicht will, obwohl er genau das tun dürfte – oder vielleicht sogar müsste. Häufig wird so das »Dürfen« zum »Sollen« oder vielleicht sogar zum »Müssen«. Ein leider unbekannter Verfasser sagte in diesem Zusammenhang einmal: »Wenn einer nur darf, wenn er soll, aber nie kann, wenn er will, dann mag er auch nicht mehr, wenn er muss. Wenn er aber darf, wenn er will, dann mag er auch, wenn er soll, und kann auch, wenn er muss. Denn schließlich müssen die, die können sollen, auch wollen dürfen.« Ja, so ist es.

Womöglich wird die Abhängigkeit zwischen Können, Wollen und Dürfen durch den folgenden kleinen Witz noch klarer: Ein Vertreter, eine Chefsekretärin und ein Personalchef gehen mittags aus dem Büro in Richtung eines kleinen Restaurants. Auf einer Sitzbank finden sie eine alte Öllampe und reiben aus Spaß an der Freude daran. Zu ihrem Erstaunen entsteigt der Lampe wirklich ein Geist: »Normalerweise gewähre ich drei Wünsche, aber da ihr zu dritt seid, hat jeder einen Wunsch frei!« Die Chefsekretärin drängt sich vor und gestikuliert wild: »Ich zuerst! Ich! Ich möchte auf einem herrlich schönen Strand in der Karibik sein. Der Urlaub soll nie enden und keine einzige Sorge soll mir mein schönes Leben vermasseln.« Der Geist nickt, und hopp – verschwindet die Chefsekretärin. Der Vertreter will nun an die Reihe kommen: »Ich! Jetzt, ich! Ich will mit der Frau meiner Träume an einem Strand in Tahiti eine Piña colada schlürfen!« Wieder nickt der Geist, und hopp – verschwindet der Vertreter. »Nun bist du dran«, sagt der Geist zum Personalchef. »Okay. Ich will, dass die beiden nach dem Mittagessen wieder im Büro sind.«

Was lernen wir daraus? Ganz gleich, was Sie im Leben erreichen wollen und vielleicht auch können – am Ende zählt, ob Sie das auch dürfen.

Wer Menschen gewisse Freiheiten gewährt, innerhalb derer sie sich bewegen und ihre Motivation sowie auch Kompetenzen entfalten dürfen, motiviert automatisch von außen. Es ist also gar nicht möglich, Menschen ohne Motivierung zu führen, denn »dürfen lassen« ist eine Form eines extrinsischen Anreizes. Die Kunst besteht nicht darin, Motivierung von außen abzuschalten, sondern sie der jeweiligen Persönlichkeit entsprechend so einzusetzen, dass positive Effekte entstehen. Das ist heutzutage noch zu selten der Fall. Motivierungsmaßnahmen werden nach wie vor oft missbräuchlich benutzt, um Menschen zu dressieren und künstlich zu einer Art der Leistungserbringung anzustiften, die sie gar nicht wollen.

Nehmen wir ein Beispiel, das ich in ähnlicher Form bereits unzählige Male in meiner beruflichen Praxis erlebt habe. Es gibt Vertriebsunternehmen, die ihre Mitarbeiter damit motivieren wollen, in Teamwettbewerben gegen andere Teams der Firma antreten zu dürfen. Das Ziel dabei ist es beispielsweise, mit den Kollegen des eigenen Büros den höchsten Gesamtumsatz zu generieren und dabei alle anderen hinter sich zu lassen. Das Siegerbüro gewinnt einen Preis, beispielsweise eine Incentive-Reise auf eine Berghütte oder an einen sonstigen besonderen Ort, bei dem die Truppe dann zusammen so richtig die Sau rauslassen und den Triumph feiern kann. So weit, so gut. Das Problem an der Sache ist, dass in der Regel nicht jeder Mitarbeiter das will, was er in diesem Zusammenhang »darf« beziehungsweise soll. Menschen über Wettbewerb gegen andere zu noch mehr Leistung und Einsatz anzutreiben, funktioniert durchaus. Allerdings nur bei denjenigen, die eine entsprechend hohe Dominanzausprägung besitzen. Menschen, die ein starkes Streben nach Wettkampf, Macht oder Status haben, können Energie daraus ziehen, sich anderen beweisen und sich durchsetzen zu müssen. Doch dabei gibt es massive Streuverluste. Denn erstens ist Harmonie für einige Leute ein wichtiger Wert und Konkurrenzdenken ein absoluter Graus. Zweitens mag nicht jeder das Team in den Mittelpunkt stellen und sich für den gemeinsamen Umsatz des gesamten Büros engagieren. Manche sind Einzelgänger und bringen dann hoch motiviert Topleistungen, wenn sie sich auf ihren Eigenumsatz konzentrieren können. Zum Dritten hat beileibe nicht jeder Lust darauf, gemeinsam mit der ganzen Meute aus der Firma an irgendeinen Ort zu fahren, um dort das gesamte Wochenende zu verbringen. Die Zahl derjenigen, die Erfolge lieber bescheiden und zurückgezogen im Stillen genießen wollen, ist nicht zu vernachlässigen. Sie sehen: Solche klassischen Motivierungsmaßnahmen, die unpersönlich über alle Menschen gleichermaßen gegossen werden, haben höchst unterschiedliche Effekte und können häufig mehr schaden als nutzen.

Es ist höchst unklug, mit der Motivierungsgießkanne alle gleichmäßig zu versorgen, ohne die individuellen Bedürfnisse der Leute dabei zu beachten. Ich kann mich noch sehr gut an ein Treffen mit einer Vertriebsmitarbeiterin eines Unternehmens erinnern, das ich bereits einige Jahre als Coach begleitete. Tanja zählte in der Firma seit Jahren zu den besten Verkäufern. Mit ihren beeindruckenden Umsätzen gehörte sie jedes Jahr zu den Top-Five-Verkäufern des gesamten Unternehmens. Als ich Tanja nach rund sechs Monaten wiedersah, wirkte sie auf mich im negativen Sinne wie ausgewechselt. Sie wirkte lustlos, träge und von ihrem Feuer war kaum noch was zu spüren. Ich fragte sie, was los sei und warum sie frustriert wirke. Sie antwortete: »Ach, wissen Sie, ich habe mich von allen Zielen und Vorgaben des Unternehmens innerlich verabschiedet. Ich werde ab sofort alles dafür tun, um nie mehr zu den Topverkäufern der Firma zu gehören. Denn diese Katastrophe bei der jährlichen Jahresauftaktfeier tue ich mir nie wieder an. Lieber verdiene ich etwas weniger Geld.«

Was war geschehen? Das Unternehmen kürte jedes Jahr die Topverkäufer im Rahmen einer großen Firmenveranstaltung öffentlich auf der Bühne. Dabei wurden die besten fünf Mitarbeiter jeweils einzeln auf die Bühne gebeten und wie bei einer Bambi-Preisverleihung im TV mit einer Laudatio bedacht. Danach war der Preisträger angehalten, vor den rund 400 Kollegen selbst ein paar Worte zum Besten zu geben. Für Menschen mit einem hohen Streben nach Status ist so eine Situation eine riesige Anerkennung, die sich wie eine Motivationsrakete auswirken kann. Für jemanden, der keinerlei Bedürfnis nach Status hat und das Scheinwerferlicht hasst, wird das Ganze zu der größten Bestrafung, die man ihm antun kann. Tanja mochte erstens keine öffentliche Lobhudelei; sie schätzte eher Bescheidenheit. Zweitens war sie ein sehr stresssensibler Mensch, für den eine öffentliche Rede bereits Wochen zuvor schlaflose Nächte und massive Übelkeit bedeutete. Anerkennung für ihre außergewöhnlichen Leistungen motivierte sie definitiv, aber eben nicht in dieser öffentlichen Form. Die Folge dieses Motivierungsfehlers war ihre teilweise Arbeitsverweigerung. Ein klassischer Fall von totmotiviert.

### Extrinsische Reize und ihre Gefahren für die natürliche Motivation

Wir haben mittlerweile gelernt, dass Menschen nicht nur aus sich selbst heraus motiviert werden, sondern auch durch äußere Einflüsse – ganz gleich, ob dies bewusst oder unbewusst geschieht. Damit die Motivierung von außen zu einer wirklichen Steigerung der Leistungsfreude und Leistungsfähigkeit führt, muss sie an die persönlichen Lebensmotive des Betreffenden angepasst werden. Daraus ergibt sich eine weitere wichtige Erkenntnis: Mitarbeitermotivation ist nicht nur Führungsaufgabe, sondern genauso auch Aufgabe des Mitarbeiters selbst. Richtig motiviert zu werden, ist keine reine Bringschuld des Vorgesetzten, denn es muss auch im Interesse des Mitarbeiters selbst sein, richtig verstanden zu werden. Das bedeutet: Erklären Sie sich Ihrem Umfeld, und sagen Sie klipp und klar, was Sie konkret brauchen, um sich sicher, stark und glücklich fühlen zu können. Es steht nicht auf unserer Stirn geschrieben, wonach wir uns emotional sehnen. Menschen sind sehr unterschiedlich, und daher braucht jeder etwas anderes, um sich topmotiviert zu fühlen. Für die Bedienung eines jeden Handstaubsaugers gibt es heutzutage 20-seitige Gebrauchsanleitungen. Nur für uns Menschen gibt es keine. Dabei ist unsere »Funktionsweise« noch deutlich komplexer. Wie sollen Ihre Mitmenschen verstehen, wie Sie ticken, wenn Sie es ihnen nicht erklären? Geben Sie Ihrem Umfeld die Chance, Sie so zu behandeln, wie Sie es brauchen. Wenn man Sie dann trotz dieses Wissens nicht »artgerecht« behandelt oder führt, dann sollten Sie über entsprechende Konsequenzen nachdenken.

> Mitarbeitermotivation ist nicht nur Führungsaufgabe, sondern auch Aufgabe des Mitarbeiters selbst

Achten Sie in diesem Zusammenhang aber bitte auch darauf, sich nicht nur von äußeren Impulsen und Maßnahmen motivieren zu lassen. Eine zu häufige oder sogar gewohnheitsmäßige Motivierung von außen führt dazu, dass aus Kann- schließlich Muss-Erwartungen werden. So verliert man schnell sein Motivationsgefühl, und die Frustwelle wird hoch, sollte der Anreiz irgendwann einmal reduziert oder sogar weggelassen werden. Bewegen wir uns nur noch »auf Knopfdruck« von außen, verlieren wir das Bewusstsein dafür, was uns eigentlich selbst innerlich bewegt. Extrinsische Anreize sind nichts grundsätzlich Negatives, doch Fakt ist: Zusätzliche Motivierung von außen kann die natürliche innere Motivation stark beschädigen oder sogar zerstören, wenn sie falsch oder zu exzessiv angewandt wird.

Nehmen wir als Beispiel ein Kind, das für sein Leben gerne mit dem Ball am Fuß über die Wiese rennt und mit anderen zusammen Fußball spielt. Seine innere Motivation ist die Freude an körperlicher Aktivität, am Zusammenspiel mit anderen und am Fußballspielen an sich. In seinem Herzen brennt das starke Bedürfnis, möglichst jeden Tag stundenlang spielen zu dürfen. Nehmen wir weiterhin an, dieses Kind ist sehr talentiert und bekommt die Möglichkeit, in den Folgejahren eine Profikarriere einzuschlagen. Nun geht es immer mehr um äußere, extrinsische Motivationsfaktoren wie zum Beispiel hohe Gehälter, Beliebtheitswerte bei den Fans, ein gutes Image und Anerkennung durch die Medien. Jetzt besteht die große Gefahr, dass der erwachsen gewordene Sportler die Wahrnehmung dafür verliert, was ihn eigentlich von Natur aus innerlich begeistert – nämlich die Liebe zum Fußball. Im schlimmsten Fall hat der Spieler irgendwann keine Lust mehr, für jährlich 500 000 Euro mit vollem Einsatz zu kicken, wenn er von anderen Vereinen das Dreifache angeboten bekommt. Diese Verhaltensweise ist nicht angeboren, sondern wurde erlernt. Seine Einstellung wurde durch zu viele äußere Motivierungseinflüsse »versaut« und ungünstig geprägt. In unserer Gesellschaft spielt das Äußerliche meist eine stärkere Rolle als die »inneren Werte«. So passiert es sehr schnell mal, dass der Kontakt zum eigenen inneren Antrieb verloren geht und man sich nur noch auf die äußere Welt fokussiert. So was motiviert jeden Menschen über kurz oder lang zu Tode.

Es gibt in diesem Zusammenhang eine sehr bekannte Volksweisheit, die dieses Dilemma aus meiner Sicht auf den Punkt bringt: »Der Applaus ist das Brot des Künstlers.« Ein fataler Irrglaube! Wenn der Applaus, also die äußere Anerkennung, die Lebensgrundlage (das Brot) des Künstlers ist, hat er sich zum Belohnungsjunkie entwickelt. Er lebt nicht mehr für das Spielen, sondern für »sein Brot«, den Applaus. Wird ihm diese Anerkennung nicht in dem Maße gegeben, wie er es sich erhofft, fühlt er sich schlecht und unmotiviert. So weit darf es niemals kommen. Das Brot des Künstlers muss die Kunst an sich sein. Es geht darum, Begeisterung durch das zu erfahren, was man tut, und nicht nur durch das, was man dafür bekommt. Tennislegende Arthur Ashe formulierte es seinerzeit am schönsten, als er sagte: »Das, was du im Leben bekommst, dient deinem Überleben. Das, was du im Leben gibst, dient deinem Leben.«

# FAZIT

- Man kann nicht nur sich selbst, sondern auch andere Menschen motivieren. Dies geschieht ständig – bewusst und auch unbewusst.

- Motivation und Motivierung sind nicht dasselbe. Motivation ergibt sich aus den unveränderbaren, natürlichen und inneren Bedürfnissen eines Menschen. Motivierung ist der Versuch von außen, das Verhalten eines Menschen zu beeinflussen.

- Motivierung ist nichts Negatives. Sie muss lediglich personenbezogen an die tatsächlichen Lebensmotive eines Menschen angepasst werden, um positiv wirken zu können.

- Die Basis für sinnvolle äußere Motivierung ist eine gute Beziehung zu diesem Menschen. Man kann niemanden motivieren, ohne zu wissen, was für ihn bedeutsam ist.

- Wird jemand zu häufig, zu intensiv oder nicht seinen wahren Bedürfnissen entsprechend motiviert, schadet die Motivierung.

---

## HANDLUNGSEMPFEHLUNGEN FÜR UNTERNEHMER & ELTERN

- Nehmen Sie sich mehr Zeit für Gespräche. Erst wenn Sie wissen, was für jemanden wirklich wichtig ist, können Ihre äußeren Anreize nachhaltig positiv wirken.

- Motivieren Sie nicht zu häufig. Überraschen Sie mit spontaner Belohnung. Wenn Ihre Anreize für das Gegenüber zur Gewohnheit werden, züchten Sie damit einen Belohnungs-junkie, der von Ihrem Anreiz abhängig wird und sich nicht mehr eigenständig bewegt.

## Motivationslüge 3:

### *»Programmieren Sie sich auf Erfolg.«*
### Die Lüge von der Planbarkeit des Lebens

> *In diesem Kapitel entlarve ich die veraltete Vorstellung, Lebens-*
> *erfolg wäre durch mentale Erfolgsprogrammierung planbar. Wir*
> *schauen uns an, auf welchen Wegen Menschen tatsächlich zu*
> *Erfolgspersönlichkeiten werden, und prüfen, worin der wahre*
> *Unterschied zwischen Gewinnern und Verlierern liegt. Sie erfahren,*
> *warum Fortschritt und Rückschritt keine Gegner, sondern Partner*
> *sind und worauf Sie Ihre Einstellung dementsprechend tatsächlich*
> *programmieren sollten, um Ihr persönliches Glück und Ihr Motiva-*
> *tionsgefühl stärken zu können.*

### Entlarvung der Lüge

Wenn man die Begriffskombination »Erfolg« und »programmieren«
bei Google eingibt, spuckt einem die Suchmaschine Hunderttausende
Ergebnisse aus. Dieser hohe Wert ist kein Zufall, denn kaum etwas
interessiert die Leute so sehr wie die (angebliche) Möglichkeit, sich
selbst oder auch andere wie eine Maschine auf ein bestimmtes Er-
folgsprogramm einstellen zu können. Ein großer Teil der Bevölkerung hat vom menschlichen Körper und auch vom Gehirn eine sehr
maschinelle Vorstellung. Nicht umsonst gibt es die interdisziplinäre
Wissenschaft der Biomechanik, bei der es um die anatomischen Ge-
setzmäßigkeiten unserer Körperbewegungen geht. Oft hört man auch
Redewendungen wie: »Meine Pumpe geht nicht mehr richtig«, »Du
hast wohl ein paar verkehrte Gehirnwindungen«, »Bei dir ist wohl
eine Schraube locker« oder »Ich muss mal meine Gelenke wieder
richtig schmieren«.

Besonders vom Gehirn (dem »Denkapparat«) herrscht noch immer ein sehr mechanisches Bild in der Bevölkerung vor. Dies haben die älteren Generationen der Gehirnforscher zu verantworten, denn bis zur Jahrtausendwende vertraten diese die Meinung, das Gehirn funktioniere wie eine Maschine. Man ging davon aus, dass unser Denkorgan nach einem biogenetischen »Bauplan« zusammengesetzt sei. Dementsprechend werden bestimmte Verbindungen planmäßig angelegt und miteinander verschaltet. Ist die Vorgabe des Bauplans im Laufe der ersten Lebensjahre im Großen und Ganzen umgesetzt, könne man an der Funktionalität des Gehirns praktisch nichts mehr ändern. Nicht zuletzt auch daher stammt das bis heute praktizierte Selektionsverfahren, Schulkinder nach der vierten Klasse in die klassischen drei Kategorien einzuteilen: Gymnasiasten, Realschüler und die Intelligenzallergiker der Hauptschule. Was für ein Unsinn, Kinder schon in so frühem Alter in Kompetenzschubladen zu stecken, in die viele von ihnen überhaupt nicht passen. Ich weiß aus eigener Erfahrung in meiner Kindheit, wie ungerecht und vor allem wie falsch diese Klassifizierungen sind. Mit meinen Vortragsprogrammen bin ich auch an sehr vielen Schulen im gesamten deutschsprachigen Raum präsent; und dort sehe ich immer wieder, dass Erfolgspotenziale junger Menschen anders gefördert und bewertet werden müssten, als wir dies in unserem Ausbildungssystem derzeit machen. Das gilt übrigens auch für die Kinder in den höher angesiedelten Schulformen, speziell an Gymnasien. Durch die Fehlerhaftigkeit des Schulsystems herrscht dort mittlerweile eine regelrechte Lern-Bulimie, bei der den Kids so unendlich viele tote Informationen eingeflößt werden, bis sie das Lernen irgendwann buchstäblich zum Kotzen finden. Dabei ist es aus meiner Sicht nicht die zentralste Aufgabe der Schule, Wissen zu vermitteln, sondern die Lust am Lernen zu fördern.

Vor rund 15 Jahren entwickelte sich zum Glück ein neues Verständnis der Neuroplastizität des Gehirns. Diese besagt: Unser Oberstübchen verändert sich in jedem Alter und kann sich ständig bestimmten Gegebenheiten anpassen. Von einer starren Maschine kann nicht die Rede sein. Die modernen bildgebenden Verfahren der Gehirnforschung zeigen, dass unter bestimmten Rahmenbedingungen viele synaptische Verbindungen und sogar ganze neuronale Netzwerke im Gehirn neu erschaffen werden können. Diese dienen dann zum Beispiel dazu, neue Fähigkeiten zu entwickeln, neue Gewohnheiten zu erlernen oder bestehende Verhaltensmuster noch mal zu verändern. Entscheidend dafür sind in erster Linie drei Faktoren: 1. Aktivität, 2. Wiederholung und 3. Emotionalität. Bedeutet vereinfacht gesagt: Das Gehirn entwickelt sich am besten dann weiter, wenn man regelmäßig aktiv das tut, was einem im positiven Sinne unter die Haut geht. Sitzt ein Kind gelangweilt und emotionslos am Tisch, da es gezwungen ist, über seine Englischvokabeln nachzudenken, entwickelt es in seinem Gehirn kaum die biochemischen Stoffe dafür, dass die aufgenommenen Informationen abgespeichert werden können. Fehlender Spaß, schwache Emotionalität und Bewegungsmangel machen das Lernen daher heutzutage für viele so schwer. Der Gehirnforscher und Bildungsexperte Prof. Dr. Gerald Hüther bringt es auf den Punkt: »*Wenn sich das Gehirn einen Raum bauen müsste, in dem es möglichst schlecht lernen kann, würde dieser Raum ziemlich genau so aussehen wie ein Klassenzimmer.*« Insofern sollten wir uns die Frage stellen, welche Rahmenbedingungen wir schaffen müssen, damit das Gehirn eine Biochemie produziert, mit der wir den Erfolg erreichen können, den wir uns wünschen.

### Ist unser Gehirn programmierbar?

Die Themen »mentale Programmierung« und »Erfolgsprogrammierung« muss man sehr genau unterscheiden. Was durchaus innerhalb eines gewissen Rahmens »programmierbar« und beeinflussbar ist, ist die Entwicklung von bestimmten Gehirnprozessen und Persönlichkeitsanteilen wie zum Beispiel Gedanken- und Verhaltensmuster, Glaubenssätze, Willensstärke oder auch die innere Einstellung. In der Psychologie spricht man in diesem Zusammenhang allerdings nicht von Programmieren, sondern von Konditionieren. Eine Konditionierung ist das Erlernen von bestimmten Reiz-Reaktions-Mustern. Jeder Mensch erlernt von klein auf bestimmte Regeln, Verhaltensweisen, Reaktionen und Glaubenssätze. Die Art und Weise, wie wir die Welt wahrnehmen, ist eine zu großen Teilen erlernte beziehungsweise konditionierte Sichtweise, die wir von unserem Umfeld, also von Eltern, Lehrern, Freunden, Medien usw., übernommen haben. Auch das Selbstbild eines Menschen wird in den ersten Lebensjahren erlernt, denn ein »Ich-Verständnis« entsteht erst langsam im Laufe der Zeit. Aus diesem Grund antworten Kleinkinder in der Regel auf die Frage »Wer sitzt denn da auf dem Stuhl?« auch nicht mit »Ich«, sondern nennen meist ihren eigenen Namen. Sich selbst als Person zu erkennen, ist erst möglich, wenn man etwas über sich erfährt und es rational einordnen kann. Das Bild, das Sie heute von sich selbst haben, wurde Ihnen sozusagen zu einem großen Teil von anderen Menschen »einprogrammiert«.

**Wir sind immer auch ein Produkt äußerer Einflüsse**

Wir stehen lebenslänglich unter einem gewissen äußeren Einfluss, da wir ständig mit unserer Umwelt in Kontakt stehen. Konditionierung findet unbewusst also im Grunde genommen ständig statt. Die Gesellschaft und die Medienwelt versuchen ihr Bestes, um bestimmte Programmierungen in Form von Einstellungen, Meinungen oder Verhaltensweisen vorzunehmen. Denken Sie nur mal daran, wie wir durch Nachrichten oder Werbebotschaften zu einem bestimmten Verhalten animiert werden. Auch unser Konsumverhalten ist konditioniert und nicht natürlich, denn wer braucht schon den ganzen Müll, der einem tagein, tagaus überall angeboten wird? Terence Conran, ein berühmter englischer Designer und Möbelhersteller, sagte dazu einmal sehr treffend: »Die Leute wissen nicht, was sie wollen, bis man es ihnen anbietet.« Stimmt. Ich würde sogar noch weiter gehen und sagen: Die Leute wissen nicht, dass sie bestimmte Produkte überhaupt brauchen, bis man es ihnen oft genug gesagt hat.

Die moderne Hirnforschung hat herausgefunden, dass das menschliche Gehirn bei der Geburt bereits mehrere Milliarden Zellen besitzt. Nun ist es nicht so, dass beim Lernen noch weitere Zellen hinzukommen, sondern es bilden sich durch permanente Wiederholungen feste neuronale Bahnen, vergleichbar mit drei- oder sogar vierspurigen Autobahnen, auf denen viel Verkehr durchfließen kann. Im Laufe unseres Lebens können wir diese eingefahrenen Wege nur noch sehr schwer verlassen. Solchermaßen gespurt sind nicht nur Fähigkeiten, Sprache und koordinative Bewegungsmuster, sondern natürlich auch emotionale Konditionierungen und Glaubenssätze. Überflüssige, nicht genutzte Hirnzellen sterben dann im Laufe der Zeit ab, um Energie zu sparen.

Ein Kind, das beispielsweise jahrelang gehört hat, dass es geliebt wird und später Großes im Leben schaffen kann, entwickelt andere mentale Programme als ein Kind, dem von klein auf Versagerbotschaften wie »Das kannst du doch eh nicht« vermittelt werden. Das Gehirn wird im Allgemeinen so, wie man es benutzt – vor allem dann, wenn die Emotion dabei als Verstärker mit ins Spiel kommt.

### Erfolg ist nicht programmierbar

Bestimmte mentale Abläufe, Glaubensmuster, Charakterzüge und Einstellungen sind also zu einem gewissen Grad konditionierbar. Zum einen durch bewusste Selbstprogrammierung, zum anderen auch durch äußere Einflüsse. Für den Erfolg selbst gilt das allerdings nicht. Seit Jahren singen zwar diverse Buchautoren, Erfolgstrainer und Coaches das ewige Lied »Programmieren Sie sich auf Erfolg«, doch diese Aufforderung ist an Unsinn kaum zu überbieten. Erfolg basiert auf Erfahrung, Wissen und Kompetenz. Diesen Erfahrungsschatz bekommt man erstens durch Beobachtung (Lernen durch Nachahmung), zweitens durch Training (Wiederholung und Automatisierung) und drittens durch Versuch und Irrtum – also durch Fehler und Misserfolge.

ERFOLGSREGEL

**Erfolg ist eine Folge von Erfahrung.
Und Erfahrung ist eine Folge
von falschen Entscheidungen. Also ist Erfolg
eine Folge von Fehlern. Insofern ist der
Misserfolg das Sprungbrett zum Erfolg.**

Sehr häufig verschweigen Lebenshilfegurus bei ihren Ratschlägen für mehr Glück und Erfolg eine wesentliche Gesetzmäßigkeit: das Gesetz der Polarität. Es besagt, dass alles im Leben und in der Welt zwei Seiten oder zwei Pole hat. Es gibt Tag und Nacht, hell und dunkel, warm und kalt, Plus und Minus. Für unser Leben bedeutet das: Je mehr Sie im Licht stehen, desto größer wird auch der Schatten, den Sie dabei werfen. Es gibt kein Licht ohne Schatten – und andersherum. Das ist ein Naturgesetz und lässt sich auf alle Bereiche unseres Lebens übertragen. Es gibt keinen Erfolg ohne Misserfolge und es gibt auch keine Verwirklichung großer Ziele oder Träume ohne entsprechende Anstrengungen und Probleme. Je größer der von Ihnen angestrebte Erfolg ist, desto größer wird der dafür erforderliche Aufwand sein. Oder wie es die Hawaiianer so schön in einer Volksweisheit ausdrücken: »No rain, no rainbow.«

Das Problem ist nur: Genau das erzählt einem keiner, da sich derartige Botschaften in der weichgespülten Lebenshilfepropaganda nicht gut machen. Echte Erfolgspersönlichkeiten sind sich dieser beiden Seiten jedoch sehr klar bewusst und weisen auch darauf hin. Als ich mit Extremkletterer Thomas Huber über das Vorwort zu diesem Buch gesprochen habe, sagte er mir: »Was oft verschwiegen wird, ist, dass Erfolg kein Convenience-Produkt ist, das man sich einfach mal so im Supermarkt kaufen kann.« Thomas und Alexander Huber wissen, wovon sie sprechen. Sie haben unglaubliche Erfolge in ihrem Sport, aber nahmen und nehmen dafür auch viel in Kauf – dazu gehören auch frustrierende Erfahrungen. Erfolg ist kein billig herstellbares Massenprodukt, das man sich bequem irgendwo mitnehmen könnte, sondern die Folge von viel Arbeit, Vorbereitung, Konzentration und der Überwindung von Problemen. Ich lerne jede Woche aufs Neue Leute kennen, die mir ganz verzweifelt von ihren Problemen und Misserfolgen erzählen, obwohl sie sich doch schon seit Jahren mit vielen Seminaren, Büchern und erlernten Techniken auf Erfolg programmieren. Sie haben ihre Kindheit mit Therapeuten aufgearbeitet, Eheberatungen hinter sich, bestellen nach dem »Gesetz der Anziehung« auf Teufel komm raus beim Universum und sind fleißige Anwender des positiven Denkens. Aber trotzdem ist das Leben noch eine ständige Berg-und-Tal-Fahrt. Die exzessive Erfolgsprogrammie-

rung will einfach nicht fruchten. Einmal kam eine Frau völlig verzweifelt zu mir und sagte: »Es gibt so Leute wie mich, die könnten
sie überall in der Welt aussetzen, die kommen nirgends zurecht. Ich
weiß ganz genau, was ich erreichen will, aber manchmal habe ich
den Eindruck, ich mache dabei keine Fehler, sondern erschaffe kleine
Katastrophen.« Diese Frau verstand das Prinzip der Fokussierung sehr
gut, übersah aber das Gesetz der Polarität. Wer direkt auf die Sonne
zugeht, darf sich über gelegentlichen Sonnenbrand nicht wundern.
Im Grunde war nicht falsch, was sie machte, sondern nur, wie sie
darüber dachte.

Die Schlange der Motivationstrainer, die die angeblich ultimativen
Erfolgstipps besitzen, ist lang. Es gibt ganze Regalmeter von Erfolgs-
ratgebern in Buchhandlungen, die einem die ewige Mär vom gehei-
men Schlüssel zum unendlichen Reichtum oder Lebensglück erzählen. Wer den Erfolgscode einmal verstanden habe, könne sich auf
dauerhaften Erfolg programmieren und habe dann jeden Tag Spaß
an der Arbeit, eine stets glückliche Partnerschaft, das ganze Jahr hoch
motivierte Mitarbeiter im Unternehmen sowie ein ständig überspru-
delndes Bankkonto. Ich kriege mittlerweile schon Ganzkörperherpes,
wenn ich nur solche Buchtitel sehe. Nicht immer glücklich und erfolgreich zu sein, scheint dem heutigen Zeitgeist nach ein Makel zu
sein, der wie ein hässliches Geschwür schnell bekämpft gehört. Der
Versuch einer Gegen-Glücksbewegung mit kindischen Buchtiteln wie
»Ich bleib so scheiße, wie ich bin« war nicht wirklich erfolgreich. Es
fehlte auch hier an inhaltlicher Qualität, und so entstanden schlussendlich noch mehr Glücksratgeber, die die Leute meist kreuzunglück-
lich machten. Wer den Misserfolg nicht mehr respektiert, hat auch
den Erfolg nicht verdient.

## ERFOLGSREGEL

**Wer dauernd auf der Suche nach dem Glück ist,
wird erst recht unglücklich.**

## Die Wahrheit hinter dem Schein

Stellen Sie sich doch mal vor, Sie setzen sich auf eine Südseeinsel ab, die einen wunderschönen weißen Sandstrand hat, der von zahlreichen Palmen gesäumt ist. Sie haben keine Verpflichtungen, keine Sorgen und keinen Stress. Dort versuchen Sie nun für die nächsten Jahre, in einem euphorischen Zustand dauerhaft glücklich zu bleiben. Diesen Versuch haben schon viele finanziell unabhängige Menschen unternommen. Das Ergebnis ist immer dasselbe. Es klappt auf Dauer einfach nicht! Dauerglück ist genauso wenig möglich wie Dauererfolg. Entweder wird es Ihnen stinklangweilig oder es nerven Sie plötzlich bestimmte Umstände. Plötzlich überkommen einen aus heiterem Himmel schlechte Stimmungen, ohne wirklichen Grund. Es liegt nicht in der menschlichen Natur, nur immer auf der Wolke der sorgenlosen Glückseligkeit zu schweben. Es geht im Leben darum, zu wachsen. Zum Wachstum gehört aber, wie beim Muskeltraining auch, eine Abwechslung von Phasen der angenehmen Entspannung und Phasen der unangenehm spürbaren Belastung.

ERFOLGSREGEL

**Glück bedeutet nicht,
keine Probleme zu haben,
sondern Probleme zu überwinden.**

Was Menschen antreibt, ist der Wunsch nach Selbstwirksamkeit. »Selbstwirksamkeit« bedeutet, dass Sie sich darüber bewusst sind, in bestimmten Situationen Leistung bringen und entsprechende Wirkungen erzielen zu können. Diese Erfahrung zu machen, ist besonders in schwierigen Phasen wichtig. Je größer das Problem ist, desto größer ist im Nachgang auch das Glücksgefühl, wenn Sie es lösen. Denn Sie werden in diesem Fall den Erfolg höher bewerten. Stellen Sie sich vor, Sie spielen seit zehn Jahren Tennis und sollen ein Match gegen jemanden spielen, der erst zweimal einen Schläger in der Hand hatte. Wie gut werden Sie sich nach dem problemlosen Sieg fühlen? Wenn Sie jedoch gegen jemanden antreten, der schon doppelt so lange spielt wie Sie, und Sie diesem Gegner Paroli bieten können (unabhängig von Sieg oder Niederlage), dann hat das eine ganz andere Auswirkung auf Ihr Glücksgefühl. Sie sehen: In Ihrem größten Problem steckt immer auch Ihr größtes Erfolgs- und Entwicklungspotenzial. Denn wenn es überhaupt eine Möglichkeit gibt, mit dem Erfolg eine längerfristige Freundschaft zu schließen, dann die, sich zu einem möglichst guten Problemlöser zu entwickeln.

> **In Ihrem größten Problem steckt auch Ihr größtes Erfolgs- und Entwicklungspotenzial**

### Der Unterschied zwischen erfolgreichen und erfolglosen Menschen

Erfolgreiche Menschen haben nicht weniger Misserfolge als Erfolglose, sondern ganz im Gegenteil oft deutlich mehr! Große Erfolgspersönlichkeiten sind Weltmeister im Scheitern. Sie wissen, dass man Erfolg nicht programmieren oder abonnieren kann. Das Leben ist kein Computerspiel. Erfolg ist etwas, was man sich häufig durch sehr viele suboptimale Erfahrungen erarbeitet, die man durch Fehlversuche gesammelt hat.

Dies beweisen auch zahlreiche prominente »Versager«: Beispielsweise lehnten 18 Verleger Richard Bachs Geschichte über *Die Möwe Jonathan* ab, bevor Macmillan sie schließlich im Jahre 1970 veröffentlichte. Bis 1975 wurde sie allein in den USA mehr als sieben Millionen Mal verkauft. Oder nehmen Sie Ludwig van Beethoven: Seine Lehrer beurteilten seine Fähigkeiten als Komponist als hoffnungslos. Auf die negativen Beurteilungen anderer sollte man also nicht zu viel geben … Im Jahr 1933 schrieb der Aufnahmeleiter der Produktionsfirma MGM nach ersten Probeaufnahmen über einen Bewerber: »Kann nicht spielen! Etwas kahlköpfig! Kann nur ein bisschen tanzen!« Fred Astaire bewahrte diese Notiz über seinem Kamin in seinem Haus in Beverly Hills auf. Winston Churchill blieb in der sechsten Klasse sitzen. Er wurde erst im Alter von 62 Jahren Premierminister in England. Bis dahin lag bereits ein Leben voller Niederlagen und Rückschläge hinter ihm. Seine größten Beiträge leistete er erst im hohen Alter. Walt Disney wurde wegen Mangels an Ideen von einem Zeitungsherausgeber gefeuert und ging auch mehrere Male bankrott, bevor er Disneyland erbaute. Albert Einstein sprach erst, als er vier Jahre alt war, und konnte erst mit sieben lesen. Seine Lehrer beschrieben ihn als »geistig langsam, ungesellig und immer in seine törichten Träume abschweifend«. Er wurde von der Schule verwiesen und der Zugang zur Technischen Hochschule Zürich wurde ihm verweigert. Und Henry Ford ging fünfmal pleite, bevor er schließlich erfolgreich wurde.

Sie sehen also: Scheitern ist kein Gegenspieler des Erfolgs, sondern ein Teil des Erfolgs. Thomas Watson, der Gründer des Weltunternehmens IBM, hat einmal gesagt: »Wenn du Erfolg haben willst, dann verdopple erst deine Fehlerrate.« Meiner Erfahrung nach ein sehr wahrer Satz. Die einzigen Versager im Leben sind oft diejenigen, die nie versagen, weil sie sich selbst nie in eine Situation bringen, in der sie mal versagen könnten. Damit ist Wachstum ausgeschlossen, und so stirbt so mancher schon mit 45, obwohl er erst mit 75 begraben wird. Natürlich ist es auch wichtig, den gleichen Fehler nicht zehnmal hintereinander zu machen. Der wirklich entscheidende Punkt ist jedoch, Misserfolge wie auch Erfolge, die einem widerfahren, nicht überzubewerten. All das sind nur Wegweiser – nicht mehr und nicht weniger. Weder ein Sieg noch eine Niederlage ist jemals eine Endstation, sondern vielmehr ein Handlungsauftrag für die nächsten Schritte!

## Misserfolge sind Handlungsaufträge!

Es geht im Kern darum, dem Weg Ihrer Leidenschaft zu folgen. Wenn Sie von etwas begeistert sind, lohnt es sich manchmal auch, ein Stück zurückzugehen oder vorübergehend stehen zu bleiben. Wer jedoch seine Energie und Zeit damit verschwendet, sich ständig selbst zu fragen, ob er glücklich und erfolgreich ist, wird sich seiner unglücklichen und erfolglosen Momente noch viel stärker bewusst. Erfolg kann man nicht programmieren, aber Gefühle sehr wohl. Ihre Gefühle sind davon abhängig, wie Sie die Dinge bewerten, die auf Ihrem Weg zum Erfolg geschehen. Viele der Zwangsoptimisten definieren »Erfolg« als das Ziel des Lebens und den »Misserfolg« als das Gegenteil davon. Man darf ja heutzutage nicht mal dran denken, etwas nicht zu schaffen! Sofort kommen die Positiv-denken-Moralapostel und klopfen einem mit ihrer einseitigen Ideologie auf die Finger. Diese kann jedoch niemals zu wahrem Erfolg führen. Lernen Sie besser von denjenigen, die nicht nur über Erfolg reden, sondern ihn selbst erfahren haben und aus der Praxis wissen, worauf es ankommt. Oliver Kahn beispielsweise kennt wie kaum ein Zweiter das Wechselbad von Erfolgen und Misserfolgen. Trauer, Wut und Niederlagen liegen eng neben Euphorie und Erfolgsrausch. Kahn machte gegen Ende seiner Karriere eine großartige Aussage: »Verlieren ist viel wichtiger als gewinnen. Denn wenn du verlierst, erkennst du, wer du bist.«

Sein Satz bringt die Sache auf den Punkt. Auch er wollte immer den maximalen Erfolg und die hundertprozentige Leistung bringen. Es gab Phasen in seiner Karriere, in denen er sogar nah an der Perfektion war und fast alle Titel gewann, die man gewinnen konnte. Doch sein wirklich größter Erfolg war, dass er lernte, Niederlagen anders zu bewerten und sich vom Siegesrausch und der Erfolgsjagd nicht zu Tode motivieren zu lassen. Sein Umgang mit einer der größten Niederlagen seines Lebens, dem Verlust seines Stammplatzes kurz vor der Weltmeisterschaft 2006 im eigenen Land, zeugt vom vielleicht größten Entwicklungssprung seiner Persönlichkeit. Sein Konkurrent Jens Lehmann wurde als Nummer eins im deutschen Tor bevorzugt und konnte bei diesem absoluten Karriere-Highlight die volle Aufmerksamkeit genießen. Kahn gab jedoch nicht auf, sondern nutzte die Chance, um daran zu wachsen. Er zog sich nicht aus der Nationalmannschaft zurück, sondern nahm als Nummer zwei an der WM teil und ließ sich auf diese neue und sicherlich schmerzhafte Erfahrung ein. Im Rückblick wurde sein größter Misserfolg zu seinem womöglich größten Triumph – nämlich dem Triumph über seine eigene

Erfolgsbesessenheit. Kahn lernte, dass auch er nicht den maximalen Erfolg programmieren konnte. Obwohl er jemand war, der absolut nichts dem Zufall überließ, sich keine Undiszipliniertheit genehmigte, die Psychologie des Spiels wie kein Zweiter studierte und härter arbeitete als alle anderen. Dennoch lernte er, den Misserfolg als Teil des Spiels anzunehmen. Ganz gleich, wie viele Mentaltechniken, positive Glaubenssätze und Willenskräfte ein Mensch besitzt: Misserfolg und Erfolg gehen Hand in Hand und bedingen einander. Kahn begann im Laufe seiner Karriere, nicht nur für große Siege zu kämpfen, sondern auch mit Niederlagen professionell umzugehen. Vor allem dadurch wurde er stärker. Weder der Lebenserfolg noch das Leben an sich ist planbar. Glück und wahrer Erfolg sind das, was an vielen vorüberzieht, während sie es versuchen zu planen. Wahrer Erfolg bedeutet nicht, immer alles zu gewinnen, sondern mit allen Ereignissen im Leben wie ein Gewinner umgehen zu können. Denn ein erfülltes Leben definiert sich nicht durch das, was man alles geschafft hat, sondern durch das, was man alles erlebt und an Erfahrungen gewonnen hat.

ERFOLGSREGEL

**Erfolglose Menschen sind ergebnisorientiert. Erfolgreiche Menschen sind erlebnisorientiert.**

### Ohne Rückschritt kein Fortschritt

Jeder Mensch sucht nach Fortschritt und Wachstum. Kürzlich bekam ich zu diesem Thema auf meiner Facebook-Fanseite eine interessante Frage von Sebastian zugeschickt. Er schrieb mir Folgendes: »*Ich habe mir ein klares Ziel gesetzt und versuche seit ein paar Wochen nun mit neuer*

*Einstellung einen Fortschritt zu machen, um mein großes Ziel zu erreichen. Allerdings wird gerade alles noch schlechter statt besser. Ich bin verzweifelt, denn momentan habe ich das Gefühl, dass ich anstatt einen Fortschritt eher Rückschritte mache. Wird das denn wieder mal besser?«*

Das Phänomen, das Sebastian beschreibt, nenne ich den emotionalen Heilungsschmerz. Der Begriff »Heilungsschmerz« kommt aus der Medizin und bezeichnet den Moment, in dem (manchmal) ein noch größerer Schmerz entsteht, sobald ein Heilungsprozess im Körper beginnt. Dieser Schmerz ist definitiv unangenehm, aber notwendig. Er ist ein Zeichen dafür, dass der Körper zu arbeiten beginnt und dass alte (kranke, fehlerhafte) Strukturen durch neue ersetzt werden. Wahrscheinlich kennen Sie das von einem Sonnenbrand: Wenn Ihre Haut anfängt zu heilen, entsteht häufig ein heftiger Juckreiz, der sehr viel unangenehmer sein kann als der Sonnenbrand selbst. Auch der berühmte Muskelkater ist ein klassisches Beispiel. Immer wieder mal zieht man sich im Training bei bestimmten ungewohnten Körperbewegungen zahlreiche winzig kleine Muskelverletzungen (sozusagen Mini-Muskelfaserrisse) zu. Zuerst spürt man davon noch nicht so viel, aber am Tag darauf beginnt dann der Muskelkater, der sehr unangenehm werden kann. Oftmals ist der Muskelkater am zweiten Tag sogar noch schlimmer als am ersten Tag, obwohl der Heilungsprozess ja schon läuft. Der stärkere Schmerz bedeutet in diesem Fall nicht, dass die Verletzung immer schlimmer wird, sondern dass eine Heilentwicklung stattfindet, die vorübergehend die verletzten Stellen noch deutlich spürbarer macht. Die Betonung liegt allerdings auf »vorübergehend«.

Mit dem Erfolg verhält es sich ganz ähnlich. Bevor Sie etwas Neues lernen können oder in irgendeinem Bereich Ihres Lebens einen Fortschritt machen, müssen häufig alte Strukturen im Sinne von Routinen, Handlungsmustern oder Denkgewohnheiten aufgelöst werden. So entsteht Raum für neue Strukturen. Jeder, der im Sport schon mal bestimmte fehlerhafte Bewegungsabläufe verbessern wollte, kennt das Problem, dass es beim Versuch, die Ratschläge des Coaches umzusetzen, erst mal zum Bewegungschaos kommt. Ich selbst habe als Tennisspieler diese Erfahrung häufig gemacht. Um die Effektivität meiner

Schläge zu verbessern, mussten meine Trainer immer wieder an meiner Technik feilen und bereits automatisierte Bewegungsabläufe korrigieren. Anfänglich führte das oft zu großen Rückschritten, da ich mit der neuen, ungewohnten Technik zunächst schlechter spielte als zuvor. Ich spürte den Heilungsschmerz mehr als deutlich und sah seine Auswirkungen auch noch schwarz auf weiß auf der Spielanzeigetafel. Ich verlor in diesen Phasen manchmal Matches gegen Gegner, die ich bis dahin wahrscheinlich sogar noch in einem Gorillakostüm, mit einem Arm auf den Rücken gebunden, geschlagen hätte. Der Frust war groß und natürlich schossen mir entsprechende Gedanken durch den Kopf: *»Ach komm, lassen wir das doch einfach. Ich mache das jetzt einfach wieder wie zuvor auch, dann verliere ich wenigstens nicht dauernd. Das wird ja immer schlimmer!«*

ERFOLGS-REGEL

## Viele Leute überschätzen, welchen Fortschritt sie kurzfristig erreichen können, und unterschätzen, welchen Fortschritt sie langfristig erreichen können.

An diesem Punkt des Zweifelns haben Sie zwei Handlungsoptionen: Entweder Sie entscheiden sich dafür, in die alten Gewohnheiten zurückzufallen. Das machen Leute, die lieber den kurzfristigen Erfolg suchen, da Misserfolg ja nicht zu ihrem Plan gehören und somit auch nicht Teil der »Erfolgsprogrammierung« sein kann. Möglichkeit Nummer zwei ist: Sie ziehen das neue Muster so lange durch, bis es als neue Gewohnheit verankert ist und sich mittel- bis langfristig trotz zahlreicher »Geburtswehen« ein deutlicher Fortschritt bemerkbar macht. Eine zentrale Eigenschaft des Erfolgs ist es, dass das Bemühen darum nicht belohnt wird, sondern nur das Haben. Doch es gibt eine hohe Chance auf Fortschritt, wenn Sie sich vom kurzfristigen reinen Ergebnisdenken lösen. Wer vorübergehende Rückschritte kategorisch ablehnt, wird immer auf dem Level bleiben, auf dem er bisher schon steht. Ein permanenter Wechsel von Fortschritt und Rückschritt ist für echten Erfolg unverzichtbar. Jimmy Connors, der 268 Wochen lang die Tennis-Weltrangliste anführte und heute ein leidenschaftlicher Golfspieler ist, sagte einmal den Satz: *»Jede gute Golfrunde beginnt mit einem Bogey.«*

**Kurzfristiger, erzwungener Erfolg verursacht oftmals langfristigen Misserfolg.**

### Sieben Strategien, um zwanghaftes Erfolgsstreben abzulegen

Viele Strategien der Erfolgspropheten sind nicht grundlegend falsch, sondern werden lediglich zu einseitig angewendet. Indem sie nicht die ganze Wahrheit preisgeben, frustrieren solche Propheten die Menschen, denn wer glaubt, doch alles richtig zu machen, aber trotzdem ständig vom Weg abkommt, kann daran verzweifeln. Aus diesem Grund gebe ich Ihnen jetzt sieben konkrete Hilfestellungen, um gegensteuern zu können, falls Sie auf der Jagd nach Ihren Zielen aus der Spur geraten sollten:

*Strategie 1: Misserfolg akzeptieren*
Es gibt einfach Phasen im Leben, da klappt null – und null ist schon aufgerundet. Mit diesem Zustand sollte man sich natürlich nicht kampflos abfinden und einfach aufgeben. Aber es ist wichtig, solche Phasen zu akzeptieren. Auch schlechte Gefühle gehören zum Menschsein dazu und haben ihren Sinn. Verbissene Glücks- und Erfolgssucher

verlieren häufig die Fähigkeit, aus Niederlagen und Krisen zu lernen, da sie vor ihnen davonlaufen, anstatt sich damit zu beschäftigen. Eigenes Wachstum resultiert in erster Linie aus der Auseinandersetzung mit Schwierigkeiten und eben nicht aus deren Verdrängung. Wenn es einen wirklich dauerhaften Erfolgsverhinderer gibt, dann hört dieser auf den Namen »Frustrationsintoleranz«. Akzeptieren Sie den Wellengang des Lebens. Mal ist man der Hund, mal ist man der Baum – so ist das im Leben. Wer Ihnen weismachen will, Methoden zu besitzen, die einen Misserfolg unmöglich machen, der lügt Ihnen schamlos ins Gesicht!

*Strategie 2: Langsame, kleine Schritte*
Ihr Erfolgsweg ist kein 100-Meter-Sprint, sondern eine Wanderung auf unbestimmte Zeit, durch weites Berggelände, mit vielen Steigungen, Schluchten, Hindernissen, Aussichtspunkten und auch Tälern. Es bringt nichts, zum Sprint anzusetzen. Lassen Sie den Zeitdruck weg und machen Sie kleine Schritte, dafür aber konstant. Ich kenne viele Leute, die bildlich gesprochen mit Siebenmeilenstiefeln loslegen, nur um diese dann nach den ersten Problemchen auszuziehen und gegen Schlafzimmerpantoffeln auszutauschen. Wahrer Erfolg jedoch liegt in der Konsequenz, nicht in der Geschwindigkeit. Es ist wichtig, auch kleine Erfolge zu schätzen und sich nicht ständig mit anderen zu vergleichen. Der einzige Maßstab für Ihren Erfolg sind Sie und Ihr persönlicher Fortschritt! Schauen Sie daher nicht nur hoch zum Gipfelkreuz, sondern blicken Sie ab und an auch mal nach unten, um sich bewusst zu machen, von wo Sie gestartet sind und wie weit oben Sie jetzt schon stehen. Lassen Sie sich dabei von nichts und niemandem unter Druck setzen. Schon gar nicht von denen, die Ihnen dauernd hinterherschreien, sie müssten schneller gehen.

*Strategie 3: Hindernisse mental integrieren*
Ich bin als hauptberuflicher Mentaltrainer natürlich ein Freund der Gedankenhygiene und weiß aus eigener Erfahrung, wie wichtig und wirksam es ist, seine Gedanken und Vorstellungen auf den gewünschten Erfolg auszurichten. Fokussieren Sie sich auf das, was Sie wollen,

und stellen Sie sich Ihr Erfolgsziel täglich mehrmals lebhaft vor. Das ist definitiv hilfreich – aber es ist nicht alles. Ihr Erfolg ist dadurch trotz allem weder programmiert noch garantiert. Die Wahrscheinlichkeit kann steigen, das ist wahr, aber nicht mehr und nicht weniger. Ich habe durch meine intensive Arbeit der letzten Jahre gelernt, dass es die besten Ergebnisse bringt, wenn man mögliche Hindernisse, Problemstellungen und Schwierigkeiten ganz bewusst in die Gedankenspiele mit einbezieht und den Geist auf die Überwindung dieser Hürden ausrichtet. Das bringt Sie in Ihrer Persönlichkeitsentwicklung viel weiter, als blauäugig positiv zu denken, nach dem Motto: »Jeder Erfolg kommt mühelos zu mir. Es wird alles perfekt laufen, wenn ich nur fest genug daran glaube.« Solche Mantras sind einfach kindisch! Stellen Sie sich mal vor, Ärzte würden so verfahren. Unvorhergesehene Komplikationen können immer mal auftauchen. Die entscheidende Frage ist doch nur, ob Sie (mental) darauf vorbereitet sind. Es geht nicht um die Frage, ob Probleme auftauchen, sondern wie gut Ihre Problemlösungskompetenz ist. Das ist der wahre Gradmesser mentaler Stärke!

### Strategie 4: Erfolg loslassen statt erzwingen

Entspannen Sie sich. Lassen Sie den Erfolg auf sich zukommen, anstatt ihm ständig nachzurennen und ihn erzwingen zu wollen. Geben Sie den Glauben auf, dass Sie es komplett selbst in der Hand haben, ob Sie in bestimmten Situationen erfolgreich sind oder nicht. Wer nicht akzeptiert, dass es auch unkontrollierbare äußere Faktoren gibt, die den gewünschten Erfolg verhindern können, für den wiegt jeder Misserfolg gleich doppelt und dreifach. Gedanken wie »Ich muss es doch schaffen, erfolgreich zu sein« sind ein wahrer Brandbeschleuniger für Burn-out. Glaubenssätze wie »Es kann doch nicht so schwer sein, das zu schaffen« mutieren schnell zu Selbstvorwürfen à la »Ich bin doch echt zu blöd für alles«. Wer in den Strudel solcher Selbstgespräche gerät, dessen Motivation stirbt einen schnellen Tod.

*Strategie 5: Gezielt Herausforderungen suchen*

Probleme sind keine Feinde, außer Sie erklären sie dazu. Ich empfehle Ihnen: Machen Sie Probleme zu Trainingspartnern und trainieren Sie bewusst Ihre Problemlösungskompetenz. Natürlich sollten Sie sich nicht zusätzlich noch künstlich einen Haufen an Problemen schaffen. Aber suchen Sie sich dennoch ganz bewusst neue Herausforderungen, die Sie dazu zwingen, sich weiterzuentwickeln. Das ist Krafttraining für Ihre Persönlichkeit. Stellen Sie sich vor, Sie stehen vor einem großen Berg. Nun haben Sie zwei Möglichkeiten: Entweder Sie gehen über den Berg drüber oder Sie gehen außen herum. Beides ist möglich, doch bei der Wanderung außen herum lernen Sie nichts, trainieren Sie nichts und erleben Sie nichts. Das wird Sie teuer zu stehen kommen, wenn Sie dann eines Tages mal vor einem großen Berg stehen, an dem Sie nicht seitlich vorbeikönnen, den Sie vielmehr besteigen müssen, um im Leben weiterzukommen.

*Strategie 6: Realistisch denken*

Denken Sie gerne in großen Zielen und Visionen. Der Leitsatz »Think Big!« führt meiner Erfahrung nach weiter als das Prinzip »Man kann halt nicht alles haben«. Wer darauf besteht, nur das Beste zu bekommen, der bekommt es häufig auch. Allerdings schafft deswegen noch lange nicht jeder alles zu jedem Zeitpunkt. Es ist wichtig, sich das bewusst zu machen. Setzen Sie trotz aller positiven Gedanken auch realistische Maßstäbe an, und lassen Sie sich von niemandem dazu hinreißen, den Boden unter den Füßen zu verlieren und in reine Traumwelten abzuheben, aus denen man nicht mehr zurückkehrt. Erwünschtes und Erreichbares sind zwar miteinander befreundet, aber deshalb noch lange nicht verwandt. Beschäftigen Sie sich mit dem Risiko des Scheiterns auf professionelle Art, und versauern Sie nicht in den Luftschlössern, die von Wellness-Esoterikern aufgebaut werden. Es ist ein gefährlicher Aberglaube, nach dem Motto zu leben: »Wenn ich immer positiv denke, dann kann nichts schiefgehen, dann wird alles klappen.« Der positive Glaube ist ein Lebenselixier. Aber auch das Risikobewusstsein ist eine kleine Lebensversicherung. Denn Risiken verlieren erst dann an Gefährlichkeit, wenn man sich mit ihnen beschäftigt und sich darauf einstellt. Alexander Huber von den

Huberbuam sagte dazu einmal in einem Interview: »Der Schlüssel zum erfolgreichen Bergsteigen ist, sich die tödliche Gefahr bewusst zu machen.«

### Strategie 7: Umfeldeinflüsse optimieren

Jeder Mensch ist bis zu einem gewissen Grad auch ein Produkt seines Umfelds. Der amerikanische Unternehmer und Motivationsredner Jim Rohn hat das folgendermaßen auf den Punkt gebracht: »*Du bist der Durchschnitt der fünf Menschen, mit denen du am meisten Zeit verbringst.*« Ich glaube, dieser Satz ist etwas übertrieben, enthält aber einen wahren Kern. Ihr Erfolg und auch Ihr Glück hängen davon ab, welchen Menschen Sie zuhören und an welche Geschichten Sie glauben. Es gibt viele Personen, die uns tagein, tagaus mit ihren Meinungen und Botschaften beeinflussen. Sie erzählen uns ununterbrochen ihre Geschichten (Meinungen) über das Arbeitsleben, das andere Geschlecht, Geld und über das Leben an sich. Überlegen Sie einmal, wem Sie wie lange beim Erzählen zuhören. Die erste Frage ist dann: Tun Ihnen diese Geschichten gut? Die zweite Frage lautet: Welche dieser Geschichten, die Sie täglich über sich und die Welt hören, glauben Sie? In dem Moment, in dem Sie eine dieser Geschichten als Wahrheit übernehmen, erschaffen Sie damit ein Programm in Ihrem Kopf – einen Glaubenssatz. Sie können davon ausgehen, dass diese »Programmierung« eine Auswirkung auf Ihren Erfolg hat. Dadurch sind Erfolg oder Misserfolg nicht automatisch programmiert. Doch es ist definitiv so, dass ein positives Umfeld mit positiven Einflüssen auf Sie die Wahrscheinlichkeit eines gelungenen Lebens erhöht.

# FAZIT

- Unser Gehirn verändert sich lebenslänglich, ist anpassungsfähig (plastisch) und somit jederzeit beeinflussbar.

- Wir sind in gewissem Rahmen auch das Produkt unserer Umwelt und werden ständig von außen konditioniert beziehungsweise beeinflusst.

- Man kann sich durchaus auf bestimmte Verhaltensweisen, Gedankenmuster oder Gewohnheiten selbst »programmieren«. Nicht jedoch auf Ergebnisse.

- Erfolgsdenken ist programmierbar, jedoch nicht der Erfolg an sich.

- Das Gesetz der Polarität besagt: Es gibt keinen Erfolg ohne Misserfolge. Daher sind Rückschläge und Niederlagen keine Gegner des Erfolgs, sondern ein wichtiger Teil davon.

- Erfolgreiche Menschen haben mehr Misserfolge als erfolglose.

- Verlieren ist für die persönliche Entwicklung wichtiger als gewinnen.

- Wer glaubt, durch Selbstprogrammierung Erfolg und Glück abonnieren zu können, macht sich damit auf Dauer erfolglos und unglücklich.

---

### ALLGEMEINE HANDLUNGSEMPFEHLUNGEN

- Beachten Sie die beschriebenen sieben Strategien, um zwanghaftes Erfolgsstreben abzulegen.

- Trauen Sie sich, mehr Fehler zu machen, und bringen Sie sich öfter in Situationen, in denen Sie scheitern können. Die Erfahrungen daraus sind Gold wert für den gewünschten Erfolg.

- Betonen und loben Sie bei Ihren Mitarbeitern (oder Kindern) weniger die erbrachten Ergebnisse als vielmehr ihren Einsatz und positives Engagement. Die richtige Einstellung, gepaart mit hohem Engagement, erhöht die Wahrscheinlichkeit für positive Ergebnisse.

- Als der Fußballstar Nuri Sahin nach einer schweren Zeit bei Real Madrid völlig verunsichert zu Borussia Dortmund zurück-kehrte, gab ihm Trainer Jürgen Klopp einen Fehlpass-Freibrief für die nächsten Spiele. Sahin sollte spielen, wie er es für richtig empfand, egal, ob er damit Fehler machte oder nicht. Ohne diesen Erfolgszwang explodierte Sahins Leistung wieder in kürzester Zeit. Überlegen Sie, wie Sie diese Idee auf Ihr (Arbeits-)Leben übertragen können.

## Motivationslüge 4:

### *»Selbstbewusstsein ist Voraussetzung für Erfolg.«*
### Die Lüge vom geborenen Siegertypen

*In diesem Kapitel erfahren Sie, warum Selbstzweifel nicht zwingend Erfolgskiller sind, sondern auch Erfolgsförderer sein können. Ich zeige Ihnen, warum Selbstunsicherheit sogar dabei hilft, große Ziele zu erreichen. Das Dogma vom geborenen Siegertypen lässt sich ganz klar als Unsinn entlarven. Tatsächlich zeigen diverse Beispielsfälle, dass Erfolgsmenschen und große Persönlichkeiten oftmals große Angsthasen sind. Sie lernen, warum jeder Mensch von Natur aus eine gewisse Unsicherheit in sich trägt und wie wir damit optimalerweise umgehen sollten.*

### Entlarvung der Lüge

Haben Sie schon mal beobachtet, wie Menschen am Fahrkartenautomaten oder an der Kasse von Parkhäusern Münzen, die beim ersten Einwurf durchgefallen sind, am Automaten reiben? Was verändert sich bitte an einer 2-Euro-Münze, wenn man sie für drei Sekunden an einem anderen Metall reibt? Nichts, null Komma null, nada. Allerdings hat so gut wie jeder von uns schon mal die Erfahrung gemacht (oder es bei anderen beobachtet), dass nach dem Reiben der Münze am Automaten der zweite oder dritte Versuch dann klappte und der Automat die Münze annahm. Das hätte zwar ohne das Reiben genauso funktioniert, denn diese Aktion hat absolut keinen Effekt – weder auf den Automaten noch auf die Münze. Da wir aber erlebt haben, dass es nach dem Reiben klappte, stellen wir in unserem Kopf einen Zusammenhang zwischen Handlung und Erfolg her und erschaffen damit den Aberglauben, dass dies die Lösung für das Problem sei.

Ganz ähnlich verhält sich das mit den Faktoren Selbstbewusstsein und Erfolg. Wenn wir erfolgreiche Menschen beobachten, fällt uns deren starke und selbstbewusste Ausstrahlung auf. Einen Gewinner erkennt man meist schnell und einfach – einen Verlierer auch. Die vorhandene beziehungsweise fehlende Selbstsicherheit ist sofort spürbar. Deshalb verbinden wir Selbstvertrauen und Erfolg. Unser Denkfehler hierbei ist, dass wir Ursache und Wirkung vertauschen. Denn die Selbstsicherheit einer Person ist nicht die Grundlage ihres Erfolgs, sondern die Folge daraus. Schon der berühmte englische Schriftsteller Samuel Johnson irrte massiv, als er seinerzeit sagte: »*Selbstvertrauen* ist die erste Voraussetzung für große Vorhaben.« Das ist nicht wahr, denn die wenigsten Erfolgspersönlichkeiten hatten von vornherein ein starkes Selbstbewusstsein und Vertrauen in die eigenen Fähigkeiten. Oft dominieren Selbstzweifel und Versagensängste die Gefühlswelten der Champions.

### Wie unsere Wahrnehmung für Zusammenhänge gezielt manipuliert wird

Der Irrtum über den Zusammenhang zwischen Selbstbewusstsein und Erfolg entsteht nicht nur durch eigene Denkfehler, sondern wird auch gezielt von außen gefördert. Es ist ein Leichtes, die Wahrnehmung von Menschen durch bestimmte Methoden so zu manipulieren, dass sie am Ende wirklich an Stellen Zusammenhänge sehen, wo es keine gibt. Typische Mittel sind konstruierte Studien und Statistiken, die durch ihren wissenschaftlichen Touch eine hohe Glaubwürdigkeit vermitteln sollen. Was mit nachweisbaren Zahlen und Fakten belegt ist, wird von Otto Normalverbraucher einfach leichter geglaubt. Der Zusammenhang besteht dabei oftmals sogar tatsächlich, doch die fehlerhaften Schlüsse, die daraus dann gezogen werden, führen häufig zu fatalem Aberglauben. Schön sichtbar wird dies durch folgendes überspitztes Beispiel:

*Brot ist gefährlich!*

Wissenschaftliche Untersuchungen haben folgende unglaubliche Entdeckungen zum Thema Brot ergeben:

- Mehr als 98 Prozent aller verurteilten Verbrecher sind Brotesser
- Etwa die Hälfte aller Kinder, die in einem Haushalt mit Brot aufwachsen, schneiden bei Intelligenztests unter dem Durchschnitt ab
- Im 18. Jahrhundert, als die Menschen ihr Brot noch selbst zu Hause gebacken haben, betrug die allgemeine Lebenserwartung höchstens 50 Jahre
- Mehr als 90 Prozent aller Verbrechen wurden innerhalb von 24 Stunden nach dem Verzehr von Brot begangen
- Brot wird aus einer Substanz mit Namen »Teig« hergestellt. Es ist bewiesen, dass ein Pfund Teig eine Maus töten kann. Der durchschnittliche Europäer isst jeden Monat mehr als die doppelte Menge!
- Primitive Völker, die kein Brot kennen, kennen auch keinen Krebs, keinen Alzheimer, keinen Parkinson und keine Osteoporose
- Brot wird als abhängig machend eingestuft. Versuchspersonen, die nur Wasser erhielten, bettelten nach schon zwei Tagen um Brot
- Brot kann als Einstiegsdroge gesehen werden. Die meisten Konsumenten nehmen es mit anderen Substanzen wie Butter, Marmelade und sogar kaltem Aufschnitt zu sich
- Neugeborene übergeben sich nach dem Verzehr von Brot

Deshalb wird ab sofort gefordert:

- Kein Brotverkauf an Minderjährige
- Eine deutschlandweite Kampagne »Sag Nein zu Toast!« mit Werbespots und Aufklärungsplakaten
- Eine neue Strafsteuer von 50 Prozent auf Brot, um die verheerenden Auswirkungen des Brotkonsums finanziell bewältigen zu können und die Krankenkassen zu entlasten
- Die Etablierung von brotfreien Zonen in Schulen und Kindergärten

Sie sehen, einen Zusammenhang zwischen Brot und Lebensgefahr kann man durchaus herstellen, wenn man will. Man kann ihn sogar mit Zahlen und Statistiken untermauern, die nicht mal verkehrt sind. Doch daran sieht man auch, dass das entscheidende Augenmerk auf die Ursache eines bestimmten Zusammenhangs gelegt werden muss, da ansonsten fehlerhafte Schlussfolgerungen entstehen. Das Brot ist genauso wenig schuld am Übel dieser Welt, wie der Faktor Selbstsicherheit die Grundvoraussetzung für eine persönliche Erfolgsgeschichte ist.

## Die Wahrheit hinter dem Schein

Es ist die Existenzgrundlage der Lebenshilfeindustrie, dass Menschen sich schwach fühlen und das Gefühl haben, sie brauchten jemanden, der sie motiviert und ihr Selbstvertrauen aufbaut, um Erfolg haben zu können. Zum täglichen Handwerkszeug unseriöser Motivationstrainer und Life-Coaches gehört es daher, unsicheren Menschen ihre innere Schwäche »hellseherisch« vor Augen zu führen, um ihnen im Anschluss daran klarzumachen, dass es so natürlich nie was würde mit den großen Vorhaben im Leben. Da nahezu jeder Mensch eine gewisse Unsicherheit in sich trägt, fühlen sich viele Leute schnell an diesem wunden Punkt getroffen. Wer hat nicht irgendein Lebensthema, bei dem mehr innere Stärke von Vorteil wäre? Wenn einem dann der Trainer ein Heilmittelchen für den Selbstvertrauenssprung anbietet, ist die Versuchung, davon zu kosten, natürlich groß. Ganz nach dem Motto »Ich mache dich stark, damit du deine Ziele erreichst« hängt man die Hilfsbedürftigen an die Nadel der Selbstvertrauensspritze, was relativ schnell mehr zu Abhängigkeit als zu echter Stärke führt.

Genau aus diesem Grund biete ich selbst mittlerweile ein spezielles Seminar an (»LEBENS STARK – Die Kraft, an Dich zu glauben«), bei dem es genau darum geht, diese Fehlorientierung aufzulösen. Menschen müssen erstens lernen, dass andere sie nicht stark machen können, und zweitens, dass es in Ordnung ist, sich auch mal schwach zu fühlen. Schwäche ist kein Schönheitsfehler, sondern ein Teil unserer

Natur, mit dem es richtig umzugehen gilt. Andere Personen können Ihr Selbstbewusstsein niemals nachhaltig stärken, sondern nur Ihre Seele streicheln und Ihnen vorübergehend gute Gefühle vermitteln. So etwas kann in manchen Lebensphasen durchaus sehr wertvoll sein. Auf Dauer jedoch geht es darum, Eigenverantwortung zu übernehmen und Stärke aus sich selbst heraus zu entwickeln. Das gilt für den Beruf genauso wie für alle privaten Lebensbereiche. Ein gutes Beispiel ist hier die Partnerschaft. Wer seinen Partner »braucht«, da er ohne ihn nicht leben oder sich nicht glücklich fühlen kann, hat ein echtes Problem. Denn wer vom anderen etwas braucht, was er sich selbst nicht verschaffen kann, begibt sich in ein Spiel, das nicht zu gewinnen ist. Ich bin der festen Überzeugung, dass Partnerschaften auf Dauer nur dann glücklich sein können, wenn jeder der Partner für sich allein auch glücklich sein kann.

### Unsicherheit kann ein Erfolgsförderer sein

Viele große und erfolgreiche Persönlichkeiten waren weder von Natur aus selbstbewusst, noch fühlten sie diese Selbstsicherheit zu Beginn ihrer Karriere, also am Anfang des Erfolgswegs.

ERFOLGSREGEL

**Selbstbewusstsein ist nicht die Grundlage des Erfolgs, sondern entsteht durch Erfolg.**

Zweifeln ist ein im Gehirn angelegtes Überlebensprinzip. Es ist in der menschlichen Entwicklungsgeschichte seit jeher wichtig gewesen, Dinge zu hinterfragen, skeptisch zu sein und niemandem zu sehr zu vertrauen. Wer vertraut, wird verletzbar. Diese Urerfahrung ist tief in uns gespeichert, weswegen wir alle dieses Grundbedürfnis nach

Sicherheit in uns tragen – manche mehr, manche weniger. Ein gewisser Pessimismus beziehungsweise eine gewisse Skepsis ist also keine »typisch deutsche Mentalität« oder gar eine »Fehlentwicklung unserer Gesellschaft«, sondern ein evolutionäres Schutzprogramm zur Überlebenssicherung. Auch das Entwerfen von Worst-Case-Szenarien ist uns aus diesem Grund in die Gene geschrieben. Wir besitzen grundsätzlich ein Gehirn, das zu katastrophischem Denken neigt. Unsere Vorfahren mussten ständig auf der Hut sein und sich gedanklich bildhaft ausmalen, was alles passieren könnte, wenn sie die gefundenen unbekannten schwarzen Beeren essen oder ein Bad an der neu entdeckten Wasserstelle nehmen.

**Nicht nur selbstbewusste Menschen schaffen große Dinge**

Die erste Wahrheit ist also: Innere Zweifel und Unsicherheit sind ein Teil der natürlichen Grundhaltung eines Menschen. Es ist keine gesellschaftliche Fehlentwicklung, wie es die Lebenshilfeindustrie dem Konsumenten gerne eintrichtern möchte. Die zweite Wahrheit ist, dass nicht nur der Selbstbewusste große Dinge schaffen kann, sondern eben auch der unsichere Zweifler. Natürlich ist es hilfreich, wenn man Vertrauen in sich und die eigenen Kompetenzen hat. Speziell in der Welt des Leistungssports ist es ja geradezu das Ziel, in eine Siegerspirale hineinzukommen, bei der Selbstbewusstsein neue Erfolge bringt, was wiederum das Selbstvertrauen stärkt und so weiter. Allerdings ist dieses Vertrauen in sich und die eigenen Fähigkeiten in der Regel kein Startkapital, sondern eine Ernte, die man erst dann einfährt, wenn man tut, wovor man Angst hat.

## ERFOLGSREGEL

**Unsicherheit und Ängste überwindet man nur,
indem man tut,
wovor man Angst hat.**

Zahlreiche Motivationstrainer versuchen den Leuten seit Jahrzehnten ihr mangelndes Selbstvertrauen als die Wurzel allen Übels zu verkaufen. Eine große Motivationslüge! Natürlich ist mangelnde Selbstsicherheit häufig der Grund dafür, warum Menschen bei ihren Vorhaben scheitern. Doch die Lernlektion daraus ist nicht, erst selbstbewusst werden zu müssen, damit man erfolgreich sein kann. Wer das behauptet, hat ganz einfach die Grundprinzipien der menschlichen Psyche noch nicht verstanden. Denn wahre Selbstsicherheit entsteht nicht, indem man über bestimmte Vorhaben nachdenkt, meditiert oder täglich positive Mantras murmelt. Das ist alles Scheinsicherheit, die im besten Falle eine starke Außendarstellung bewirkt, aber den Kern unberührt lässt. Wahre innere Stärke entsteht ausschließlich durch die aktive Erfahrung, etwas leisten und tun zu können, trotz der Furcht, die man davor hatte. Der Gradmesser dabei ist auch nicht der ewige Vergleich mit anderen, sondern der Vergleich mit sich selbst und die persönliche Weiterentwicklung. Genau diese Erfahrung ist das, was man Selbstwirksamkeit nennt. Man erkennt, dass man selbst fähig ist, etwas zu leisten und eine Wirkung zu erzielen, ungeachtet der äußeren oder auch emotionalen inneren Umstände. Diese Erfahrung von Selbstwirksamkeit macht tatsächlich stärker, aber sie nimmt uns niemals unsere komplette Unsicherheit oder künftige Zweifel. Verunsicherung ist ein Schutzmechanismus, kein Saboteur. Zum Saboteur werden wir selbst, wenn wir uns zum Opfer unserer Ängste oder Zweifel machen, indem wir sie leugnen oder vor ihnen davonlaufen. Angst ist nie unser wirkliches Problem; das Problem ist unser Umgang damit.

## Die Angst der Prominenten und die Sucht nach Anerkennung

Ein zentrales Lebensmotiv vieler Menschen ist der Wunsch nach Anerkennung. Wer hiernach strebt, hat ein starkes Bedürfnis, es möglichst jedem recht zu machen, perfekt zu sein und von anderen positiv bewertet zu werden. So eine Person zeichnet sich in der Regel durch eine hohe Sensibilität, Einfühlsamkeit und Zuverlässigkeit aus. Auf der anderen Seite ist sie aber natürlich auch sehr sensibel, wenn sie kritisiert wird. Diese Feinfühligkeit macht verletzbar und bringt somit eine grundsätzlich höher ausgeprägte Unsicherheit mit sich. Das Bedürfnis nach Anerkennung ist nach wissenschaftlichen Erkenntnissen angeboren, seine Ausformung wird sowohl genetisch als auch frühkindlich geprägt. Solche Menschen machen sich viele Gedanken darüber, ob sie und ihr Handeln von anderen wertgeschätzt werden, und sind selten wirklich zufrieden mit sich selbst. Nur zu gerne würden sie sich manche Dinge nicht so sehr zu Herzen nehmen und verbale Angriffe bestimmter Leute einfacher abschütteln können – andere können dies doch auch, sagen sie sich immer wieder. Das stimmt, aber bei denjenigen sind bestimmte andere Persönlichkeitsmerkmale wie Einfühlsamkeit und Sensibilität auch weniger ausgeprägt. Anerkennungsstreben kann man nicht einfach abstellen wie ein Radio, sondern man muss lernen, damit richtig umzugehen.

Es gibt natürlich auch Menschen, die von Natur aus ein deutlich geringeres Bedürfnis nach Anerkennung und sozialer Akzeptanz haben. Von jemandem gelobt und positiv beurteilt zu werden, interessiert diese Leute kaum, sie haben so viel innere Selbstsicherheit, dass es sie fast kaltlässt, wenn sie Bestätigung von außen bekommen. Ganz nach dem Motto: »Du brauchst mir nicht zu sagen, dass ich gut bin. Das weiß ich schon selbst.« Derartige Personen gehen auch bei Widerständen unbeeindruckt ihren Weg und lassen sich durch nichts und niemanden davon aufhalten. Sie haben ihr »dickeres Fell« im Grunde in die Wiege gelegt bekommen, was allerdings genauso auch Nachteile mitbringen kann. Denn solche Zeitgenossen wirken, wie gesagt, manchmal sehr unsensibel im Umgang mit ihren Mitmenschen, und es besteht die Gefahr, von der Selbstsicherheit in eine Selbstüberschätzung und Beratungsresistenz abzudriften. Auch wer ein niedriges Anerkennungsstreben hat, muss also lernen, damit richtig umzugehen.

Im Profisport wird dem Lebensmotiv »Anerkennung« eine besondere Rolle zuteil. Es geht ständig um Meinungen und Bewertungen von außen, sei es durch Mitspieler, Trainer, Fans, Medien oder Expertenmeinungen. Für diese Menschen, die bereits im Scheinwerferlicht stehen und sich selbst meist hohe Ziele gesteckt haben, ist es natürlich eine besondere Herausforderung, mit einem starken Bedürfnis nach Anerkennung und sozialer Akzeptanz umgehen zu können. Die landläufige Meinung aber, dass einer es nur dann schaffen könne, wenn er selbstsicher ist und knallhart »sein Ding durchzieht«, ist eindeutig unzutreffend. Der Motivationsschlüssel der Erfolgreichen ist nicht immer die Selbstsicherheit, sondern sehr häufig auch die Unsicherheit. Dies ist nicht nur ein subjektiver Eindruck: Aus meiner Arbeit als Coach besitze ich über 200 wissenschaftlich fundierte Lebensmotivauswertungen von Profisportlern, und zwar aus den verschiedensten Ländern und unterschiedlichsten Sportarten. In über 70 Prozent aller Fälle war der Wunsch nach Anerkennung bei diesen Personen hoch ausgeprägt. Unter den zwölf Athleten, die zur absoluten Weltspitze ihrer Disziplin gehören, waren zehn Personen, bei denen das Motiv nach »Anerkennung« sogar sehr hoch ausgeprägt war! Noch mal zum Verständnis, was das heißt: Diese Personen sind von Natur aus eher unsicher und mit sich selbst immer unzufrieden. Doch in meinen Coachinggesprächen fand ich heraus, dass sie genau aufgrund dieser Unzufriedenheit und Unsicherheit deutlich intensiver trainieren als andere. Sie haben ein sehr großes Interesse an der eigenen Leistung, da sie von anderen ja dafür anerkannt werden wollen. Diese Sensibilität trägt dazu bei, dass auch von Natur aus eher unsichere Menschen in der »harten Welt« des Sports durchaus bestehen können.

Es gibt ganz unabhängig vom Sport auch viele andere prominente Beispiele dafür, dass Unsicherheit und mangelndes Selbstvertrauen Eigenschaften vieler Champions dieser Welt sind. Dieses Streben nach Anerkennung ist ein Hunger nach Erfolg und Bestätigung, der meist nie ganz gestillt wird. Selbst nach vielen erfolgreichen Berufsjahren bestimmen diese Bedürfnisse noch das Denken und Fühlen. Ich gebe Ihnen dazu ein paar Beispiele: Twilight-Star Robert Pattinson verriet einmal in einem Interview: »Hin und wieder muss man sich seine Unsicherheiten eingestehen – und ich habe viele, sehr viele Unsicherheiten.« Fußball-Superstar Lionel Messi hat vor Spielen nach wie vor mit Übelkeit zu kämpfen. So musste sich der viermalige Weltfußballer auch während der Vorbereitungszeit auf die Weltmeisterschaft 2014 in Brasilien mehrfach übergeben. Einmal sogar während eines Testspiels gegen Slowenien, wo er bei einem Spielstand von 2:0 für sein Team in der 75. Minute an der Mittellinie stoppte, sich nach vorne beugte und sich erbrach. Trainer Alejandro Sabella meinte laut der

Sportzeitung *Olé*, dass Messis Brechreiz wohl etwas mit Nervosität zu tun haben könnte so kurz vor der WM. Eigentlich erstaunlich für einen mehrfachen Weltfußballer.

Popsänger Robbie Williams zweifelte besonders im Jahr 2012 an sich, kurz bevor sein Album *Take The Crown* erschien. Es werde immer offensichtlicher, dass er Gefahr laufe, überholt und uninteressant zu werden, sagte der 38-Jährige der Zeitung *The Sun*. Er wisse noch nicht einmal, ob es für ihn überhaupt noch einen Platz in der Musikbranche gebe. Seinem Kollegen Elton John geht es so schon von Kindheit an. Er hatte über Jahre massive Minderwertigkeitskomplexe und zweifelte massiv an seinen Sangeskünsten. Zitat: »Hey, ich war fünfzehn und extrem schüchtern. Das Singen an sich machte mir riesige Angst.« Elton John konnte also offensichtlich erste Erfolge einfahren, obwohl er kein Selbstvertrauen hatte.

Topmodel Kate Moss erzählt in ihrer Autobiografie »*The Kate Moss Book*«, dass sie sich am Anfang ihrer Modelkarriere selbst kaum akzeptieren konnte. Sie schämte sich lange Zeit für ihren Körper und habe deshalb sehr oft geweint. Ihre Kollegin, das deutsche Topmodel Claudia Schiffer, kann dies gut nachvollziehen. »Ich war sehr unsicher und nicht davon überzeugt, dass ich das Modeln besonders gut könnte«, sagte die 40-Jährige der *Frankfurter Allgemeinen Sonntagszeitung*. »Ich dachte, die merken irgendwann, dass ich doch nicht so gut aussehe, und dann schicken die mich nach Hause«, so Schiffer weiter. Auch die weltberühmte Popsängerin Pink outete sich. Im US-Magazin *Rolling Stone* erklärte sie: »Bei jeder neuen Platte habe ich Angst, dass ich mich zum Deppen mache und wie eine Betrügerin aussehe. Was, wenn ich nicht mehr singen kann?« Eindrucksvoll ist auch die Aussage von TV-Held Arnold Schwarzenegger, der zugegeben hat, ein großer Selbstzweifler zu sein. »Ich bin nie mit mir zufrieden«, sagte er dem Magazin *Stern*. Die Selbstsicherheit war und sei nur sein Image, erzählte der 65-Jährige. »Die Wahrheit ist, dass ich mich immer selbst hinterfrage und ständig an mir zweifle. Bei den Wettbewerben im Bodybuilding habe ich mich oft im Spiegel angeschaut und gesagt: Arnold, du kannst froh sein, wenn du den Tag überstehst. Dein Körper sieht einfach scheiße aus.«

Man könnte noch viele weitere Beispiele von Menschen aufzählen, die ähnliche Gedankengänge und Versagensängste in sich tragen und von persönlicher Unzufriedenheit geradezu getrieben sind. Borwin Bandelow, geschäftsführender Oberarzt der Psychiatrischen Uniklinik Göttingen, sagt: »Man hat fast den Eindruck, als sei ein unausgeglichenes Seelenleben die Grundvoraussetzung für Berühmtheit.« Für einen Psychiater eine reichlich flapsige Formulierung, aber so falsch liegt er damit nicht. Angst vor dem persönlichen Versagen, dem Scheitern und vor allem auch der Ablehnung durch andere zu haben, ist ein großer Motivationsfaktor, der Menschen zu Spitzenleistungen und großen Erfolgen antreibt. Allein schon dadurch wird klar, dass es nicht die Aufgabe sein kann, Ängste mit hypnotischen Erfolgsaffirmationen wegzuzaubern. Persönliche Stärke ist mit Selbstbeweihräucherungsformeln à la »Ich mag mich« und »Ich bin gut so, wie ich bin« nur äußerlich aufbauschbar, aber nicht echt, nicht innerlich verankert.

**Ist ein unausgeglichenes Seelenleben die Grundvoraussetzung für Berühmtheit?**

Denn erstens führt diese zur Schau gestellte künstliche Stärke am Ende zu noch mehr Selbstzweifeln. Zweitens lenkt man sich damit von der eigentlichen Aufgabe ab, auf die uns unsere Ängste aufmerksam machen wollen: nämlich persönlich zu wachsen, indem wir uns diesen Ängsten stellen und damit lernen umzugehen, anstatt sie wegzaubern zu wollen.

Umfragen zum Thema Angst lassen zwei grundlegende Ängste sichtbar werden: 1. die Angst zu versagen und 2. die Angst vor Ablehnung. Vor einigen Jahren habe ich in einer Zeitschrift ein besonders kurioses Umfrageergebnis gefunden. Auf die Frage »Was fürchten oder verabscheuen Sie am meisten?« antworteten die meisten Leute: »Reden in der Öffentlichkeit«. Die Angst vor einer Rede stand in der Liste tatsächlich an Position eins, gefolgt von der Angst vor dem Tod an Position zwei. Einigen Leuten erscheint es offensichtlich weniger bedrohlich, bei einer Beerdigung selbst unten im Sarg zu liegen, als oben die Grabrede halten zu müssen. Der Grund dafür ist schnell erklärt: Bei einer öffentlichen Rede, und das kann ich als hauptberuflicher Redner bestätigen, treten jene beiden Grundängste in Kombination auf. Ähnliches geschieht beim Vorsingen – der ein oder andere von

Ihnen erinnert sich vielleicht noch mit Schaudern daran, dass er früher in der Schule oder unter dem Weihnachtsbaum der versammelten Hörerschaft ein Liedchen vorträllern oder ein Gedicht aufsagen musste. Die meisten Leute haben Panik vor öffentlichen Auftritten, denn sie könnten ja scheitern, indem sie sich verspielen oder ihren Text vergessen. Zweitens könnten sie von den Zuhörern abgelehnt werden, wenn sie nicht ihren Geschmack oder ihre Meinung treffen. Diese Kombination aus Versagens- und Ablehnungsängsten ist maximaler emotionaler Stress für viele Menschen.

Interessant dabei ist, dass sich diese sozialen Unsicherheiten nicht ausschließlich durch frühkindliche gesellschaftliche Erfahrungen oder Erziehungsmuster entwickeln. Die Ursachen hierfür liegen noch viel tiefer. Viele Forscher erklären unsere starke soziale Bezogenheit evolutionsbiologisch: Im Laufe der Geschichte musste der Mensch ab einem bestimmten Zeitpunkt immer größere Säugetiere jagen, um im Nahrungswettbewerb gegen andere Primatenarten bestehen zu können. Weil dies im Alleingang nicht mehr möglich war, wurde es für den Einzelnen überlebenswichtig, sich mit anderen zusammenzuschließen und in einer Gruppe zu funktionieren. Entscheidend dafür war es, von der Gemeinschaft angenommen zu werden und sozusagen ein akzeptiertes »Teammitglied« zu sein. Eine soziale Ausgrenzung war daher eine existenzielle Bedrohung – und das ist offenbar bis heute in unseren Gehirnstrukturen verankert. Viele Untersuchungen von Hirnforschern haben gezeigt, dass bei Menschen, denen man das Gefühl gibt, nicht dazuzugehören, das Schmerzzentrum im Gehirn aktiv ist. Wer nicht dazugehört, empfindet rein neuronal tatsächlich starke Schmerzen, was sehr bald auch körperlich spürbar wird, durch Trauer, Enttäuschung oder Einsamkeit. Um diese Erfahrung von Schmerz zu vermeiden, geben viele alles, um sozial anerkannt zu sein und vor allem um es auch in Zukunft zu bleiben.

## Selbstbewusst ist man nicht – man wird es

Auch ich persönlich kenne dieses Gefühl der Unsicherheit sehr gut. Ich bin nicht deswegen Mentaltrainer geworden, weil ich im Kopf immer so stark war, sondern deshalb, weil ich mental immer eher schwächer war. Ich kann heute in Vorträgen und Seminaren deshalb so gut über mentale und emotionale Schwäche sprechen, weil ich selbst weiß, wie sich das anfühlt. Schon als junger Leistungssportler waren meine Technik, meine Athletik und auch mein taktisches Verständnis sehr gut. Doch meine Nerven gingen oft mit mir Gassi. Ich traute mir selbst nicht zu, gute Gegner besiegen zu können, obwohl ich dies ab und an schaffte (meist weil der Gegner mental noch schlechter war als ich). Stand mein Kontrahent in der Rangliste auch nur ein paar Plätze höher als ich, rutschte mir das Herz buchstäblich in die Hose. Ich war ein »Schwitzer«, wie es meine österreichischen Tenniskollegen so schön nannten. Also jemand, der ins Schwitzen geriet, sobald es eng wurde. Doch nicht nur im Sport erging es mir so, sondern generell in vielen Lebensbereichen. Bis zu meinem 22. Lebensjahr lag mein Selbstvertrauen auf einer Skala von 0 bis 10 teilweise bei minus 5. Ich übertreibe nicht. Als ich 19 Jahre alt war, kam mir auf meinem Nachhauseweg eine hübsche junge Frau auf der Straße entgegen. Ich kannte sie flüchtig und hätte mich für mein Leben gerne mal mit ihr auf ein Getränk getroffen, um sie näher kennenzulernen. Ich sah, wie sie auf mich zukam. Es war der perfekte Moment, um sie anzusprechen. Ich war allein und sie war allein. Was tat ich? Ich wechselte die Straßenseite.

Wissen Sie, heute kann ich tatsächlich von mir behaupten, ein selbstbewusster Mensch zu sein. Mit diesem Selbstbewusstsein wurde ich aber weiß Gott nicht geboren, sondern ich habe es mir durch viele Herausforderungen und durch die Auseinandersetzung mit meinen Ängsten erworben. Bei diesem Prozess konnte mir niemand helfen, denn kein Mensch kann einem dauerhaft Selbstvertrauen geben oder nehmen. Ich wiederhole: Niemand!

**Andere Menschen
rauben Ihnen nicht Ihr Selbstvertrauen,
sondern sie prüfen es.**

Diese Selbstsicherheit und innere Stärke, die ich mir im Laufe meines Lebens aufgebaut habe, bedeuten allerdings nicht, dass ich jetzt grundsätzlich immer und in jeder Situation maximal selbstbewusst bin. Eine gewisse Unsicherheit und Sensibilität bleiben trotz allem Teil meiner Persönlichkeit. Bis zum heutigen Tag entdecke ich immer wieder neue Angstmuster und innere Hürden, die es zu überspringen gilt. Diese Aufgaben können einen manchmal ganz schön auf Trab halten. Ich möchte Ihnen dazu eine ganz profane, aber symbolträchtige Geschichte aus meinem Leben erzählen.

Wie Sie bereits wissen, hatte ich früher in Bezug auf hübsche Frauen relativ große Versagens- und Ablehnungsängste. Woher sie kamen – keine Ahnung. Rein rational gab es dafür keinen Grund, denn ich hatte nie wirklich scharfe oder bösartige Körbe von Frauen bekommen. Wie auch, ich sprach ja kaum eine an! Über den Sport ergaben sich für mich glücklicherweise immer wieder zufällig engere Kontakte zum weiblichen Geschlecht. So war ich ab meinem 16. Lebensjahr mit mehr Glück als Verstand meistens in längerfristigen und auch schönen Beziehungen mit netten jungen Frauen. Nun könnte man glauben, dass sich angesichts dieses Erfolgs mein Selbstvertrauen entwickelt hätte und die Ängste verflogen wären. Dass das Gegenteil davon der Fall war, erfuhr ich im Jahr 2012 eindrucksvoll.

In einem meiner Lieblingscafés fiel mir eine junge Frau auf, die mein Herz schon mit wenigen Blicken eroberte. Ich sprach nie wirklich ein Wort mit ihr, außer wenn ich meine Bestellung aufgab: »Zwei Stück Schokokuchen, bitte.« Neben dieser durchaus knappen und zielorientierten Bestellung gab es keine weitere Kommunikation meinerseits. Ich sprach einfach nicht mit ihr. Aber ich beobachtete sie. Ich sah zu, wie sie ihre enorm stressige Arbeit managte, wie sie mit ihren Kollegen umging, wie sie sich um ihre Kunden kümmerte und auf deren Wünsche reagierte und wie elegant sie sich bewegte. Ich war fasziniert von ihr. Und plötzlich war sie wieder da, die alte Angststimme in meinem Kopf, die mir ständig einflüsterte: »Schau mal, Steffen, dort drüben steht die Frau deiner Träume, die du so gerne kennenlernen würdest. Aber du schaffst es nicht. Du traust dich sowieso wieder nicht, sie anzusprechen, genauso wie früher.« Verdammt! Die Stimme war mir vertraut, und ich dachte immer noch, dass sie recht hatte. Ob Sie es glauben oder nicht: Dieser Prozess, im Café zwei Stück Schokokuchen zu bestellen, eine halbe Stunde voller Bewunderung dazusitzen und dann wieder schweigend nach Hause zu fahren, zog sich über acht Monate hin. Das sind rund 240 Tage! In dieser Zeit war ich mindestens 50 Mal in diesem Café, und nie traute ich mich, einen Ton zu sagen. Eines Tages traf ich sie zufällig mitten in der Stadt, als sie vor einem Schaufenster stand. Ich war alleine, sie war alleine. Wieder der perfekte Moment. Sie wissen ja bereits, wie ich in solchen Situationen reagiere – ich flüchte. Also täuschte ich einen Handyanruf vor, zog mein Mobiltelefon aus der Tasche und begann mit meinem imaginären Gesprächspartner einen Dialog. Alles nur, um scheinbar cool und abgelenkt an ihr vorbeigehen zu können und sie nicht ansprechen zu müssen.

An meinem Beispiel sieht man, dass Menschen sehr kreativ sein können, wenn sie unter Hochdruck nach Vermeidungsstrategien suchen. Ich war 31 Jahre alt, verhielt mich aber noch immer wie der überschüchterne 19-Jährige, der lieber die Straßenseite wechselte. Wie gesagt: Der Aufbau von Selbstvertrauen ist ein Lebensthema. Es wird nicht automatisch besser, nur weil man älter wird oder weil man dazu Bücher liest und Seminare besucht. Rein beruflich hatte ich in den letzten Jahren enorme Selbstvertrauenssprünge gemacht. Vor 3000 Menschen auf einer Bühne einen Vortrag halten – kein Problem. Aber diese eine Person anzusprechen, das fühlte sich nahezu unmöglich an. Sie deckte in mir eine Selbstvertrau-

**Der Aufbau von Selbstvertrauen ist ein Lebensthema**

ensschwachstelle auf, die ich schon längst vergessen hatte. Daraus lernte ich: Selbstbewusstsein hat viele Facetten. Wenn man in einem Bereich sehr stark ist, kann man in einem anderen Punkt trotzdem ganz schwach sein. Man ist nicht generell selbstbewusst oder ängstlich, sondern meist partiell.

Um den Verlauf meiner Kennenlern-Odyssee jetzt etwas abzukürzen: Nach der theaterreifen Aufführung meines imaginären Handyanrufs dauerte es weitere zwei Monate, bis ich die junge Frau zufällig eines Tages mit Freunden in einer Diskothek sah. Ich schaute in den nächsten zwei Stunden immer wieder zu ihr rüber und tanzte mit einigem Sicherheitsabstand um sie herum, ähnlich wie Miraculix um seinen Topf mit Zaubertrank. Immer wieder lachten wir uns an – und meine Freunde mich mittlerweile aus. Ich kreiste wirklich regelrecht wie ein Adler um die »Beute«, traute mich aber trotz allen guten Zuredens meiner mittanzenden Aufmunterer nicht, den entscheidenden Schritt zu tun. Was auch immer meine Freunde mir an positiven Dingen einzureden versuchten, mein Kopf verstand ihre Message, aber meine Emotionen sagten etwas anderes. Wie gesagt, Selbstvertrauen bekommt man nicht durch gute Ratschläge oder dadurch, dass man sich Mut zuredet. Es geht darum, eine innere Entscheidung für etwas zu treffen und dann eben auch mal voller Zweifel anzufangen. Irgendwann an diesem Abend traf ich dann endlich diese Entscheidung. Ich war frustriert und wollte nicht mein ganzes Leben lang vor meiner Angst davonlaufen. Also sprach ich sie an. Es hätte schlimmer kommen können – denn wir wurden immerhin ein glückliches Paar. Dieser Abend hat mein Leben wieder enorm verändert. Ein kleiner Schritt über meine innere rote Angstlinie löste einen Effekt aus, von dem ich für immer profitieren werde.

## ERFOLGSREGEL

### Große Erfolge im Leben beginnen oft mit kleinen Taten.

## Das Selbstbewusstsein funktioniert wie ein Muskel

Der Aufbau von Selbstvertrauen ist vergleichbar mit einem Krafttraining für die Persönlichkeit. Unsere Selbstsicherheit funktioniert ähnlich wie ein Muskel, der kontinuierlich trainiert werden muss. Erst durch dieses Training wird der Muskel stärker – er ist nicht unbedingt von Geburt an stark. Der Vergleich mit dem Muskel ist insofern auch sehr passend, als jeder Mensch zwar sehr viele Muskeln besitzt, doch die wenigsten davon sind wirklich ausgeprägt. Ein Muskel wächst nur dann, wenn man ihn entsprechend benutzt. Die Möglichkeit, das zu tun, besitzen wir alle. Das Gleiche gilt für unsere Persönlichkeit und unser Selbstbewusstsein, denn jeder Mensch auf dieser Welt kann selbstbewusst werden. Kein Mensch ist dazu verdammt, sein Leben lang ein Gefangener seiner Ängste und Selbstzweifel zu sein und somit erfolglos zu bleiben. Das Training dieses Erfolgsmuskels ist selbstverständlich aufwendig und manchmal auch schmerzhaft. Allerdings hat man die Wahl zwischen zwei Formen von Schmerz: dem Überwindungsschmerz, der heftig, aber kurz ist, und dem Schmerz des schlechten Gewissens und der Trauer über die eigene Schwäche. Diese Qual hält konstant an und nimmt einem langfristig jede Motivation und Lebensqualität. Wir haben die Wahl – leicht sind beide Wege nicht, da brauchen wir uns nichts vorzumachen. Doch einer der beiden Wege hat eine positive Perspektive, der andere nicht.

An jenem Discoabend lernte ich, dass der Aufbau von Selbstsicherheit eine Frage der Eigenverantwortung ist, die man nicht delegieren kann. An den Kern einer Angst kommt man nur von innen, niemals von außen. Ich bin heute davon überzeugt, dass Selbstbewusstsein nicht die Abwesenheit von Ängsten bedeutet. Wenn wir keinerlei Angst mehr spüren, müssen wir uns die Frage stellen, ob wir wirklich intensiv genug leben oder ob wir uns innerhalb unserer Komfortzone verstecken. Selbstbewusstsein bedeutet, dass ich mir meiner selbst bewusst werde und somit auch erkenne, wovor ich Angst habe. Nur durch diese Selbsterkenntnis wächst der Muskel. Ewiges Nachdenken und Philosophieren hilft dabei nicht weiter, sondern ausschließlich Entscheidung und Aktion. Wenn Sie tun, wovor Sie Angst haben, ist allein diese Aktivität ein großer Erfolg, ganz unabhängig vom

Ergebnis. Diese wachsende innere Stärke führt in der Folge dann über kurz oder lang auch zu Ergebnissen, die Ihr Selbstvertrauen zusätzlich stabilisieren werden. Zu Beginn ist dieser Prozess für jeden anstrengend, denn schwer ist alles, worin man keine Übung hat. Selbstvertrauen ist nichts, was man geschenkt bekommt, sondern etwas, was man sich manchmal auch unter gewissem Schmerz erkämpfen muss. Oder anders formuliert: Selbstbewusst zu sein bedeutet nicht, keine Angst zu empfinden bei dem, was man tut. Selbstbewusst zu sein bedeutet, zu tun, was zu tun ist, trotz der Angst – oder vielleicht sogar gerade deswegen.

# FAZIT

- Selbstbewusstsein ist keine Voraussetzung für Erfolg, sondern eine Folge davon.

- Nur die wenigsten Menschen sind von Natur aus selbstsicher.

- Selbstvertrauen wächst durch die Erfahrung von Selbstwirksamkeit. Nur wer seine Ängste akzeptiert und mit ihnen aktiv arbeitet, kann sie überwinden lernen.

- Zahlreiche große Erfolgspersönlichkeiten sind von Natur aus eher unsichere Selbstzweifler. Genau deswegen wurden sie in vielen Fällen auch so erfolgreich.

- Unsicherheit ist keine Charakterschwäche, sondern zu einem Großteil angeboren und darüber hinaus frühkindlich geprägt.

- Selbstunsicherheit kann ein großer Erfolgsförderer und Motivator für Spitzenleistungen sein, wenn man lernt, mit ihr umzugehen.

- Selbstvertrauen ist wie ein Muskel. Man muss ihn trainieren und die Schmerzen der Angstüberwindung in Kauf nehmen.

- Wählen Sie eine Ihrer Versagens- oder Ablehnungsängste aus, und überlegen Sie sich, wo und wie Sie sich dieser Angst als Nächstes stellen können. Fangen Sie mit kleinen Aufgaben an und steigern Sie sich langsam.

- Blamieren Sie sich häufiger. Das hört sich jetzt vielleicht verrückt an, ist aber ernst gemeint. Es gibt kein besseres Selbstbewusstseinstraining, als sich öffentlich zu blamieren, nur um dann zu merken, dass es im Grunde vollkommen egal ist. Wenn Sie lernen, souverän damit umzugehen, gewinnen Sie durch die Aktion bei anderen sogar Sympathiepunkte!

- Ermutigen Sie Ihre Kinder und Mitarbeiter, häufiger zu scheitern und Fehler zu machen. Das trainiert den Selbstbewusstseinsmuskel.

- Lesen Sie die Biografien erfolgreicher Menschen. Sie werden sehen: Die meisten davon hatten (und haben) Ängste und Selbstzweifel – wie Sie und ich auch.

## Motivationslüge 5:

### »Harte Arbeit ist der Schlüssel zum Erfolg.«
### Die Lüge vom Überschreiten persönlicher Leistungsgrenzen und der Macht der Disziplin

> *In diesem Kapitel beschäftigen wir uns mit dem verbreiteten Irr-*
> *glauben, dass hartes Malochen der Königsweg zum Erfolg ist. Seit*
> *Jahrzehnten werden Einsatzwille und Härte als Allzweckwaffe für*
> *die Zielerreichung verkauft. Doch ich zeige Ihnen, warum Selbst-*
> *disziplin nur eine Beilage, aber niemals das Hauptgericht selbst*
> *ist. Gemeinsam beleuchten wir, unter welchen Voraussetzungen*
> *intensive Arbeit tatsächlich langfristigen Nutzen bringt, wie man*
> *sinnvolle Disziplin entwickelt und wann das Ganze zur sinnlo-*
> *sen Selbstdressur mutiert. Sie lernen, welchen Wert persönliche*
> *Leistungsgrenzen besitzen und warum es nicht sinnvoll ist, immer*
> *110 Prozent Einsatz zu zeigen.*

### Entlarvung der Lüge

Das Magazin *Focus* berichtete im Jahr 2013 (Ausgabe 26) über meine Arbeit mit Harald, einem erfahrenen Immobilienfachmann, der
seit Jahren sehr hart in seinem Job arbeitete. Nachdem er mehrere
Jahre lang als Makler trotz aller Bemühungen keinen Erfolg hatte,
bat er mich als Coach um Unterstützung. Harald steckte nicht nur
beruflich in einer Krise, sondern mittlerweile auch finanziell und ge-
sundheitlich. Während der letzten mageren Jahre hatte er sich im
wahrsten Sinne des Wortes fast zu Tode gearbeitet, kannte das Wort
»Wochenende« nur aus Erzählungen von Bekannten und hatte das
Problem, dass die finanziellen Sorgen die psychische Misere nur noch
schlimmer machten. Harald war durchaus hoch motiviert und gab

täglich 110 Prozent in seinem Job. Doch der Erfolg wollte sich nicht einstellen.

Während unserer Zusammenarbeit entdeckte ich zwei fatale Glaubenssätze bei Harald. Glaubenssatz Nummer eins war: »Nur wer hart arbeitet, hat es verdient, sein Leben zu genießen.« Also das alte Prinzip »Erst die Arbeit, dann das Vergnügen«. Glaubenssatz Nummer zwei lautete: »Nur wer Geld hat, kann sein Leben genießen.« Das Problem von Harald aber war: Er hatte beides nicht: weder Arbeit noch Geld. Er steckte in einer Auftragskrise, hatte kaum Objekte im Bestand, keine Nachfrage von Kaufinteressenten und bekam somit das Gefühl, nicht wirklich viel zu arbeiten. Zusammen mit seinen Glaubensmustern entstand daraus ein fataler Kreislauf. Wer glaubt, sein Leben nur dann genießen zu dürfen, wenn er sich das »verdient« habe, verliert entweder den Spaß am Leben und riskiert einen Burnout, oder er wird depressiv, wenn er nicht so intensiv arbeiten kann, wie er das seiner Meinung nach müsste. Wenn dazu noch die Einstellung kommt, dass Geldmangel »Unglück« bedeutet und dadurch Lebensgenuss generell unmöglich sei, wird es richtig ungemütlich im Leben. Harald hatte sich unbewusst komplett auf Glücks- und Genussentzug gesetzt. Er hatte von seinen Eltern das Glaubenssystem übernommen, dass man sich ein schönes Leben erst mal »verdienen« müsse. Beruflich nicht erfolgreich zu sein und somit auch wenig Geld zu erwirtschaften, führte bei ihm zwangsläufig zu der Meinung, ein schönes Leben nicht zu verdienen. Diese Haltung erkannte man auch an seiner Ausstrahlung, was seinem beruflichen Erfolg im Kundenkontakt auch nicht gerade zuträglich war. Harald war gefangen im Teufelskreis seiner eigenen Überzeugungen und Denkmuster.

**Lebensqualität ist ein Geburtsrecht**

Nach und nach brach ich mit ihm zusammen seine alten Glaubenssätze auf. Er erkannte, dass man weder etwas Besonderes sein noch etwas Außergewöhnliches tun muss, um sein Leben genießen zu dürfen. Lebensqualität ist ein Geburtsrecht. Harald sollte beginnen, wieder Spaß an kleinen täglichen Dingen zu finden, die nichts mit Geld und beruflichem Erfolg zu tun hatten. Wir beschäftigten uns mit der Frage, was sein Problem lösen würde. Noch härter zu arbeiten, war nicht zielführend. Harald arbeitete daran, sein Leben unabhängig vom Kontostand genießen zu dürfen. Nach und nach veränderten sich seine Einstellungen zu Wohlstand und Leben. Harald gewann im Laufe der nächsten Wochen eine für ihn komplett neue Weltsicht: Geld und harte Arbeit sind kein Garant für Erfolg und Erfüllung. Es gibt viele Menschen, die extrem hart für ihre Ziele gearbeitet und diese auch erreicht haben. Sie hatten das Glück, ihre Talente mit viel Arbeitsaufwand zu Geld machen zu können. Aber glücklich sind manche dennoch nicht.

## ERFOLGSREGEL

### Es gibt einen großen Unterschied zwischen »Glück haben« und »glücklich sein«.

Ein erfülltes Leben ist nichts, was man sich durch möglichst harte Arbeit erst mal verdienen müsste. Es wird uns nicht durch unseren Dienst für andere wie eine Gnade zuteil. Lebensglück ist vielmehr eine bewusste Entscheidung für das, was einem im Leben wirklich wichtig ist. Zielerreichung hat durchaus einiges mit Einsatzwillen zu tun, aber durch grenzenlose Selbstaufopferung entfernen wir uns auf Dauer mehr von unseren wirklichen Zielen, anstatt darauf zuzusteuern.

Nachdem Harald sein Weltbild mit diesem neuen Denken entsprechend verändert hatte, kam innerhalb weniger Monate auch sein beruflicher Erfolg wieder zurück. Da sein Lebensgefühl stimmte, veränderten sich auch seine Ausstrahlung und sein persönliches Energielevel. Das alles garantiert noch keinen Umsatzerfolg, aber die Wahrscheinlichkeit dafür steigt massiv an. Nach gut einem Jahr hatte sich der Mann von einem wahren »Pechmariechen« zu einer gewachsenen Erfolgspersönlichkeit verwandelt. Seine Umsätze gehören heute zu den höchsten der ganzen Firma. Seine Gesundheit hat sich sichtbar positiv verändert und er genießt nun sein Leben – ganz unabhängig von der jeweiligen Auftragslage. Sein Arbeitspensum ist nach wie vor hoch, denn mit Faulheit dreht man sich nur um die eigene Achse. Doch Harald hat rational wie auch emotional verstanden: Wenn der Palast des Erfolgs nur auf den Säulen harter Arbeit und maximaler Selbstdisziplin aufgebaut ist, droht der Einsturz, wenn es mal einen Sturm im Leben gibt. Hohes Engagement ist eine wichtige Erfolgszutat, aber nicht das ganze Rezept.

### Die Lüge vom 110-prozentigen Einsatz

Sicher kennen Sie die berühmte Forderung: »Geben Sie 110 Prozent, um ihr Ziel zu erreichen!« Diese Floskel ist genauso bekannt wie dämlich. Fast an jedem Wochenende erzählt irgendein Fußballtrainer oder Spieler im Fernsehen von den berühmten 110 oder sogar 1000 Prozent Einsatz, die man nun geben müsse. Sorry, aber das ist eine Motivationslüge. Das Maximum sind 100 Prozent, und es ist nicht der Schlüssel zum Erfolg, mehr zu geben, als man geben kann. Das ist höchstens der Schlüssel zum Burn-out und zur systematischen Selbstzerstörung. Statt mehr zu geben, als man hat, sollten wir herausfinden, wie viel wirklich in uns steckt. Den wenigsten Leuten sind ihre 100 Prozent überhaupt bewusst. Da ihnen ihre Leistungsgrenzen nicht klar sind, bewegen sich viele Menschen in einem viel zu engen Rahmen oder agieren auch lange Zeit jenseits dieser Grenzen. Es ist gefährlich, sich von außen ständig einreden zu lassen, über das persönliche 100-Prozent-Limit gehen zu müssen. In Unternehmen, die das auf Dauer von ihren Mitarbeitern verlangen, sieht es in Sachen Mitarbeiterzufriedenheit und Teamspirit dementsprechend aus. Das Ignorieren von Limits führt nicht nur zu Motivationslöchern und Misserfolgen, sondern macht Menschen wie Organisationen schwer krank.

In meinen Jugendvorträgen an Schulen mache ich in diesem Zusammenhang gerne eine spezielle Übung zur Verdeutlichung. Ich wähle einen sportlichen Schüler aus dem Publikum aus, hole ihn auf die

Bühne und frage ihn, wie viele Liegestützen er maximal schaffen würde. Nehmen wir an, seine Antwort lautet 20 Stück. Dieses persönliche Limit ergänze ich durch ein zusätzliches Ziel von mir: 120 Stück. Die Schülermenge lacht und meinem Vorturner weicht kurzfristig die Farbe aus dem Gesicht. Ich beruhige ihn sofort, denn er soll einfach versuchen, sein Ziel zu erreichen, und danach so lange weitermachen, bis er nicht mehr kann. In neun von zehn Fällen passiert es nun, dass der Schüler am Ende 25 bis 30 Liegestütze schafft, also deutlich mehr, als er selbst von sich erwartet hatte. Die spannende Frage ist nun: An welcher Stelle hätte er mit seinen Liegestützen aufgehört, wenn ich ihm mein übertriebenes Ziel von 120 Liegestützen nicht noch zusätzlich gegeben hätte? Natürlich bei 20 Liegestützen. Jeder weiß, dass die 120 für ihn an diesem Tag nicht möglich waren. Doch das, was ihn stolz machte, ist, dass er mehr geschafft hat, als er sich selbst zugetraut hatte. Ziele sollten immer ein bisschen größer sein als man selbst. Dabei geht es nicht darum, abstrus hohe Ziele erreichen zu müssen, sondern darum, seine Limits dabei zu erkennen und sich auf Dauer mental wie auch körperlich eben nicht zu überanstrengen.

## ERFOLGSREGEL

**Glück bedeutet, persönliche Grenzen
zu entdecken (Selbsterkenntnis),
anstatt Grenzen ständig zu ignorieren
(Selbstüberanstrengung).**

Die wenigsten Menschen kennen ihre wirklichen Grenzen. Daher erreichen sie so gut wie nie ihr Bestmögliches. Oft hört man lange vor dem Limit auf oder auch viel zu spät. Die irrsinnige Motivationspfuscherei, Menschen dazu anzutreiben, ständig über ihr Limit zu gehen und alle persönlichen Grenzen zu ignorieren, führt auf die Dauer nicht zur Spitzenleistung, sondern zur systematischen Selbstzerstörung mit Burn-out-Erscheinungen. Burn-out entsteht, wenn man die Eigenverantwortung für sich selbst und seine Grenzen zu häufig abgegeben hat. Genau das tun aber diejenigen, die durch immer mehr Härte und immer größeren Einsatz versuchen, noch weiter und weiter zu kommen.

Vergessen Sie die Forderung nach den 110 Prozent, die Sie geben sollen. Wahrer Erfolg beginnt mit der Erkenntnis, wo die persönlichen 100 Prozent liegen. Erfolgreiche Topsportler sind nicht deswegen so gut, weil sie ständig mehr geben, als sie können, sondern weil sie genau wissen, wie sie ihre Energie managen müssen, um sich möglichst nah an ihrer persönlichen Leistungsgrenze bewegen zu können, ohne sie zu verletzen. Athleten, die ihre Grenzen zu oft mit zu viel Härte überwinden, haben meist sehr kurze Karrieren.

## Die Wahrheit hinter dem Schein

### Mythos Disziplin – warum Selbstdressur nicht zum Ziel führt

Sicherlich kennen Sie klassische Binsenweisheiten wie »Wer schön sein will, muss leiden«, »Vor den Erfolg haben die Götter den Schweiß gesetzt« oder »Gelobt sei, was hart macht«. In einer Tageszeitung las ich vor Kurzem ein Zitat des Dichters Friedrich von Logau zum Thema Selbstdisziplin: »Sich selbst bekriegen ist der schwerste Krieg, sich selbst besiegen ist der schönste Sieg.« Ein Satz, über den man lange diskutieren kann. Ich bin kein Fan davon, sich selbst besiegen zu müssen. Denn wer sich selbst als seinen größten Gegner sieht, der steht sich selbst offenbar im Weg. Lebenserfüllung ist nur für den möglich, der damit aufhört, gegen sich selbst zu kämpfen. Eine gute Sache ist es definitiv, einer inneren Versuchung nicht nachzugeben und mit Disziplin auf dem eigenen Weg zu bleiben. Selbstkontrolle ist nachweisbar ein wichtiger Erfolgsfaktor, denn wer sich selbst nicht kontrollieren kann, kann auch sein Leben nicht kontrollieren. Das alte Märchen von der grenzenlosen Selbstaufopferung und Selbstüberwindung sollten Sie allerdings in die Tonne treten. Wenn Ihnen jemand erzählt, er sei einzig und allein durch harte Arbeit reich geworden, dann fragen Sie ihn doch mal, durch wessen harte Arbeit! Der Appell zu maximalem Einsatz und höchster Disziplin erfolgt nämlich meist von oben nach unten. Man fordert von anderen ein, was man selbst kaum vermag. Das ist ganz menschlich. Niemand will sich selbst versklaven oder sich von anderen versklaven lassen. Härte und Disziplin brauchen Grenzen, jenseits derer es auch noch ein tiefer liegendes Lebensgefühl gibt, in das sie eingebettet sind. Kein Mensch sieht es als seine primäre Erfüllung an, immer härter arbeiten und sich immer mehr selbst disziplinieren zu müssen, nur um noch höhere Spitzenleistungen erbringen zu können. Menschen wollen nicht nur leisten – Menschen wollen leben! Wenn Selbstdisziplin zur Selbstdressur wird, hat man den Bezug zur Sinnhaftigkeit verloren. Ein überkontrolliertes Leben führt automatisch dazu, seine persönlichen Bedürfnisse und Wünsche auf Dauer zu unterdrücken, was Lebens- und Leistungsfreude mittelfristig unmöglich macht.

Stellen Sie sich Ihre Lebensenergie wie ein großes Holzfass vor, das mit Wasser gefüllt ist. Sich disziplinieren und mit der Kraft des Willens etwas Anstrengendes tun zu können, ist oft ein wichtiger Schritt in Richtung Erfolg. Es ist phasenweise zwingend notwendig, den inneren Schweinehund überwinden zu können, um bestimmte Ziele zu erreichen. Doch machen Sie sich bewusst, dass Sie damit bildlich gesprochen ein Loch in Ihr Holzfass bohren, aus dem nun das Wasser herausfließt. Das ist so lange kein Drama, wie genügend Wasser im Fass ist, da auch konstant neues Wasser (also neue Lebensenergie) nachgefüllt wird. Wenn Sie allerdings zu viele und zu große Löcher bohren, indem Sie immer noch härter arbeiten und sich dauerdisziplinieren, kommen Sie mit dem Nachfüllen gar nicht so schnell hinterher, wie es auf der Seite herausläuft. Nicht umsonst sagt der Volksmund: »Ich fühle mich ganz leer.«

Es ist kein Problem, dass Menschen hart arbeiten. Ganz im Gegenteil! Auch ich liebe harte Arbeit. Das Problem ist vielmehr, dass sie nur noch hart arbeiten und meinen, das allein wäre der Weg zu einem Leben ihrer Träume. Einer professionellen Tennisspielerin, die sich selbst als »24-Stunden-Arbeitsmaschine« bezeichnete und große

Leistungsprobleme hatte, sagte ich einmal den Satz: Wenn du damit aufhörst, dein Spiel nur noch zu arbeiten, und wieder anfängst, es zu spielen, kommt auch dein Erfolg wieder zurück. Dieser Satz veränderte ihre gesamte Karriere. Sie hatte durch ihren unbändigen Einsatz und ihren hohen Arbeitswillen die Freude am Spiel verloren. Das Grundgefühl ging verloren, das Gefühl, aus dem heraus sie ihren Sport überhaupt einmal angefangen hatte – nämlich aus Liebe. Ich erlebe das häufig auch in Unternehmen: Viele Leute sind zwar erfolgreich bei dem, was sie tun, aber ich habe nicht das Gefühl, dass sie den Prozess dahinter genießen können. Ich frage Sie: Wenn mir ein Erfolgsprozess mehr schlechte als gute Gefühle gibt, erschaffe ich dann eher Erfolg oder eher Misserfolg?

> **Wenn mir ein Erfolgsprozess mehr schlechte als gute Gefühle gibt, ist das dann noch Erfolg?**

Ich habe den Eindruck: Je länger sich die Leute in unserer Leistungsgesellschaft nach der Decke strecken, desto weniger haben sie dabei zu lachen. Angeblich haben Gelotologen (Lachforscher) in wissenschaftlichen Studien belegt, dass kleine Babys bis zu 400 Mal am Tag lachen, Erwachsene nur noch 15 bis 20 Mal am Tag. Seltener lachen statistisch gesehen nur noch Tote (0 Mal am Tag). Sie sehen, die Tendenz ist eindeutig. Harte Arbeit ohne Freude daran ist Versklavung.

## Gefangen im Käfig der Selbstdisziplin

Das ZDF strahlte in den letzten Karrierejahren von Oliver Kahn eine interessante Dokumentation über den Welttorhüter aus. Kahn, der für seine unerschütterliche Willenskraft, Erfolgsbesessenheit und harte Selbstdisziplin bekannt war, sitzt in einer Szene allein an einem Tisch eines Restaurants. Sein Interviewpartner drückt ihm ein Gedicht von Rainer Maria Rilke in die Hand, das den Titel *Der Panther* trägt. Er bittet Kahn, dieses Gedicht vorzulesen. Dieser guckt kurz etwas skeptisch, beginnt aber dann dennoch vorzulesen:

*Der Panther*

*Sein Blick ist vom Vorübergehn der Stäbe*
*so müd geworden, dass er nichts mehr hält.*
*Ihm ist, als ob es tausend Stäbe gäbe*
*und hinter tausend Stäben keine Welt.*

*Der weiche Gang geschmeidig starker Schritte,*
*der sich im allerkleinsten Kreise dreht,*
*ist wie ein Tanz von Kraft um eine Mitte,*
*in der betäubt ein großer Wille steht.*

*Nur manchmal schiebt der Vorhang der Pupille*
*sich lautlos auf. – Dann geht ein Bild hinein,*
*geht durch der Glieder angespannte Stille –*
*und hört im Herzen auf zu sein.*

Kahn schaut kurz nachdenklich und versucht die eigenartige Situation schnell wieder aufzulockern, indem er fragt, ob es zu diesem Gedicht auch eine Interpretation gibt. Er lächelt gequält. Die Auflockerung will nicht so recht gelingen. Er ist getroffen. Sein Blick wandert zurück zu den Zeilen, er liest das Gedicht noch einmal für sich im Stillen. Nach einiger Zeit fängt er an, laut nachzudenken. Er sagt, dass es für so ein Tier natürlich sehr schlimm sein müsse, sich in einem wirklichen Käfig zu befinden. Die Frage ist, was der Käfig auf sein eigenes Leben übertragen sei. Ist das Tor sein Käfig? Ist es der 16-Meter-Raum, außerhalb dessen er die Hände nicht mehr benutzen darf? Oder ist sein Käfig psychologischer Natur, also in seinem Kopf? Ist er das eigene Anspruchsdenken oder auch der ständige Druck von außen? Als der Interviewer fragt, was von diesen Punkten seiner Meinung nach denn sein Käfig sei, schaut Kahn lange gedankenversunken auf das Blatt Papier und sagt schließlich: »Wahrscheinlich von allem etwas. Ich habe selten erlebt, dass ich bei dem, was ich tue, echte Freiheit erlebt hätte.« Kahn spricht ganz ruhig und nachdenklich berührt. Womöglich wurde ihm in diesem Moment die eigene Betäubung für das bewusst, was man Leben nennt. Sein unzähmbares Erfolgsstreben, seine unermüdliche harte Arbeit und auch die grenzenlose Selbstdisziplin hatten ihn erfolgreich gemacht. Doch Kahns Erfüllung ging oftmals nicht im Gleichschritt mit seinem Erfolg. Sein Wille hatte ihn oftmals betäubt. In seiner später erschienenen Biografie berichtet der Ausnahmetorhüter dann auch von seiner inneren Leere, mit der er sich während seiner Karriere immer wieder auseinandersetzen musste.

## Erfolg braucht Periodisierung

Es ist unumstritten, dass es für hohe Ziele im Leben unabdingbar ist, hart arbeiten zu können und dies in bestimmten Phasen auch zu tun. Aus meiner Erfahrung im Profisport kann ich Ihnen allerdings garantieren, dass der wirkliche Erfolgsschlüssel nicht im ununterbrochenen Erfolgskampf liegt, sondern in der Kunst der Abwechslung. Das Wissen über die richtige Mixtur zwischen Phasen harter Arbeit und maximaler Entspannung macht den wahren Unterschied zwischen Durchschnitt und Spitze aus. Viel bringt nicht immer viel – manchmal sogar nur viele Probleme. Weltbekannte Topsportler wie Roger Federer oder Dirk Nowitzki haben im Laufe ihrer Karriere gelernt, nicht immer noch härter, sondern dosierter zu arbeiten und die Zeiten von Anspannung und Entspannung richtig zu planen. Die wahre Macht des Erfolgs liegt in der Kunst der Periodisierung, nicht in der ständigen Intensivierung.

Wenn es so etwas wie »Erfolgstraining« überhaupt gibt, dann vergleichen Sie es am besten mit einem Krafttraining für den Körper. Wenn Sie Ihre Muskeln nicht mehr trainieren, bilden sich diese zurück und Ihr Körper wird schwach. Jeder, der schon mal einen Arm oder ein Bein in Gips hatte, hat auch gesehen, wie dünn dieses Körperglied nach wenigen Wochen geworden ist, da die Muskulatur sich abgebaut hat. Wenn Sie Ihre Muskeln jedoch tagtäglich acht Stunden ohne Pause trainieren, verletzen Sie sich durch die Überbeanspruchung relativ bald. Zusätzlich wird der Stressabbau gehemmt und das Immunsystem geschwächt. Somit fühlt man sich irgendwann noch schwächer als zuvor. Muskelwachstum ist nicht nur eine Frage der richtigen Belastung und Trainingsintensität, sondern vor allem auch

der Steuerung von Regenerationsphasen, in denen Erholung stattfindet. Erst dann erfolgt das Wachstum. Der Muskel wächst in der
Regenerationsphase, nicht in der Trainingsphase!

## ERFOLGSREGEL

### Auch Regeneration ist Training.

Stress und Probleme haben ihre positiven Seiten, da sie Trainings-
effekte mit sich bringen. Ohne Belastung gibt es kein Wachstum – das
ist eine Gesetzmäßigkeit, die für Körper und Psyche gleichermaßen
gilt. Aber bitte dennoch nicht immer jeden Tag und auch nicht immer
mehr als alle anderen. Ich habe den Eindruck, dass Stress heutzutage
schon fast ein Statussymbol geworden ist. Wer keinen Stress hat, arbeitet nicht. Eine fatale Einstellung, die die seit Jahren steigende Zahl
von Burn-out-Erkrankungen nachvollziehbar macht. Bohren Sie
nicht ununterbrochen neue Löcher in Ihr Fass. Ihre Verantwortung
ist das Leben. Nur wer wirklich lebt, kann auch dementsprechend
leisten. Das geht weder durch ständiges Faulenzen noch durch die
Entwicklung zum Workaholic. Aus dem Sport weiß ich: Stärke ist
abhängig von Frische. Wer sich das eine nicht gönnt, kann das andere
nicht erwarten.

### Was ist eigentlich Disziplin?

Isa Ardey war im Jahr 2011 Deutschlands älteste Studentin und stellte einen erstaunlichen Rekord auf. Im Alter von 98 Jahren promo-
vierte sie im dritten Anlauf. Mit 87 Jahren hatte sie ihren Magister in
Germanistik gemacht, elf Jahre später folgte die Promotion an der
Heinrich-Heine-Universität in Düsseldorf. Isa Ardey hatte im Lauf ihres Lebens bereits zwei Dissertationen begonnen, doch die Kriegswir-
ren, ihre hilfsbedürftige Familie und vieles mehr verhinderten den

universitären Erfolg. Sie hatte kein einfaches Leben, aber kämpfte sich durch. Dass sie ihr Projekt dennoch abgeschlossen hat, begründete sie mit den Worten: »Einmal Angefangenes sollte man auch zu Ende bringen.« Für ihre erfolgreiche Dissertation entwickelte sie ein Notationssystem, für das sie jeden der 12 111 Verse von Goethes *Faust* untersuchen, zeichnerisch umsetzen, analysieren und auswerten musste. Selbst eine Augenkrankheit konnte Isa Ardey nicht von ihrem dritten Anlauf zum Doktortitel abhalten. »Neue Erkenntnisse beinhalten stets einen gewissen Kick«, begründete die Wissenschaftlerin im Magazin *Focus* ihre Lust am Forschen.

**Disziplin wird im Herzen geboren, nicht im Kopf**

Nun meine Frage an Sie: War Isa Ardey diszipliniert? Natürlich, und wie! Doch die entscheidende Frage ist: Warum?
Sicher nicht aus einem rationalen Grund heraus, weil man eben diszipliniert sein muss, um es im Leben zu was zu bringen. Disziplin wird im Herzen geboren, nicht im Kopf. In Ardeys Herz lebte eine Leidenschaft, die eine Energiequelle in ihrem Leben war. Dadurch konnte sie den hohen Aufwand für ihr Ziel über viele Jahrzehnte hinweg betreiben und verlor ihr großes Ziel nie aus den Augen.

ERFOLGSREGEL

## Disziplin entspringt einer Quelle – sie ist nicht die Quelle.

Gerade im Sport erlebe ich es häufig, dass Verantwortliche in stressigen Phasen des Misserfolgs häufig die gleiche Marschroute herausposaunen: »Dann müssen wir jetzt einfach noch härter arbeiten, um aus dieser Situation wieder rauszukommen.« In manchen Fällen kann es durchaus Sinn machen, einen Gang hochzuschalten. Aber ich versichere Ihnen: Deutlich häufiger verschärft man mit dieser oberflächlichen Reaktion lediglich das Tempo des Untergangs. Einem Geisterfahrer, der auf der falschen Fahrbahnseite unterwegs ist, hilft es auch nichts, wenn er noch stärker aufs Gas tritt. Erfolg ist ein sehr komplexes Gebilde. Es ist vergleichbar mit einem Mosaik, das aus unheimlich vielen Einzelteilen besteht, zu denen nicht zuletzt auch harte Arbeit und eine hohe Disziplin gehören. Doch man macht es sich zu einfach, das Gesamtkunstwerk auf diese zwei Faktoren zu reduzieren. Sieht man sich wirklich erfolgreiche Menschen an, erkennt man stets, dass hier noch ganz andere Faktoren eine entscheidende Rolle spielen.

## Die Zutaten des Erfolgs

Es gibt keine klassische Formel und kein Geheimrezept für Erfolg, auch wenn diverse Motivationsscharlatane dies gerne glaubhaft machen wollen. Allerdings gibt es einige Erfolgszutaten, die man ganz klar benennen kann. Im Kern geht es meiner Erfahrung nach um die vier folgenden Faktoren:

### 1. Transpiration

Mit »Transpiration« meine ich das Schweißvergießen, also die harte Arbeit an sich. Ohne Fleiß kein Preis – diese Wahrheit ist zeitlos. Es gibt nichts Schlimmeres als diese neumodischen Wellness-Esoterik-Ratgeber, die den Erfolgsweg als »bezahlten Urlaub für immer« versprechen. Eine der größten Motivationslügen lautet: »Wer liebt, was er tut, braucht in seinem Leben nie mehr zu arbeiten.« Sorry, wer diesen Satz in die Welt gesetzt hat, muss so viel Hirn haben wie ein Spatz Fleisch an der Kniescheibe. Arbeit ist manchmal einfach nur Arbeit – Spaß hin, Freude her. Wer Zielerreichung im Urlaubsmodus verspricht, ist ein Lügner. Arbeit ist kein Urlaub! Arbeit hat das Ziel der Herausforderung, Urlaub hat das Ziel der Abwechslung von Herausforderungen. Wer beides gleichsetzt, hat das Grundkonzept von Anspannung und Entspannung noch nicht verstanden. Arbeit soll natürlich mit Spaß und Leichtigkeit verbunden sein. Andernfalls wäre man im falschen Element, in dem man seine Talente nicht einsetzt. Doch es gibt keine wirklich erfolgreiche Person in der Welt, die für das, was ihr wichtig ist, nicht auch kämpfen muss oder musste.

## 2. Vision

Wer kein klares Ziel vor sich hat und nicht weiß, wofür er hart arbeitet, der verzettelt sich. Eine Vision zu haben bedeutet, den Sinn in dem hohen Arbeitsaufwand zu erkennen. Viel Disziplin und großer Einsatz ohne Vision dahinter sind sinnlos. Disziplin ist kein Selbstzweck, sondern soll auf etwas hinführen. Wer nur weiß, was er zu tun hat, aber nicht, warum und wofür er das Ganze tut, sitzt bald in einem tiefen Motivationsloch, aus dem er auch nicht herauskommt, wenn ihm andere hinunterrufen, er möge noch härter arbeiten als bisher. Ziellosigkeit führt Arbeitseinsatz ad absurdum.

## 3. Qualifikation

Es macht keinen Sinn, hart an Fähigkeiten zu arbeiten, für die man keine Talente, also Qualifikationen, mitbringt. Harte Arbeit kann nur dann erfüllend sein, wenn man dabei seine persönlichen Stärken einsetzen kann. Die meisten Leute wissen nicht viel über ihre größten Qualitäten. Dafür umso mehr über ihre größten Unzulänglichkeiten. So trainiert man sich über viele Jahre in unzähligen Weiterbildungen und Schulungen auf ein mittelmäßiges Durchschnittsniveau. Es gibt durchaus viele Menschen, die dazu bereit sind, hart an sich zu arbeiten. Doch das nützt nur dann etwas, wenn man es auf die richtige Art und Weise tut und sich in sein bestes Element begibt.

## 4. Automation

Erfolgreiche Menschen besitzen erfolgreiche Gewohnheiten. Erfolglose Menschen besitzen erfolgverhindernde Gewohnheiten. Aus diesem Grund ist eine wichtige Zutat des Erfolgs, zielführende Rituale und Automatismen zu schaffen. Dies gelingt durch zahlreiche Wiederholungen und Übung. Nicht nur die Intensität von Arbeitsschritten ist entscheidend, sondern auch die Frequenz, also die Häufigkeit. Konstanz und Konsequenz in der Arbeit sind genauso wichtig wie die Intensität. Gerade im Sport wimmelt es von Athleten mit extrem schwankenden Erfolgskurven. Kaum waren sie oben, sind sie schon wieder unten. Dies liegt oft daran, dass zu einem bestimmten Zeitpunkt einfach alles zusammenpasste und sich somit ein großes Erfolgserlebnis ergab. Doch wer keine Erfolgsgewohnheiten etabliert, stürzt von diesem Gipfel meist sehr schnell wieder tief nach unten und schlägt hart auf. Langfristiger Erfolg definiert sich durch das, was man jeden Tag dafür tut, aber auch dadurch, was man jeden Tag eben gezielt nicht tut. Erfolg ist eine Gewohnheit.

All diese vier Faktoren bedingen einander und führen nur im Zusammenspiel zu einem nachhaltig positiven Entwicklungsprozess, den man auch genießen kann.

### Disziplin entsteht durch Inspiration

Vor einiger Zeit saß ich abends mit ein paar Freunden in einem Restaurant zusammen, von denen ich den ein oder anderen schon länger nicht mehr gesehen hatte. Nach einiger Zeit kamen sie auf meine berufliche Entwicklung der letzten Jahre zu sprechen. Ich wurde gefragt, wie ich mir meinen großen beruflichen Erfolg erkläre, der sich relativ schnell in nur wenigen Jahren entwickelt hatte. Bevor ich antworten konnte, preschte Annette mit ihrer Meinung vor und sagte: »Der Steffen ist einfach sehr diszipliniert und fleißig.« Alle nickten – außer mir. »Komisch«, dachte ich mir. Früher wurde ich immer als äußerst undiszipliniert beschrieben. Meine Schulzeugnisse boten die detaillierte Beschreibung eines Menschen mit fehlendem Disziplin-Gen. Ich zitiere gerne eine Textstelle meines Zeugnisses aus der dritten Klasse: *»Steffen arbeitete mit wechselndem Interesse. Konzentration und Ausdauer sind gering und er besitzt wenig logisches Denkvermögen. Bei mehr Arbeitseifer und größerer Aufmerksamkeit könnte er seine Leistungen durchaus steigern.«* Auf gut Deutsch: »Liebe Eltern, Ihr Sohn hat erstens nicht den größten Intelligenzkeks gegessen und ist zweitens auch noch ein fauler, undisziplinierter Hund. Tun Sie was!« Im Grunde hatten meine Lehrer recht. Ich lebte in der Schule nach dem Motto: »Der Vierer ist der Einser des kleinen Mannes.« Ich hätte mehr gekonnt, aber habe nicht mehr gezeigt, denn mir fehlte der Sinn hinter allem. Heute ist das alles komplett anders. Jeder, der mich kennt, ob privat oder beruflich, weiß, dass ich tatsächlich sehr diszipliniert bin. Doch wodurch kam der seltsame Wandel?

Der Moment, als meine Disziplin geboren wurde, war der Moment, als ich meine wahren Talente erkannte und eine klare Vision dessen entwarf, was ich in meinem Leben tatsächlich erreichen wollte. Je mehr ich mich an die Umsetzung meiner Träume wagte, desto disziplinierter wurde ich. Meine Visionen inspirierten mich so sehr, dass ich automatisch mein ganzes Leben darauf ausrichtete und alles abstellte, was diesen Weg gefährden oder erschweren könnte. Ich hörte auf mit langen Partynächten, die nur dazu führten, dass ich am nächsten Tag komplett neben der Spur war. Ich begann, meine Zeit im Auto zu nutzen und mich bei jeder Fahrt durch Hörbücher weiterzubilden. Ich blockte jeden Tag eine Stunde in meinem Terminkalender, um in dieser Zeit in einem Buch zu lesen, das mich mit neuem Wissen fütterte.

**Mit der Vision kommt auch die Disziplin**

Ich kaufte mir eine Kamera und trainierte jeden Tag zwei Stunden für meinen Vortrag und analysierte mich danach selbst am PC-Bildschirm. Wenn andere den zweiten oder dritten Urlaub im Jahr machten, buchte ich in dieser Zeit für mich eine Weiterbildungsveranstaltung oder Ausbildung, um meine Kompetenzen zu erhöhen. Ich sah bildlich glasklar vor mir, wohin ich in den nächsten Jahren kommen wollte. Meine Vision war mitten in meinem Herzen angekommen. Ich war davon komplett inspiriert und somit in der Folge automatisch auch diszipliniert.

Heute bin ich davon überzeugt, dass Disziplin und Begeisterung in einem sehr engen Verhältnis zueinander stehen. Disziplin ist eine Folge von persönlicher Leidenschaft für eine Sache. Natürlich gibt es dennoch ab und an mal Phasen, in denen man fünf gerade sein und es etwas lockerer angehen lässt. Aber diese Phasen sind deshalb relativ kurz, weil einen die hochattraktiven Ziele aus dem Herzen heraus antreiben. Wer sich über kopfgesteuerte Motivationstechniken ständig disziplinieren muss, hat schlicht und einfach noch nicht das Thema gefunden, das ihn wirklich berührt. Nur wer wirklich sein Herzthema entdeckt und sich somit in sein Kernelement begibt, entwickelt zielführende Disziplin, die von innen kommt, anstatt von außen künstlich aufgesetzt zu sein.

## Disziplin entsteht, wenn Sie tun, was Ihnen wirklich am Herzen liegt.

Wohin es führt, wenn man ohne die Liebe für ein eigenes Ziel beziehungsweise eine eigene Vision hart arbeitet, habe ich vor rund einem Jahr bei Matthias gesehen. Matthias ist eine wichtige Führungskraft eines Unternehmens, das ich bereits seit Längerem betreue. Ich kenne ihn schon seit seinem Einstieg in die Firma im Jahr 2011 und habe neben seinem Karriereaufstieg auch beobachtet, dass er sich in den letzten Monaten nicht zuletzt körperlich eindeutig negativ verändert hatte. Früher hatte er eine schlanke und sportliche Figur, war agil und dynamisch. Doch mittlerweile befand er sich definitiv im siebten Monat einer beeindruckenden Lebensmittelschwangerschaft und hatte die Dynamik eines Tresors. Matthias berichtete mir davon, dass er sich in den letzten Jahren komplett für das Unternehmen aufgearbeitet, keinen Urlaub mehr genommen und zahlreiche Nachtschichten eingelegt hatte. Er arbeitete und lebte nur noch für die Firma, aber nicht mehr für sich. Er setzte sich für alle Ziele ein, für die ihn andere verpflichteten, aber hatte keine eigenen Ziele mehr. Irgendwann jedoch schlug seine Arbeitsmoral komplett ins Gegenteil um. Matthias war innerlich verbrannt und ließ sich gehen. Er sagte wortwörtlich zu mir: »Weißt du, Steffen, ich hab lieber 'nen Bauch vom Saufen als 'nen Buckel vom Arbeiten.« So was passiert, wenn man an der falschen Stelle oder auf die falsche Weise immer härter arbeitet. Viele Menschen in unserer Gesellschaft sind sehr gute und harte Arbeiter, doch sie scheinen sich ihr ganzes Leben lang im Kreis zu drehen, weil sie nie ihre eigenen Vorstellungen verwirklicht haben. So wird man über kurz oder lang für die Vorstellungen anderer Leute benutzt.

**Wer im Leben keine eigenen Ziele hat,
der arbeitet für die Ziele von anderen.**

### Die 10 000-Stunden-Regel – Wiederholung schlägt Härte

Laut den Studien des amerikanischen Neurologen Daniel Levitin haben wirklich erfolgreiche Menschen eine Sache gemeinsam: Sie haben sich alle (mindestens) 10 000 Stunden mit ihrer Materie befasst, ehe sie in ihrer Disziplin Weltklasse wurden (vgl. Daniel Coyle: Die Talentlüge, Bergisch Gladbach 2009). Bill Gates hat mindestens 10 000 Stunden Programmiererfahrung gehabt, bevor er Microsoft gegründet hat. Man sagt, dass Mozart über 10 000 Stunden Musikerfahrung hatte, bevor er seine ersten erfolgreichen Symphonien geschrieben hat, und dass André Agassi rund 10 000 Trainingsstunden auf dem Tennisplatz verbrachte, ehe er den Durchbruch in der Weltrangliste schaffte. Wie man auf diese Zahl kommt? Relativ einfach. Um ein Topexperte zu werden, sollte man sich täglich circa drei bis vier Stunden mit seinem Expertengebiet aktiv beschäftigen. Ambitionierte Menschen arbeiten rund 300 Tage im Jahr, womit man auf hochgerechnet etwa 1000 Stunden im Jahr kommt. Wenn Sie diese Schlagzahl zehn Jahre konsequent beibehalten, werden Sie in Ihrem Thema automatisch zu den Besten gehören. Ich persönlich glaube dennoch, dass daneben auch eine bestimmte natürliche Begabung vorhanden sein muss, um in einer Sache richtig erfolgreich werden zu können. Dennoch erklärt die 10 000-Stunden-Regel einen sehr wichtigen Aspekt des Erfolgs.

Betrachten wir beispielsweise die Kindheit von Bill Gates, einem der reichsten Männer der Welt, so sehen wir einen ehemals »Computersüchtigen«. In seiner Jugend verbrachte er viele Stunden täglich am Computer. Isoliert von der Außenwelt, widmete er den Großteil seiner Energie und Zeit der Programmierung. Natürlich reicht es nicht einfach aus, 10 000 Stunden vor dem PC zu sitzen, um erfolgreich zu sein. Große Visionen und das bereits angesprochene Talent sind eben genauso wichtige Erfolgszutaten. Dennoch ist offensichtlich nicht primär die Härte der Arbeit entscheidend, sondern wohl auch die Häufigkeit der ständigen Wiederholung. Diese These ist nicht nur an Bill Gates nachvollziehbar, sondern in jeder Branche zu beobachten. Egal, ob Profisportler, Musiker, Unternehmer, Wissenschaftler oder Autor: Jeder, der wirklich etwas Großes erreichen möchte, braucht neben Visionen, Leidenschaft, Disziplin und Talent auch ein hohes zeitliches Investment. Wichtig am Rechenbeispiel der 10 000 Stunden ist, dass sie innerhalb von zehn Jahren erreicht wurden und nicht innerhalb von drei Jahren. Denn wer versucht, jeden Tag 14 bis 15 Stunden wie ein Verrückter möglichst intensiv zu arbeiten, um sein Ziel so schnell wie möglich zu erreichen, missachtet wiederum das bereits angesprochene Gesetz der Periodisierung, also den Wechsel zwischen Anstrengung und Entspannung.

### Kontinuität schlägt Härte

Je genauer sich Forscher mit den Biografien der Begabten beschäftigen, umso klarer wird, dass große Erfolge und Fähigkeiten nicht nur etwas mit Talent oder harter Maloche zu tun haben, sondern ganz einfach mit langjähriger Konstanz eines hohen, aber dennoch vernünftigen Arbeitspensums. Diese These belegt auch eine Untersuchung, die der Psychologe K. Anders Ericsson und seine deutschen Kollegen Ralf Krampe und Clemens Tesch-Römer Anfang der 90er-Jahre an der Berliner Hochschule der Künste durchführten. Mit Unterstützung der Professoren teilten sie die Violinisten der Hochschule in drei Gruppen ein. In der ersten Gruppe waren die Stars, die das Zeug zu Weltklassesolisten hatten. In der zweiten Gruppe waren die »guten« Violinisten und in der dritten solche, die vermutlich nie als professionelle Konzertmusiker auftreten und stattdessen eher als Musiklehrer an die Schulen gehen wollten. Sämtlichen Studierenden stellten die Wissenschaftler dieselbe Frage: »Wenn Sie Ihre gesamte Laufbahn zusammennehmen, beginnend mit dem Tag, an dem Sie das erste Mal eine Geige in die Hand genommen haben – wie viele Stunden haben Sie dann insgesamt geübt?« Ja, was denken Sie?

Die Personen in allen drei Gruppen hatten mehr oder weniger im gleichen Alter begonnen, nämlich mit etwa fünf Jahren. Am Anfang hatten alle mit rund zwei oder drei Stunden pro Woche etwa gleich viel geübt. Doch im Alter von acht Jahren gab es die ersten erkennbaren Unterschiede. Die Studenten, die heute zur Gruppe der Besten gehörten, begannen intensiver zu üben als die anderen. Im Alter von etwa neun Jahren rund sechs Stunden, im Alter von zwölf Jahren dann acht, mit 14 Jahren rund 16 Stunden pro Woche und so weiter. Im Alter von 20 Jahren waren es mehr als dreißig Übungsstunden pro Woche: mit dem erklärten Ziel, das eigene Spiel zu verbessern. Im Alter von 20 Jahren hatten diese Elitemusiker insgesamt rund 10 000 Stunden geübt. Im Gegensatz dazu kamen die »guten« Studierenden nur auf etwa 8000 Stunden Spielpraxis und die künftigen Musiklehrer auf gut 4000. Das alles hat mit Härte noch gar nichts zu tun, sondern nur mit Kontinuität.

**Erfolg ist keine Frage von Härte, sondern von Kontinuität**

Daraufhin verglichen die Psychologen Amateur- und Profipianisten. Es ergab sich dasselbe Muster. Amateure übten in ihrer Kindheit nie öfter als dreimal pro Woche und hatten im Alter von 20 Jahren rund 2000 Stunden Übungspraxis. Die Profis hatten dagegen Jahr für Jahr mehr geübt und kamen, genauso wie die Geiger, im Alter von 20 auf etwa 10 000 Stunden. Entscheidend war allerdings auch hier nicht allein das höhere tägliche Pensum, sondern die jahrelange Kontinuität des erhöhten Arbeitsaufwands.

Auch aus meiner Erfahrung im Leistungssport kann ich diesen Wert bestätigen. Diejenigen, die heute in der Tennis-Weltrangliste in den erlauchten Kreis der besten 50 Spieler aufsteigen, sind keine 16- oder 17-Jährigen, sondern überwiegend Spielerinnen und Spieler im Alter von 20 Jahren und mehr. Diejenigen Trainer, die versuchen, ihre jungen Talente in Rekordzeit durch noch immer härtere Trainingsmethoden und »Leistungsoptimierungen« nach oben zu führen, sorgen in aller Regel dafür, dass der Nachwuchsstern verglüht, bevor er überhaupt am Himmel zu leuchten begonnen hat.

Die Vorstellung, dass Höchstleistung durch ein Maximum an Härte erreicht wird, begegnet einem bei Untersuchungen von echtem Expertentum immer wieder. Dem Neurologen Daniel Levitin zufolge ist bislang kein Fall bekannt geworden, in dem Expertentum von Weltrang in weniger Zeit als den besagten 10 000 Stunden erworben wurde. *»Es scheint, als benötigte das Gehirn so lange, um zu assimilieren, was nötig ist, um eine Tätigkeit wirklich zu beherrschen«*, so Levitin. Das bedeutet: Erfolg braucht Zeit, Geduld und somit Ausgewogenheit in der Intensität der Belastung. Wer sich eingesperrt fühlt, sich an überzogenen Zielen oder Erwartungen orientiert und mit Willenskraft ununterbrochen versucht, immer noch härter an sich zu arbeiten, der knickt auf der Hälfte seines Weges ein.

### Nur 21 Tage für eine neue Gewohnheit?

Sich Disziplin künstlich anzutrainieren, ist nur teilweise sinnvoll. Sie muss wie gesagt größtenteils aus der inneren Begeisterung entspringen. Natürlich können bestimmte Erfolgsrituale aber auch gezielt entwickelt und gestärkt werden. Nehmen wir ein Beispiel: Angenommen, jemand möchte sich das Jammern abgewöhnen, um nach außen disziplinierter und stärker zu wirken. Das ist kein einfaches Unterfangen, denn Jammern ist in Deutschland die Fremdsprache Nummer eins. Gerade am Anfang ist es daher nicht leicht, etwas anders zu machen als bisher. Mit mangelhaftem Willen hat das nicht viel zu tun, denn unser Verhalten wird weniger durch den Verstand als vielmehr durch unterbewusste, automatisierte Programme gesteuert, die uns dazu anleiten, das zu tun, was wir eben schon immer getan haben. Aus diesem Grund ist ein gewisser Zeitraum zu überbrücken, bis sich neue Gewohnheiten etabliert haben.

In den »Fachkreisen« diverser »Motivationsexperten« wird nun immer wieder gerne behauptet, dass Wissenschaftler die Dauer für die Etablierung neuer Gewohnheiten auf 21 Tage beziffert hätten. Bei diesem 21-Tage-Wert handelt es sich wieder einmal um einen klassischen Motivationsmythos. Auch wenn der Zeitraum von 21 Tagen in manchen Fällen zutreffen mag, kann man ihn nicht einfach so pauschal für jeden Menschen und jeden Fall von Verhaltensänderung als Richtwert anführen.

Phillippa Lally und ihr Team vom Health Behaviour Research Centre in London untersuchten vor einigen Jahren 96 Menschen, die ihr Verhalten ändern wollten. Diese Leute wurden täglich gefragt, inwieweit ihr neues Verhalten schon automatisiert sei, also ob es schon »schwer war, *nicht* zu tun«, was das neue Verhalten verlangte, und ob diese Verhaltensweisen schon praktiziert wurden, »ohne darüber nachdenken zu müssen«. Es zeigte sich, dass bei allen Teilnehmern eine kurvenartige Beziehung zwischen dem Üben und dem automatischen Verhalten besteht. Im Durchschnitt wurde ein stabiles Plateau nach 66 Tagen erreicht. Doch 66 Tage ist der Durchschnitt! Die Zahlen der Teilnehmer variierten zwischen 18 und 254 Tagen. Es kommt zum Beispiel auf die Art des neuen Verhaltens an, aber auch auf die Persönlichkeit und das Umfeld der betreffenden Person. Die Psychologen fanden außerdem heraus, dass es nichts macht, wenn man das neue Verhalten mal einen Tag nicht ausübt. Die schlechte Nachricht des Tages ist also, dass es offenbar keinen schnellen, leichten Weg gibt, sich ein neues Verhalten anzugewöhnen, und uns dabei auch immer noch intensivere Arbeit nicht weiterbringt. Die gute Nachricht ist allerdings: Wer lernt, geduldig zu sein, und kontinuierlich in vernünftigem Maße an sich arbeitet, der kommt dabei in optimalem Tempo voran. Um diese Kontinuität und den manchmal auch längeren Zeitraum bis zum gewünschten Ergebnis durchhalten zu können, ist es wiederum entscheidend, die persönlichen Bedürfnisse, Talente und Visionen als wesentliche Erfolgszutaten aktiv mit einzubeziehen.

ERFOLGSREGEL

**Arbeite klug, nicht hart.**

# FAZIT

- Harte Arbeit und intensives Engagement sind kein Erfolgsrezept, sondern lediglich zwei Zutaten dafür.

- Echte Erfolgsmenschen arbeiten nicht härter, sondern klüger.

- Erfolg bedeutet, 100 Prozent zu geben – nicht 110 Prozent!

- Wachstum und persönliche Spitzenleistungen entstehen durch gezielte Periodisierung und nicht durch ständige Intensivierung.

- Disziplin ohne tieferen Sinn und Leidenschaft ist Versklavung.

- Die Zutaten des Erfolgs sind Transpiration, Vision, Qualifikation und Automation.

- Arbeitsintensität erhält erst durch Kontinuität ihren Wert.

- Disziplin entspringt zum Großteil der persönlichen Inspiration. Wer nicht inspiriert ist, kann kaum diszipliniert sein.

- Erfolg, Veränderung und Wachstum brauchen Zeit – egal, wie hart Sie dafür arbeiten.

- Planen Sie Ihre Auszeiten aktiv. Blocken Sie jeden Tag mindestens eine Stunde und jede Woche einen Tag nur für sich in Ihrem Terminkalender. Tanken Sie in dieser Zeit gezielt Energie auf. Denken Sie daran: Auch Regeneration ist Training!

- Entdecken Sie Ihre wahren Belastungsgrenzen und respektieren Sie diese. Leistungslimits sprengt man nicht, indem man sie ignoriert.

- Entwickeln Sie wieder eigene Träume und Visionen. Arbeiten Sie nicht nur für die Ziele und Erwartungen anderer, sondern auch täglich an Ihren eigenen Zielen. Setzen Sie dafür Ihre persönlichen Begabungen ein, anstatt nur an Ihren Schwächen herumzudoktern!

- Sorgen Sie für die richtige Belastungsintensität bei Ihren Mitarbeitern oder / und Kindern. Schaffen Sie gezielt intensive Arbeits-, aber auch Entspannungsphasen.

## Motivationslüge 6:

### *»Behalten Sie stets Ihr Ziel vor Augen.«*

### Die Lüge von der Zielorientierung

> *In diesem Kapitel geht es um eine neue Sicht auf die Ziel-orientierung. Wir beleuchten am Beispiel des Sports, warum Ziel-orientierung eine Frage des richtigen Timings ist und auch zum Problem werden kann. Sie lernen, was kontinuierliches Ergebnis-denken alles anrichten kann und welche besseren Alternativen es dazu gibt. Ich zeige Ihnen, warum man häufiger vom Weg abkommt als gedacht, wenn man nur darauf schaut, wohin man will.*

### Entlarvung der Lüge

Bereits seit Jahrzehnten predigen Motivationsgurus auf der ganzen Welt der erfolgshungrigen Masse folgenden Lebenstipp: »Konzentrie-ren Sie sich einzig und allein auf Ihr Ziel und lassen Sie sich niemals davon ablenken.« Was in der Theorie logisch klingt, erweist sich in der Praxis als ziemlicher Blödsinn. Denn wer sich ununterbrochen auf sein Ziel fokussiert, verliert auf dem Weg dorthin leicht den Blick fürs Wesentliche. Für den eigenen Umsatz lohnt es sich natürlich, wenn man ablenkbaren Menschen erzählt, sie sollen sich nicht mehr ab-lenken lassen, um erfolgreich werden zu können. So was ist für mich eine typische Masche unmoralischer Volksverführung. Es ist charak-terlos, Leuten zu erzählen, was sie tun müssen, obwohl man genau weiß, dass sie auf diese Weise ihre Ziele nicht erreichen werden. Die Arbeit mit Zielen will genau verstanden werden. Zwar gibt es viele Bücher und Anbieter, die einem etwas von richtigen Zielformulierun-gen etc. vermitteln, aber der wirklich entscheidende Punkt wird meist verschwiegen: Zielorientierung ist eine Frage des Timings.

Wie blind ein ständig zielorientierter Scheuklappenblick macht, kann man an der Arbeit so mancher Fachexperten beobachten. Feste Vorstellungen von einem bestimmten Ergebnis, auf das man abzielt, führen oft dazu, dass man mit Höchstgeschwindigkeit an der Wahrheit vorbeiläuft. Ein schönes Beispiel dafür ist ein vor mehreren Jahren durchgeführtes Experiment von Wissenschaftlern im Bereich der neuronalen Lernforschung. Es sollte bewiesen werden, dass es einen speziellen Gehirnbereich gibt, der bei bestimmten emotionalen Erfahrungen (z. B. Schmerz) für entsprechende Lernerfolge verantwortlich ist. Für das Experiment nahm man große amerikanische Küchenschaben und hängte sie über eine Petrischale mit Wasser. Jedes Mal wenn die Tiere ihre Beinchen ausstreckten und damit das Wasser berührten, erhielten sie einen kleinen Stromschlag. Nach ein paar Wiederholungen lernten die Schaben den Zusammenhang und zogen ihre Beine nun unentwegt an, um den Schmerz zu vermeiden. In der üblichen Forschungspraxis wird den Küchenschaben im nächsten Schritt der Kopf abgetrennt, um ihr Gehirn über mehrere Monate im Labor zu untersuchen. So war es auch damals. Es sollte analysiert werden, an welcher Stelle sich gewisse neue Einweißmoleküle gebildet haben, die diesen Lernerfolg erklären. Allerdings wurden die Wissenschaftler nicht fündig. Dennoch suchten sie lange Zeit unbeirrbar weiter, da sie die feste Zielvorstellung hatten, dass man ja irgendwo in dem kleinen Gehirn der Tierchen die Antwort finden müsse.

> **Wer ausschließlich auf Ziele fixiert ist, übersieht leicht das Wesentliche**

Eines Tages beobachtete ein junger Student, der eigentlich nur als Assistent bei dem Experiment vor Ort war und selbst keine dieser festen Zielvorstellungen in seinem Kopf hatte, dass die Schaben auch noch eine halbe Stunde, nachdem man ihnen den Kopf abgeschnitten hatte, weiterlebten. Er kam auf eine Idee, auf die man nur kommen kann, wenn man keine solchen Scheuklappen hat. Er machte dasselbe Experiment mit den Küchenschaben noch einmal, nur dass er ihnen den Kopf bereits vor den Stromstößen abtrennte. Er schaute sich genau an, was geschah, und dann rief er seine Chefs. Die Küchenschaben zogen die Beinchen auch jetzt an. Diese »zufällige« Entdeckung bewies, dass es kein Eiweißmolekül im Gehirn gibt, das für diesen Lernprozess verantwortlich ist. Vor lauter Zielfixierung war man gar nicht auf die Idee des Studenten gekommen, die Annahme auf diese Weise infrage zu stellen. Oftmals geht es uns im Leben ganz ähnlich wie diesen Forschern. Wir sind derart auf eine Sache, eine bestimmte Reaktion, ein erwünschtes Ziel fixiert, dass wir das Wesentliche dabei ganz übersehen. Das Phänomen der selektiven Wahrnehmung besagt, dass wir nur das sehen, was wir sehen wollen, weil wir uns innerlich, also mental, darauf einstellen.

Diese Geschichte erinnert mich an den Witz von der Frau, die noch ganz dringend im Supermarkt eine Menge einzukaufen hatte. Sie war total im Stress, füllte hektisch ihre beiden Einkaufstaschen bis oben hin und eilte zu Fuß zurück nach Hause. In zügigem Tempo ging sie den Weg zurück zu ihrer Wohnung und grübelte noch immer, ob sie womöglich etwas vergessen hatte. Als sie so durch den Stadtpark ging, stand auf einmal ein fremder Mann vor ihr. Es war ein Exhibitionist. Er öffnete seinen Mantel. Nachdenklich betrachtete sie den Mann von oben bis unten – und plötzlich schoss ihr durch den Kopf, was sie vergessen hatte: die Shrimps!

ERFOLGSREGEL

**Man sieht in der Welt nur das,
worauf man sich gedanklich konzentriert.**

### Wie reine Zielorientierung das Gehirn abschaltet

Die meisten Menschen glauben, dass sie ihre generelle Wahrnehmung besonders dann schärfen, wenn sie sich auf ein bestimmtes Ziel konzentrieren. Es ist jedoch ein großer Irrglaube, dass die dauerhafte Fokussierung auf ein bestimmtes Ergebnis zu Höchstleistungen im Gehirn führt. Der bekannte Hirnforscher Gerald Hüther berichtet beispielsweise davon, dass unser Oberstübchen beim Autofahren im Beifahrermodus viel aktiver und auch kreativer ist als im Fahrmodus (Effektivitätsmodus), was man in den bildgebenden Verfahren bei Hirnscans gut zeigen kann. Das Gehirn leuchtet dabei an mehreren Stellen gleichzeitig auf, was bedeutet, dass in vielen Hirnarealen Aktivität stattfindet. Im Fokussierungsmodus, wenn Sie sich also zum Beispiel nur auf das Autofahren konzentrieren, leuchtet das Gehirn nur an sehr wenigen bestimmten Stellen. Es ist natürlich durchaus wichtig, in bestimmten Situationen im Leben effektiv und sehr zielorientiert zu sein. Wer aber auf Dauer nur mit einem Tunnelblick durch sein Leben läuft, bei dem ist es häufiger »Nacht« im Gehirn als Tag.

Auch im Sport kann man dieses Phänomen gut beobachten. Ist beispielsweise Fußballspieler A zu zielfokussiert und zu tief in seinem »Tunnel«, nimmt er seine Umwelt kaum mehr wahr. Das kann einerseits förderlich sein, um negative beziehungsweise belastende Umfeldeinflüsse auszublenden (beispielsweise beleidigende gegnerische Fans). Es kann aber auch dazu führen, dass unser Spieler A den Ball wie blind in die Arme des Torhüters schießt, obwohl ein Pass zu seinem komplett frei postierten Mitspieler B deutlich besser gewesen wäre. Spieler A war im wahrsten Sinne des Wortes blind für die Situation. Volle Fokussierung ist nicht nur ein mentaler Prozess, sondern hat auch körperliche Folgen. Wer sich voll auf ein Ziel, ein gewünschtes Ergebnis oder eine feste Vorstellung fokussiert, dessen Blickfeld verengt sich, sodass er außer dem scheinbar Wesentlichen nichts mehr mitkriegt. Die Pupillen im Auge werden kleiner und stellen sich sozusagen »scharf«, vergleichbar mit dem Objektiv einer Kamera. Im Grunde sieht man nichts mehr außer dem, was man ins Visier genommen hat. Dieser biologische Prozess war und ist bis heute ein Lebensretter in kritischen Situationen. Wir müssen uns allerdings bewusst machen, dass es weder sinnvoll noch erfüllend ist, den Großteil der Lebenszeit maximal zielorientiert bestimmten Ergebnissen hinterherzulaufen. Auf diese Weise bekommen wir von der Welt und unserem Leben kaum mehr etwas mit, was sehr bald zu hoher Demotivation und innerer Leere führt.

## Die Wahrheit hinter dem Schein

Manchmal hilft es, sich mentale Scheuklappen aufzusetzen, um von bestimmten Faktoren nicht negativ beeinflusst zu werden und sein Ding durchziehen zu können. Allerdings muss man wissen, zu welchem Zeitpunkt diese verengte Wahrnehmung Sinn macht und vor allem wie lange. Für unser Gefühl, aber auch unseren Erfolg ist es von äußerster Wichtigkeit, mehr vom Leben wahrzunehmen als nur einen kleinen Ausschnitt. Normalerweise hat der Mensch täglich Tausende Gedankenimpulse und Ideen in seinem Kopf. Sich längerfristig nur auf eine Sache zu konzentrieren, fällt daher extrem schwer. Genau an dieser Stelle drücken diverse Ratgeber und Motivationstrainer gerne auf den wunden Punkt der Leute. Man erzählt ihnen, es sei kein Wunder, dass sie persönliche Ziele nicht erreichen, da sie sich ständig ablenken lassen. Das schlechte Gewissen reagiert darauf unverzüglich, denn die meisten denken sofort: »Stimmt, ich muss mich mehr auf das konzentrieren, was ich will.« Nicht zuletzt aus diesem Grund wimmelt es heutzutage im Leistungssport oder auch in Unternehmen von einerseits zwar hochgradig zielfokussierten Leuten, die sich andererseits jedoch für nichts mehr interessieren als für die Erreichung ihrer Ziele. Man darf sich ja nicht ablenken lassen. Hauptsache, man kommt voran und schafft, was man sich vorgenommen hat. Koste es, was es wolle.

**Ständige Zielorientierung kann Stress und Angst auslösen und zu Resignation führen**

Verstehen Sie mich richtig: Die Fähigkeit, sich auf eine Aufgabe zu konzentrieren, ist die Basis für Erfolg. Zu hohe Ablenkbarkeit verursacht viele Misserfolge. Das bedeutet allerdings nicht automatisch, dass man sich ständig auf seine Ziele konzentrieren muss, um die eigene Erfolgsquote zu steigern. Es ist sogar extrem kontraproduktiv, sich ununterbrochen bestimmte erwünschte Endergebnisse vor Augen zu halten. Neben der entstehenden Blindheit für wichtige Zusammenhänge gibt es noch einen zweiten Hauptgrund dagegen: Ständige Zielorientierung kann Stress und Angst auslösen und zu Resignation führen. Dies gilt insbesondere dann, wenn man sich gerade in einer Krise befindet und das Ziel in scheinbar unerreichbare Entfernung gerückt ist. Wer nicht weiß, wann er sich worauf fokussieren muss und wann eben nicht, der wird deutlich schneller das Gefühl bekommen, aufgeben zu müssen.

## Von der Zielorientierung zur Aktionsorientierung

Im Jahr 2008 sorgte die Läuferin Heather Dorniden bei einer Leicht-athletik-Meisterschaft in den USA für einen sensationellen Moment in der Geschichte des Sports. Dorniden lag bei ihrem 600-Meter-Lauf vor der letzten Runde bereits in Führung. Rund 200 Meter waren noch zu laufen. Direkt hinter ihr liefen ihre drei Konkurrentinnen und machten Druck. Plötzlich passierte das Unglück: Dorniden stol-perte und stürzte aus vollem Lauf auf den Bauch. Ihre Verfolgerinnen sprangen gerade noch irgendwie über den hart am Boden aufgeschla-genen Unglücksraben drüber und liefen auf und davon. Nicht nur Dornidens Führungsposition war dahin, sondern ihr ganzes Rennen schien gelaufen. Doch was dann passierte, brachte die Zuschauer schier aus dem Häuschen. Heather Dorniden stand auf und begann weiterzulaufen. Obwohl sie scheinbar hoffnungslos abgeschlagen auf dem letzten Platz lag, bündelte sie ihre letzten Kraftreserven, legte ein erstaunliches Lauftempo an den Tag und begann nach etwa 100 Me-tern zu ihrer ersten Konkurrentin aufzuschließen. Scheinbar mühe-los überholte sie die Drittplatzierte der vier Läuferinnen. Doch damit nicht genug: In Windeseile kam Dorniden auch an die nächste Läufe-rin heran und überholte auch diese. In den letzten Sekunden schaffte sie das Wunder, holte die Führende des Rennens ein und gewann den eigentlich schon verlorenen 600-Meter-Lauf. Die spannende Fra-ge ist: Wie konnte Dorniden dieses Rennen noch gewinnen und so eine Leistung abrufen? Welches Ziel musste oder sollte sie sich vor Augen führen? Wie motiviert man sich nach solch einem Rückschlag, wenn alle Ziele, die man hatte, von einem Moment auf den anderen hinfällig sind?

Der Schlüssel zum Erfolg liegt in der Veränderung der mentalen Ori-entierung. Natürlich hatte Heather Dorniden vor dem Rennen ein klares Ziel im Kopf: Sie wollte gewinnen. Sie startete sehr zielorientiert und brachte ihre Leistung – bis zu diesem unnötigen Fehler, der den Sturz verursachte. Ihre große Leistung war es in der Folge, die Zielfokussierung direkt nach dem herben Rückschlag loszulassen und sich neu zu orientieren. Wenn Heather sich von ihrem Ziel, das Rennen zu gewinnen, mental nicht gelöst hätte, wäre ihre Hoffnung in den Momenten nach dem Aufprall auf dem Boden sofort gestorben. Wahrscheinlich wäre sie dann gar nicht mehr aufgestanden und weitergelaufen, denn Ziele können lähmen, wenn sie zu groß oder weit entfernt erscheinen.

## ERFOLGSREGEL

### Ständige Zielfokussierung kann lähmen.

Was passierte in der Sekunde nach dem Sturz in Dornidens Kopf? Sie schaffte den mentalen Switch von der Ziel- zur Aktionsorientierung. Sie konzentrierte sich nicht mehr auf Platz 1, sondern nur noch aufs Laufen. Sie wollte mit all ihrer Wut im Bauch so schnell und intensiv laufen, wie sie es noch nie zuvor getan hatte. Diese mentale Befreiung gab ihr offenbar auch so viel Körperenergie, um nicht nur der Versuchung des Aufgebens zu widerstehen, sondern um eine persönliche Spitzenleistung abzuliefern. Im Anschluss an das Rennen erklärte Dorniden in einem Interview, dass sie bis dato überhaupt nicht gewusst habe, wie schnell sie tatsächlich laufen könne. Manchmal setzt es mehr Energie frei, sich von einer festen Zielvorgabe zu lösen, als krampfhaft an ihr festzuhalten. Wenn wir uns weniger auf das konzentrieren, was wir alles haben oder schaffen wollen, können wir uns mehr darauf konzentrieren, mit welcher Intensität wir was dafür zu tun haben.

Vereinfacht gesagt, besteht unser Leben aus einem inneren und einem äußeren Spiel. Bei Letzterem geht es um Siege, Erfolge und Leistungswerte. Das innere Spiel hingegen dreht sich nur um einen selbst.

Es geht um die eigene Wahrnehmung, innere Gefühle und Gedanken. Das Interessante dabei ist: Wer lernt, sein inneres Spiel zu kontrollieren, nimmt damit auch häufig sehr positiven Einfluss auf die Ergebnisse im äußeren Spiel.

ERFOLGSREGEL

**Wer sein inneres Spiel gewinnt, hat automatisch auch mehr Erfolg im äußeren Spiel.**

Es ist wichtig zu lernen, sich auf innere Prozesse und die Qualität der eigenen Handlungsausführungen (Aktionen) zu konzentrieren. Denn dies ist das Einzige, was wir tatsächlich wesentlich selbst beeinflussen können. Ob wir unsere Ziele erreichen, liegt meist nicht allein in unserer Hand. Schon deshalb ist es nicht sinnvoll, sich ständig auf äußere Ziele zu konzentrieren. Wer sich zu sehr auf das fokussiert, was er nicht in der Hand hat, versäumt es, die Dinge zu kontrollieren, die er in der Hand hätte. Wenn sich beispielsweise ein Tennisspieler auf dem Platz nicht beruhigen kann und zu nervös oder ängstlich ist, dann hat das sehr häufig damit zu tun, dass seine Gedanken zu stark bei der Zielerreichung oder anderen äußeren Einflussfaktoren (Wetter, gegnerische Fans) hängen, die nicht kontrollierbar sind. Jeder Sportler weiß, wie es sich anfühlt, wenn man zu sehr gewinnen will. In diesem Zustand verliert man das Gefühl für den einzigen beeinflussbaren Erfolgsfaktor – sich selbst. Ich arbeite in solchen Fällen bei den Spielern dann gerne mit einer inneren Gefühlsskala, die eine Werteskala von null bis zehn aufweist. Null steht dabei für Katastrophengefühle, zehn für maximale Glücksgefühle. Ich spreche mit dem Spieler in der Folge niemals über Ergebnisse und Ziele, sondern zeige ihm nur Strategien, wie er seinen Gefühlswert steigern oder im oberen Bereich zwischen sieben und acht stabilisieren kann. Ein Mensch kann nur das bewusst wahrnehmen, womit er sich beschäftigt. Über diesen Weg, die Wahrnehmung vom Ziel weg nach innen zu lenken, findet der Spieler mit einer hohen Wahrscheinlichkeit wieder zurück zu sich selbst. Stimmt seine Gefühlsqualität, ganz unabhängig vom aktuellen Spielstand, wird sich auch die Aktionsqualität wieder auf ein hohes Niveau entwickeln.

> **ERFOLGSREGEL**
>
> **Das Beste, was Sie tun können,**
> **um Ihre Ziele zu erreichen, ist,**
> **sich auf Ihre Handlungen und Ihre innere**
> **Ausgeglichenheit zu konzentrieren.**

### Der richtige Zeitpunkt für die Zielorientierung

Der entscheidende Punkt beim Thema »Zielorientierung« ist, wie bereits zu Beginn des Kapitels erwähnt, das richtige Timing. Sich auf ein Ziel zu konzentrieren und es sich vor Augen zu führen, ist zweifelsfrei sehr wichtig. Die Frage ist nur, in welchem Moment und wie lange. Stellen Sie sich einen Bergwanderer vor, der die ganze Zeit nach oben in Richtung Gipfelkreuz schaut. Er läuft wie Hans Guckindieluft den Berg hinauf und versucht dabei auch noch möglichst schnell zu sein. Sie können sich vorstellen, dass er mit dieser Strategie höchste Gefahr läuft, vom Weg abzukommen, und dass außerdem die Verletzungsgefahr groß ist, da er viele Gefahren auf dem Weg übersieht. Wer ständig nur sein Ziel vor Augen hat, kann sich auf nichts anderes mehr konzentrieren als auf ebendieses Ziel. Er wird blind für den Weg, für Gefahren, für Abkürzungen, für Helfer oder auch für Hindernisse. Wie soll man so den nächsten Schritt mit maximaler Qualität und Sicherheit gehen können?

Während in unzähligen Seminaren und Büchern erklärt wird, wie richtige Zielsetzung funktioniert, herrscht über den richtigen Zeitpunkt, um sich auf sein Ziel zu fokussieren, Schweigen. Es ist wichtig, zu wissen, wann man zum Ziel hinsehen oder eben andere Dinge in den Blick nehmen muss. Wenn Sie sich auf den Weg zu Ihrem persönlichen Gipfel machen, müssen Sie auf den Schritt schauen, den Sie jetzt gerade machen. Denn die Qualität dieser Aktion ist entscheidend dafür, ob Sie ankommen oder ob Sie durch unnötige Fehler scheitern. Zielorientierung lenkt die Gedanken in die Zukunft. Zur Orientierung ist das kurz in Ordnung. Nur wer seine Ziele kennt und weiß, wohin er genau will, kann sich auch auf den richtigen Weg machen. Doch wer nur von der Zukunft träumt, verpasst das, was jetzt gerade geschieht.

**Schauen Sie auf den Schritt, den Sie gerade machen!**

Vor einiger Zeit coachte ich einen Eishockeyprofi in der Deutschen Eishockey Liga, der DEL. Er kontaktierte mich, da er seit einigen Wochen ein großes Problem hatte. Er war zwar körperlich fit, hoch motiviert und spielte auch im Training sehr gut, doch im Wettkampf konnte er davon so gut wie nichts umsetzen. Ein typisches Sportlerproblem, das ganz unterschiedliche Ursachen haben kann. In seinem Fall war Folgendes geschehen: Der Vertrag des Spielers lief noch ein Jahr und er hatte ein wirklich gutes Angebot aus der ersten schwedischen Liga, eine der attraktivsten Topligen der Welt. So ein Wechsel bedeutet für die meisten Sportler einen sportlichen, aber auch einen finanziellen Meilenstein, da dort sehr hohe Gehälter gezahlt werden. Während der letzten Wochen hatten schwedische Vereinsvertreter meinen Spieler bei seinen Partien in Deutschland genau beobachtet, um zu bewerten, ob sich der Transfer lohnen würde oder nicht. Persönliche Topleistungen waren für ihn also jetzt so wichtig wie nie zuvor. Es ging um den größten Vertrag seiner Karriere, die finanzielle Absicherung seiner Familie und natürlich auch um einen sportlichen Karrieretraum. Er erzählte mir, dass er nun tagsüber ununterbrochen an sein Ziel denke und sogar nachts davon träume. Das Problem war, dass er diese Gedanken auch bei den Bundesligaspielen nicht abstellen konnte, was ihn in seiner Leistung blockierte. Er machte in den Partien plötzlich Fehler, die kein Drittligaspieler macht, und bekam das Gefühl, sein Traum würde ihm gerade aus den Händen gleiten. Um sich selbst zu einer besseren Leistung zu motivieren, machte er genau das Falsche: Er führte sich immer wieder sein erwünschtes Endziel vor Augen und sagte sich selbst: »Komm schon, du willst diesen Sprung nach Schweden doch schaffen. Jetzt reiß dich zusammen. Denk an das viele Geld!« Die Folge dieser Strategie war ein kompletter Leistungseinbruch und nach dem Spiel ein Anschiss vom Trainer, den man sogar außerhalb der Mannschaftskabine Wort für Wort mitverfolgen konnte. Je häufiger er an sein Ziel dachte, desto schlimmer wurde es, denn der Abstand zwischen der Realität und seinem Traum wurde immer größer. Seine Frau warf ihm vor, sich nicht richtig auf seinen Job zu konzentrieren, und seine beiden kleinen Kinder fragten ihn jeden Tag, warum er denn keine Tore mehr schieße. Sie können sich wahrscheinlich vorstellen, welches Gefühlschaos der Gedanke an sein Traumziel zu dieser Zeit in ihm auslöste.

Ich setzte mich mit ihm zusammen und wir vereinbarten gemeinsam neue Ziele. Hierbei handelte es sich nicht um Ergebnisziele, sondern um Aktionsziele. Stark vereinfacht gesagt sah das so aus, dass ich ihm für verschiedene Spielsituationen bestimmte Aufgaben gab, auf die er sich fokussieren musste und die mit dem Eishockeyspielen an sich gar nichts zu tun haben. Eine solche Aufgabe war zum Beispiel, sich auf die Pässe seines eigenen Teams zu konzentrieren und diese zu zählen, solange es im Besitz des Pucks war. Zu Beginn waren diese Aufgaben für ihn noch etwas ungewohnt, da er sich auf einmal auf etwas konzentrieren sollte, was weder mit seinem Ziel noch mit dem Spiel an sich zu tun hatte. Doch er merkte schon im Training schnell, wie ihm die Übungen dabei halfen, erstmals wieder über längere Zeiträume hinweg sein Ziel zu vergessen und somit in der Folge auch wieder unbeschwerter zu spielen. Wir können nicht zwei Dinge gleichzeitig denken. Indem ich ihm beibrachte, sich auf bestimmte Aktionen zu fokussieren, legte er während des Spiels automatisch seine Zielorientierung ab. Die Veränderung seines Fokus befreite ihn. Er begann wieder Tore zu schießen und hervorragende Leistungen abzuliefern. Sein Fernziel war ihm nach wie vor bewusst, und es motivierte ihn nach wie vor, sein Bestes zu geben. Doch in den entscheidenden Momenten wusste er nun, dass er sich nicht auf seinen Traum konzentrieren durfte, sondern darauf, was er auf welche Weise jetzt dafür zu tun hatte.

Sich im Vorfeld (!) einer Aktivität hohe und attraktive Ziele zu setzen, ist eine gute Sache. Wer sein Ziel einmal so festgelegt hat, dass es Herz und Kopf gleichermaßen begeistert, muss seinen Fokus dann bei der Umsetzung wieder davon abziehen. Wer ständig seine Ziele vor Augen hat, stolpert auf dem Weg dorthin. Mein Spieler erhielt vier Wochen nach unserem Coaching seinen neuen Traumvertrag. Geschafft hat er dies nicht aufgrund seiner unermüdlichen Zielfokussierung, sondern weil er seine Ziele gedanklich in wichtigen Momenten loslassen konnte.

### Unaufmerksamkeitsblindheit – warum wir Offensichtliches nicht sehen

Lassen Sie uns gemeinsam ein kleines Spiel machen. Sie bekommen von mir 30 Sekunden und haben in diesem Zeitraum folgende Aufgabe: Suchen Sie an der Stelle, wo Sie gerade sind, nach allen möglichen Dingen, auf denen Sie die Farbe Rot erkennen können. Versuchen Sie sich mindestens fünf dieser Gegenstände zu merken. Auf die Plätze, fertig, los!

Sind die 30 Sekunden vorüber? Okay, dann schließen Sie nun bitte die Augen, und zählen Sie mir jetzt mindestens fünf Dinge an ihrem momentanen Standort auf, die blau sind.

Uff! Da steht man gewaltig auf dem Schlauch, oder? Doch wenn Sie sich nun ein bisschen umschauen, fallen Ihnen sicherlich ganz viele Dinge auf, die blau sind. Das Verblüffende ist: Obwohl Sie zuvor mit Ihren Augen eine halbe Minute lang die gesamte Umgebung durchgescannt haben, haben Sie die blauen Gegenstände ganz einfach übersehen. Der Grund dafür ist simpel: Sie hatten ein anderes Ziel und somit auch eine andere mentale Wahrnehmung. Wir sehen nicht mit unseren Augen, sondern mit unserem Gehirn! Durch Ihre Zielorientierung auf alles Rote waren Sie blind für den Rest, unter anderem für blaue Gegenstände. Das ist die bereits zu Beginn des Kapitels angesprochene selektive Wahrnehmung. Wir sehen nur das, worauf wir uns innerlich fokussieren, und werden blind für das, was außerhalb dieses Kreises liegt. Für einen gewissen Zeitpunkt ist das gut. Für längere Zeit ist es allerdings gefährlich.

Menschen glauben, mit offenen Augen alles mehr oder weniger gleichzeitig zu sehen. Doch das ist eine Illusion. Unser Gehirn kann unmöglich alle Eindrücke bewusst verarbeiten. Unsere Aufmerksamkeit kann nur einen sehr kleinen Teil der Realität bewusst wahrnehmen. An der Ludwig-Maximilians-Universität in München wurde diese sogenannte Unaufmerksamkeitsblindheit mit einem Experiment belegt, das mittlerweile schon sehr bekannt geworden ist. Dabei mussten **Wir sind oft blinder, als wir glauben** Probanden einen Film anschauen, in dem sich zwei Studententeams jeweils innerhalb ihrer Gruppe einen Ball zuwarfen. Die Betrachter des Videos sollten dabei zählen, wie oft die Personen des weißen Teams den Ball fangen. In diesem Video erschien nach einiger Zeit im Hintergrund eine Person in einem schwarzen Gorillakostüm. Der Gorilla wanderte in die Bildmitte und stand schließlich groß und breit im Zentrum des Bildschirms, trommelte sich auf den Brustkorb und verschwand gemächlich wieder. Über 50 Prozent der Probanden bemerkten den Gorilla überhaupt nicht. Ich selbst habe früher in meinen Vorträgen und Seminaren das Video ebenfalls Hunderten von Menschen gezeigt und kann diesen Wert bestätigen. Rund die Hälfte der Leute ist beim ersten Versuch blind für den Gorilla. Der Heidelberger Sportwissenschaftler Daniel Memmert hat dieses Phänomen auch bei Sportlern untersucht. Ein Experiment mit Handballern zeigte, dass etwa die Hälfte der Spieler ihren Teamkollegen, der frei vor dem Tor steht, übersehen, weil sie zu sehr darauf achten, wie weit ihr Gegner von ihnen entfernt ist. Falls Sie also im Sport oder im Straßenverkehr mal wieder jemanden beschimpfen wollen, wie ein »Blinder« zu spielen beziehungsweise zu fahren, denken Sie daran: Sie sehen meist auch weniger, als Sie glauben.

Fokussierung ist also Segen und Fluch zugleich. Einerseits sehen wir das, was wir sehen wollen, sehr intensiv. Auf der anderen Seite sehen wir vieles von dem, was wir vielleicht sehen müssten, umso schlechter. Üben Sie daher ganz bewusst, den Tunnelblick der Zielorientierung ab und an auch wieder aufzuheben. Treten Sie öfter mal einen Schritt zurück und schauen Sie mit etwas Abstand wieder auf das große Ganze. Ein Scheuklappenblick ist auf Dauer monoton und demotivierend, ganz egal, wie attraktiv das Ziel ist, auf das man zusteuert.

## Die richtige mentale Orientierung

Eine bekannter Motivationsspruch lautet: »Du bekommst im Leben, worauf du dich am stärksten konzentrierst.« Sie wissen nun, dass dieser Satz nur eine Teilwahrheit ist. Wahr daran ist, dass wir die persönliche Zielerreichung fördern, wenn wir uns regelmäßig klarmachen, was wir wollen, und unsere Aufmerksamkeit darauf ausrichten. Ein Irrtum ist es aber, zu glauben, dass einen die ständige willentliche Zielfokussierung automatisch in die gewünschte Richtung bringt. Ein ganz entscheidender Faktor für die Erreichung von Zielen ist nämlich die dazugehörige mentale Orientierung. Diese ist dafür verantwortlich, welche Emotionen und Gefühle im Körper ausgelöst werden, während wir uns für das gewünschte Ergebnis engagieren. In Wahrheit entscheidet über Erfolg und Misserfolg nicht der Blick auf das Ziel, sondern das Gefühl, das man dabei hat, während man versucht, es zu erreichen.

Ich verdeutliche Ihnen das Prinzip der mentalen Orientierung an einem Beispiel: Im Sommer 2014 wurde die deutsche Fußballnationalelf Weltmeister. Wenige Monate nach diesem außergewöhnlichen Erfolgserlebnis hatte das Team im Rahmen der Qualifikation zu den Europameisterschaften einige Probleme. Im zweiten Spiel gab es mit einem 0:2 gegen Polen die erste Niederlage gegen die polnische Nationalmannschaft in der Geschichte des deutschen Fußballs überhaupt. Im Zuge dessen kamen, wie so oft in Deutschland, schnell Unmut und mediale Verunsicherung auf. Somit stand das Team vor dem dritten Qualifikationsspiel unter Druck. Gegen den Gegner aus Irland musste ein Sieg her, denn die Tabellenkonstellation würde andernfalls nicht mehr so rosig aussehen.

Das deutsche Team dominierte das Spiel gegen die Iren. Alles war unter Kontrolle, und es schien nur eine Frage der Zeit, bis die Jungs um Bundestrainer Jogi Löw das Führungstor schießen würden. In der 71. Minute war es dann so weit – Toni Kroos traf zum 1:0. Das Spiel lief während der nächsten zehn Minuten ähnlich weiter und die deutsche Mannschaft hatte noch die ein oder andere Chance auf den zweiten, vorentscheidenden Treffer zum 2:0. Doch der Treffer fiel nicht und so blieb es bei der knappen Führung für die deutsche Mannschaft. Was sich ab der 80. Minute dann ereignete, war eine typische Reaktion eines Teams, das zwar einerseits sehr zielorientierte Spieler hatte, die aber andererseits in die Falle einer kontraproduktiven mentalen Orientierung gerieten. Man konnte richtig beobachten, wie die Spieler plötzlich begannen, »auf die Uhr zu schauen«, und die Führung über die Zeit bringen wollten. Alles sehnte sich auf einmal nach dem Abpfiff der Partie. Sofort veränderte sich das komplette Spiel der Deutschen. Es gab keinen vernünftigen Spielaufbau mehr, Unsicherheiten bei den Abwehrspielern schlichen sich ein, ungenaue Fehlpässe folgten, Missverständnisse und Ballverluste führten zu brenzligen Situationen im eigenen Strafraum. Am Ende geschah, was geschehen musste: Der irische Verteidiger John O'Shea netzte in der vierten und letzten Minute der Nachspielzeit zum 1:1 ein. Der Abpfiff erfolgte und eine enttäuschte deutsche Mannschaft trottete vom Rasen. Den Spielern stand die Fassungslosigkeit ins Gesicht geschrieben. Wie hatte man so einen sicher geglaubten Sieg noch aus der Hand geben können, obwohl man doch 80 Minuten lang die klar dominierende Mannschaft war?

Was in den Köpfen der Spieler in den letzten Spielminuten geschah, ist vollkommen menschlich und leicht erklärbar: Die mentale Orientierung veränderte sich. Das Team kämpfte von seiner Grundeinstellung her die ersten 70 bis 80 Minuten, um etwas zu gewinnen. In den letzten zehn Minuten hingegen wurde darum gekämpft, etwas nicht mehr zu verlieren. Dieser kleine, aber feine mentale Unterschied verursacht in kürzester Zeit eine ganz andere Biochemie im Körper und setzt einen komplett neuen Wirkungskreislauf in Gang. Wer mental auf Zielerreichung ausgerichtet ist, produziert im Körper eher Stoffe wie Testosteron und Dopamin. Diese sind vereinfacht gesagt für hohen Kampfgeist, die nötige Aggressivität, Kreativität und hohe Spielfreude zuständig. In den letzten Minuten aber begann man im Kopf umzuschalten. Der ein oder andere Spieler fiel offensichtlich vom »inneren Spiel« der Aktionsorientierung zurück in das »äußere Spiel« der Ergebnisorientierung. Es ging plötzlich nicht mehr um die Frage: »Auf welche Weise wollen wir spielen und was haben wir dafür für Aufgaben zu erledigen?«, sondern um diese: »Wie können wir die Führung festhalten?«. In diesem Vermeidungsmodus verändern sich auch die Aktivitäten im Gehirn und somit die biochemischen Prozesse. Das emotionale Sicherheitssystem arbeitet auf Hochtouren und motiviert die Spieler zur Bewahrung, zum Schutz und zur Absicherung des Spielstandes. Nach kurzer Zeit sind somit primär Stresshormone wie beispielsweise Cortisol oder auch Adrenalin im Körper vorhanden. Dies führt eher zu Angst- und Schutzmechanismen. Die Folge war am Verhalten der Spieler auf dem Platz klar zu erkennen. Auf einmal wurde beim Angriff des Gegners keine spielerische Lösung mehr gesucht, sondern der Ball im Tunnelblick wie blind weggeschlagen. Man traute sich nicht mehr, einen eigenen Angriff zu starten, aus Angst vor Kontern und möglichen Gegentoren. Damit fiel das Team immer mehr in der eigenen Hälfte zurück und der Druck des Gegners wurde automatisch immer größer. Auch das Zweikampfverhalten verändert sich in solchen emotionalen Stresssituationen unter Umständen dahingehend, dass der Gegner entweder aus der Verlustangst heraus zu hart angegriffen wird oder eventuell auch zu vorsichtig und zögerlich, aus Angst vor einer Roten Karte oder Freistößen in gefährlicher Distanz.

**Es ist ein großer Unterschied, ob man gewinnen oder nicht verlieren will**

## Leistungseinbruch durch Fehlorientierung

Nicht nur bei Nationalspielern sind derartige Auswirkungen auf die Leistungsfähigkeit zu beobachten, die durch eine fehlerhafte mentale Ergebnisorientierung entstehen. Eine Lehrstunde diesbezüglich war auch das Aufeinandertreffen zwischen der SG Aumund-Vegesack, einem Fünftligisten aus Bremen, und ihrem Gegner aus der ersten Liga, der TSG 1899 Hoffenheim. Beide Teams trafen im August 2013 in der ersten Runde des DFB-Pokals aufeinander. Für die Amateure aus der fünften Liga war dies natürlich ein hoch motivierendes und einmaliges Erlebnis, bei dem allerdings keinerlei Hoffnung auf einen Sieg bestand. Kristian Arambasic, der Trainer des Underdogs, wollte sich allerdings keineswegs kampflos geschlagen geben. Mit einer legendären und hochemotionalen Kabinenansprache, die auf YouTube mittlerweile über 250 000 Mal angesehen wurde, weckte der Coach einen unbändigen Kampfgeist in seinem Team. Am Ende standen alle Spieler gemeinsam laut schreiend und sich gegenseitig anfeuernd im Kreis und platzten fast vor Energie und Kampfeslust. Mit mächtig Schaum vor dem Mund stürmten die Spieler auf das Spielfeld und wollten den »verwöhnten Profis« die Hölle heißmachen. Es ging nicht darum, zu gewinnen, sondern darum, bis zum Letzten zu kämpfen und sich den maximalen Respekt vor der heimischen Rekordkulisse und den TV-Kameras zu verdienen.

Was nach der Traineransprache bei diesem Spiel geschah, war kurios. Die Spieler der SG Aumund-Vegesack hängten in jede Aktion so viel Herz, Engagement und Energie, als ginge es um ihr Leben. Der Spielstand nach 50 Minuten war tatsächlich 0:0. Eine unfassbare Leistung für einen Klub aus der fünften Liga, der gegen einen ebenfalls hoch motivierten Erstligisten antrat, der ja unbedingt in die nächste Runde des Pokals einziehen wollte. Durch die maximale Aktionsorientierung waren die Hobbyspieler allerdings so stark auf ihre taktischen Vorgaben fokussiert, dass die Profis zunächst tatsächlich nur schlecht zum Zuge kamen. Wollen Sie das Endergebnis des Spiels wissen? Hoffenheim gewann 9:0.

Was war geschehen? In der 52. Spielminute trafen die Hoffenheimer Profis endlich zum 1:0. Danach folgte ein mentaler Zusammenbruch der Amateure. Von der 80. bis zur 86. Minute schoss Hoffenheim sage und schreibe vier Tore, nahezu ohne Gegenwehr der Gegner. Man könnte nun sagen, die Kraft habe nachgelassen. Das ist sicherlich auch richtig, doch die Frage ist, woher kam der plötzliche Kraftverlust? War es wirklich ein konditionelles Problem? Wohl kaum, denn die körperlichen Auflösungserscheinungen begannen erst nach den ersten Gegentoren. In Wahrheit war plötzlich die Anzeigetafel in den Fokus der Spieler getreten, was zu einer mentalen Erschöpfung führte. Auch ein Ergebnis von 0:1 wäre natürlich noch ein riesiger Erfolg gewesen. Doch die Truppe versuchte nun, diesen »kleinen Erfolg« mehr oder weniger bis zum Spielende über die Zeit retten. Sie spielten nicht mehr, um Respekt zu gewinnen, sondern um den bereits gewonnenen Respekt nicht mehr zu verlieren. Was durch diese Vermeidungsorientierung im Körper passiert, habe ich oben ja bereits beschrieben. Dummerweise sagte der Trainer vor dem Spiel auch noch öffentlich im Fernsehen: »Wenn wir nicht höher als 0:5 verlieren, ist das für uns ein Riesenerfolg.« Jeder der Spieler wusste von dieser Aussage und plötzlich ging die Rechnerei los. Es schlichen sich Fehler ein, die nötige Aggressivität, Disziplin und Genauigkeit fehlten. Es regierte die Ergebnisorientierung mit einhergehender emotionaler Verwirrung. Fühlten sich die Spieler in der 50. Minute noch wie die Gewinner des Tages und stark wie Bären, so war rund 20 Minuten später offensichtlich das Gegenteil der Fall. Der mentale Orientierungswechsel sorgte für den maximalen Energieverlust und somit natürlich auch für Fehleranfälligkeit sowie mangelhafte spielerische Qualität. Menschlich natürlich komplett nachvollziehbar und für die tapfer kämpfenden Amateure alles andere als ein Beinbruch. Respekt gebührt ihnen in jedem Fall. Dennoch schade, da dieser Spielausgang mit der richtigen Orientierung vermeidbar gewesen wäre.

### Spitzenleistung durch Werteorientierung

Zielorientiert zu sein bedeutet, zu wissen, wohin man will. Aktions-
orientiert zu sein bedeutet, zu wissen, was man dafür jetzt zu tun
hat. Ein wichtiger Punkt fehlt allerdings noch dabei: Es ist absolut
entscheidend, dass Ihre Aktionsorientierung mit einer Werteorientierung Hand in Hand geht. Kennen Sie Ihre wichtigsten Werte? Leben
Sie diese auch täglich? Werteorientiert zu sein bedeutet, das zu tun,
was einem persönlich wirklich wichtig ist. Nur wer emotional hinter
dem steht, wofür er sich engagiert, erzielt auf Dauer die Wirkungen,
die er sich wünscht. Denn nur wenn unser Herz unsere Handlungen
unterstützt, entwickeln wir so viel Energie und Disziplin, dass wir auf
dem Weg zum Ziel konsequent voranschreiten können. Kein Mensch
fühlt sich leistungsfähig, wenn er Zielen hinterherläuft, die ihm nicht
entsprechen. Es geht darum, auf dem Weg zum Ziel seine eigenen
Werte zu leben, anstatt sich für die Werte anderer zu verbiegen. Ganz
gleich, wie sehr Sie sich auf Ihre Ziele oder To-dos konzentrieren:
Wenn Ihr Herz etwas anderes will, fehlt Ihnen die Energie zur Umsetzung. Werte geben unserem Leben Sinn und sind der Basisantrieb
für jedes Ziel. Sportler, die beispielsweise »ohne Herz« spielen, sind in
aller Regel nicht charakterlos, sondern orientierungslos. Ihnen fehlt
der Sinn in dem, was sie tun; sie wissen nicht, wofür sie das tun.
Menschen motiviert weniger das, was sie erreichen können, als das,
was sie dabei erleben wollen. Es sind die Erlebnisse, die unser Leben
wertvoll machen.

Sie erinnern sich an die Läuferin Heather Dorniden: Was sie letztendlich dazu antrieb, wieder aufzustehen und sich trotz des Rück-
schlags den Respekt des Publikums erneut zu erarbeiten, waren am
Ende einzig und alleine ihre Werte, die sie sich als Sportlerin und
auch als Mensch auf ihre Fahnen geschrieben hat. Sie wollte nicht
einfach aufgeben oder sich kampflos mit dem Sturz abfinden. Ihr war
es wichtig, ihr Bestes zu geben und Kämpferherz zu zeigen, ganz unabhängig von Sieg oder Niederlage. Diese starken Werte hatten so
einen starken Einfluss auf ihre Emotionssysteme, dass sie letztendlich
die unglaubliche Energie entwickelte, um das Rennen am Ende sogar
noch gewinnen zu können. Dorniden kämpfte nicht mehr für den

Sieg, sondern für ihre Ehre. Am Ende lief sie nicht mehr mit ihren Beinen, sondern mit ihrem Herzen.

In Bezug auf unsere Ziele sollten wir daher in Zukunft Folgendes beachten: Klare Zielsetzungen sind wichtig. Sorgen Sie auch dafür, dass Sie Ihre Ziele nicht aus den Augen verlieren, indem Sie sich diese ab und an (nicht ständig) in Ihr Bewusstsein rufen. Auch sie dienen der Orientierung im Leben. Danach gilt es, konkrete Umsetzungsstrategien und Handlungsschritte zu entwickeln, durch die Sie sich voll und ganz auf die Aktionen konzentrieren können, die zur Zielerreichung notwendig sind. Schenken Sie dabei Ihren persönlichen Werten eine besondere Aufmerksamkeit. Stellen Sie sich die Frage: »Sind mir meine Ziele und das, was ich dafür tue, wirklich wichtig?« Bewerten Sie sich außerdem künftig nicht mehr nur nach dem, was Sie geschafft oder nicht geschafft haben, sondern nach der Höhe Ihres Engagements, das wirklich von Herzen kommt. Wer sich nur über seine Ziele definiert, kann mit Niederlagen emotional kaum umgehen. Ein erfolgreiches Leben ist mehr als Ihre Ziele.

ERFOLGSREGEL

**Loben Sie Menschen weniger für Ergebnisse als vielmehr für Engagement, Einsatz und Persönlichkeit.**

# FAZIT

- Ziele sind wichtig zur Orientierung. Sie sich jedoch ständig vor Augen zu halten, verhindert eher den Erfolg.

- Ständige Zielfokussierung macht blind und führt dazu, leichter vom Weg abzukommen. Im Scheuklappenblick übersieht man gerne das Wesentliche.

- Zu viel Konzentration auf erwünschte Endziele kann speziell in schwierigen Phasen große Angst machen und zum Aufgeben führen.

- Erfolg ist eine Frage der richtigen mentalen Orientierung. Erreichungsziele erzeugen bessere Gefühle als Vermeidungsziele.

- Wechseln Sie von gelegentlicher Zielorientierung in eine kontinuierliche Aktions- und Werteorientierung. Entscheidend ist nicht nur, zu wissen, wohin Sie wollen, sondern vor allem auch, was Sie dafür auf welche Art und Weise jetzt zu tun haben.

- Engagement und Einsatz sollten deutlich stärker im Fokus stehen als blanke Ergebnisse und geplante Zielsetzungen.

## HANDLUNGSEMPFEHLUNGEN FÜR UNTERNEHMER UND ELTERN

- Vereinbaren Sie mit Ihren Mitarbeitern / Kindern konkrete Ziele. Definieren Sie dabei die einzelnen Handlungs- und Umsetzungs- schritte. Definieren Sie auch, worauf Ihre Mitarbeiter / Kin- der täglich besonderen Wert legen sollen. Welche Werte sind, unabhängig vom Ergebnis, wirklich wichtig?

- Loben Sie Ihre Mitarbeiter / Kinder weniger für erzielte Ergebnisse (ganz gleich, ob diese sehr gut, mittelmäßig oder schwach sind). Führen Sie häufiger Gespräche, in denen Sie den Einsatz und das Engagement der jeweiligen Person heraus- heben. Es geht nicht ums Gewinnen, sondern um die Lust am Prozess der Zielerreichung.

## ALLGEMEINE HANDLUNGSEMPFEHLUNGEN

- Nehmen Sie sich Zeit für die Erreichung Ihrer Ziele. Machen Sie sich täglich bewusst, auf welche Art und Weise Sie sich dafür einsetzen wollen. Welche Ihrer Charakterzüge wollen Sie dabei zeigen? Was möchten Sie ausstrahlen? Wie wollen Sie wahr- genommen werden?

## Motivationslüge 7:

### *»Erfolg macht glücklich.«*
### Die Lüge vom Glück

> In diesem Kapitel erfahren Sie, inwiefern Erfolg und Glück zusammenhängen. Wir prüfen, wann es uns glücklich macht, erfolgreich zu sein, und unter welchen Voraussetzungen Zielerreichung sogar unglücklich machen kann. Gemeinsam gehen wir dem Phänomen des Glücksgefühls auf den Grund, um besser verstehen zu können, warum es uns manchmal fehlt. Sie erfahren, welche Gefahren Glück mit sich bringt und warum wir deshalb auch nicht ständig danach suchen sollten.

### Entlarvung der Lüge

»Glück haben« ist etwas komplett anderes als »glücklich sein«. Und auch »erreichter Erfolg« ist nicht gleich »gefühlter Erfolg«. Diese Lektion musste ich schon früh in meinem Leben erfahren. Inspiriert von zahlreichen Erfolgsgeschichten großer Persönlichkeiten, war ich hoch motiviert, die »Weltherrschaft an mich zu reißen« – jedenfalls in meiner kleinen Welt, in der ich lebte. Ich wollte der Beste werden, und das nach Möglichkeit so schnell wie möglich. Bevor ich zu meinem heutigen Traumberuf als Vortragsredner und Motivationscoach fand, studierte ich Sportmanagement. Mit Anfang 20 stieg ich ins Management eines Volleyball-Bundesligaklubs ein und wollte meine hohen Ziele nun verwirklichen. Ich arbeitete wie besessen für die fixe Vorstellung meines Erfolgstraums: Ich wollte mit meinem Klub Deutscher Meister werden. Dieses Ziel war mehr als ambitioniert. Mein Verein war in einer niederbayerischen Kleinstadt mit 11 000 Einwohnern beheimatet, damit finanziell recht klamm und zudem auch noch ein relativ unerfahrener Neuling in der Ersten Bundesliga. Es fehlte wirklich hinten und vorne an Geld. Die gesamte Vereinsstruktur war eher unprofessionell. Dennoch dachte ich, dass es für mich das Größte auf der Welt wäre, mit diesem Klub im Kampf um die Meisterschale ganz nach oben zu kommen und sie am Ende in die Höhe reißen zu können.

Ich arbeitete wie ein Verrückter ununterbrochen auf dieses Ziel hin und unterstützte den Klub, wo es nur ging. Dabei verausgabte ich mich über mehrere Jahre hinweg komplett. Mein Terminplan war stets überfüllt, ich stellte meine Partnerschaft, meinen Freundeskreis und auch meine persönlichen Hobbys nahezu vollständig in den Hintergrund. Mein ganzes Denken und Handeln war einzig und allein auf die Erreichung des großen Erfolgsziels »Deutscher Meister« ausgerichtet. Ich arbeitete viele Nächte mehr oder weniger durch, schlief definitiv zu wenig und versuchte auch noch meine zeitweisen mentalen Auflösungserscheinungen mit Galgenhumor zu überspielen. Wenn mich morgens jemand auf meine tiefen Augenringe ansprach, sagte ich nur: *»Ach, das sind doch keine Augenringe. Das sind die Schatten großer Taten.«*

Nach fünf Jahren der exzessiven Erfolgsjagd stand ich mit meinem Verein kurz vor der Ziellinie. Wir führten vor dem letzten Spieltag die Tabelle an und am Tag des 26. April 2008 war es dann so weit: Unser Team gewann als totaler Außenseiter die Deutsche Meisterschaft.

**Wenn das Ziel erreicht wird und nichts als Enttäuschung bleibt ...**

Der Freudentaumel bei Mannschaft und Fans war beeindruckend. Das Meisterteam und der Betreuerstab wurden in der Halle mit allen Ehren des Verbandes gekürt. Die deutsche Nationalhymne erklang und die Meisterschale wurde unter Jubelgesängen von einem zum anderen gereicht. Die gesamte Stadt feierte uns euphorisch auf den Straßen und die Leute lagen sich in den Armen. Kurz: Es war ein rauschendes Fest. Noch in der Halle erlebte ich während der offiziellen Ehrung durch den Verband den Moment, von dem ich jahrelang geträumt hatte: Ich hielt die Meisterschale in den Händen, um sie nach oben zu reißen. Ich werde nie das Gefühl vergessen, wie unendlich leer ich mich in diesen Momenten der Feierlichkeiten gefühlt habe. Als ich die Schale erstmals in die Hand bekam, hätte ich heulen können. Nicht vor Freude, sondern vor Enttäuschung. Da war nichts, aber wirklich überhaupt gar nichts, was mich innerlich in diesem Moment berührt oder erfüllt hätte.

Damals verstand ich die Welt nicht mehr, aber heute ist mir ganz klar, was geschehen war. Ich hatte mehrere Jahre lang meine Werte komplett ignoriert und mich dabei selbst verloren. Alles, was mir früher wichtig und wertvoll gewesen war, hatte ich zurückgestellt und somit den Gefühlskanal meiner inneren Bedürfnisse abgeschnitten. So kam es dazu, dass die eigentlich tolle Zielerreichung schlussendlich für mich im wahrsten Sinne des Wortes keinen Wert mehr hatte und mich tatsächlich sogar extrem unglücklich machte. Kaum ein Gefühl ist deprimierender, als ein hohes Ziel unter großen Anstrengungen zu erreichen und dann erst zu erkennen, dass es keinen Wert mehr für einen besitzt. Ich war in meinem Beruf zwar erfolgreich, aber nicht mehr erfüllt. Als ich die Meisterschale in meinen Händen hielt, spürte ich es am eigenen Leib: Erfolg ohne Erfüllung ist in Wahrheit großer Misserfolg.

ERFOLGSREGEL

## Erfolg ohne Erfüllung ist Misserfolg.

### Wenn Ursache und Wirkung vertauscht werden

Die Entertainer der Erfolgsbranche beschwören bereits seit Jahrzehnten ihr Publikum mit sinnfreien Erfolgsformeln des ewigen Glücks. Dabei wird immer wieder betont, dass echte Lebenserfüllung nur derjenige finden könne, der seine Ziele erreiche und schaffe, was er wolle. Glück finden angeblich diejenigen, die die persönliche Erfolgsleiter immer weiter nach oben klettern, und natürlich am besten noch schneller als alle anderen. »Denn wenn Sie's nicht machen, dann macht's eben ein anderer«, tönt so mancher Motivationstrainer auf der Bühne und lächelt dabei süffisant. Die großen Gurus nennen als bestes lebendes Erfolgsbeispiel natürlich sich selbst. Was gibt es Schöneres, als von den eigenen Heldentaten zu berichten! Diese Storys klingen meist recht ähnlich: Der große Meister kam natürlich aus armen Verhältnissen und war in jeder Hinsicht ganz unten. Doch dann kam die Erleuchtung, und durch die Befolgung seiner zwischenzeitlich entwickelten Rezepte kam es zur sagenhaften Geburt eines Helden. Heute hat er alles im Griff und weiß gar nicht, wohin mit der ganzen Energie. Schwächen und persönliche Defizite? Fehlanzeige. Es zähle nur, einmal öfter aufzustehen, als man hinfällt. Das Phrasenschwein grunzt unentwegt. Doch die Taktik funktioniert noch immer häufig, denn der Gedanke, man könne sein Glück durch die Befolgung einfacher Erfolgsprinzipien quasi abonnieren, fasziniert viele. Daher wird es höchste Zeit, um mit dem Märchen vom Glück durch Erfolg endgültig aufzuräumen.

## Die Wahrheit hinter dem Schein

Dass Erfolg nicht unbedingt glücklich macht, haben bereits zahlreiche Wissenschaftler auf der ganzen Welt nachgewiesen. Vielmehr wird umgekehrt ein Schuh daraus: Glück und Zufriedenheit führen zu Erfolg. Dies ist das Ergebnis einer Studie mehrerer amerikanischer Universitäten, die im *Psychological Bulletin* der American Psychological Association veröffentlicht wurde. Ziel der Psychologen um Sonja Lyubomirsky von der University of California war es, mehr über die Zusammenhänge zwischen wünschenswerten Eigenschaften, Erfolg im Leben und Wohlbefinden herauszufinden. 275 000 Menschen wurden in 225 unterschiedlichen Langzeit- und Querschnittstudien detailliert befragt. Dabei zeigte sich, dass glückliche Menschen eher Erfolg haben und ihre persönlichen Ziele erreichen als unglückliche. Der Umkehrschluss, dass Erfolg auch Glück bringe, ist jedoch nicht zulässig. Denn Erfolg ist nicht die Folge, sondern die Voraussetzung für Lebenszufriedenheit, so Studienleiterin Lyubomirsky. »Wenn Menschen sich glücklich fühlen, neigen sie dazu, selbstsicher, optimistisch und energisch zu sein«, erklärt die Forscherin. Dadurch gelinge es ihnen besser, neue Ziele im Leben anzupacken und den manchmal auch steinigen Weg bis zur Ziellinie durchzuhalten. Gleichzeitig würden diese Personen auch besser auf ihre Mitmenschen wirken und hätten somit ein deutlich stärkeres Netzwerk an Unterstützern.

Ich bin davon überzeugt, dass viele Leute vor allem deshalb glauben, dass Glück vom Erreichen persönlicher Lebensziele abhängt, weil in unserer Gesellschaft ein glückliches Leben in der Regel durch Erfolgskriterien wie zum Beispiel ein gut gefülltes Bankkonto, ein tolles Haus, körperliche Fitness oder einen guten Job definiert wird. Doch der Schein trügt, denn es gibt keine Maßstäbe, mit denen man Glück in dieser Form messen könnte. »Glücklich sein« ist eine grundlegende Geisteshaltung, die keinen Leistungskriterien unterliegt. Die von der Erfolgsbranche gern verschwiegene Wahrheit ist: Um Glück zu empfinden, braucht man nicht unbedingt Erfolg. Doch als wirklich erfolgreich empfinden wir uns erst dann, wenn wir dabei glücklich sind.

## ERFOLGSREGEL

**Versuche nicht, Erfolg zu haben, um glücklich zu sein, sondern glücklich zu sein, um Erfolg zu haben.**

### Glücksgefühle haben ein Verfallsdatum

Im Wettbewerb um die ungeteilte Aufmerksamkeit der Menschen wird seit jeher durch zahlreiche Erfolgsgeschichten die Fata Morgana vom ewigen Glück durch Erfolg erschaffen. Wer erfolgreich ist und seine größten Ziele oder sogar Lebensträume verwirklicht, hat die Chance auf das niemals endende Glücksgefühl. Das ist eine der

größten Lügen im Lebenshilfegeschäft überhaupt. Intensive Glücksgefühle können und dürfen kein Dauerzustand bei Menschen sein,
da sie persönliche Weiterentwicklung, Aktivität und Wachstum verhindern würden. Mit Glücksgefühlen meine ich übrigens keine Werte
wie Dankbarkeit oder innere Ausgeglichenheit. Diese sind sehr wohl
langfristig realisierbar und auch erstrebenswert. Mir geht es in diesem
Zusammenhang um die euphorischen Glücksmomente, bei denen
man vom Dopamin beflügelt wie auf Wolken durch das Leben gleitet.
Man könnte die ganze Welt umarmen und ist einfach richtig happy.
Nach diesem Gefühl sind die Leute süchtig und jagen ihm nach, da ihnen erzählt wird, sie könnten sich nahezu immer so fühlen. Doch die
Hetzjagd nach dem ständigen Glückskick ist ein Spiel, das man nicht
gewinnen kann. Intensive Glücksgefühle sind von Natur aus zeitlich
begrenzt und können rein biologisch gar nicht dauerhaft anhalten.
Zum Glück!

In den letzten Jahren wurden Lottomillionäre mehrfach gefragt, wie
lange das große Glücksgefühl nach ihrem Gewinn angehalten und
das Leben positiv beeinflusst habe. Der Berliner Sozialpädagoge
Christoph Lau hat dazu eine Untersuchung durchgeführt,
bei der 14 Lottomillionäre befragt wurden. Sein Ergebnis:
»Ein Lottogewinn macht nur sehr kurzfristig glücklich.
Länger als ein Jahr dauert der Zustand nicht an.«

**Ein höheres Einkommen führt zu mehr Zufrieden-heit – aber nur bis 60 000 Euro**

Ähnliche Beobachtungen gibt es bei Gehaltserhöhungen in Unternehmen wie auch bei der generellen Veränderung von Einkommensverhältnissen von Arbeitnehmern. Es ist eine Tatsache, dass Erfolg in Form von
Geld das Leben leichter und glücklicher machen kann, allerdings nur in einem deutlich begrenzten Rahmen. Der Wirtschaftsno-
belpreisträger Daniel Kahneman hat dies in einer groß angelegten
Studie für die Universität Princeton bewiesen. Der Ökonom befrag-
te dazu in den Jahren 2008 und 2009 insgesamt 450 000 Menschen.
Dabei kam heraus, dass das menschliche Glücksgefühl bei einer Er-
höhung des Einkommens kontinuierlich mit ansteigt. Allerdings nur
bis zu einem Jahreseinkommen von brutto 60 000 Euro. Danach war
glückstechnisch mehr oder weniger Feierabend. Jeder Euro, der über

die magische Grenze von 60 000 Euro ging, hatte keinen nennenswerten Einfluss mehr auf das subjektiv angegebene Glücksgefühl im Leben. Wodurch diese Grenze von 60 000 Euro entstand, ist bislang nicht wirklich nachgewiesen worden. Man kann vermuten, dass das persönliche Wohlbefinden ab einer gewissen Einkommenshöhe eher von anderen Faktoren beeinflusst wird, die dann einfach eine höhere Priorität genießen als Geld. Es ist ja eine bekannte Tatsache, dass Geld immer erst dann relativ unwichtig wird, wenn man genug davon hat.

Wir müssen beginnen, der Realität ins Auge zu schauen: Würde Geld grenzenlos glücklich machen, wären alle Musikstars, Topmodels, Schauspieler und sonstigen Entertainer aus der Welt der Unterhaltungsbranche überglücklich. Aber was lesen und sehen wir in den Medien stattdessen? Ein Burn-out nach dem anderen ereilt die Stars. Drogenkonsum, Aufenthalte in Entzugskliniken, Scheidungen und Schönheits-OP-Wahn sind das tägliche Brot in Hollywoods Gruselkabinett. Im Grunde also auch kein besseres Leben als das des durchschnittlichen Normalbürgers. Natürlich bedeutet all das nicht, dass erfolgreiche und wohlhabende Menschen grundsätzlich unglücklich sind. Es gibt durchaus auch Ausnahmen, man denke etwa an Persönlichkeiten wie Steffi Graf oder Günther Jauch. Doch es ist eine Sache, die Erfolgsleiter zu erklimmen, aber eine andere Sache, sich dort oben noch wohlzufühlen. Beides kann Hand in Hand gehen, aber dies ist bei Weitem nicht die Regel.

Es gibt zwei Hauptgründe dafür, warum Gehaltsanhebungen, Bonuszahlungen oder sonstige regelmäßige Erfolgserlebnisse relativ schnell an Reiz verlieren und immer geringere Auswirkungen in den Belohnungszentren des Gehirns verursachen. Der erste Grund dafür ist der Gewöhnungseffekt. Das bedeutet: Wenn Sie wissen, dass Sie ab sofort jeden Monat 500 Euro mehr überwiesen bekommen als bisher, führt diese neue Erwartungshaltung dazu, dass das Ganze vom Gehirn sehr bald als »normal« verbucht wird. Wird eine Belohnung bereits im Vorfeld erwartet, löst sie keinen sonderlichen Motivationseffekt mehr im Gehirn aus, wenn der Moment der Realisierung gekommen ist. Deshalb ist der Überraschungseffekt wesentlich, um zumindest vorübergehend deutlich spürbare Glücksgefühle in einem Menschen zu erzeugen. Wie bereits geschildert, fallen deshalb die Feierlichkeiten äußerst erfolgreicher Sportmannschaften auch weniger euphorisch aus, wenn der Erfolg bereits vorhersehbar war oder über die Jahre zur Gewohnheit geworden ist. Je größer die Belohnungssicherheit, desto ernüchternder ist oftmals der Moment des Erfolgserlebnisses.

Neben dem Gewöhnungseffekt gibt es noch eine zweite unvorteilhafte Auswirkung des Erfolgs auf das persönliche Glücksgefühl. Ich nenne diesen Effekt die »Erfüllungsmelancholie«. Diese tritt vor allem dann ein, wenn sehr hohe Ziele oder vielleicht sogar Lebensträume erreicht wurden, die gleichzeitig auch eine gewisse Fallhöhe mit sich bringen. War man zu Beginn noch von riesigen Glücksgefühlen überwältigt, fällt die Rückkehr auf den Boden der Normalität womöglich etwas schwerer als gedacht. Speziell aus dem Profisport ist das Phänomen bekannt, dass Athleten nach der Erfüllung eines großen sportlichen Lebensziels, wie dem Gewinn eines sehr bedeutenden Titels, in ein tiefes Loch fallen. Erfolg zu haben ist definitiv etwas sehr Schönes und auch absolut Erstrebenswertes. Aber man muss danach auch erst mal damit fertigwerden können. Der Profikletterer Thomas Huber sagte mir dazu einmal: »Den meisten Leuten wird in Vorträgen erzählt, wie sie einen Berg möglichst sicher nach oben kommen. Aber keiner erzählt einem, wie man wieder möglichst sicher nach unten kommt.« Er hat komplett recht. Statistisch sterben die meisten Bergsteiger (über zwei Drittel) nicht beim Aufstieg, sondern beim Abstieg, zeigt die Bergunfallstatistik des Deutschen Alpenvereins.

Genau das ist es, was ich in meinen Seminaren den Teilnehmern näherbringen möchte. Es geht darum, zu lernen, dass man auch ab und an wieder nach unten muss und wie man dabei selbst keinen Schaden nimmt. Hohe Ziele erreichen zu wollen, ist vollkommen in Ordnung. Doch es hilft nichts, sich nur mit dem Aufstieg zum Ziel und der Aussicht am Gipfelkreuz zu beschäftigen. Die Qualität eines Lebens entscheidet sich in hohem Maße dadurch, wie gut man mit den Abstiegen vom Gipfel zurechtkommt. Denn nach dem Gesetz der Polarität muss früher oder später nach einem Hoch auch wieder ein Tief kommen, auch wenn dies im Zeitalter des Selbstoptimierungswahns nicht gerne gehört wird. Der Traum vom ewigen Aufstieg ist eine Illusion. Sogar wenn Sie, bildlich gesprochen, alle Berge der Welt in aufsteigender Reihenfolge nebeneinander stellen könnten, sodass Sie von einem Gipfel immer zum nächsthöheren wandern könnten, kommen Sie früher oder später am Mount Everest an. Spätestens nach seiner Besteigung müssen Sie wieder den Weg zurück ins Tal antreten. Wer bis dahin nicht darin geübt ist, kontrolliert abzusteigen, der bekommt ein großes Problem. Genau diese Wahrheit erklären die wenigsten Motivations- und Erfolgstrainer. Sie sprechen nur vom Gipfelkreuz, der tollen Aussicht und dem befreienden Gefühl, oben zu sein. Sie leugnen den zweiten, wesentlichen Teil der Reise. Diese einseitige Sicht führt dazu, dass viele eher an ihren großen Erfolgen scheitern als an ihren Misserfolgen.

## ERFOLGSREGEL

**Wer hohe Gipfel erklimmen will,
muss auch lernen,
mit der Rückkehr ins Tal fertigzuwerden.**

### Warum Zielerreichung nicht das Ziel ist

Viele Menschen glauben, Zielerreichung würde sie glücklich machen. Dieser Motivationsirrtum kann fatale Folgen haben. Zielerreichung gibt kein dauerhaftes Glücksgefühl, ganz gleich, um welches Ziel es sich handelt! Der weltberühmte englische Comedian Russell Brand machte dazu in einem TV-Interview eine entwaffnend ehrliche Aussage: *»Ich bin mittlerweile berühmt. Als Junge war ich es nicht, aber ich wollte immer berühmt sein. Ich dachte, es würde mich glücklich machen. Aber jetzt bin ich es und habe Dinge, von denen ich glaubte, sie würden mich glücklich machen – aber es funktioniert nicht.«*

Kann man sagen, dass Erfolgsziele wie Berühmtheit vor allem unglücklich machen? Nein. Denn der Fehler ist nicht die Zielsetzung an sich. Ziele sind nicht schuld am Unglück einer Person. Gleichwohl sind sie auch nicht für unser Glück verantwortlich. Für sich selbst regelmäßig neue Herausforderungen zu definieren, ist eine gute und wichtige Sache. Attraktive Ziele verleihen dem Leben Sinn und dienen dem persönlichen Wachstum. Wer jedoch bei seiner Jagd nach neuen Gipfeln glaubt, dass oben am Gipfelkreuz die große Erfüllung auf ihn wartet, der wird in den allermeisten Fällen herb enttäuscht werden. Der weltberühmte Bergsteiger Reinhold Messner erklärte dazu in einem Interview: »Der Gipfelmoment ist nicht der wesentliche. Gerade bei den ganz großen Bergen ist er im Grunde nur der Umkehrpunkt. Die starken Emotionen entstehen erst nachher. Der Gipfelpunkt ist nicht das, was sich die Leute unten vorstellen. Das ist nur ein Klischee. Ich habe noch nie jemanden getroffen, der hoch oben auf einem Achttausender seine Klimax erlebte.« Eine interessante Botschaft von einem Mann, der es wissen muss. Ich gebe gerne zu: Das Erreichen eines Ziels kann ein kurzfristiges Glücksgefühl auslösen. Langfristige Erfüllung aber entsteht dennoch auf einer ganz anderen Ebene.

ERFOLGSREGEL

**Nicht die Ziele machen uns glücklich,
sondern unsere Erfahrungen
auf dem Weg dorthin.**

Was passiert, wenn wir Menschen ein Ziel erreichen? Wir setzen uns ein neues Ziel. Andernfalls würden wir ein sinnloses und leeres Leben führen. Die Folge daraus ist: Wer seine Ziele erreicht, muss weitergehen. Das Gleiche gilt allerdings auch, wenn man sein Ziel verfehlt, denn Verharrung ist keine Option mit Perspektive im Leben. Man kann also sagen: Es gibt gar keine Ziele, sondern nur Wegmarken. Man ist nie »fertig«. Wenn ein Erfolgsgipfel mithin nur eine vorübergehende Wegmarke ist, macht es keinen Sinn, die gesamte Erwartung und Hoffnung für empfundenes Lebensglück in diesen schnell vorübergehenden Moment zu legen. Es geht nicht darum, irgendwann einmal glücklich zu werden, wenn man dies oder jenes geschafft hat. Viele kämpfen immer darum, den Punkt zu erreichen, ab dem sie glücklich sein können, und vergessen dabei ganz, dass es das eigentliche Ziel wäre, sich jetzt schon erfüllt zu fühlen – ganz unabhängig von der Zielerreichung. Um beim Beispiel des Bergsteigens zu bleiben: Wenn Ihnen weder der Aufstieg auf einen hohen Berg noch die Vorbereitung und das Training im Vorfeld Freude machen, welche Gefühle werden Sie dann am Gipfelkreuz haben? Überlegen Sie doch mal: Wie sinnvoll ist es, sich wochen-, monate- oder vielleicht sogar jahrelang ohne Lebensfreude für etwas zu quälen, wenn dem nur ein Glücksmoment von wenigen Minuten gegenübersteht?

## ERFOLGSREGEL

**Wenn Sie am Prozess der Zielorientierung keine Freude haben, wird Ihnen auch die Zielerreichung nur wenig Freude bringen.**

Das Prinzip des Lebens dreht sich um Fortschritt, Bewegung, Wachstum und um Veränderung. Erfolg und Misserfolg sind immer Zwischenstationen, aber keine Endpunkte. Erfüllung findet man nicht an einem bestimmten Erfolgspunkt, sondern durch einen Prozess, der mit Begeisterung durchlaufen wird und bei dem man die Erfahrung macht, persönlich auf diesem Weg gewachsen zu sein. Kaum etwas motiviert einen Menschen so sehr wie die Erfahrung dieser Selbstentwicklung und der Selbstwirksamkeit.

Genau aus diesem Grund ist es auch so wichtig, Probleme anzunehmen, anstatt vor ihnen davonzulaufen. Die Stärke Ihrer Persönlichkeit haben Sie durch diejenigen Schwierigkeiten gewonnen, die am Ende zwar zum Erfolg wurden, die aber auch Energie gekostet haben. Nicht unsere Ziele tragen das größte Glückspotenzial in sich, sondern unsere Ängste und Probleme, die es zu überwinden gilt. Wer sich seinen Erfolg im Hängemattenmodus mühelos beim Universum bestellen will, verpasst das, was Leben in Wahrheit ausmacht. Denn die Erreichung eines hohen Ziels weiß nur derjenige wirklich zu schätzen, der sich in dessen Größe erst hineinentwickeln musste.

## In der größten Herausforderung und in der größten Angst unseres Lebens steckt auch unser größtes Glückspotenzial.

In diesem Zusammenhang erübrigt sich auch die ewige Gretchenfrage, ob man sich nun eher sehr hohe oder eher überschaubare Ziele setzen sollte. Überlegen Sie noch mal: Wenn die Zielerreichung nicht das Ziel ist, welche Bedeutung bekommt dann der zwischenzeitliche Misserfolg? Viele Menschen haben Angst davor, zu scheitern, da sie dann das Gefühl haben, ein Versager zu sein. Versager sind allerdings nur diejenigen, die sich selbst niemals in eine Situation bringen, in der sie versagen könnten. Aus Angst vor dem Scheitern setzen sich diese Leute nur Ziele auf einem Niveau, auf dem sie selbst schon sind. Hauptsache, man enttäuscht niemanden – vor allem nicht sich selbst. Doch in Wahrheit sind nicht die zu großen Ziele die Gegner des Glücks, sondern die zu kleinen Ziele, die man ohne große Anstrengung problemlos erreicht. Denn persönliche Entwicklung entsteht nicht im Ziel, sondern auf dem Weg dorthin.

### Der Nutzen negativer Erlebnisse

Bei Trainern im Leistungssport habe ich eine interessante Beobachtung gemacht. Vielerorts herrscht der Irrglaube, dass eine Trainingseinheit mit positiven Erlebnissen für die Sportler abgeschlossen werden sollte. Heißt konkret in der Praxis: Gibt es im Verlauf eines Trainings Probleme mit einer bestimmten Aktion oder einem gewissen Spielzug, tun schlechte Trainer alles dafür, um das Training in jedem Fall mit einem Erfolgserlebnis zu beenden. Dies soll das Selbstvertrauen und den Lernfortschritt der Spieler steigern. Ein klassischer Trugschluss! Es gibt zwar durchaus Situationen, in denen diese Vorgehensweise Sinn macht. Steht ein Spieler oder eine Mannschaft beispielsweise direkt vor einem wichtigen Wettkampf, ist der Aufbau von Selbstsicherheit durch viele kleine Erfolgserlebnisse natürlich positiv. Doch für Wachstum sorgt in erster Linie das Gegenteil von Erfolgserlebnissen. Ungelöste Probleme beschäftigen unser Denken wie auch unser Unterbewusstsein deutlich mehr. Für einen Entwicklungsprozess ist dies ein enorm wichtiger Vorgang. Wer zu beruhigt ist, bewegt sich auch weniger. Das bedeutet konkret: Ein bisschen Beunruhigung ist in der Regel durchaus positiv, um Fortschritte erzielen zu können. Menschen mögen keine Misserfolge und brennen darauf, sich nach Niederlagen oder Fehlern bei nächster Gelegenheit zu rehabilitieren und es besser zu machen. Daher können ungelöste Probleme und Misserfolge die Motivation auch steigern, wenn sie im überschaubaren Rahmen bleiben.

**Gewinner identifizieren sich nicht mit der Zielerreichung, sondern mit der Attraktivität der Aufgabe**

Gute Profitrainer im Sport wissen das und geben ihren Spielern am Ende des Trainings manchmal noch Aufgaben, an denen sie nahezu verzweifeln oder die ihnen zumindest größere Schwierigkeiten bereiten. Sie wissen, dass durchschnittliche Menschen ihre Erwartungen und Ansprüche absichtlich niedrig halten, um nicht enttäuscht werden zu können. Erfolgreiche Menschen erhöhen ständig ihren Anspruch und lieben die Herausforderung. Wissen Sie, warum? Weil sich Gewinnertypen nicht mit der Zielerreichung identifizieren, sondern mit der Attraktivität einer Aufgabe. Das ist eine Erfolgsregel!

Wussten Sie beispielsweise, dass Michael Jordan schon von Jugend an den Anspruch an sich selbst hatte, der erfolgreichste Basketballer der Welt zu werden, obwohl er in seiner Studentenzeit nicht mal zur Stammformation seines Basketballteams im College zählte? Er saß lange Zeit nur auf der Bank, da er nicht gut genug war! Während seine Mitstreiter in den US-Colleges schon als kleine Stars gefeiert wurden, war Jordan nur ein mittelmäßiger Mitläufer. Viele Menschen hätten in dieser Situation wahrscheinlich ihre Erwartungen an sich und ihre Karriere zurückgeschraubt, denn »man sollte ja realistisch sein« und sich vernünftige Ziele setzen, anstatt immer zu scheitern. Das neue Ziel hätte dann lauten können: »Ich versuche, zumindest zehnmal in der Saison zum Einsatz zu kommen und nächstes Jahr vielleicht zwölfmal.« Das wäre ein klassischer Durchschnittsanspruch eines Menschen mit einem Durchschnittsleben gewesen. Michael Jordan dachte und handelte aber anders. Das war ein entscheidender Grund dafür, dass er zu einem der größten Sportler aller Zeiten wurde. Er dachte in großen Zielen. Durch große Ziele bekommt man keine Talente, die man davor nicht hatte. Aber große Visionen helfen dabei, die tatsächlichen inneren Potenziale, die in einem schlummern, zu wecken und umzusetzen. Jordan trainierte sich eine gehörige Portion Misserfolgsintoleranz an und wurde zum bestbezahlten Teamspieler weltweit (angeblich rund 85 000 000 Dollar pro Jahr!). Wenn er auf der Suche nach dem schnellen Erfolg ohne große Niederlagen gewesen wäre, hätte er niemals das erreichen können, was er erreicht hat. Kleine Ziele führen zu kleinen Ansprüchen in einem kleinen Leben. Große Ziele führen zum Gegenteil.

## Das Polaritätsprinzip – warum Glück der Zwilling des Unglücks ist

Es ist ein biologisches Grundprinzip, dass Glückshormone in unserem Körper relativ zügig wieder abgebaut werden. Das hat evolutionäre Gründe. Hätten wir nach positiven Ereignissen bestimmte Glücksstoffe zu lange oder sogar für immer im Körper, würden zu starke Zufriedenheit, Entspannung und somit Stillstand einsetzen. Dieser Zustand hätte lebensgefährliche Auswirkungen. Stellen Sie sich mal vor, unsere steinzeitlichen Vorfahren hätten nach einem Begattungsversuch sämtliche Glückshormone im Körper behalten. Wir säßen heute nicht hier, weil unsere Spezies längst ausgestorben wäre. Jede menschliche Handlung basiert entweder darauf, ein bestimmtes Bedürfnis erstmals zu befriedigen, oder darauf, ein positiv erlebtes Gefühl erneut erfahren zu wollen. Menschen bewegen sich genau aus diesem Gefühlsdefizit heraus. Man könnte also sagen: Jegliche Bewegung (Motivation) im Leben resultiert aus dem Gefühl eines grundsätzlichen Mangels. Dieses Verlangen nach etwas lässt uns aktiv bleiben und sichert unser Überleben. Aus diesem Grund verbrauchen sich auch die Glücksstoffe in unserem Körper automatisch, um uns damit konstant im Aktivitätsmodus zu halten. Wer nichts dafür tun muss, um zu schaffen, was er haben will, tut irgendwann gar nichts mehr.

Wer seine Träume verwirklichen will, muss daher erst mal aufwachen! Denn Träume erreicht man weder durch träumen noch fühlt sich der Weg der Traumerreichung immer traumhaft an. Persönliches Glück entsteht nicht zuletzt durch die Erfahrung des Gegenteils. Es liegt in der Natur des Menschen, erst zu schätzen, was er hat, wenn er den Mangel erlebt hat. Daher kann Ihnen Erfolg erst dann nennenswerte positive Gefühle geben, wenn Sie auch seine anstrengende Seite kennengelernt haben. Das bedeutet jetzt natürlich nicht gleich, dass man für jedes seiner Ziele emotional wie auch körperlich durch die Hölle gehen muss. Das ist keinesfalls erstrebenswert, und manchmal ist es durchaus auch möglich, Dinge zu schaffen, ohne dabei große Rückschläge zu erleiden. Das ist wunderbar! Darüber wirklich freuen kann sich aber wieder nur derjenige, der weiß, wie es sich anders anfühlt.

## ERFOLGSREGEL

**Erfolg wird dann zur Delikatesse, wenn er durch eine Prise Misserfolg gewürzt wurde.**

Schon allein aus diesem Grund ist es Unsinn, sich von Erfolgspredigern einreden zu lassen, nur noch auf der positiven Seite des Lebens stehen zu wollen. Wer Misserfolge hat, lebt deswegen nicht gleich falsch! Viele Menschen setzen sich geradezu selbst unter Druck, unbedingt glücklich sein zu müssen, und empfinden es als einen persönlichen Makel, sich zwischenzeitlich nicht glücklich zu fühlen. Viele beschleichen große Selbstzweifel und Selbstvorwürfe, wenn sie es trotz Befolgung aller Ratgeber mit vielversprechenden Glücksrezepten nicht schaffen, glücklich zu sein. Doch machen Sie sich eine Sache immer bewusst: Es gibt niemanden, der immer glücklich und zufrieden ist. Dieser Anspruch ist vollkommen unnatürlich und auch nicht wünschenswert. Zum Glücklichsein gehört das Unglücklichsein. Zur Freude die Trauer. Zum Wohlbefinden gehören Zeiten des Unwohlseins. Nur durch das Prinzip der Polarität, also durch die Existenz des Gegenparts, schätzen wir das Positive. Jedes Leben hält Krisen und Schicksalsschläge bereit. Das ist Teil der Natur und nicht zu verhindern. Wer behauptet, er würde nur auf der Sonnenseite leben und alles wäre immer super, der ist entweder Verdrängungsweltmeister oder er lügt Sie an.

### Das Hans-im-Glück-Prinzip

Sicherlich haben Sie schon vom erfolgreichsten Gescheiterten der deutschen Märchenwelt gehört: Hans im Glück. Er verkörpert das Glück wie kaum ein Zweiter, weshalb man aus seiner Geschichte viel für das eigene Leben lernen kann. Die Erzählung der Brüder Grimm ist eine auf den ersten Blick seltsam anmutende Erfolgsstory. Ein junger Mann, der seinem Meister sieben Jahre lang treu gedient hat, wird mit einem gewaltigen Goldklumpen von der Größe des eigenen Kopfes entlohnt. Mit diesem Schatz auf der Schulter macht er sich auf den Weg nach Hause. Doch Hans hat von Anfang an keine rechte Freude am Gold, denn er spürt nur dessen Gewicht. Bald beschwert er sich: »Es drückt mir auf die Schulter.« Als er einem Reiter begegnet, tauscht er den Klumpen daher freudig gegen dessen Pferd und bedauert den anderen sogar noch: »Jetzt müsst Ihr Euch damit abschleppen.« Doch der Gaul scheint Hans kein Glück zu bringen und wirft ihn prompt ab. So tauscht er das Pferd beim nächsten Bauern gegen eine Kuh ein. Diese tritt ihn kräftig vor die Stirn, als er sie mit ungeschickter Hand melken will. Also tauscht er weiter und erhält dafür ein Schwein. Der nächste Wanderer redet Hans ein, das Schwein sei gestohlen. Erleichtert gibt Hans das Tier her und nimmt dafür die Gans des Fremden. Nach jedem für ihn im Grunde nachteiligen Tausch ist Hans noch besserer Stimmung als zuvor und dankt dem Gott des Glücks, weil er es so gut mit ihm meint. »Ich bin in einer Glückshaut geboren«, ruft er.

Das Schicksal nimmt weiterhin seinen Lauf und auch die Gans will nicht lange bei Hans bleiben. Er tauscht sie gegen den schadhaften Schleifstein eines Scherenschleifers. Der Stein plumpst zur Feier des Tages auch noch in einen Brunnen. Danach kniet Hans nieder und dankt mit Tränen in den Augen dem lieben Gott, dass er ihn von seiner Last befreit habe. Im wahrsten Sinne unbeschwert kehrt er schließlich und endlich heim zu seiner Mutter.

**Kein Erfolg führt zu dauerhaftem Glück**

*Hans im Glück* ist eigentlich kein richtiges Märchen. Es fehlen die Feen, Hexen und verwunschenen Orte. Das Ganze ist vielmehr eine Metapher für eine Lebenseinstellung. Der Held der Story verliert alles und gewinnt nichts. Er schafft es auf unnachahmliche Weise, mit seinem Hab und Gut so talentfrei umzugehen, dass er am Ende mit leeren Händen dasteht, obwohl er einst ein reicher Mann war. Für den Leser ist *Hans im Glück* eine Geschichte vom Scheitern. Für den Protagonisten selbst ist es eine Geschichte des ständigen Gewinnens. Aus diesem Paradoxon entsteht der tiefere Sinn des Märchens. Oberflächlich denkende Personen halten Hans für einen Loser, da sie Erfolg über den Zuwachs von ökonomischen Werten definieren. Hans jedoch hat ein ganz anderes Erfolgsmodell. Sein Wertesystem ist nicht auf das ausgerichtet, was er erreicht, sondern darauf, wer er sein will.

Hans ist also alles andere als ein Idiot. Er muss ein kluger und fleißiger Arbeiter sein, sonst wäre er von seinem Meister kaum so exorbitant bezahlt worden. Sein Goldklumpen ist kein Lottogewinn, sondern der Lohn für sieben Jahre Anstrengung und harte Arbeit. Die meisten

Leute mit Versicherungsdenken würden sagen: Das Gold ist sein Fundament für die Zukunft. Jetzt ist er abgesichert und kann sich damit ein Leben in Wohlstand aufbauen und für immer glücklich sein. Aber auf diese Form von Status kommt es Hans gar nicht an. Er sieht sein Glück in anderen Dingen, die man mit dem Auge nicht sehen kann. Finanzieller Erfolg und Glück gehören für ihn nicht zwingend zusammen.

Hans verfolgt unbeirrbar ein festes Ziel. Nach sieben Jahren schwerer Arbeit kehrt er heim zu seiner Mutter. Er bringt zwar kein Gold nach Hause, dafür aber sich selbst, ohne sein Herz dabei an den Erfolgswahn verkauft zu haben. Er hat eine stabile Beziehung und einen Ort, an dem er verwurzelt ist. Er hat jemanden, der auf ihn wartet. Jemanden, den er liebt und der ihn liebt. Ob jemand erfolgreich ist, hängt schlicht und einfach davon ab, ob er seinem Herzen folgt. Im Fall von Hans ist das Ziel seines Herzens sein Zuhause und die Beziehung zu seiner geliebten Mutter. Diese Liebe und Verbundenheit machen ihn frei von allem anderen. Hans lässt sich nicht kaufen, denn er weiß, was ihm wirklich wichtig ist und was ihn in Wahrheit glücklich macht im Leben. Er hat erkannt, dass es einen Unterschied gibt zwischen Lebenserfolg und Lebenswert. Kein Erfolg bringt dauerhaftes Glück. Seinen eigenen Lebenswerten entsprechend zu leben, eröffnet hingegen die Möglichkeit, sich auch jenseits von Erfolg und Leistungszielen wirklich erfüllt fühlen zu können.

# FAZIT

- Erfolg ohne Erfüllung ist Misserfolg.

- Erfolg und Zielerreichung machen nicht glücklich. Doch das Gefühl, glücklich zu sein, steigert die Wahrscheinlichkeit von Erfolg.

- Glück durch Erfolg versprechen nur diejenigen, die vom Unglück anderer Menschen profitieren.

- Glücksgefühle haben ein Ablaufdatum. Es ist unmöglich, dauerhaft die Euphorie des großen Glücks zu spüren.

- Erfolg kann auch unglücklich machen.

- Ein erfolgreicher Gipfelstürmer zu sein bedeutet, nicht nur zu wissen, wie der Aufstieg funktioniert, sondern auch, wie man kontrolliert absteigt.

- Glück und Unglück gehören zusammen. Nur wer das Unglück kennt, kann auch sein Glück richtig wertschätzen.

- Glück ist keine Frage des Lebenserfolgs, sondern der Lebenswerte.

### HANDLUNGSEMPFEHLUNGEN FÜR UNTERNEHMER

- Sprechen Sie mit Ihren Mitarbeitern nicht über das, was sie erreichen sollen, sondern darüber, was sie bei der Arbeit erleben wollen.

- Kümmern Sie sich nicht nur darum, dass Ihre Mitarbeiter alles für die Unternehmensziele tun, sondern fragen Sie nach, welche Ziele Ihre Mitarbeiter haben und wie Sie sie dabei unterstützen könnten.

- Belohnen Sie Leistungen nicht regelmäßig, sondern überraschend.

- Gehaltserhöhungen, Boni und erreichte Ziele haben nur einen sehr begrenzten Einfluss auf die Motivation Ihrer Mitarbeiter. Führen Sie mehr Gespräche, und finden Sie heraus, was Ihre Leute wirklich glücklich macht.

### ALLGEMEINE HANDLUNGSEMPFEHLUNGEN

- Versuchen Sie nicht länger, glücklich zu werden, indem Sie Zielen hinterherjagen. Lernen Sie, den Weg zum Ziel trotz aller eventuellen Schwierigkeiten zu genießen.

- Stellen Sie sich Ihren größten Ängsten und scheitern Sie ruhig auch mal öfter. Machen Sie mindestens ein- oder zweimal im Monat eine Sache, die außerhalb Ihrer Komfortzone liegt.

## Motivationslüge 8:

### *»Geben Sie niemals auf!«*
### Die Lüge vom Durchhalten

> In diesem Kapitel lernen Sie, inwiefern starkes Durchhaltevermögen
> den persönlichen Erfolg nicht nur fördern, sondern ihm auch
> schaden kann. Sie erfahren, welch wichtige Rolle die Fähigkeit zur
> Aufgabe spielt und warum viele Menschen gerade deswegen nicht
> ihre Erfüllung im Leben finden, weil sie denken, niemals aufgeben zu
> dürfen. Außerdem beleuchten wir die Alarmsignale, die uns zeigen,
> dass es Zeit ist, Durchhalteparolen endgültig einzustellen. Ich
> erkläre Ihnen, wie Sie den richtigen Zeitpunkt zur Aufgabe erkennen
> und sich für einen Ausstieg aus dem Hamsterrad des ewigen Stand-
> haltens motivieren können.

### Entlarvung der Lüge

Sucht man bei Google nach dem Satz »Gib niemals auf«, findet man
Zehntausende Seiten mit Initiativen, Songtexten oder auch Lebens-
hilfeanbietern, die die Macht des Durchhaltens beschwören. Leitsprü-
che wie »Gib niemals auf, vielleicht bist du deinem Ziel näher, als
du glaubst« können Menschen in schwierigen Lebensphasen in der
Tat Kraft geben. Gerade in Zeiten, in denen man versucht ist, alles
über Bord zu werfen, ist es hilfreich, Unterstützung und Mut zuge-
sprochen zu bekommen, um die schwere Situation zu überstehen. Es
ist unumstritten, dass Erfolg ohne Durchhaltevermögen in keinem
Lebensbereich auf Dauer möglich ist. Gefährlich wird dieser Moti-
vationsappell jedoch dann, wenn er übertrieben und undifferenziert
für jede Person in jeder Situation angewendet wird. Man kann Menschen im wahrsten Sinne des Wortes totmotivieren, wenn man das

Durchhaltenmüssen als alternativlos darstellt und das Aufgeben als Verhaltensattribut der Schwachen und Erfolglosen definiert.

»Aufgeben ist immer der bequeme Weg«, heißt es oft in unserer Gesellschaft. Gerade in der Psychoszene werden gern solche Persönlichkeiten als Vorbilder glorifiziert, die nahezu unmenschliches Durchhaltevermögen bewiesen haben. Es werden gezielt ausgewählte Geschichten erzählt, bei denen es natürlich immer auch ein großes Happy End gab. So gut wie nie werden Storys von Menschen erzählt, die am Ende ihres Leidensweges nicht zum Champion wurden, sondern sich mit ihrer übertriebenen Hartnäckigkeit zu Tode gequält haben. Genauso selten wird zugegeben, wie viel Schmerz durch zu langes Festhalten an einer fixen Traumvorstellung man sich ersparen könnte, wenn man wüsste, woran man erkennt, dass der Traum eigentlich eine Illusion ist. Verstehen Sie mich bitte richtig: Auch ich bewundere Erfolgsgeschichten von eindrucksvollen Persönlichkeiten, die an ihre Chance geglaubt haben und sich nicht vom Weg haben abbringen lassen. So was ist großartig und kann eine Inspiration für das eigene Leben sein. Wir Menschen lieben Heldengeschichten, da sie uns ermutigen. Doch der Satz »Gib niemals auf« ist in dieser Absolutheit nicht immer der richtige Rat für jeden. Denn »niemals« ist eine Generalisierung, die jede andere Option ausschließt. Das ist eine Schwarz-Weiß-Malerei, die definitiv nicht immer sinnvoll ist. Schon als Kind haben wir gelernt, dass man niemals Nie sagen sollte. Das gilt auch für solche Motivationssprüche, die zwar einen wahren Kern haben, aber nicht radikal im Einbahnstraßenmodus als feste Gesetzmäßigkeit dargestellt werden dürfen.

ERFOLGSREGEL

**Wer niemals aufgibt,
ist zu schwach zum Loslassen.**

Es gibt unzählige Beispiele von Personen, Teams und ganzen Nationen, die durch ihr unvorstellbares Durchhaltevermögen große Ziele erreicht haben. Doch wie hoch ist eigentlich die Anzahl derer, die sich mit sturen Durchhalteparolen nach dem Prinzip »Never give up« selbst ins Unglück gestürzt haben? Was ist mit den zahlreichen Menschen, die sich an einer fixen Vorstellung festklammern, ohne dafür eine echte Perspektive zu haben? Was ist mit all jenen, die gar nicht für sich selbst versuchen sich durchzubeißen, sondern nur um die Anerkennung von anderen zu bekommen? Macht hier unbeugsames Durchhaltevermögen am Ende glücklicher oder eher unglücklicher? Sollte man wirklich niemals das aufgeben, was einem wichtig ist? Gilt das auch für die unglückliche Frau, die noch Jahre nach ihrer Scheidung ihrem Partner in der Hoffnung hinterherläuft, dass seine Liebe zu ihr vielleicht doch noch mal aufflammen könnte, obwohl er sich schon lange anderweitig orientiert hat? Was ist mit den Zehntausenden von Kindern und Jugendlichen, die über Jahre das feste Ziel haben, Sportprofi, Model oder Musikstar zu werden, ohne auch nur den Hauch einer Voraussetzung dafür mitzubringen?

**Durchhalten, um nach langer Zeit hoffnungslos zu scheitern?**

Warum erzählen die Motivationspropheten nie etwas von denjenigen, die zwar niemals aufgegeben haben, aber am Ziel feststellen mussten, dass es besser gewesen wäre, sie hätten es getan? Warum werden die Geschichten der Menschen nicht öfter in Büchern oder auf Bühnen erwähnt, die sich verbissen an ihre Hoffnung festgeklammert haben und damit hoffnungslos gescheitert sind? Der Grund dafür ist simpel und einfach: Solche Storys passen nicht ins Konzept der selbst ernannten Heilsbringer, die mit dem (Aber-)Glauben von Menschen ihr Geld verdienen. Das Motivationsmotto »Never give up« ist ein zeitloses Geschäftsmodell, das sich rechnet. Denn die Zahl derer, die ihren Weg am liebsten aufgeben würden – ganz unabhängig davon, ob es der richtige ist oder nicht –, ist nahezu unerschöpflich. Unsicheren Leuten grundsätzlich einzureden, immer weiter an sich und ihren Weg glauben zu müssen, ist fahrlässig – allerdings auch lukrativ. Denn die Masse der Leute war schon immer bereit dazu, Menschen zu unterstützen, die ihnen das Gefühl der Hoffnung schenken. Doch Hand aufs Herz: Was hilft es, in Teamtrainings oder Seminaren hundertmal »Ich schaffe das!« zu schreien, wenn man nicht mal genau weiß, was man eigentlich in Wirklichkeit schaffen will und vor allem warum und wofür?!

## »Immer weitermachen« – die Grenzen des Oliver-Kahn-Prinzips

Gerne wird in Motivationsseminaren oder Ratgebern das alte Motto wiederholt, das Oliver Kahn vor vielen Jahren einmal herausgebrüllt hat: »Weiter, weiter, immer weitermachen!« Beispiele von Ausnahmesportlern oder Überlebenskünstlern werden dem Otto Normalverbraucher als Orientierungsgröße verkauft. Die Latte so hoch zu legen, ist gefährlich. Es führt dazu, dass Menschen bei dem Versuch verbrennen, immer so stark zu sein, wie einige wenige es in Ausnahmesituationen waren. Glauben Sie mir, ich bin definitiv kein Fan davon, die Flinte schnell ins Korn zu werfen. Doch diesem Ansatz fehlt es an Substanz und Tiefe. Der Punkt ist nicht, dass eine gewisse Standhaftigkeit und Unbeugsamkeit schlecht wäre. Der Punkt ist, dass dies für ein erfolgreiches und glückliches Leben eben nicht alles ist. »Never give up« als alleiniges Lebensmotto führt manchmal eher zur Selbstzerstörung als zur Erfüllung. Dabei ist das Motto an sich nicht schlecht, es muss nur dadurch ergänzt werden, sich dabei nicht selbst zu vergessen. Denn wer sich selbst ehrlich hinterfragen kann, ist in der Lage, zu erkennen, inwieweit sein Durchhaltekampf sinnvoll ist und wann die Zeit dafür gekommen ist, ihn zu beenden.

## Der »bequeme« Weg des Durchhaltens

Wer genauer hinsieht, erkennt, dass es etwas gibt, was in vielen Fällen noch viel anstrengender und schwieriger sein kann als das ewige Durchhalten: das Loslassen. Auch wenn es als einfachster Weg gilt, alles hinzuwerfen, ist es am Ende doch häufig viel schwerer als gedacht. Der Punkt ist: Beide Wege, das Durchhalten und das Loslassen, verursachen Schmerz. Nicht von ungefähr halten viele am Bekannten fest, selbst wenn es sie unglücklich macht: Sie müssen etwas aufgeben, und sie wissen nicht, was alternativ auf sie zukäme. Hier erfordert das Loslassen durchaus Mut. Etwas aufzugeben hat insofern oft deutlich mehr mit Stärke zu tun, als hirnbefreit nur immer weiterzumachen. Eine Tatsache, die die Prediger des unbeugsamen Willens öffentlich zwar niemals zugeben würden, aber die viele Menschen aus ihrer Lebenserfahrung dennoch bestätigen können.

Das lukrative Geschäft mit der Beschwörung des Gib-niemals-auf-Geistes funktioniert vor allem deshalb, weil Menschen im Loslassen noch viel schlechter sind als im Ausharren. Der Schmerz, etwas aufzugeben, ist akut sehr intensiv, aber er ist zeitlich stark begrenzt und nimmt in der Regel schnell ab. Der Durchhalteschmerz dagegen ist unbefristet und steigt meistens im Laufe der Zeit immer weiter an. Das Fatale daran ist: Man gewöhnt sich daran. Unser Körper wie auch unsere Psyche besitzen eine hohe Anpassungsfähigkeit und können sich auf ein bestimmtes Schmerzniveau einstellen. Denken Sie nur mal an Ausdauersportler, die extreme Anstrengungen bei Triathlons oder auch Ironman-Wettkämpfen auf sich nehmen. Sie haben gelernt, Schmerz zu ertragen und sich bis ins Ziel durchzubeißen. Seine Ziele trotz Schmerzen erreichen zu können, ist definitiv eine Fähigkeit, die in vielen Lebenslagen hilfreich ist. Wenn der Schmerz jedoch zur Lebensgewohnheit wird, ohne Zukunftsperspektive auf Besserung, birgt er mehr Gefahren als Chancen.

> **Viele Menschen können noch viel schlechter loslassen als ausharren**

Häufig kann man so etwas in unglücklichen Partnerschaften beobachten, wo die Ehepartner seit 15 Jahren aus Gewohnheit miteinander verheiratet sind, obwohl es beide unglücklich macht. In Coachings habe ich schon öfter Geschichten von Frauen gehört, die seit Jahren von ihrem Partner unterdrückt, kontrolliert und teilweise sogar misshandelt wurden und sich trotzdem nicht trennen konnten. Natürlich stellt man sich dabei die Frage, warum die gute Frau ihrem Mann nicht endlich eine Briefmarke auf den Hintern klebt und ihn ohne Rückflugticket auf den Mond schießt. Warum lässt sie das nur mit sich machen? Warum verändert sie ihr Leben nicht und befreit sich aus diesem Gefängnis, zu dem sie selbst den Schlüssel besitzt?

Ganz einfach: Weil die Angst, Gewohntes loszulassen, oftmals größer ist als der Schmerz des Durchhaltens. Auch an Unglück kann man sich gewöhnen.

## Die Schattenseiten der Gewöhnungsfähigkeit

Im Koreakrieg entwickelten die Chinesen eine unspektakuläre, aber sehr effektive Waffe der psychischen Beeinflussung. Der amerikanische Generalstab war damals geschockt über die unglaublichen mentalen Veränderungen bei den heimkehrenden Kriegsgefangenen. Deren Einstellungen und innere Überzeugungen waren komplett auf den Kopf gestellt – man könnte sagen, viele der Kriegsveteranen hatten sich in der Gefangenschaft zu glühenden Kommunisten verwandelt. Dahinter verbargen sich keine Gehirn-OPs oder Drogencocktails, die man ihnen zwangsweise eingeflößt hätte. Die Offiziere berichteten vielmehr, dass sie freiwillig zu ihrer kommunistischen Überzeugung gelangt seien. Da sich diesen radikalen Meinungswandel niemand erklären konnte, beleuchteten Psychologen die Hintergründe dafür näher.

Die psychische Manipulation der Gefangenen ist heutzutage unter dem Begriff »Gehirnwäsche« bekannt. Viele Wochen lang wurden die Offiziere streng voneinander abgeschirmt und in einer kleinen, kargen Einzelzelle komplett isoliert. Dieser Reizentzug durch Isolation geht massiv zulasten des menschlichen Stimulanz-Emotions-Systems und führt zu extremer Langeweile, dem Gefühl von Sinnlosigkeit und dementsprechender Verzweiflung. Nach einiger Zeit bot man den Gefangenen an, freiwillig an Diskussionsrunden teilzunehmen. Diese Freiwilligkeit war dabei entscheidend, denn damit hatten die Offiziere das Gefühl, selbst eine Wahl getroffen zu haben, und merkten nicht, dass mit ihnen ein echtes Psychospiel betrieben wurde.

Im nächsten Schritt servierten die Chinesen den amerikanischen Gefangenen nicht gleich ihre harte Propaganda, im Gegenteil: Die Amerikaner durften ihr geliebtes Heimatland nach Belieben loben, ohne dass eingegriffen oder das Ganze unterbunden wurde. Ab und an gab es eine Nachfrage, aber nicht mehr. Am Ende der Diskussionsstunde mussten die Offiziere wieder zurück in ihre Isolationshaft. Zweimal pro Woche wurden diese Veranstaltungen angeboten und ab und an gab es einen ebenfalls freiwilligen Aufsatzwettbewerb zu politischen Fragen. Zum Sieger gekürt wurden dabei anfänglich auch Aufsätze, die Amerika lobten, ohne allerdings den Kommunismus dabei schlechtzumachen. Von Woche zu Woche jedoch wurden die Offiziere in kleinen unmerklichen Schritten immer ein bisschen stärker für kommunismusfreundliche Aussagen belohnt. Nach einigen Monaten veränderte dieser Prozess die Überzeugungen und den Nationalstolz der Amerikaner so stark, dass aus ihnen tatsächlich fanatische und überzeugte Kommunisten wurden.

An diesem Beispiel kann man zwei Dinge lernen. Erstens erkennt man, wie anpassungs- und wandlungsfähig der menschliche Geist ist. Durch die Strategie der kleinen Schritte wurde der Veränderungsschmerz auf einem zwar deutlich spürbaren, aber ertragbaren Niveau gehalten. Nach einiger Zeit wurde aus diesem unangenehmen Gefühl eine Gewohnheit – sprich, man akzeptierte es eben, in gewissem Rahmen gegen die eigenen Überzeugungen zu handeln. Diese Form von »Brainwash« funktioniert übrigens nicht nur durch äußere Einflüsse, sondern ist auch im Alleingang durchführbar. Wer sich selbst lange genug einredet, dass Schmerz zum Leben eben dazugehört, der spürt in gewissem Rahmen auch die dazugehörigen Auswirkungen. Einbildung ist auch eine Bildung, wie es so schön heißt. Wer sich einbildet, keinesfalls aufgeben zu dürfen, weil er sonst ein Weichei oder ein Versager wäre, und nach dem Motto leben zu müssen: »Alles, was dich nicht umbringt, macht dich nur härter«, der akzeptiert irgendwann den zeitlosen Schmerz des Durchhaltens.

Zweitens lernt man am Beispiel der militärischen Gehirnwäsche, dass sich ein Mensch durch die Gewöhnung an Schmerz sehr weit von seinen natürlichen inneren Überzeugungen entfernen kann. Schmerz vorübergehend aushalten zu können, ist ein wichtiger Überlebensmechanismus. Ihn aber auf Dauer zu akzeptieren, zerstört das, was das eigene Leben lebenswert macht.

Dass das dauerhafte Aushalten von Schmerz nicht unbedingt zum Erfolg und schon gleich gar nicht zur Erfüllung führt, symbolisiert auch der irische Wirtschafts- und Sozialphilosoph Charles B. Handy anhand einer kleinen erfundenen Geschichte sehr eindrucksvoll. In Kürze zusammengefasst geht es in seiner Story um die Tatsache, dass man einen Frosch nicht kochen könne, wenn man ihn in einen Topf mit kochend heißem Wasser wirft. Sobald der Frosch den extremen Hitzeschmerz spürt, springt er wie von der Tarantel gestochen auf und davon. Ändert man jedoch die Strategie und gibt das Tier in einen Topf mit kühlem Wasser, das danach langsam, aber kontinuierlich immer mehr erhitzt wird, flüchtet er nicht und stirbt. Der Biologe Victor Hutchinson von der amerikanischen University of Oklahoma erhitzte im Dienste der Wissenschaft ebenfalls Frösche. Wie er herausfand, versuchen die Frösche bei steigenden Temperaturen zu fliehen. Relativ bald erleiden sie jedoch muskuläre Spasmen, wodurch ihre immer stärker werdenden Versuche, aus dem Wasser zu fliehen, scheitern. Wird das Wasser dann noch heißer, kommt es zur Hitzestarre und zum Tod.

ERFOLGSREGEL

**Für ein erfülltes Leben ist es wichtig, rechtzeitig das loszulassen, was nicht dazugehört.**

## Die Wahrheit hinter dem Schein

Schon Hermann Hesse bemerkte: »Manche Leute glauben, Durchhalten macht uns stark. Doch manchmal stärkt uns gerade das Loslassen.« Diese Weisheit kann ich aus eigener Erfahrung bestätigen. Mein Vater war und ist Steuerberater und führt seit Jahren eine große

Kanzlei. Als Gründer hat er natürlich das volle Herzblut in dieses Unternehmen gesteckt; es ist sein Lebenswerk. Dementsprechend war für mich als einziges Kind der berufliche Lebensweg in gewisser Weise bereits vorgezeichnet. Ich sollte in die Fußstapfen meines Vaters treten und seine Firma einmal übernehmen. Wenn mich meine Lehrer in der Grundschule fragten: »Steffen, was willst du denn mal werden, wenn du groß bist?«, antwortete ich entweder »Steuerberater« oder »Chef«. Durch mein Fachabitur in Wirtschaft und Rechtspflege mogelte ich mich mit mehr Glück als Verstand durch. Danach begann ich planmäßig mein Studium der Betriebswirtschaftslehre, um danach als Betriebswirt in die Kanzlei einsteigen zu können. Je länger das Studium dauerte, desto quälender wurde es für mich. Ich hasste die Vorlesungen und wurde regelrecht aggressiv, wenn ich mich mit den relevanten Fachthemen beschäftigen musste. Ich langweilte mich wirklich zu Tode. Eines Tages, kurz vor Abschluss meines Vordiploms, saß ich gedankenverloren und gewohnt deplatziert im Vorlesungssaal und starrte Löcher in die Luft. Ich stellte mir plötzlich drei Grundsatzfragen: Warum tue ich das hier eigentlich? Was würde ich lieber tun? Und warum zum Teufel glaube ich eigentlich, unbedingt Steuerberater werden zu müssen?

**Durch Aufgeben eines Berufsziels zum Traumberuf**

Auf die dritte Frage fand ich sehr schnell eine Antwort. Mein Vater liebte seinen Beruf schon immer abgöttisch. Er ist wirklich zu dem berufen, was er tut. Aus diesem Grund hat er schon immer sehr viel gearbeitet und war auch jedes Wochenende in seinem Büro zu finden. Als Kind will man natürlich viel bei seinem Vater sein, weshalb auch ich die Wochenenden kurzerhand in seiner Kanzlei verbrachte und die Büroräume zusammen mit meinen Freunden in kleine Abenteuerspielplätze umfunktionierte. Diese »Spielplätze« hätten allerdings auch an anderen Orten außerhalb der Kanzlei sein können. Was mich aber immer wie magisch dorthin zog, war die räumliche Nähe zu meinem Vater. Somit verband ich seit frühester Kindheit sehr positive Gefühle mit dieser Umgebung und entwickelte den Wunsch, möglichst oft an diesem persönlichen Wohlfühlort sein zu können. Aus meiner heutigen Sicht nachvollziehbar, aber mit Interesse an diesem Beruf hatte das natürlich überhaupt nichts zu tun.

Als mir dieser Zusammenhang bewusst wurde, war mir klar, dass ich auf die anderen beiden Fragen, die ich mir gestellt hatte, keine zukunftsfähigen Antworten finden würde. Ich erkannte, dass dies nicht mein Studium und das Steuerfach nicht mein Leben war. Ich packte meine Sachen zusammen, fuhr nach Hause und exmatrikulierte mich kurzerhand am selben Tag. Die Begeisterung meiner Mutter war überschaubar. Mit zittrigen Händen rief ich meinen Vater an und bat um einen »Termin« am Abend. Ich hätte da etwas, was ich ihm erzählen müsse. Als ich im Auto saß und zu ihm fuhr, war mir regelrecht schlecht. Nicht weil ich Angst hatte, dass er mich wütend aus dem Haus jagen würde. Meine schlechten Gefühle rührten daher, dass ich erstens gerade im Begriff war, ihn durch die Ablehnung seines Lebenswerks massiv zu enttäuschen. Zweitens hatte ich fürchterliche Gewissensbisse mir selbst gegenüber, da ich gerade dabei war, meinen jahrelang geplanten Berufsweg aufzugeben, was man doch eigentlich nicht machen sollte – schon gleich gar nicht mit so einer hervorragenden beruflichen Zukunftsperspektive: einer eigenen florierenden Firma. Was ich tat, war rein rational betrachtet hochgradig unvernünftig. Ich hätte doch einfach noch zwei Jahre durchziehen und dann mit dem Abschluss des Diplom-Betriebswirts neu entscheiden können. Aber nein, ich wollte diesen unangenehmen Weg sofort verlassen und die ganze Belastung über Bord werfen.

**Einen alten Plan loslassen, um mit einem neuen zu beginnen**

Bei meinem Vater angekommen, fühlte ich mich innerlich so, als ob ich ein Date mit dem Henker höchstpersönlich hätte. Nicht weil er ein zorniger Mensch wäre – er ist das komplette Gegenteil davon. Gerade weil er so ein großes Herz hat und wir uns nahestehen, war dies definitiv das schwerste Gespräch meines Lebens. Ich überlegte kurz, ob ich meinen Bericht nicht einfach mit »April, April!« beenden sollte, um dann so schnell wie möglich wieder nach Hause zu fahren. Doch ich wollte nicht flüchten. Vor der Wahrheit der eigenen Gefühle kann man sich nicht verstecken. Ich stellte mich meiner Angst und eröffnete das Vater-Sohn-Gespräch mit kurzen, knappen Sätzen, die ich noch halbwegs stotterfrei über die Lippen brachte: »Papa, ich muss dir drei Sachen sagen: 1. Ich habe heute mein Studium geschmissen. 2. Ich werde nicht Steuerberater. 3. Du brauchst einen anderen Nachfolger für deine Kanzlei.« Stille. Kennen Sie das, wenn eine Gesprächspause plötzlich so viel Spannung erzeugt, dass man nur noch das eigene Herz schlagen hört? Mein Vater saß mit offenem Mund da und durchbrach dann die Stille nach geschätzten fünf Sekunden mit einem klangvollen »Aha«. Ab diesem Moment wurde ich entspannter. Wir unterhielten uns danach lange und sehr positiv. Er ließ mich meinen Weg gehen, auch wenn er sicherlich nicht verstand, was ich jetzt vorhatte. Ich wusste es zu jenem Zeitpunkt ja selbst nicht.

Es gab noch zwei Situationen in meinem Leben, in denen ich eine ähnliche berufliche Entscheidung zu treffen hatte. Als Tennisspieler war ich durchaus talentiert und arbeitete hart daran, immer besser zu werden. Tennis und Sport sind mein Leben. Tennisprofi wäre ein Lebenstraum gewesen. Jedoch musste ich auch hier irgendwann einsehen, dass ich zwar besser spiele als 95 Prozent aller anderen Tennisspieler, aber niemals damit mein Geld würde verdienen können. Ich studierte in der Folge Sportmanagement. Danach arbeitete ich fünf Jahre lang in der Geschäftsführung eines Volleyball-Bundesligaklubs, mit dem zusammen ich auch die Deutsche Meisterschaft gewinnen durfte. Mir machte mein sportökonomischer Beruf viel Freude und der Erfolg motivierte. Doch auch hier musste ich mir eines Tages eingestehen, dass ich es nicht als meine wirkliche Bestimmung empfand, Deutschlands bekanntester und erfolgreichster Sportmanager zu werden. Mit 28 Jahren entschied ich mich erneut, einen vielversprechenden beruflichen Weg aufzugeben, und verließ den Klub, um mich in einer neuen Richtung selbstständig zu machen.

Erst durch dieses Loslassen von guten, aber dennoch für mich nicht stimmigen Berufswegen bin ich auf meinen heutigen Traumberuf gekommen. Manchmal ist die größte Herausforderung im Leben nicht das Festbeißen und Dranbleiben an einer Sache, sondern wirklich das Aufgeben dessen, was man bereits hat und was womöglich auch noch vielversprechend aussieht. Doch wer Altes nicht loslässt, hat keine

Hand für etwas Neues frei. Auch in Sachen Liebe ist es ja so, dass manche deswegen nie den richtigen Partner finden, weil sie zu eng an den falschen gebunden sind. Das Gleiche galt für mein Berufsleben. Denn wie hätte ich meinen heutigen Traumberuf finden sollen, wenn ich mich weiter jahrelang an den falschen festgeklammert hätte, nur weil er vernünftig erschien und in der Vergangenheit mal mein Ziel war? Warum soll man zwingend etwas zu Ende bringen müssen, nur weil man es einmal angefangen hat? Wer A sagt, muss überhaupt nicht B sagen – das ist eine Motivationslüge!

**Wer aufgibt,
ist oftmals nicht zu schwach zum Durchhalten,
sondern stark genug,
um loslassen zu können.**

### Aufgeben oder weitermachen?

Wissen Sie, was ein Pyrrhussieg ist? Das ist ein Sieg, der schon fast einer Niederlage gleichkommt. Ein Sieg also, für dessen Erreichung Aufwand und Schmerz so hoch sind, dass die Zielerreichung am Ende mehr kostet als bringt. Im 3. Jahrhundert v. Chr. zog König Pyrrhus von Epiros für die Griechen in den Krieg gegen die Römer. Er triumphierte über sie in der Schlacht bei Asculum. Dabei verlor er jedoch so viele Männer, dass Pyrrhus gesagt haben soll: »Noch so ein Sieg – und wir sind verloren!« Charakteristisch für unsere Gesellschaft sind aber Durchhalteparolen und die fixe Überzeugung, dass am Ende immer der Sieg stehen müsse. Keinesfalls aufgeben, das Ziel nie aus dem Auge verlieren, sich nicht beirren lassen, die Flinte niemals ins Korn werfen! All das sind gefährliche Halbwahrheiten. Entscheidend ist die

Frage, ob wir in unserem Inneren nicht schon längst spüren, dass eine Korrektur des eingeschlagenen Weges notwendig wäre. Doch aufgrund der Überzeugung, dass der (scheinbar) Starke niemals aufgibt, trauen sich viele nicht einmal, auch nur darüber nachzudenken, ob sich das Weitermachen noch lohnt.

**Aufgeben ist eine wichtige Strategie des selbstkorrektiven Handelns**

Die übertrieben positive Wahrnehmung von Willenskraft, Ausdauer und Beharrlichkeit lässt für das Aufgeben nur noch den Schwarzen Peter übrig. Als topmotiviert gilt heute ausschließlich der, der durchhält – die Sinnfrage wird dabei gerne ignoriert. Dabei ist Aufgeben eine wichtige Strategie des selbstkorrektiven Handelns. Unerbittliches Ausharren zerrt nicht nur an der Psyche, sondern auch am körperlichen Wohlbefinden. Das bestätigen unter anderem die Studien des Motivationsforschers Carsten Wrosch an der Concordia University in Montreal. Wroschs Team fand in drei Studien heraus, dass Menschen, die in der Lage sind, sich von unerreichbaren oder sinnlosen Zielen zu lösen, glücklicher sind als diejenigen, die weiterhin daran festhalten. Andere Studien von Wrosch und seinem Team zeigen, dass das Aufgeben überdimensionierter Ziele auch zur Steigerung des körperlichen Wohlbefindens führt. Einer der simplen Gründe dafür ist unter anderem, dass die Produktion des Stresshormons Cortisol zurückgeht.

Diese Beobachtungen bedeuten natürlich keinesfalls, dass man alle schwierigen Ziele und Träume aufgeben sollte, die hohen Einsatz und auch viel Zeit erfordern. Doch die Basis eines erfüllten Lebens ist die gesunde Balance aus Durchhalten und Aufgeben. Natürlich sollte man sich persönlichen Wünschen und großen Träumen mit vollem Einsatz widmen und dafür auch schmerzhafte Widerstände in Kauf nehmen können. Doch es macht keinen Sinn, ihnen blind hinterherzurennen, ohne sich selbst die Korrektur des eigenen Weges zu erlauben. Viel schlimmer, als ein Ziel zu verlieren, ist es, sich selbst zu verlieren. Schon der Philosoph Robert Goodin sagte daher: »Gewinner geben ständig auf.«

## Die Kunst des richtigen Aufgebens

Die entscheidende Frage, die sich nun stellt, lautet: Woher weiß man, ob es besser ist, aufzugeben oder doch weiterzumachen und dranzubleiben? Meiner Erfahrung nach liegt die Kunst des Aufgebens im richtigen Timing. Diesen Zeitpunkt für sich zu erkennen, ist für jeden Menschen erlernbar, denn es gibt sowohl körperliche als auch seelisch-mentale Prüfkriterien, die einem bei der Entscheidungsfindung helfen können. Wer seinen körperlichen und emotionalen Zustand regelmäßig reflektiert, kann zwischen erfüllender Zielerreichung und einem Pyrrhussieg unterscheiden lernen.

Egal, wie wichtig ein Ziel sein mag – wenn Sie bei der Verwirklichung Ihre Gesundheit gefährden, müssen Ziel und Umsetzungsstrategie massiv hinterfragt werden. An dieser Stelle empfehle ich Ihnen, einen mehrtägigen oder sogar mehrwöchigen Beobachtungszeitraum festzulegen, in dem Sie herausfinden, ob der Moment zum Aufhören gekommen ist oder nicht. In dieser Zeit sollten Sie Ihre zentrale Aufmerksamkeit auf die folgenden drei Bereiche ausrichten:

1. Ihr körperliches Wohlbefinden
2. Ihre mentale und emotionale Situation
3. Rationale Situationsanalyse und Perspektivbewertung

Diese drei Faktoren werden im Alltag häufig ignoriert oder nur teilweise miteinbezogen. Aber gerade sie bringen Aufschluss darüber, ob man am Ziel festhalten oder es aufgeben sollte, um sich nicht massiv selbst zu schaden. Achten Sie daher als Allererstes darauf, wie gesund und fit sich Ihr Körper anfühlt. Wenn Sie körperliche Schmerz- oder Krankheitssymptome bekommen, ist es fatal, sich an Motivationslügen festzuklammern. »Wenn's nicht wehtut, bringt's nichts« – das mag vielleicht für ein Bodybuilder-Training gelten, aber nicht fürs Leben an sich. Fakt ist: Wenn Ihr Körper Ihnen über längere Zeit konkrete Schmerz- oder Erschöpfungssignale sendet, müssen Sie runter vom Gas und eine andere Richtung einschlagen. Sich für eine fixe Zielvorstellung körperlich zu ruinieren, ist »Pyrrhus im Quadrat«!

Beobachten Sie zusätzlich dazu auch Ihren psychischen Zustand und Ihre Gefühlslage. Wie stark sind Ihre mentalen und emotionalen Schwankungen? Am besten ist es, wenn Sie sich jeden Abend vor dem Einschlafen ein paar Minuten in Ruhe hinsetzen und den Tag Revue passieren lassen. Schreiben Sie Ihre Beobachtungen über Ihre Gedanken- und Gefühlswelt in ein Notizbüchlein und führen Sie (zumindest für drei Wochen) eine Art Tagebuch darüber. So dokumentieren Sie, wie es Ihrem Kopf und auch Ihrem Herzen geht. Es gibt durchaus Menschen, die körperlich fit sind, aber seelisch dennoch am Stock gehen. Ich selbst war damals ein gutes Beispiel dafür: Während des Studiums hatte ich körperlich keine Beschwerden, aber meine Stimmung wurde von Monat zu Monat schlechter. Ich war zwar nicht depressiv, aber ideenlos, müde, gelangweilt, unmotiviert und sehr gereizt. Meine emotionale Entwicklung war über einen längeren Zeitraum hinweg eindeutig negativ, was mir Teile meines Umfelds auch unmissverständlich sagten. Das ist ein klares Zeichen dafür, dass es Zeit wird, etwas zu verändern!

Parallel zur Beobachtung Ihrer körperlichen und auch seelischen Verfassung kontrollieren Sie bitte auch den Verlauf Ihrer Zielerreichung ganz rational. Kommen Sie wirklich voran? Ist die Zielerreichung noch realistisch? Machen Sie die Fortschritte, die Sie brauchen, um am Ende wirklich dort hinkommen zu können, wohin Sie wollen? Auch dabei ist es wichtig, einen längeren Beobachtungszeitraum von möglicherweise sogar mehreren Monaten zu wählen, da es auf dem Weg zum Ziel natürlich immer wieder mal Rückschritte geben kann. Auf Dauer jedoch sollte, unabhängig von gelegentlichen Tiefschlägen, Ihre Entwicklung in Richtung des Ziels entsprechend positiv sein. Denn was hilft es, wenn Sie sich körperlich und emotional gut fühlen, aber Ihr Ziel in komplett unerreichbare Ferne gerückt ist und keine realistische Chance mehr besteht, es zu erreichen? Lebenszeit zu verschwenden, ist mitunter der höchste Preis, den man bezahlt, wenn man den falschen Weg entlangläuft.

Wenn Sie diese drei Bereiche längere Zeit beobachten und überprüfen, ist es unerlässlich, sich ab und an ganz gezielt die entscheidende Grundsatzfrage zu stellen: »Ist mir dieses Ziel immer noch wirklich wichtig?« Es ist wesentlich, diese Frage etwas länger wirken zu lassen und nicht zu schnell auf eine Antwort zu drängen. Prioritäten im Leben verändern sich. Was einem Menschen vor ein paar Jahren oder sogar Monaten wichtig war, muss es heute nicht unbedingt sein. Nicht nur unsere Persönlichkeit ändert sich, sondern auch unsere Wertigkeiten – also das, was wir für bedeutsam und wertvoll erachten. Manchmal entwickelt man sich, ohne es konkret zu bemerken, von seinem ursprünglichen Ziel weg, da sich die Persönlichkeit und somit auch die Prioritäten im Leben verändert haben. Wächst das alte Ich aus seinen Kleidern heraus, sollte man ihm neue Kleider kaufen, anstatt es in die alten hineinzwängen zu wollen. Das bedeutet: Haben Sie den Mut, Ziele auch mal aufzugeben und durch neue zu ersetzen. Es geht dabei gar nicht darum, vor dem alten Ziel zu kapitulieren, sondern darum, sich auf etwas zu fokussieren, was wirklich den eigenen Werten, Interessen und auch Fähigkeiten entspricht. Der Wunsch, Steuerberater zu werden, ist grundsätzlich ein wunderbares Ziel – nur eben nicht für mich. Ich schätze diesen Beruf außerordentlich und vor allem die Menschen, die diese Kompetenzen besitzen. Doch mein Herz sehnte sich nach einem anderen beruflichen Element, für das ich wirklich große Fähigkeiten besitze. Für Außenstehende ist diese »Stimme des Herzens« oft rein rational nicht nachvollziehbar. Doch wenn das persönliche Lebensziel vom Herzen in den Kopf wandert, ist es an der Zeit, sich nicht länger für das zu verbiegen, was nicht mehr zu einem gehört, nur weil es andere vielleicht erwarten. Wenn Sie merken, dass Sie körperlich, emotional oder psychisch dauerhaft leiden, dass die Erreichung Ihres Ziels unrealistisch geworden ist oder dass sich Ihre Prioritäten im Leben verändert haben, dann lohnt es sich, aufzugeben und loszulassen.

ERFOLGSREGEL

**Ein Nein zu einem alten Weg**
**ist immer auch ein Ja für einen neuen Weg.**

### Aufgeben, ja – aber bitte mit Plan

Nehmen wir an, Sie haben die Signale Ihres Körpers, Ihres Kopfes und auch Ihres Herzens gedeutet und sind zu dem Entschluss gekommen, den alten Weg aufzugeben und sich neu zu orientieren. Nun ist es wichtig, bei der Umsetzung des Ausstiegs einen kühlen Kopf zu bewahren und sich nicht zu überhasteten Kurzschlussreaktionen hinreißen zu lassen. Die wichtigste Regel lautet: Lassen Sie sich Zeit und schlafen Sie ein paar Nächte über Ihre Entscheidung. Werfen Sie nicht grundsätzlich alles sofort hin und beenden Sie gewohnte Verhaltensweisen auch nicht zu abrupt. So etwas ist nur dann ratsam, wenn es bereits massive körperliche oder psychisch-emotionale Belastungsstörungen gibt, die einen sofortigen Ausstieg notwendig machen, um sich selbst beziehungsweise die eigene Gesundheit zu schützen. Doch wenn es keinen direkten Alarmzustand gibt, ist es ratsam, sich planvoll neu zu orientieren. Ich selbst habe meine Entscheidungen zur Aufgabe leider oft sehr radikal getroffen, was nicht immer von Vorteil war. Meine Entscheidungen an sich waren zwar grundsätzlich richtig, jedoch nicht meine gewählte Strategie der Veränderung. Hier hätte ich mir sehr viel Stress, Ängste und Probleme ersparen können.

**Durchaus empfehlenswert: ein Ausstiegsplan**

Mein Studium im Affekt zu beenden, ohne einen Plan zu haben, wie es dann weitergeht, war hochriskant. Ich habe mir damit selbst einen psychischen Druck auferlegt, der mehr als unnötig war. Je nachdem wie viel Energie der Durchhalteprozess im Vorfeld schon gekostet hat, muss man vorsichtig mit sich und den eigenen Energieressourcen umgehen, anstatt sich blind in etwas Ungewisses zu stürzen. Auch die relativ radikale Beendigung meines Jobs in der Volleyball-Bundesliga war nicht optimal, da ich auf die Zeit danach in keinster Weise vorbereitet war. Für meinen neuen Beruf als Coach und Vortragsreferent besaß ich anfänglich weder das Können, um auf der Bühne zu überzeugen, noch hatte ich überhaupt irgendein Vortragsprogramm auf Lager. Ich hatte somit gar kein Angebot, geschweige denn das Wissen, wie ich überhaupt von Unternehmen für solche Vorträge gebucht werden sollte. Demzufolge gab es in den ersten anderthalb Jahren auch relativ überschaubare Eingänge auf meinem Konto, dafür aber recht sportliche Ausgaben. Mein väterlicher Steuerberater war »not amused«. Der Stress, der hierbei entstand, war gefährlich und wäre durch einen vernünftigen Ausstiegsplan vermeidbar gewesen. Deswegen meine Empfehlung an Sie: Wenn Sie die Klarheit haben, etwas aufgeben zu wollen, dann machen Sie das. Aber bereiten Sie sich auf den Absprung vor und entwickeln Sie eine Strategie dafür.

Lassen Sie sich weder von Bekannten noch von Verwandten und auch nicht von Erfolgstrainern hetzen, die ihnen einreden, Sie sollten sofort alles über Bord werfen und sich befreien. Immer mit der Ruhe! Eine größere Richtungsänderung im Leben macht am meisten in mehreren kleinen Schritten Sinn. Mit radikalen Maßnahmen zieht man sich unter Umständen selbst den Boden unter den Füßen weg. Vergessen Sie nie: Loslösungsprozesse sind emotionaler wie auch mentaler Schmerz, der eine erhöhte Sensibilität während des Veränderungsprozesses mit sich bringen kann. Das liegt daran, dass man sich nun selbst erst mal wieder neu finden und dann stabilisieren muss. Nehmen Sie sich Zeit dafür und entwickeln Sie Ihren Weg der Zukunft vernünftig, planvoll, aber auch konsequent, ohne halbherzig zu werden.

# FAZIT

- Aufgeben ist nicht immer gut. Durchhalten aber ebenso wenig.

- Etwas aufzugeben und loszulassen kann deutlich schwieriger und schmerzvoller sein, als weiterhin beharrlich durchzuhalten.

- Aufgeben ist nicht zwingend ein Zeichen von Schwäche, sondern kann unter Umständen ein deutlicher Beweis innerer Stärke sein.

- Konstanter Belastungsschmerz kann zur Gewohnheit werden und großen Schaden anrichten. Wenn sich Körper und Psyche auf dauerhaften Schmerz einstellen, verliert man dabei schnell die Wahrnehmung für das eigene Wohl.

- Die Frage, ob Aufgeben oder Weitermachen die richtige Wahl ist, kann durch Selbstreflexion über einen gewissen Zeitraum anhand folgender Kriterien beantwortet werden: 1. körperliches Wohlbefinden, 2. emotionaler und mentaler Zustand, 3. rationale Kontrolle des Zielerreichungsprozesses, 4. Frage, ob mir das Ziel wirklich noch wichtig ist.

- Ist die Entscheidung zur Aufgabe gefallen, sollte der Loslösungs- und Veränderungsprozess nicht radikal, sondern mit Plan erfolgen.

- Beobachten Sie Ihren körperlichen, psychischen und emotionalen Zustand in den nächsten Wochen. Nehmen Sie sich jeden Tag ein paar Minuten und schreiben Sie sich Ihre Beobachtungen auf.

- Überlegen Sie sich, wohin Sie dieser Weg führt, den Sie gerade gehen, wenn Sie ihn auf diese Weise noch ein paar Monate oder Jahre fortsetzen. Kommen Sie so näher an Ihr Ziel oder näher an den Abgrund?

- Entwickeln Sie einen konkreten Ausstiegsplan. Schreiben Sie auf, welche Verhaltensweisen Sie Schritt für Schritt verändern und welche Sie vorübergehend noch beibehalten, bis Sie am Ende ganz losgelassen haben.

# TEIL 3:

Spezielle
Motivationslügen in
Beruf, Schule und
Leistungssport

# Motivationslüge 9:

## *»Loben und belohnen Sie mehr.«*
## Die Lüge von der Sucht nach Anerkennung

In diesem Kapitel werde ich Ihnen zeigen, wie man durch fehlerhafte
Motivierungsmaßnahmen einen wahren Belohnungsjunkie heran-
züchtet. Sie erfahren, warum Lob und Belohnung das Motivationsgefühl eines Menschen sogar zerstören können. Gleichzeitig gehe
ich auf die Grundsatzfrage ein, inwiefern man Menschen überhaupt
durch äußere Anreize motivieren sollte und auf welche Voraussetzungen es ankommt, um dabei keine kontraproduktiven Effekte
zu erzielen.

## Entlarvung der Lüge

Ich erlebe es in meinem Beruf regelmäßig, dass Unternehmen die
Motivation, das Engagement und die Leistungsbereitschaft ihrer Mitarbeiter fördern wollen, indem sie bestimmte Verhaltensweisen belohnen. Eine langfristig positive Entwicklung des Motivationsgefühls
ist dabei aber eher ein seltenes Ergebnis, denn meist schaden die
Motivierungsmethoden mehr, als sie nützen. Einer der Hauptgründe
dafür ist, dass Belohnung ein extrinsischer, also von außen kommen-
der Motivierungsreiz ist, der bei fehlerhaftem Einsatz die natürlichen
inneren (intrinsischen) Bedürfnisse verdrängt. In Interviews zum
Thema »Lob in Unternehmen« erzählen mir Journalisten häufig von
Umfragen, denen zufolge in Firmen zu wenig gelobt wird. Die Frage
an mich ist stets, was man gegen die katastrophale deutsche Lobkultur
machen könne. Denn dieses Anerkennungsdefizit von Mitarbeitern
sei ja offensichtlich schuld an der schlechten Stimmung und Motivation in vielen Unternehmen.

Wahr daran ist: Das Motivationsgefühl vieler Angestellter in Unternehmen ist tatsächlich nur durchschnittlich ausgeprägt und teilweise sogar mangelhaft. Wahr ist auch, dass die Wertschätzung von Menschen in einigen Organisationen zu wünschen übrig lässt. Doch die Schlussfolgerung, dieses Problem durch ein Mehr an Lob beheben zu können, ist schlicht und einfach zu kurz gedacht. Glauben Sie mir, ich war schon in Firmen, da herrscht eine derart übertriebene Lob- und Kuschelkultur, dass man sich denkt: »Noch ein nettes Wort und ich lasse dich deinen Kaffee durch die Nase inhalieren!« Anerkennung durch finanzielle Anreize oder auch durch Worte des Lobs kann sich durchaus positiv auf das Motivationsgefühl auswirken. Aber nur dann, wenn die entsprechenden Voraussetzungen dafür beachtet werden. Andernfalls droht ein größerer Schaden als Nutzen.

**Wie man Menschen zu Tode belohnt**

Die folgende wahre Geschichte, die sich so vor einigen Jahren in den USA abgespielt hat, verdeutlicht die Tatsache, dass Belohnung auch eine Form von Bestrafung sein kann. Im Bundesstaat Texas arbeitete ein 70-jähriger Mann namens Peter Blackwood in seinem Garten. Am späten Nachmittag kam eine Horde von Teenagern an seinem Zaun vorbei. Die Jungen blieben stehen und begannen in ihrem Übermut, Witze über Peter zu machen. Sie warfen ihm Beleidigungen an den Kopf und machten sich über ihn lustig. Das Ganze dauerte rund eine halbe Stunde, in der der Unmut des Rentners deutlich sichtbar wuchs. Dennoch traute er sich nicht, gegen die frechen Rotznasen vorzugehen, da er sich körperlich unterlegen fühlte. Er ergab sich seinem Schicksal und erduldete zähneknirschend die Beschimpfungen der Jungen. Diese hatten offenbar so viel Freude am Unmut des alten Mannes, dass sie am nächsten Tag wiederkamen, um dieselbe respektlose Show abzuziehen.

Peter Blackwood war zwar verärgert, aber vor allem auch weise. Auf der Suche nach einer Lösung für dieses Problem kam er auf eine verblüffende Idee – er wollte die Knaben totmotivieren. Als diese am dritten Tag wieder erschienen, eilte er direkt auf sie zu. Jedoch nicht, um nun seinerseits seinen Peinigern üble Beschimpfungen und Drohungen an den Kopf zu werfen, sondern ganz im Gegenteil. Die Halbwüchsigen staunten nicht schlecht, als der alte Mann jedem von ihnen einen Dollar in die Hand drückte und erklärte: »Ihr macht das wirklich toll! Ich zahle jedem von euch einen Dollar, aber ihr müsst morgen wiederkommen und es ganz genauso machen wie heute, einverstanden?« Spätestens jetzt war sich die Gruppe sicher, dass der Alte geistig nicht mehr alle Latten am Zaun zu haben schien. Die Freude über dieses verlockende Angebot war groß und es wurde mit höhnischem Gelächter bereitwillig angenommen. Zusätzlich Geld für etwas geschenkt zu bekommen, was man sowieso gerne macht – besser geht's ja nicht, oder?

**Belohnungs-junkies kann man züchten**

Am nächsten Tag gab Blackwood den Teenagern wie versprochen das Geld: »Großartig! Ihr seid wirklich fantastisch, und ich bitte euch, wiederzukommen. Ich werde euch auch wieder bezahlen, doch leider reicht es nur für 50 Cent für jeden, tut mir leid.« Am Tag darauf geschah in etwa dasselbe. Am darauffolgenden jedoch zahlte er nur noch 10 Cent, und am fünften Tag sagte er zu den Jugendlichen: »Es tut mir wirklich leid, ihr seid so gut. Nur leider bin ich momentan etwas knapp bei Kasse. Wärt ihr bereit, in Zukunft für nur einen Penny zu lästern?« Die Teenager sahen sich gegenseitig verärgert an, zeigten dem alten Mann einen Vogel und riefen: »Für einen Penny sollen wir wieder den ganzen Weg hierherkommen? Das ist ja wohl ein Witz! Da kannst du dir einen anderen Dummen suchen!« Die Jungen kamen daraufhin nie wieder zum Garten von Peter Blackwood. Ab sofort hatte er wieder seine Ruhe.

Diese Geschichte zeigt sehr schön, welchen Einfluss Belohnungsreize auf das Verhalten von Menschen haben können. Es ist zwar durchaus möglich, den natürlichen inneren Antrieb damit zu fördern, doch die Gefahr eines dabei entstehenden Schadens ist groß. Die grundsätzliche Aussage, dass Menschen speziell in Unternehmen mehr gelobt werden müssten, entspricht so pauschal nicht der Wahrheit. Es gibt in Bezug auf extrinsische Motivierung kein Quantitätsproblem, sondern ein Qualitätsproblem. Es werden nicht zu viele oder zu wenige Belohnungen verteilt, sondern vielmehr die falschen und auf die falsche Art. Wer unreflektiert einfach mal jeden möglichst viel lobt, tut seinem Gegenüber damit nichts Gutes. Das bedeutet natürlich nicht, dass jede Form von Belohnung grundsätzlich negativ wäre! Äußerliche Anreize können das innere Wollen durchaus positiv unterstützen, denn eine gewisse »Gier« nach Belohnung ist in jedem Menschen angelegt. Doch wir müssen beachten, dass dieses Verlangen nicht bei jedem gleich stark ausgeprägt ist und dass es Grenzen gibt, jenseits derer das Ganze durch Übertreibung zu schaden beginnt.

ERFOLGSREGEL

## Es kommt nicht auf die Häufigkeit von Lob an, sondern auf dessen Qualität.

### Wie man einen Belohnungsjunkie heranzüchtet

Im ersten Teil dieses Buches haben Sie bereits die vier limbischen Emotionssysteme des Menschen kennengelernt. Es ist eine neurobiologische Tatsache, dass das Dominanzsystem einer Person dann reagiert, wenn eine Aussicht auf großen finanziellen Erfolg besteht oder sie die Möglichkeit hat, als Sieger aus einem Vergleich hervorzugehen. Auch eine Steigerung von Status und Bedeutsamkeit aktiviert bei einem Großteil der Bevölkerung die Motivations- und Belohnungszentren im Gehirn. Ein Mensch mit einem starken Dominanzstreben besitzt einen nahezu unstillbaren »Hunger« nach Erfolg und Wachstum. Genau diese Leute motiviert öffentliche Anerkennung sehr stark. Denken Sie beispielsweise an berühmte Sportler wie Cristiano Ronaldo, Boris Becker oder Michael Jordan. Für einen »Dominanzler« ist die Aussicht, gegen andere in einem Wettbewerb gewinnen zu können, kein rein äußerer Motivationsanreiz, sondern trifft vielmehr sein inneres Bedürfnis nach Macht und Durchsetzung. Der Wunsch, gegen andere zu gewinnen, ist die Motivation; der Wettbewerb ist die Methode der Motivierung, die das innere Bedürfnis bedienen kann.

Zwei Punkte sind dabei allerdings zu beachten: Erstens wird nicht jeder Mensch primär durch Dominanzemotionen angetrieben. Viele Leute streben eher nach Sicherheit, Harmonie, Verbundenheit und gegenseitiger Unterstützung. Sie zu begeistern, erfordert dann ganz andere Maßnahmen. Zweitens muss man beachten, dass es keinen Menschen gibt, der ausschließlich nur nach Dominanzmotiven wie Macht, Status, Anerkennung und Zielerreichung strebt. Das bedeutet konkret: Erfolg allein ist für jeden zu wenig.

**Erfolg ist eine gute Hintergrundmusik, aber ein schlechter Alleinunterhalter.**

Einen Mitarbeiter beispielsweise ausschließlich über Leistungsziele und Geldprämien zu motivieren, führt nachweislich über kurz oder lang zu Demotivation und Antriebslosigkeit. Denn wer sich im Leben für nichts interessiert, außer dafür, Geld zu verdienen, der verdient im Leben auch nichts – außer Geld.

Dass es Menschen um mehr geht als nur äußerliche Bestätigung und materiellen Erfolg, kann man an großen Stars gut beobachten. Sie werden von Zehntausenden Menschen bejubelt, aber glücklich macht das beileibe nicht alle. Auch ihr Geld erfüllt sie ab einem gewissen Punkt nicht mehr wirklich und die hohe öffentliche Anerkennung erzeugt schnell auch eine große innere Leere. Der Applaus darf nicht zum Brot des Künstlers werden. Denn gerade dann, wenn er ausbleibt und Stille herrscht, ist es wichtig, motiviert weitermarschieren zu können, anstatt einzubrechen. Eine ausschließliche Befriedigung der eigenen Bedürfnisse von außen macht erstens abhängig und zweitens unglücklich. Das primär Motivierende für den Künstler muss die Kunst an sich sein und nicht nur das, was er dafür von anderen bekommt. Mit Belohnung und Anerkennung verhält es sich ähnlich wie mit der Ernährung: Zucker kann süß und lecker schmecken. Doch zu große Mengen davon machen krank und süchtig.

Wenn die Aufmerksamkeit einer Person ständig auf einen erhofften Motivierungsimpuls von außen gelenkt wird, erschafft man damit einen Motivationsjunkie, der an der Nadel der Motivierungsdroge hängt. Seine Handlungsbereitschaft und Leistungsfähigkeit sind direkt abhängig von den künstlichen äußeren Anreizen, die er erhält. Solche Personen handeln früher oder später überwiegend fremdbestimmt, da sie tun wollen, was von ihnen erwartet wird. Ein gutes Beispiel dafür sind Sportler, die nach jedem zweiten Ballkontakt den Blickkontakt mit ihrem Trainer suchen, nur um ein anerkennendes Nicken oder eine sonstige Bestätigung für das zu bekommen, was sie tun und wie sie es tun. Ähnliches beobachten wir bei Kindern, die die Aufmerksamkeit ihrer Eltern für ihre Aktionen suchen. Bei Erwachsenen kann so etwas zu absoluter Handlungs- und Entscheidungsunfähigkeit führen, da man sich in die Fremdbestimmung begibt. Viele Profitrainer im Tennis sitzen deshalb mit verspiegelter Sonnenbrille in ihrer Zuschauerbox und beobachten das Match ihres Schützlings mit einem regungslosen Pokerface. Damit wollen sie vermeiden, dass der Spieler zu häufig hilfesuchend zu ihnen blickt, um emotionale Unterstützung zu bekommen. Es ist unmöglich, einen Menschen zu Selbstbewusstsein und Eigenverantwortung zu führen, wenn er ständig am Tropf äußerer Bestätigungen und Anreize hängt. Sehr häufiges Loben führt daher langfristig gesehen eher zu innerer Schwäche als zu Stärke.

Wer nur für die Ziele und Erwartungen anderer Personen kämpft, wird zum fremdbestimmten, abhängigen Motivationsjunkie. Natürlich sind gelegentliches Lob und Anerkennung wichtig und positiv, da so auf das Energiekonto eines Menschen eingezahlt wird. Doch das Ganze darf nicht zur konstanten Dauerüberweisung werden, ohne die das Konto ins Minus rutscht.

## Die alten Zöpfe der Motivierung

Bei der Frage nach der »richtigen Motivation« von Menschen wird in Expertenkreisen gerne stark schwarz-weiß gemalt. Ganz früher bestand die Motivationsdressur darin, Mitarbeiter primär über Druck, Angst und Strafen anzutreiben. Nachdem die Leute aber genug von dieser Schikane hatten, ist diese Methode mittlerweile etwas aus der Mode gekommen – Ausnahmen bestätigen die Regel. Heutzutage gilt mehr das Prinzip »Führen mit Möhren«. Leistungssteigerungen sollen hierbei über Belohnungen wie Boni, Gehaltserhöhungen, Incentives oder öffentliche Anerkennung erzielt werden. Die Möhren-Philosophie ist zwar auf den ersten Blick positiver orientiert, aber im Grunde ebenfalls eine Form von Dressur, nur von der anderen Seite. Denn ganz gleich, ob man dem »faulen Esel« Schläge androht oder ihm »Leckerlis« anbietet, damit er schneller und weiter läuft – in beiden Fällen treibt man ihn zu einem Verhalten an, das er aus sich selbst heraus in dieser Form nicht will. Das Hauptproblem dabei ist, dass diese Motivierungsreize immer größer und stärker werden müssen, da ein Gewöhnungseffekt eintritt. Die Peitschenhiebe werden damit zwangsläufig immer häufiger und härter beziehungsweise die Zuckermöhren immer größer und schwerer. Denn der Gewöhnungseffekt sorgt dafür, dass gleichbleibende Reize auf Dauer an Wirkung verlieren. Es ist wie mit Kindern: Droht man ihnen zu häufig mit Hausarrest oder Handyentzug, schalten sie irgendwann auf Durchzug. Genauso ist es, wenn man ihnen zum zwölften Mal fünf Euro Belohnung für eine gute Schulnote verspricht. Im Grunde brauchte man als Nächstes einen 10-Euro-Schein als Belohnung, um diesen Gewöhnungseffekt aufzuheben und Wirkungen zu erzielen. Wohin dieser Weg führt, können Sie sich sicherlich selbst ausmalen. Generell gilt: Wenn die Motivierungsreize immer stärker und intensiver werden müssen, führt das nicht nur beim Dressierten zum Burn-out, sondern auch beim Dompteur.

Im Laufe der letzten Jahre entwickelte sich zusätzlich eine Protestbewegung gegen das Dressurprinzip. Die extrinsische Motivierung durch künstliche Anreize wurde von einigen Experten aufs Schärfste verteufelt, da angeblich jeder von außen kommende Motivierungsreiz der natürlichen Motivation des Menschen schade. »Jede Motivation ist Demotivation«, lautet das neue Credo der Revoluzzer. Was sich in der Theorie interessant anhört, entpuppt sich bei der Überprüfung durch die Realität allerdings als unsinnig. Fakt ist: Extrinsische Motivierungsreize alleine treiben einen Menschen zwar niemals dauerhaft in die Leistungsfreude, doch sie können eine wertvolle Brücke dorthin sein. Das Vorhaben, jegliche Belohnung und Anerkennung von außen abzuschaffen, ist kein Königsweg, sondern ein Irrweg. Menschen extrinsisch zu motivieren, ist nichts grundsätzlich Schlechtes. Es ist nur eine Frage der Dosierung und des Respekts, damit Überreizungen vermieden werden. Wer Menschen immer noch mehr belohnt, schafft damit keine Spitzenleister, sondern Motivationsjunkies. Manche Leute erreicht man nicht durch noch mehr Anerkennung und Lob, sondern verliert sie dadurch. Doch ich habe in den letzten Jahren auch viele Beispiele von sehr erfolgreichen, glücklichen und auch wirklich hoch motivierten Vertriebsmitarbeitern kennengelernt, die ganz klar sagten, dass erreichbare Prämien, Provisionen und Wettbewerbe für sie und ihre Motivation definitiv positiv und wichtig sind. Zwar seien diese Anreize nicht der Hauptgrund ihres Erfolgs oder ihrer Freude an der Arbeit, aber sie seien dennoch wertvolle Bestandteile dessen. Wer also behauptet, dass extrinsische Anreize wie Geld, Lob und Wettbewerb grundsätzlich nicht motivieren, der hat das Prinzip der emotionalen Grundbedürfnisse eines Menschen noch nicht verstanden.

## Die Wahrheit hinter dem Schein

Ich beobachte es in Unternehmen seit Jahren: Es wird nicht grundsätzlich zu wenig gelobt, sondern es wird ganz einfach falsch gelobt! Belohnung und Anerkennung sind vollkommen legitime Motivierungswerkzeuge, doch nicht jede Form und Intensität motiviert jede Person in jedem Moment. Daher sollte man sehr genau unterscheiden, welchen Menschen man vor sich hat, da die Leistungsfreude eines jeden anders funktioniert und somit auch jeder andere Bedürfnisse hat, die es zu respektieren gilt.

Der Motivationspsychologe Steven Reiss hat beispielsweise durch seine jahrzehntelangen Forschungsarbeiten herausgefunden, dass es gerade in Bezug auf das Streben nach Anerkennung und sozialer Akzeptanz sehr große Unterschiede bei Menschen gibt. Zum einen sind da diejenigen, die stark auf Anerkennung ausgerichtet sind und für die Bestätigung von außen sehr wichtig ist. Hierbei handelt es sich um eher etwas unsichere Menschen, die Angst davor haben, Fehler zu machen, und deren Selbstwertgefühl in hohem Maße davon abhängt, wie sie von anderen Leuten bewertet werden. Diese Leute neigen tendenziell zu Selbstzweifeln und haben daher großes Interesse daran, sozial anerkannt zu werden und sich zugehörig zu fühlen. Kritisiert zu werden oder auch andere zu kritisieren ist etwas, was sie in der Regel vermeiden wollen. Oftmals neigen diese Menschen auch zum Perfektionismus, da es für sie sehr wichtig ist, es möglichst jedem recht machen zu können. Für diese Zielgruppe ist Lob definitiv ein äußerst probates Motivierungsinstrument. Ohne Zuspruch von außen und ständiges Feedback wachsen bei diesen Menschen Unsicherheit und innere Unruhe. Der Hunger nach Lob und Anerkennung ist bei ihnen deutlich größer.

**Selbstsichere Menschen können durch Lob irritiert werden**

Zum Zweiten gibt es aber eben auch Leute, die genau andersherum motiviert sind und von Natur aus nur ein relativ geringes Bedürfnis nach Anerkennung von anderen haben. Diese Personen sind eher selbstsicher und haben kaum Zweifel an dem, was sie tun oder schaffen wollen. Sie können Kritik gut aushalten und brauchen grundsätzlich wenig Bestätigung von Dritten, um sich stark, sicher und glücklich zu fühlen. Ganz im Gegenteil ist es sogar so, dass man diese Leute eher verunsichert, wenn man sie viel lobt. Ihr starkes Selbstbewusstsein und die große Zuversicht, all das zu schaffen, was sie wollen, entwickeln sie aus sich selbst heraus. Wenn Sie so jemanden loben, kann es durchaus sein, dass er sich daraufhin denkt: »Das weiß ich schon selbst, das brauchst du mir nicht zu sagen.«

Wenn Sie nun jemanden loben, dem Lob nicht wichtig ist, erreichen Sie unter Umständen sogar negative Effekte. Ich habe zahlreiche motivationspsychologische Auswertungen im Laufe der letzten Jahre durchgeführt und konnte dabei auf Basis der ermittelten Zahlenwerte wichtige Erkenntnisse über das Bedürfnis nach Anerkennung bei Menschen gewinnen: Leute, die im Testergebnis ein niedriges Streben nach Anerkennung vorzuweisen hatten, empfanden Lob für sich selbst als etwas Überflüssiges und sogar in vielen Fällen Störendes. Interessant ist in diesem Zusammenhang auch, dass genau diese Leute sehr zurückhaltend damit waren, anderen Menschen Lob und Anerkennung zu vermitteln. Nicht aufgrund eines mangelnden Sympathiegefühls oder Interesses, sondern weil sie es für sich selbst nicht brauchen.

## ERFOLGSREGEL

**Wie wir andere Menschen behandeln, hängt immer vom Blick durch die Brille der eigenen Bedürfnisse ab.**

### Die zerstörerische Macht des Lobens

Ganz gleich, wie stark das jeweilige Anerkennungsstreben ist, gibt es für jeden Menschen eine gesunde Grenze des Verträglichen. Wie die Forscherin Mary Budd Rove von der Universität Florida herausfand, führte sehr ausgiebiges Lob bei Schülern dazu, dass diese sich mit ihren Antworten mehr zurückhielten. Deutlich wurde dies zum Beispiel durch einen fragenden Tonfall *(»Äh, sieben?«)*. Schüchterne Kinder wurden durch dieses ständige Feedback von außen noch unsicherer und sogar bei selbstbewussten Kids stellten sich nach einiger Zeit Unsicherheiten ein. Außerdem zeigten sie weniger Ausdauer bei der Bewältigung schwieriger Aufgaben und teilten ihre Ideen weniger mit anderen Schülern. Doch damit nicht genug: In einer bemerkenswerten Studie von Joan Grusec an der Universität von Toronto stellte sich heraus, dass Kinder, die häufig dafür gelobt wurden, großzügig zu sein, im täglichen Leben dann weniger großzügig waren als andere Kinder. Jedes Lob – »*Ich bin so stolz auf dich, dass du hilfst!*« – senkte ihre Bereitschaft, zu teilen oder zu helfen. Der Grund dafür ist, dass sie nicht mehr um des Helfens willen halfen, sondern nur noch, um eine positive Reaktion von Erwachsenen zu erhalten. Blieb diese Bestätigung aus, war der Belohnungsjunkie sozusagen auf Entzug und verweigerte seinen Dienst am anderen. Ein klassischer Fall von »zu Tode motiviert«.

Das zeigt, dass man durch ein sehr hohes Maß an Lob eher negative Effekte erzielt. Diejenigen, die ein ausgeprägtes Verlangen nach Anerkennung haben, springen auf diesen Zuspruch zwar zumindest vorübergehend an. Allerdings handelt es sich hierbei um vielleicht 10 bis 20 Prozent aller Menschen. Bei allen anderen nützt sich das Lob deutlich schneller ab und schafft sogar Widerstände und Verunsicherung. In diesem Zusammenhang erzähle ich Ihnen ein schönes Praxisbeispiel aus meiner Tenniskarriere, bei der ich dieses Wissen über die Anerkennungsfokussierung häufig zu meinem Vorteil nutzen konnte.

Wenn ich während eines Matches mit einem starken Gegner große Probleme hatte, begann ich ihn kaputt zu loben. Ich fing damit an, ihm lautstark Respekt zu zollen, und verkündete für jeden Zuschauer hörbar, dass er unfassbar gut spiele. Nicht nur das: Ich betonte sogar, was genau er so gut machte. Beim Seitenwechsel lobte ich ihn beispielsweise staunend dafür, wie unglaublich wenig Fehler er heute mit seiner Rückhand mache und wie sensationell die Quote seines ersten Aufschlags sei. Ich überschüttete ihn mit Anerkennung und Bewunderung, sodass er selbst und auch die Zuschauer unweigerlich begannen, über seine Stärke nachzudenken. Wenn ihm bis dahin noch nicht bewusst war, was er alles super machte – ich sorgte dafür, dass er es bemerkte. Mit meiner Lobhudelei begann ich seine Aufmerksamkeit auf sein äußeres Erscheinungsbild zu lenken. Ich machte ihn zum Helden, denn ich weiß, dass sich die meisten Menschen gerne zumindest vorübergehend fühlen wollen wie ein kleiner Held. Damit aktivierte ich sein Anerkennungsstreben, wogegen er sich im Grunde nicht einmal wehren konnte – außer er hätte mit Ohropax weitergespielt.

Das Problem für ihn war, dass ich ihn damit gleichzeitig unter öffentlichen Zugzwang setzte. Denn jetzt musste das Bild des »unschlagbaren Helden« natürlich bestätigt werden. Es gibt für Menschen kaum etwas Unangenehmeres, als ein gerade erhaltenes Lob nicht bestätigen zu können. Denn dann würde seine Leistung unter den Verdacht geraten, ein vorübergehendes Zufallsprodukt zu sein oder sich einer Glücksphase zu verdanken. In der Fachsprache nennt man dies »Streben nach Konsistenz«.

Was nun oftmals während meiner Matches passierte, war, dass meine Gegner versuchten, besonders gut zu spielen. Sie wollten die Erwartung, die ich von außen geschürt hatte, bestätigen. Die ersten Fehler ließen nicht lange auf sich warten. So etwas passiert häufig, wenn man etwas zu sehr will. Nach den ersten Fehlern schnappte nun meine Motivationsfalle komplett zu. Denn nach ein paar Ausrutschern entzog ich meinem Gegner nun meine Anerkennung und sagte – wieder für jeden gut hörbar – Sätze wie: »Ah, jetzt kommen ja doch die ersten Fehler. Gott sei Dank! Und ich dachte, du würdest die ganze Zeit so weiterspielen.« Zugegeben: Meine »Winning-Ugly-Methode« sorgte nicht unbedingt dafür, dass ich viele neue Freundschaften auf dem Tennisplatz schloss. Doch ich erreichte damit mein Ziel. Denn spätestens jetzt stand mein Gegner emotional unter Stress: aufgrund eines öffentlichen Anerkennungsentzugs. Ich weiß aus eigener Erfahrung, dass ein Alarm im Oberstübchen einsetzt, wenn nach einem Fehler die Zuschauer draußen plötzlich tuscheln und raunen. So war es auch bei meinen Gegnern. Ihr Heldendenkmal bröckelte. Häufig brachen ab diesem Zeitpunkt die Spieler leistungsmäßig völlig ein und fanden auch nicht mehr den Weg zurück zur alten Stärke. In ihrem Kopf ging es auf einmal nicht mehr darum, etwas zu gewinnen, sondern darum, einen gewissen Status nicht weiter zu beschädigen. Sie spielten somit nicht mehr für sich, sondern für Außenstehende, denen es etwas zu beweisen galt. Game over.

Daraus lernt man: Menschen Lob und Anerkennung zu geben, ist ein Tanz auf der Rasierklinge. Ein Schritt zu weit nach links oder rechts beziehungsweise ein bisschen zu viel des Guten kann dazu führen, dass man mehr Schaden als Nutzen anrichtet. Auch Peter Blackwood, der alte Mann aus unserer Geschichte, wusste ganz genau, wie man mit einem Zuviel an Belohnung die Motivation eines anderen gezielt zerstören kann. Er löste sein Problem, indem er das Mobbing der frechen Kinder regelmäßig finanziell belohnte und sie auch noch durch Worte positiv bestärkte. Dadurch ruinierte er ihren natürlichen Antrieb Stück für Stück. Langsam und unmerklich machte er sie abhängig vom Motivierungsmittel Geld. Am Ende entzog er ihnen die Belohnungsdroge radikal und tötete somit die Motivation der Kinder, ihn weiter zu ärgern, endgültig. Der ursprüngliche Spaß an der Sache wurde von den Dollarmünzen verdrängt. Diesen Prozess rückgängig zu machen, ist kaum möglich. Was in einem Menschen einmal emotional abgetötet wurde, kann nur selten wiederbelebt werden. In Blackwoods Fall kann man sagen: Gott sei Dank! Doch es gibt leider tagtäglich auch viele Fälle, bei denen positive Verhaltensweisen auf diese Art abgetötet werden.

## Wie motiviert man »richtig«?

Sie haben nun gelernt, dass es nur in sehr begrenztem Rahmen sinnvoll ist, Menschen über verschiedene Formen von außen zu motivieren. Die entscheidende Frage, die sich jetzt stellt, lautet: Wie motiviert man denn dann korrekt? Was ist zu viel, was zu wenig? Was kann man tun, um eine Person »richtig anzupacken«? Fakt ist, dass es dafür kein allgemeingültiges Rezept gibt. Es gibt jedoch eine allgemeingültige Grundlage, die die Voraussetzung für nachhaltige Leistungsfreude eines Menschen ist. Denn im Kern geht es weder um ein Begeisterungsproblem noch um ein Motivationsproblem. In Wahrheit liegt ein Beziehungsproblem vor, denn Beziehung ist die Grundlage jeder Form von Motivation. Dies gilt, wie bereits erwähnt, für die Führung von Mitarbeitern, aber auch für die Erziehung von Kindern.

Es besteht sehr häufig ganz einfach zu wenig Kontakt und Bindung zu den Leuten, die bestimmte Leistungen erbringen sollen. Demotivation entsteht in vielen Fällen aufgrund dieser Distanz und gegenseitiger Fremdheit. Denn um eine Person »richtig« motivieren zu können, muss man sie kennen. Man muss die Persönlichkeit des anderen so gut wie möglich verstehen lernen und über diesen Weg herausfinden, was für denjenigen wirklich bedeutsam ist. Wer nicht weiß, was seinem Gegenüber wirklich wichtig ist und was er braucht, um sich gut fühlen zu können, kann ihm nicht helfen, dieses Bedürfnis zu stillen.

Wenn Sie die Idee haben, die Leute in Ihrem Team mehr zu loben, sollten Sie zuerst prüfen, für wen diese Form von Anerkennung überhaupt wichtig ist. Pauschal jeden mehr zu loben, tut erstens nicht jedem gut und nutzt sich zweitens recht bald ab, da die Maßnahme nicht auf die Person bezogen ist. Achten Sie vielmehr gezielt darauf, wie gut Ihre persönliche Beziehung zu den Menschen ist, an denen Ihnen etwas liegt. Denn Motivierungsversuche ohne eine intakte zwischenmenschliche Beziehung führen niemals zum Ziel.

ERFOLGSREGEL

## Motivierung ohne Beziehung
## ist Demotivierung.

Veranschaulichen wir diesen Zusammenhang mit einem Beispiel: Stellen Sie sich vor, Sie treffen jemanden, den Sie als mentale Energiesparlampe einstufen – also eine Person, die Sie ganz einfach nicht leiden können. Was passiert, wenn diese Person Ihnen zur Begrüßung nun freudig zurufen würde: »Hey, du schaust ja heute wirklich großartig aus! Wie machst du das nur? Du bist ja ein echter Sonnenschein!« Rein äußerlich bewahrt man in so einem Moment in der Regel noch die Haltung, aber innerlich denkt man sich doch: »Ach komm, spar dir deine blöden Kommentare und geh auf der Autobahn spielen.« Kein Mensch nimmt Komplimente von jemandem an, den er nicht mag oder zumindest respektiert. Aus diesem Grund können Sie auch mit keiner Belohnung der Welt die Herzen von Menschen gewinnen, wenn die Beziehungsebene zwischen Ihnen und diesen Leuten nicht stimmt. Motivieren kann man nur diejenigen, die sich von einem motivieren lassen wollen. Wenn die Beziehungskultur in Ihrem Unternehmen nicht stimmt, können Sie Ihre Leute loben und belohnen, so viel Sie wollen – Sie werden sie nicht erreichen. Die Gräben der Ablehnung werden dadurch sogar im schlimmsten Fall noch größer.

## Das Fundament der Motivation lautet »Beziehung«

Meiner Erfahrung nach sind sämtliche Motivationsprobleme in Wahrheit Beziehungsprobleme. Ganz gleich, ob in Firmen, Familien oder Sportteams. Fühlen sich Menschen mit sich selbst oder auch untereinander nicht in irgendeiner Form verbunden, gibt es keinen Ansatzpunkt zu nachhaltiger Motivation. Verbundenheit ist in diesem Zusammenhang übrigens nicht zu verwechseln mit Freundschaft. Zwei oder mehrere Menschen müssen keine Freunde sein, um eine sinnvolle Beziehungsebene zu besitzen. Entscheidend ist nur, dass es eine gemeinsame Basis, eine Art kleinsten gemeinsamen Nenner, gibt, auf der sich alle wiederfinden und das gleiche Ziel verfolgen können. Trainerlegende Sepp Herberger, der Deutschland 1954 zum ersten Fußball-Weltmeistertitel führte, sagte damals den legendären Satz: »Elf Freunde müsst ihr sein.« Damit meinte er nicht die Ebene der privaten Freundschaften, sondern die Zeit auf dem Fußballplatz. In dieser Zeit müssen die Spieler, die alle das gleiche Ziel haben, sich zusammenschließen und wie Freunde zusammenarbeiten. Das Weltmeisterteam von damals, das das legendäre Wunder von Bern vollbrachte, bestand bei Weitem nicht aus lauter echten Freunden. Ganz im Gegenteil! Es war sogar so, dass vor, während und auch nach dem WM-Turnier die meisten Spieler komplett getrennte Wege gingen. Doch was alle miteinander von Anfang an verband, war das Ziel, Fußballweltmeister zu werden und persönliche Eitelkeiten dafür hintanzustellen. Auf dieser gemeinsamen Beziehungsebene konnten sie miteinander funktionieren und sich auch gegenseitig motivieren, um Höchstleistungen zu vollbringen.

Beziehungsprobleme in Bezug auf Motivation können auf zwei verschiedenen Ebenen bestehen. Entweder die betreffende Person hat eine schlechte Beziehung zu sich selbst oder zu den Leuten in ihrem Umfeld. Dabei geht es nicht gleich immer um Antipathien, Missgunst oder sonstige Reibereien. Streit ist zwar nichts Gutes, aber wenigstens eine Form von Beziehung. Das Hauptproblem ist, dass es in Teams häufig überhaupt keine Beziehung zueinander gibt – nicht mal eine angespannte. Man kennt sein Gegenüber gar nicht, weiß nichts über den anderen und hat somit auch keine Vorstellung davon, was dieser Mensch für Ziele, Wünsche und Bedürfnisse hat. Oftmals erlebe ich es, dass Führungskräfte zwar von ihren Mitarbeitern erwarten, dass diese sich für die Unternehmensziele zu 100 Prozent einsetzen, doch ihrerseits haben sie keine Ahnung von den persönlichen Zielen ihrer Mitarbeiter. Doch warum sollte sich jemand für fremde Ziele einsetzen, wenn er auf der anderen Seite nicht das Gefühl hat, dass sich auch jemand für seine eigenen Ziele interessiert?

## ERFOLGSREGEL

**Wenn Sie wollen, dass jemand Ihnen hilft, Ihre Ziele zu erreichen, helfen Sie ihm dabei, seine Ziele zu erreichen.**

Die Lösung liegt wie so oft in der Art und Weise der Kommunikation. In Unternehmen sprechen Führungskräfte und Mitarbeiter nur noch über fachspezifische Themen. Die Frage »Und, gutes Wochenende gehabt?« ist schon das höchste der Gefühle, wobei die Antwort meistens eh keinen interessiert. Das Wort »Interesse« kommt aus dem Lateinischen und bedeutet so viel wie »dabei sein« oder »inmitten sein«. Wenn Sie Menschen wirklich motivieren wollen, geht es darum, mit wie viel Anteilnahme und echter Aufmerksamkeit Sie sich auf sie einlassen. Hören Sie nur mit den Ohren zu, wenn Ihnen jemand etwas erzählt, oder auch mit dem Herzen? Menschen gewinnt man gerade dann für sich, wenn man wirklich an ihnen selbst interessiert ist und nicht nur an ihren Fähigkeiten, Handlungen oder Ergebnissen. Wer sich als Mensch und Persönlichkeit wirklich wahrgenommen und akzeptiert fühlt, öffnet sein Herz. Genau an dieser Stelle entsteht echtes Engagement für ein Projekt oder eine Firma.

ERFOLGSREGEL

**Menschen fühlen sich nur dann zugehörig, wenn ihnen selbst auch zugehört wird.**

Nicht nur in der Wirtschaft, sondern gerade auch in Familien gibt es in diesem Zusammenhang viel Nachholbedarf. Viele Eltern sprechen mit ihren Kindern die meiste Zeit über Noten, Hausaufgaben, Lernzeiten und schulische Pflichten. Die häufigsten Fragen, die man den Sprösslingen heutzutage stellt, lauten: Und, wie war's heute in der Schule? Habt ihr viele Hausaufgaben auf? Hast du schon angefangen, für Mathe zu lernen? Es ist kein Wunder, dass man nichts darüber erfährt, was das eigene Kind motiviert, wenn man ständig über demotivierende Dinge spricht. Fragen Sie Ihr Kind doch spaßeshalber mal danach, was das Schönste in dieser Woche war oder worauf es sich in den nächsten Wochen am meisten freut. Reden Sie doch mal weniger über Schulnoten und dafür häufiger darüber, welche Lebensträume Ihr Kind hat und was es sich für einen Beruf wünschen würde, wenn es einen Zauberstab hätte.

**Die Qualität der Fragen, die wir anderen stellen, entscheidet über die Qualität der Beziehung**

Nach meinen Elternvorträgen an Schulen, in denen ich über derartige Themen spreche, bekomme ich immer wieder begeisterte und teilweise erstaunte E-Mails von Eltern. Neulich schrieb mir ein Vater: »Ich habe mit meiner Tochter heute über Ihre Zauberstab-Frage diskutiert und konnte dabei mehr über ihre Ziele und Wünsche erfahren als in den letzten fünf Jahren.

Danke!« Die Qualität der Fragen, die wir anderen stellen, entscheidet auch über die Qualität unserer Beziehung zueinander. Um Menschen motivieren und begeistern zu können, müssen wir etwas über ihre Persönlichkeit erfahren und nicht über das, was sie leisten. Doch dieses Wissen ist eine Holschuld von uns und keine Bringschuld der anderen.

### Motivierung funktioniert nur persönlichkeitsbezogen

Auf einer guten Beziehungsbasis kann man vereinzelte Motivierungsmaßnahmen sehr zielgerichtet und durchaus positiv einsetzen. Wer weiß, was dem anderen wichtig ist, kann dies nutzen, um eine Win-win-Situation zu schaffen. So einige Motivierungsfehler lassen sich bereits vermeiden, wenn die pauschale Gießkannen-Motivation abgeschafft wird, bei der alle auf die gleiche Art und Weise mit denselben Mitteln motiviert werden sollen. Einige Leute freuen sich beispielsweise durchaus über eine Wahl zum Mitarbeiter des Jahres, bei der sie auf der Bühne beklatscht werden. Andere wiederum empfinden dieses In-den-Mittelpunkt-gestellt-Werden als äußerst unangenehm. So mancher springt vor Vorfreude im Dreieck, wenn er davon erfährt, dass Sie ihm einen Wellness-Gutschein für ein verlängertes Wochenende in einem Traumhotel als Belohnung für seine tollen Leistungen schenken. Eine andere Person, die am liebsten einfach in Ruhe zu Hause ist, bekommt auf diese Weise das unangenehme Gefühl einer Erfüllungspflicht. Wie steht es um Ihr Wissen darüber, was Ihre Mitmenschen wirklich begeistert und wonach sie sich emotional sehnen?

Wenn Sie jemanden durch einen äußeren Reiz motivieren wollen, sorgen Sie dafür, dass Ihr Gegenüber danach das Gefühl hat, dass wirklich er damit gemeint war. Geben Sie Belohnung, Anerkennung oder Lob in Maßen und nur so, dass der Empfänger sich tatsächlich persönlich angesprochen fühlt. Ihre Maßnahme muss individuell zugeschnitten sein, wenn Sie echte Effekte erzielen wollen. Wenn die Belohnung eins zu eins von Herrn Müller auf Frau Huber oder Frau Meier übertragbar ist, dann ist sie sinnlos!

Ich erhielt beispielsweise vor nicht allzu langer Zeit ein Geschenk, an das ich mich noch heute mit großer Freude erinnere. Eine gute Freundin schenkte mir ein Buch über Schlösser und Burgen in Europa. Für die allermeisten Menschen wäre dieser Schmöker wahrscheinlich ein Fall für den Kachelofen gewesen, aber nicht für mich, da ich ein leidenschaftlicher Fan von alten Ritterburgen bin. Ich liebe es, bei Führungen zwischen den alten Mauern in die (Fantasie-)Welten des Mittelalters einzutauchen. Vor mehreren Jahren habe ich mal davon gesprochen, irgendwann eine dreiwöchige Burgentour durch Deutschland und Österreich machen zu wollen, bei der ich mir jeden Tag eine neue Burg anschaue. Diese Aussage hatte sich meine Bekannte offenbar gemerkt und schenkte mir daher dieses Buch, begleitet von ein paar lieben handgeschriebenen Zeilen auf der ersten Seite. Dieses Geschenk berührte mich, denn hier hatte sich wirklich jemand Gedanken über mich und meine Leidenschaften gemacht. Ich verstand rational wie emotional sofort: Diese kleine materielle Aufmerksamkeit ist wirklich für mich. Sie ist nicht einfach übertragbar auf jeden x-beliebigen anderen. Ich habe bereits viele Geschenke in meinem Leben bekommen, aber dieses kleine Präsent sticht für mich bis heute durch seinen persönlichen Bezug heraus. Dieser äußere Anreiz ging mir wirklich unter die Haut, da er meine emotionalen Bedürfnisse traf. So motiviert und belohnt man richtig!

> **Extrinsische Motivierung funktioniert, wenn sie in Maßen eingesetzt wird und individuell zugeschnitten ist**

Extrinsische Motivierung funktioniert also genau dann, wenn sie in Maßen eingesetzt wird und auf die intrinsischen Bedürfnisse eines Menschen zugeschnitten ist. Lenken Sie die Aufmerksamkeit Ihrer Maßnahme auf die Persönlichkeit des anderen, weniger auf seine Leistungen. Loben und belohnen Sie individuell und gezielt. Materielle Zuwendungen, Beförderungen, Incentives oder sonstige Anerkennungen haben dann positive Effekte, wenn Sie damit die emotionalen Bedürfnisse des anderen treffen. Was jemanden motiviert oder demotiviert, hat generell weniger mit Art und Größe der Belohnung zu tun, sondern damit, wie sehr Sie die Person damit emotional berühren. So entstehen echte Motivationseffekte, die auch eine gewisse Nachhaltigkeit mit sich bringen. Bedenken Sie dabei immer: Ob Sie wirklich das Herz des anderen erreichen, hängt im Wesentlichen von der Qualität Ihrer persönlichen Beziehung ab. Denn jedes Geschenk trägt die emotionale Handschrift desjenigen, der es verschenkt. Das gilt für materielle Geschenke genauso wie für Wortgeschenke.

# FAZIT

- Nicht jeder Mensch strebt nach Lob bzw. Anerkennung und ist auf dieser Ebene zu motivieren.

- Extrinsische Motivierung ist nicht zwingend demotivierend.

- Unpersönliche Motivierungsmaßnahmen, die an den Bedürfnissen eines Menschen vorbeigehen, wirken kontraproduktiv.

- Ständige Belohnungsanreize machen Menschen abhängig und fördern die Antriebslosigkeit.

- Die Voraussetzung zwischenmenschlicher Motivation und Führung ist Beziehung.

- Motivation ohne Beziehung ist Demotivation.

- Je persönlichkeitsbezogener eine Motivierungsmaßnahme ist, desto bessere Effekte erzielen Sie. Pauschale Belohnungen verpuffen in der Regel sehr schnell.

## HANDLUNGSEMPFEHLUNGEN FÜR UNTERNEHMER

- Entwickeln Sie eine intensive Beziehungskultur in Ihrem Unternehmen. Schaffen Sie gemeinsame Rituale, und sorgen Sie dafür, dass sich Menschen in Ihrem Haus wieder begegnen.

- Nehmen Sie sich mehr Zeit für Gespräche mit Ihren Mitarbeitern. Eine der wesentlichen Führungsaufgaben lautet Beziehungspflege. Sie können nur diejenigen führen, die Ihnen vertrauen.

- Motivieren Sie weniger nach dem Gießkannenprinzip. Finden Sie heraus, was Ihren Leuten wirklich wichtig ist, und erfüllen Sie die individuellen Bedürfnisse, soweit es möglich ist. Schon allein ernsthafte Gespräche darüber können positive Wirkung haben.

## HANDLUNGSEMPFEHLUNGEN FÜR ELTERN

- Dressieren Sie Ihre Kinder nicht, indem Sie ihnen regelmäßig Strafen androhen oder sie für erwünschtes Verhalten belohnen. Damit verstärken Sie die Antriebslosigkeit mittelfristig gesehen.

- Spielen Sie zu Hause nicht zu häufig den Ersatzlehrer, der den Fleiß der Kinder kontrolliert. Dadurch ruinieren Sie die Beziehungsebene zu den Kids und verlieren so den Kontakt.

- Reden Sie mit Ihrem Nachwuchs mehr über dessen Träume und Leidenschaften. Diskutieren Sie die Zauberstab-Frage.

- Loben, bestrafen und belohnen Sie sehr maßvoll. Äußere Reize wirken nur dann, wenn sie selten sind und überraschen.

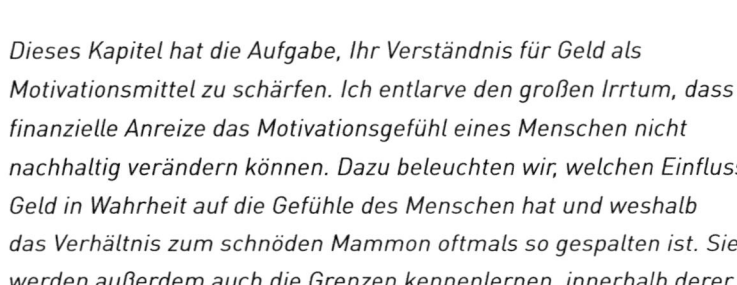

# Motivationslüge 10:

## »Geld motiviert nicht.«
## Die Lüge über die Wirkungslosigkeit finanzieller Anreize

*Dieses Kapitel hat die Aufgabe, Ihr Verständnis für Geld als Motivationsmittel zu schärfen. Ich entlarve den großen Irrtum, dass finanzielle Anreize das Motivationsgefühl eines Menschen nicht nachhaltig verändern können. Dazu beleuchten wir, welchen Einfluss Geld in Wahrheit auf die Gefühle des Menschen hat und weshalb das Verhältnis zum schnöden Mammon oftmals so gespalten ist. Sie werden außerdem auch die Grenzen kennenlernen, innerhalb derer Geld als Motivationsinstrument geeignet ist, und erfahren, unter welchen Voraussetzungen es dennoch zum persönlichen Lebensglück beitragen kann.*

### Entlarvung der Lüge

Kaum ein Thema in unserer Gesellschaft ist so heftig umstritten wie das liebe Geld. Je nach Kultur gibt es ganz unterschiedliche Sichtweisen und psychische Einstellungen dazu, die sich teilweise schon in der Sprache manifestieren. Während man in Deutschland sein Geld *verdienen* muss, wird es in England beispielsweise *geerntet* (to earn money) und in Amerika einfach *gemacht* (to make money). Die Franzosen *gewinnen* ihr Geld sogar (gagner de l'argent). Die Ungarn *suchen* es (keress pénzt), haben es aber bis heute noch nicht so richtig gefunden. Daran erkennt man: Zwischen der sprachlichen Benennung und der mentalen Einstellung gibt es hier durchaus eine gewisse Korrelation. Nicht zufällig wird in der deutschsprachigen Kultur der schnöde Mammon eher mit Skepsis beäugt. Die Höhe des persönlichen Vermögens ist hierzulande im Großen und Ganzen ein Tabuthema, über das nur ungern gesprochen wird. Da man sich mit dem Thema Geld inhaltlich kaum tiefer gehend auseinandersetzt, sind in den letzten Jahrzehnten viele Irrtümer und Denkfehler entstanden, die viel unnötigen Schaden angerichtet haben. Dies geschieht nicht immer bewusst, aber auch unbewusste Fehler haben oftmals schwerwiegende Folgen.

Eine dieser Folgen ist unser Umgang mit Geld als Motivationsinstrument. Ganz gleich, welche Fachbücher oder Fachmagazine Sie zu Themen wie Personalwirtschaft oder Personalführung in die Hand nehmen – nahezu überall finden Sie die gleiche Botschaft: »Geld motiviert nicht!« Es sei lediglich ein Hygienefaktor, der Unzufriedenheit verhindern, aber keine Zufriedenheit stiften könne. Diese veraltete Ansicht geht zurück auf Frederick Herzbergs Zwei-Faktoren-Theorie (Motivator-Hygiene-Theorie), die er zu Beginn der 60er-Jahre entwickelte. Seiner damaligen Vorstellung nach haben finanzielle Anreize und Incentives grundsätzlich keine langfristigen Auswirkungen auf unser Motivationslevel. Der Gewöhnungseffekt würde dies unmöglich machen. Herzbergs Arbeit war ein wichtiger Beitrag für die moderne Entwicklung der Motivationspsychologie. Dennoch ist seine Theorie in einigen wesentlichen Punkten falsch. Denn Geld motiviert durchaus, und sogar stark. Allerdings natürlich nur dann, wenn die dafür notwendigen Rahmenbedingungen gegeben sind. Eine dieser Voraussetzungen ist beispielsweise die entsprechende grundsätzliche Einstellung zum Geld. Wer es als etwas Schmutziges sieht, wird damit keine Freundschaft schließen können. Schon der Volksmund irrt, wenn er sagt: »Geld stinkt!« In Wahrheit stinkt lediglich die Einstellung der Menschen, die Geld für negative Machenschaften missbrauchen und andere Leute damit unterdrücken.

**Geld kann mehr, als nur Unzufriedenheit verhindern**

Damit Geld zur Motivation eines Menschen beitragen kann, ist es entscheidend, unsachliche negative Glaubenssätze ad acta zu legen. Im Folgenden werde ich Ihnen vier dieser unvorteilhaften Überzeugungen exemplarisch nennen und sie auf den Kopf stellen, um die

Basis dafür zu legen, dass Geld in seiner Rolle als Motivationsmittel neu verstanden und genutzt werden kann:

*Denkfehler Nr. 1: »Geld verdirbt Charakter und Seele des Menschen.«*
Monetäre Reize waren schon immer ein großer Konkurrent religiöser Glaubensgemeinschaften. Gerade auch in christlich geprägten Kulturen galt früher der Grundsatz, nicht dem weltlichen Wunsch nach Besitz und Reichtum zu verfallen, da dies die Seele verderben würde und eine Abkehr von Gott darstelle. Inspiration, Motivation und Stärke sollten sich in allererster Linie aus dem Glauben heraus entwickeln. Geld durfte also gar nicht motivieren und wurde dementsprechend über Jahrhunderte verteufelt, was sich noch heute in gewissen Denkmuster widerspiegelt. Ganz unabhängig davon, ob ein Mensch sich eher religiöse oder eher kapitalistische Werte auf seine Fahne schreibt, kann man erkennen, dass beides, Geld und Glaube, hochemotionale Themen sind. Nicht umsonst werden seit Menschengedenken die meisten Kriege in der Welt vor dem Hintergrund eines dieser beiden Aspekte geführt. Geld motiviert also doch, denn es emotionalisiert die Leute seit jeher, um dafür zu kämpfen oder sich gegen dessen Verlust zu verteidigen. Geld war schon immer ein wichtiges Motivationsmittel. Einerseits nutzten es viele Leute, um dadurch mehr Freiheit zu erlangen. Andererseits wurde es missbraucht, um Menschen zu kontrollieren und in eine Abhängigkeit zu treiben. Das ist im Grunde bis heute so geblieben. Geld ist für viele deswegen ein Feindbild, da es als unmoralisches Mittel der wenigen Großen und Mächtigen gesehen wird, die ihre Mitmenschen damit kleinmachen beziehungsweise kleinhalten wollen.

In Wahrheit ist Geld allerdings nichts anderes als ein neutrales Tauschmittel, mit dem man genauso viel Gutes tun kann. Geld in Menschenhand rettet Tag für Tag Leben, ebenso wie es andernorts auch Leben zerstört. Der Öffentlichkeit wurde es aber in erster Linie als etwas Negatives und Zerstörerisches verkauft. Da Menschen auf negative Geschichten immer sensibler reagieren als auf positive, hat sich diese Einstellung in weiten Teilen der Bevölkerung etabliert. In meinem beruflichen Alltag sehe ich immer wieder, dass Menschen mit dauerhaften finanziellen Problemen Geld für die Wurzel allen Übels halten. Wohlhabende Menschen hingegen glauben eher, dass Geldmangel die Wurzel allen Übels ist. Es ist immer eine Frage der persönlichen Sichtweise, wie jemand ein Instrument beurteilt.

**Geld verdirbt nicht den Charakter.**

**Es macht ihn lediglich sichtbar.**

*Denkfehler Nr. 2: »Geld ist nicht wichtig.«*

Das ist ein Satz, den man immer wieder von allen Seiten hört. Die Folge: Was nicht wichtig ist, kann wohl kaum motivieren. Ich lerne immer häufiger Leute kennen, die angeben, sich auf dem geistigen Weg zu befinden. Niedere materielle Werte würden keine Rolle mehr spielen. Genau das hat mir eine Frau erzählt, mit der ich an der Zapfsäule einer Tankstelle ins Gespräch kam. Sie erzählte mir, dass sie sich auf dem »geistigen Weg des Meisters« befinde und dass Geld sowie alles Materielle Dinge seien, die wir loslassen müssen. Nach meiner Frage, ob denn »der geistige Meister« in Zukunft auch ihre Tankrechnung bezahlen würde, war das Gespräch schnell beendet. Verstehen Sie mich bitte richtig: Es ist vollkommen in Ordnung, wenn Menschen sich mit spirituellen Themen beschäftigen. Aber es ist ein Irrtum, wenn dann das Geistige höher bewertet wird als das Materielle. Damit packt man die Ignoranz der Vergangenheit nur in neue Gewänder. Noch bis zum Ende des Industriezeitalters wurde nur an das Greif- und Messbare geglaubt. Es galt der Leitsatz: Alles, was man nicht sehen kann, existiert nicht und ist schwachsinniger Hokuspokus. Heutzutage verfällt man teilweise ins andere Extrem; mit der Esoterikwelle schlug das Ganze plötzlich komplett ins Gegenteil um. Die Wahrheit ist jedoch: Unsere Welt ist polar und beide Seiten der Medaille sind immer gleich-gültig. Sie besitzen die gleiche Gültigkeit! Nichts ist höher als das andere, denn beides bedingt einander. Deswegen ist Geld tatsächlich nicht wichtiger als alles andere, aber eben auch nicht unwichtiger. Das Ganze ist vergleichbar mit einem Uhrwerk. Wenn ein Rädchen fehlt, ganz gleich, wie winzig es auch sein mag, steht das gesamte Konstrukt still. Daher sollte man auf alle Rädchen in seinem Leben achten und nicht nur auf die, die besonders wichtig erscheinen.

Interessant an diesem Punkt ist übrigens auch, dass die Aussage, Geld sei nicht wichtig, oftmals entweder von denjenigen kommt, die viel zu wenig davon besitzen und sich damit ihr schlechtes Gefühl selbst kleinreden wollen. Oder von denen, die besonders viel davon besitzen. Denn es ist ja bekanntermaßen so, dass Geld erst dann relativ unwichtig wird, wenn man selbst mehr als genug davon hat. Oftmals erlebe ich es, dass reiche Menschen diesen Glaubenssatz nur vor dem Hintergrund der eigenen Gewissensberuhigung entwickeln, da sie selbst unterschwellig das Gefühl haben, dass es ungerecht sei, im Gegensatz zu anderen so viel zu besitzen. Aus diesem schlechten Gewissen heraus macht es natürlich Sinn, die Wichtigkeit von Geld für sich selbst herunterzuspielen, um diese mentale Dissonanz aufzulösen.

### Denkfehler Nr. 3: »Der Mensch ist nur intrinsisch motivierbar.«

Es steckt in vielen Fällen auch bewusste Berechnung dahinter, dass die Wichtigkeit von Geld gerade von denjenigen kleingeredet wird, die selbst in einer komfortablen finanziellen Situation sind und andere diesbezüglich eher kleinhalten wollen. Die alte Lehre der Motivationspsychologie ging davon aus, dass man Menschen über äußere Anreize wie zum Beispiel Geld grundsätzlich nicht motivieren könne. Diese Botschaft kam vielen gerade recht und wurde nicht ohne Hintergedanken bei jeder Gelegenheit verbreitet. Denn wenn der kleine Mann nicht daran glaubt, dass ihn mehr Geld glücklicher machen würde, wird er auch weniger stark darum kämpfen. So schützten die Reichen ihren Reichtum, indem sie die Ärmeren glauben machten, es würde ihnen eh nichts bringen. Gerade auch für die Managementwelt war

**Wie praktisch, wenn die Schlechtbezahlten denken, Geld mache nicht glücklicher ...**

diese Message aus der Motivationsforschung natürlich höchst erfreulich, und es ist nachvollziehbar, dass sie an dieser These bis heute festhalten wollen. Denn wenn Geld nicht motivierend wirken kann, stellt sich die Frage erst gar nicht, wie wichtig es ist, Mitarbeiter ordentlich zu bezahlen. Ich habe es bereits unzählige Male erlebt, dass mir ein Großteil der Mitarbeiter in Unternehmen erzählt hat, dass sie unter der schlechten Bezahlung stark leiden. Doch dieser Diskussionspunkt wurde von der Geschäftsleitung dann in vielen Fällen sofort gekontert mit dem Argument: »Geld motiviert die Mitarbeiter sowieso nicht.« So einfach hält man sich also Gehaltsdiskussionen vom Leib. Neue Erkenntnisse der Motivationspsychologie haben aber längst bewiesen, dass diese Aussage nicht haltbar ist.

## Die beste Form der Motivation ist die Vermeidung von Demotivation.

*Denkfehler Nr. 4: »Geld allein macht nicht glücklich.«*
Diskutiert man mit Menschen die Motivationskraft des Geldes, kommt ganz häufig folgendes Argument auf den Tisch: »Ja, aber Geld allein macht doch auch nicht glücklich.« Warum bitte wird dabei immer von »Geld allein« gesprochen? Geld unterscheidet sich diesbezüglich nicht von anderen Motivatoren, die alle für sich allein genommen keinen Sinn ergeben. Nicht weil sie nicht wirken, sondern weil die menschliche Motivation immer durch eine Kombination aus verschiedenen Motivationsfaktoren entsteht. Wir brauchen beides: ein klares Bewusstsein für unsere inneren Bedürfnisse, aber auch extrinsische Instrumente, die dieser Bedürfnisbefriedigung dienen.

Der Punkt ist: Nichts motiviert »allein«! Genauso wie auch nichts allein im Leben glücklich macht. Daher ist diese Argumentation vollkommen absurd. Geld allein reicht natürlich nicht aus, um glücklich zu werden, wenn man keine Freizeit hat oder keine Freunde, mit denen zusammen man es ausgeben kann. Doch das Gleiche gilt auch für alles andere. Was hilft Ihnen unendlich viel Freizeit allein, wenn Sie sonst nichts haben? Was helfen Ihnen Freundschaften allein, wenn Sie komplett bankrott oder krank sind? Was hilft Ihnen Gesundheit allein, wenn Sie keine Freundschaften oder sozialen Bestätigungen haben und Sie somit gesund, aber einsam vor sich hin vegetieren? Dass Geld allein nicht glücklich macht, ist also keine besonders tiefsinnige Erkenntnis. Selbstverständlich gibt es neben finanziellen Anreizen wichtige Faktoren, die zu einem erfüllten Leben dazugehören. Aber das ist definitiv kein Beweis dafür, dass Geld nicht genauso auch zur Lebensmotivation beiträgt.

## Die Wahrheit hinter dem Schein

Fakt ist: Geld motiviert, da es emotionalisiert. In den rasant wachsenden Forschungsdisziplinen der Neuroökonomie und des Neuromarketings haben Wissenschaftler das wirtschaftliche Verhalten von Menschen in den letzten Jahren genau analysiert. Mit den modernen bildgebenden Verfahren der Gehirnforschung wurde klar sichtbar, was im Gehirn passiert, wenn ein Mensch mit Geld in Berührung kommt oder zumindest wenn die Aussicht darauf besteht. Wichtigstes Hilfsmittel ist dabei die funktionelle Magnetresonanztomografie, kurz fMRT. Die millionenteuren Geräte registrieren kontinuierlich, wo im Gehirn gerade viel sauerstoffreiches Blut gebraucht wird, weil dort die Nervenzellen besonders aktiv sind. So lässt sich erkennen, welche Hirnareale bei bestimmten Prozessen aktiv sind und welche sozusagen »offline« bleiben. Allerdings gibt es einen Haken bei der ganzen Sache: Die Geräte für die fMRT sind riesig und können wegen ihres extrem starken Magnetfeldes nur in einem speziell abgeschirmten Raum benutzt werden. Das bedeutet: Die Methode kann nicht am Ort des Geschehens genutzt werden, wo den Menschen das Thema Geld tatsächlich in der Realität begegnet, sei es am Arbeitsplatz, am Bankautomaten oder im Kaufhaus. Nichtsdestotrotz gibt es eine eindeutige

Erkenntnis, die sich aus all den Forschungen ableiten lässt: Bei finanziellen Angelegenheiten spielen menschliche Vernunft und rationale Überlegungen kaum eine Rolle. Vielmehr bestimmen in Wahrheit die limbischen Emotionssysteme unser Verhalten. Anstelle der für unser rationales Denken zuständigen Hirnregionen übernehmen diejenigen Areale das Kommando, die für die emotionale Bedürfnisbefriedigung verantwortlich sind. Damit belegen die Ergebnisse neuroökonomischer Studien auch biologisch, was sich beispielsweise bei Börsencrashs oder Gehaltsverhandlungen immer wieder offenbart: Angst und Gier dominieren finanzielle Entscheidungsprozesse und stellen Vernunft und Verstand zumeist in den Hintergrund.

Dass beim Thema Geld der Verstand aussetzt, konnte der Wirtschaftswissenschaftler Prof. Dr. Armin Falk in seinem Neuroeconomics Lab an der Universität Bonn nachweisen. Er kam zu dem Schluss, »dass so etwas Neues wie Geld in einem alten archaischen Bereich und nicht im rationalen Teil des Gehirns eine unmittelbare physiologische Wirkung hat«. Bedeutet im Klartext: Geldthemen aktivieren die Gehirnbereiche, die mit bewusstem Nachdenken und Entscheidungsprozessen zunächst einmal gar nichts zu tun haben. Erst im Nachgang rationalisiert unser Verstand die zuvor emotional getroffene Entscheidung. Geld beeinflusst also sehr stark die Motivationszentren unseres Denkapparats und aktiviert durch seine emotionalisierende Wirkung dementsprechend unser Verhalten. Mithilfe bildgebender Verfahren wurde in zahlreichen neurowissenschaftlichen Studien mittlerweile auch belegt, dass allein schon die Aussicht auf einen finanziellen Gewinn das Belohnungssystem aktiviert – genauso wie leckeres Essen, Lob, attraktive Gesichter und vor allem erotische Fotos. Salopp formuliert könnte man sagen: Unser Gehirn ist geil auf Geld.

### Der Mensch ist kein Homo oeconomicus

Der Homo oeconomicus ist ein Konstrukt, das von dem französischen Ökonomen Léon Walras in der zweiten Hälfte des 19. Jahrhunderts entwickelt wurde. Seine Idee dabei war, dass der Mensch ein rein wirtschaftlich und absolut logisch denkendes Wesen ist und seine

Entscheidungen durch wohldosiertes Abwägen von Kosten und Nutzen trifft. Dieses Modell geht an der Wirklichkeit allerdings vorbei. Birger Priddat, Volkswirt an der privaten Universität Witten / Herdecke, ist ein Experte der modernen Neuroökonomie und bestätigt: »Die Basisannahme der Ökonomen von der rationalen Nutzenmaximierung ist obsolet.« Der Mensch entscheidet nicht rational und vernünftig, sondern in erster Linie emotional. Verantwortlich dafür ist unter anderem das Belohnungssystem namens »Nucleus accumbens« im Gehirn des Menschen. Wenn wir Komplimente, Schokolade oder eben auch Geld erhalten beziehungsweise erwarten, ist diese Hirnregion aktiv und verursacht bestimmte Glücks- und Motivationsimpulse im Körper, die teilweise auch bewusst spürbar sind.

**Der Mensch denkt immer emotional, nicht rational**

Wie die Gier nach diesen Glücksgefühlen jede Vernunft ausschalten kann, zeigt sich im Tierexperiment: Ermöglicht man es Ratten, per Hebeldruck ihr Belohnungszentrum zu erregen, stimulieren sie es, bis sie völlig erschöpft sind. Sie vergessen zu essen und zu trinken, vernachlässigen ihre Brut und paaren sich nicht. Auch Christian Elger, Neurologe und Direktor des Centers for Economics and Neuroscience (CENs) an der Universität Bonn, sagt: »Im Grunde ist es ganz einfach: Geld, wie so viele andere schöne Dinge, erregt das Belohnungssystem. Und das steht in der Hierarchie unserer Gehirnstrukturen ganz oben.« Je höher der Betrag, desto stärker die Erregung im Belohnungssystem unseres Oberstübchens. Egal, ob es um Geld, gutes Essen oder ein attraktives Wesen des anderen Geschlechts geht: In Erwartung eines Gewinns schüttet das Gehirn den Botenstoff Dopamin aus. Und dieses Hormon gibt uns nun mal Glücksgefühle – ob das ins derzeitige Gesellschaftsbild passt oder nicht.

Der zweite Gehirnbereich, der beim Thema Geld eine wichtige Rolle spielt, ist die sogenannte Inselregion, die Insula. Sie reagiert auf innere Gefühlsregungen und ist maßgeblich an der Schmerzwahrnehmung beteiligt. »Die Insel ist aktiv, wenn sich etwas unangenehm anfühlt. Und genau diesen Effekt haben wir beim Verlust von Geld beobachtet«, erklärt Christian Elger. Jeder Mensch versuche instinktiv, diesen

Schmerz zu vermeiden. Genau deshalb fällt es uns so schwer, den Verlust oder auch das generelle Fehlen von Geld zu akzeptieren. Schon wenn ein Verlust droht, wird der Gehirnbereich der Amygdala aktiviert, der für die emotionale Einordnung von Situationen verantwortlich ist. An dieser Stelle im Gehirn wird sozusagen entschieden, ob wir vor einer Sache Angst haben oder nicht. Forscher des California Institute of Technology veröffentlichten im Fachmagazin *Science* Ergebnisse, die zeigen, dass die Amygdala deutlich auf Verlustereignisse reagiert. Allein der Gedanke daran, etwas Bedeutsames (wie Geld) verlieren zu können, hat eine starke Erregung zur Folge und damit einen großen Einfluss auf das sich daraus ergebende Entscheidungsverhalten. Geld hat also einen doppelten emotionalen Einfluss auf das Gehirn und somit auch auf unsere Motivation. Denn es geht einerseits darum, durch mehr Geld positive Gefühle wie Sicherheit, Macht oder Status zu empfinden, andererseits aber auch darum, Schmerz in Form von Verlust- und Existenzängsten zu vermeiden.

**Wann Geld die Leistungsfähigkeit stört**

Eine weitere Wahrheit ist: Die positiv motivierende Wirkung von Geld hat ihre Grenzen und auch Tücken. Viele Jahrzehnte lang galt in der Wirtschaft unbestritten ein Leitsatz »Mehr Geld = mehr Motivation = bessere Leistung«. Heute wissen wir allerdings, dass das so nicht stimmt, denn es gibt einen Punkt, ab dem die Aussicht auf viel Geld sich nachweisbar leistungsmindernd und auf Dauer demotivierend auswirken kann. Das zeigte unter anderem eine Studie von Dan Ariely, einem Professor für Psychologie und Verhaltensökonomik an der Duke University in den USA.

Er machte einen »Versuch mit indischen Bauern, die jeweils sechs Spiele absolvieren sollten, mit denen Merkfähigkeit, motorisches Geschick oder Kreativität getestet wurden. So sollten sie zum Beispiel neun zylinderförmige Metallstücke in einer kleinen Holzbox platzieren. Bis zu acht Stücke darin unterzubringen, ist einfach. Das neunte erfordert Puzzle-Talent und gute Ideen. Je besser sie abschnitten, desto höher würde ihr Verdienst sein, hatten die Studenten ihren

Teilnehmern erzählt. Doch vorab wurden die Bauern in drei Gruppen eingeteilt. Die eine Gruppe erhielt pro absolviertes Spiel bis zu 4 Rupien, die zweite bis zu 40 Rupien und die dritte bis zu 400 Rupien. Bei insgesamt sechs Spielen wäre der Maximalgewinn ein kleines Vermögen – das durchschnittliche Pro-Kopf-Einkommen beträgt in Indien auf dem Land gerade mal 500 Rupien pro Monat. Doch sosehr sich die Teilnehmer anstrengten, niemand hat die 2400-Rupien-Marke geknackt, schreibt Ariely in seiner Studie aus dem Jahr 2009. Die Gruppen mit den niedrigen und mittleren Gewinnmargen schlugen sich wacker: Bis zu 43,3 Prozent der Probanden schnitten zum Beispiel bei der Knobelaufgabe gut ab; knapp ein Drittel war sehr gut. Winkte jedoch ein hoher Bonus von 400 Rupien, wendete sich das Blatt. Nur noch 10,3 Prozent waren zumindest gut, niemand war sehr gut. Auch bei den anderen Aufgaben konnten die Wissenschaftler um Dan Ariely diesen paradoxen Effekt beobachten. Der hohe Bonus verfehlte sein Ziel. Je mehr für uns auf dem Spiel steht, desto wahrscheinlicher wird es, dass wir Fehler machen. Entweder stehen wir uns vor lauter Aufregung selbst im Weg oder wir denken plötzlich über automatisierte Vorgänge nach, die dadurch keinesfalls besser funktionieren. Für manch einen ist der Gedanke an das Geld so verlockend, dass er sich dadurch von der eigentlichen Aufgabe ablenken lässt. (…) Machen Boni und attraktive Geldanreize also gar keinen Sinn? Das würden Forscher so nicht unterschreiben. Dan Ariely etwa entdeckte in einem weiteren Experiment mit MIT-Studenten, dass es möglicherweise auf die Aufgabe ankommt: Am Ende des Semesters konnten sich die Studenten entweder bis zu 30 oder bis zu 300 Dollar mit Kopfrechnen oder stupidem Tastendrücken verdienen. Das Ergebnis: Beim langweiligen Tastendrücken half die Aussicht auf möglichst viel Geld, beim Rechnen störte es. Auch Kosfeld [Michael Kosfeld, Leiter des Labors für experimentelle Wirtschaftsforschung an der Goethe-Universität Frankfurt am Main] bestätigt, dass Belohnungen nicht grundsätzlich schaden. Nicht jede Aufgabe ist um ihrer selbst willen spannend, das Arbeitsleben besteht zu einem großen Teil aus Routineaufgaben, die mit mehr Anerkennung leichter von der Hand gehen. Doch die Anerkennung muss nicht unbedingt monetär sein. In einer Studie aus dem Jahr 2011 ließ Kosfeld Studenten für eine gemeinnützige Organisation eine Adressdatenbank anlegen. Alle erhielten für ihre Arbeit 35 Euro, unabhängig vom Pensum. Einem Teil der Probanden aber versprach das Forscherteam, der fleißigste Mitarbeiter bekäme eine Auszeichnung in Form einer Glückwunschkarte. Der Effekt war enorm: Die Gruppe schaffte im Durchschnitt 12 Prozent mehr Einträge.« (Vgl. https://www.dasgehirn.info/entdecken/gehirn-und-geld/geld-regiert-die-welt-2013-nicht-unbedingt) Daraus lernt man: Menschen hilft in manchen Situationen einfach ein verstärkter Anreiz von außen. Dies gilt es zu berücksichtigen. Zudem ist darauf zu achten, dass bei der Anerkennung eine gute Balance aus materiellen Belohnungen und sozialen Gesten erzielt wird.

**Geld ist nicht immer die Lösung, aber oft eine Hilfe**

An einer früheren Stelle in diesem Buch haben Sie bereits von der Studie von Daniel Kahneman erfahren, der zufolge das emotionale Wohlbefinden von Arbeitern lediglich bis zu einem Gehaltsniveau von 60 000 Euro im Jahr anstieg. Danach hatte eine weitere Einkommenssteigerung keinen nennenswerten Effekt mehr auf das persönliche Motivationsgefühl. Arnold Schwarzenegger sagte einmal süffisant: »Mehr Geld macht nicht immer glücklicher. Ich besitze nun 50 Millionen Dollar, aber ich war genauso glücklich, als ich 48 Millionen hatte.« Es ist eine Tatsache, dass sich persönliche Erfüllung nicht zwingend durch die Höhe des Einkommens definiert und es auch begrenzten Einfluss auf unsere Motivation wie auch auf unser Verhalten hat. Dennoch wäre es eine Lüge, zu behaupten, Geld hätte gar keinen Einfluss auf das menschliche Motivations- und Glücksgefühl. Die deutsche Schriftstellerin Gertrude Stein kam diesbezüglich zu dem Ergebnis: »Ich war reich und ich war arm. Es ist besser, reich zu sein.«

50 Millionen Dollar machen nicht glücklicher als 48 Millionen

Natürlich können wir nicht alle Probleme mit Geld lösen. Doch Geld kann in gewissem Rahmen helfen, mit Unglück und einer ansteigenden Unzufriedenheit besser fertigzuwerden. Denn wer Geld hat, besitzt zumindest in unserer Gesellschaft mehr Möglichkeiten und Handlungsspielräume als jemand, der arm ist. Geld ist kein Allheilmittel, aber jeder Mensch weiß in seinem tiefen Innern, dass es Freiheit bieten kann, wenn man damit richtig umgeht.

Machen Sie doch zum Spaß mal folgende Übung: Listen Sie sämtliche Probleme und persönlichen Energiekiller auf, die Ihnen im Laufe der letzten Monate und auch noch aktuell in Ihrem Leben zu schaffen machen. Ganz gleich, ob es sich dabei um Energiefresser im Job oder im Privatleben handelt. Es können Erlebnisse, Gegenstände, Situationen, bestimmte Mitmenschen und vieles mehr sein. Schreiben Sie alles auf, was Ihnen in den Sinn kommt. Gehen Sie danach Ihre Liste Punkt für Punkt durch und stellen Sie sich die folgenden zwei Fragen:

1. Wie viele dieser Probleme hätte ich allein schon dadurch lösen können (beziehungsweise hätten sich gar nicht erst ergeben), wenn ich finanziell komplett frei wäre?

2. Zu wie viel Prozent wären meine Probleme / Energiekiller, die ich nicht durch Geld lösen kann, leichter zu ertragen, wenn ich finanziell komplett unabhängig wäre?

Wenn Sie bei dieser Übung ganz ehrlich zu sich selbst sind, werden Sie feststellen, dass sich möglicherweise zwar nicht jedes Problem durch Geld eliminieren lässt, aber es kann durchaus helfen, einige Situationen angenehmer zu machen und den gefühlten Schmerz zu reduzieren. Geld ist kein Zaubertrank, aber es kann schmerzlindernd wirken. Genau dieser angenehme Effekt wirkt auf unser Gehirn so motivierend.

**Kann Geld das Leben verlängern?**

Man kann definitiv nicht alles mit Geld kaufen. Aber sehr vieles. Geld eröffnet Möglichkeiten, Dinge für andere, aber auch für sich selbst zu tun, die denjenigen verwehrt bleiben, die kaum welches besitzen. Zum Beispiel heißt es oft, Leben und Gesundheit kann man sich nicht kaufen. Das ist nur teilweise richtig. Denn Tatsache ist: Wohlhabende Menschen leben länger. Zu diesem Ergebnis kommt u. a. eine umfangreiche demografische Studie, die von Vladimir Shkolnikov und Domantas Jasilionis am Rostocker Max-Planck-Institut für demografische Forschung sowie von Eva Kibele am Zentrum für Bevölkerungsforschung an der Universität Groningen erstellt wurde. Die drei Forscher konnten Unterlagen der Deutschen Rentenversicherung auswerten und hatten damit einen enorm großen, repräsentativen Datensatz zur Verfügung. Ihr Ergebnis: Reiche leben statistisch gesehen rund fünf Jahre länger als Arme. Einer der Gründe dafür dürfte sein, dass wohlhabende Menschen mehr auf ihre körperliche Fitness achten und sich gesünder ernähren können. In den wohlhabenden Ländern leben die Menschen übrigens generell überdurchschnittlich lange. Deutschland und Österreich zählen dabei zu den Top Ten.

**Reiche Menschen leben etwa fünf Jahre länger als arme**

Die Autoren ziehen aus ihrer Studie den folgenden konkreten Schluss: »65-Jährige mit sehr kleinen Renten durften im Jahr 2008 mit einer Lebenserwartung von 79,8 Jahren rechnen. Für gleichaltrige Rentner mit hohen Bezügen ergab sich dagegen eine Lebenserwartung von 84,3 Jahren.« Damit zeige sich, »dass gut verdienende Rentner mehr von der steigenden Lebenserwartung profitieren als die Gruppe mit den niedrigsten Renten«. Dieser Befund ist übrigens kein rein deutsches Phänomen, sondern gilt auch in anderen europäischen Ländern. Wenn das mal nicht motivierend ist! Länger und gesünder zu leben, ist ein Urbedürfnis des Menschen, bei dem es also offensichtlich sehr wohl eine Verbindung zu seiner finanziellen Situation gibt. Armut erzeugt Dauerdruck und wirkt negativ auf Psyche und Körper. Bei den häufigsten Todesursachen wie Krebs, Herzinfarkt, Atemwegserkrankungen oder Unfall lässt sich der Faktor Armut ebenso ablesen wie bei chronischen Leiden.

### Mitarbeiterzufriedenheit kann man nicht kaufen

Es ist mir an dieser Stelle wichtig, zwischen innerem Antrieb und persönlicher Zufriedenheit zu unterscheiden. Wie ich nun ausführlich dargelegt habe, ist es eine neurobiologische Tatsache, dass Geld in

Bezug auf Lustgewinn und Schmerzvermeidung motiviert. Doch das Gefühl, von etwas angetrieben zu werden, unterscheidet sich deutlich von dem Gefühl, mit etwas in Einklang zu sein. Ich wiederhole es gerne: Erfolg und Erfüllung sind zwei Paar Stiefel. Dieser Unterschied ist gerade auch im Unternehmenskontext zu beachten. Denn es ist durchaus möglich, Mitarbeitermotivation durch finanzielle Rahmenbedingungen und Anreize zu unterstützen. Echte Zufriedenheit und eine emotionale Bindung der Mitarbeiter an die Firma kann man jedoch nicht so einfach kaufen.

Den überzeugendsten Beweis dafür liefert eine Metaanalyse von Tim Judge und Kollegen, so Tomas Chamorro-Premuzic. »Die Autoren haben 120 Jahre Forschung einbezogen und insgesamt 92 quantitative Studien ausgewertet. […] Die Ergebnisse deuten darauf hin, dass der Zusammenhang zwischen Gehalt und Zufriedenheit sehr schwach ist. Die in der Studie festgestellte Korrelation deutet darauf hin, dass es nur eine Überlappung von weniger als 2 Prozent zwischen der Zufriedenheit mit dem Job und dem Gehalt gibt. […] Dazu zeigte ein interkultureller Vergleich, dass der beobachtete Zusammenhang von Gehalt und Zufriedenheit mit dem Job und dem Salär so gut wie überall gilt. Zum Beispiel gibt es in diesem Aspekt kaum Unterschiede zwischen den USA, Indien, Großbritannien oder Taiwan. Ein ähnliches Muster zeigte sich, als die Autoren verschiedene Einkommensschichten verglichen: ›Bei Arbeitnehmern aus unserem Datensatz, die zur oberen Hälfte der Einkommensbezieher gehören, stellten wir ein ähnliches Niveau von Jobzufriedenheit fest wie bei den Arbeitnehmern aus der unteren Hälfte‹ (S. 162 der Studie). Dies deckt sich mit den Ergebnissen der Engagement-Studie von Gallup, die keine signifikanten Unterschiede zwischen verschiedenen Gehaltslevlen bei der Motivation von Mitarbeitern feststellen konnte. Die Gallup-Studie basiert auf den Daten von 1,4 Millionen Arbeitnehmern von 192 Unternehmen und Organisationen aus 49 verschiedenen Branchen und 34 Ländern.« (Vgl. http://www.harvardbusinessmanager. de/blogs/gehalt-mehr-geld-fuehrt-nicht-zu-mehr-motivation-und-zufriedenheit-a-907448.html)

Diese Erkenntnisse sind eine wichtige Botschaft für das Management in Unternehmen: Wer sich Mitarbeiter wünscht, die sich mit vollem Herzen engagieren, erreicht dies nicht einzig und allein mit höheren Boni- oder Gehaltszahlungen. Zufriedenheit ist ein Zustand, der sich aus deutlich mehr Komponenten ergibt. Geld ist eine davon, aber auch nicht mehr. Leistungsbereitschaft kann man mit finanziellen Mitteln punktuell durchaus positiv beeinflussen. Dauerhaft engagierte Mitarbeiter, die wirklich mit Begeisterung ihrem Job nachgehen und sich dem Arbeitgeber emotional verbunden fühlen, kann man indes mit keiner Geldsumme der Welt züchten.

ERFOLGSREGEL

## Geld erzeugt Antrieb, aber niemals Liebe.

### Geld motiviert – aber jeden anders

Wenn man so will, könnte man sagen: Geld ist ein Erfüllungsgehilfe für das Gehirn, um die emotionalen Grundbedürfnisse eines Menschen zu befriedigen. Je nachdem welche Emotionssysteme bei einer Person stärker oder schwächer ausgeprägt sind, motiviert Geld individuell sehr unterschiedlich. Für jemanden mit einem stark ausgeprägten Sicherheitsstreben ist beispielsweise die Vorstellung, kein Grundgehalt zu bekommen, zumeist ein hoher Stressfaktor. Das gilt auch dann, wenn hohe Provisionssätze in Aussicht gestellt werden, mit denen im Erfolgsfall das Vielfache des normalen Gehalts verdient werden könnten. Jemand mit stark ausgeprägtem Dominanzstreben hingegen wird von so einer Aussicht eher noch mehr angestachelt, da er von der Möglichkeit angetrieben wird, mehr zu verdienen als mit einem Fixgehalt und somit im Verdienst auch andere zu überholen.

Der Vergleich mit dem Umfeld ist generell ein interessanter Motivationsaspekt in Bezug auf Geld. Generell ist es so, dass »Dominanzler« in vielen Fällen deutlich geldmotivierter sind als andere Persönlichkeitstypen, da sie durch finanzielle Messgrößen ihr Streben nach Status und Wettbewerb sehr gut befriedigen können. Diese Tatsache haben auch die Wissenschaftler um *Christian Elger* und *Armin Falk* belegt. In einem eindrucksvollen Experiment wiesen sie nach, dass bestimmte Personen bei der Höhe ihres Einkommens beziehungsweise Gewinns nicht nur Wert auf die absolute Summe legten, sondern in hohem Maße auch auf den diesbezüglichen Vergleich zu ihrem Umfeld. (Vgl. https://www.ukb.uni-bonn.de/42256BC8002AF3E7/vwWebPagesB yID/2B0827CA46582C9CC125739C002E0D82) Einigen Menschen gibt es also einen Kick, mehr zu verdienen als der Kollege. Anderen ist dies wiederum völlig egal. Eine Person mit starkem Bedürfnis nach Bindung und Fürsorge werden Sie über finanzielle Wettbewerbssysteme eher demotivieren, als sie zu Spitzenleistungen anzutreiben. Ich habe es häufig erlebt, das solche Leute eher dann über sich hinauswachsen, wenn sie anderen helfen können, ihre persönlichen Umsatzziele zu erreichen oder gar zu übertreffen. Sozial orientierten Menschen geht es nicht darum, selbst der Größte zu werden, sondern darum, andere größer und stärker zu machen. Ganz nach dem Motto: Glücklich macht, andere Leute glücklicher zu machen.

### Wie Geld zur persönlichen Erfüllung beitragen kann

Im Grunde genommen hat Geld an sich keinen Wert und ist somit auch nicht emotional. Rein materiell betrachtet ist es nichts anderes als ein abstraktes Tauschmittel. Seinen emotionalen Wert bekommt es für einen Menschen erst dann, wenn er es zu Erfüllung seiner persönlichen Bedürfnisse einsetzen kann.

Menschen, die ein starkes Dominanzstreben nach Status, Bedeutsamkeit und Wachstum haben, können diese Bedürfnisse durch Geld beispielsweise befriedigen, indem sie sich tolle Wohnungen, schicke Outfits oder exklusive VIP-Karten für ein Event kaufen. Stimulanzorientierte Personen tauschen Geld lieber zur Befriedigung ihrer Neugier ein und um neue Reize zu erleben. Aufregende Abenteuerurlaube oder spannende Ausbildungen zur Gewinnung neuer Kenntnisse und Fähigkeiten sind Vorhaben, die diese Personen begeistern. Möglichkeiten, Abwechslung und neue Impulse zu bekommen, treiben sie zum Geldverdienen an. Ein Mensch, bei dem das Emotionssystem der Sicherheit dominiert, wird von Geld dann motiviert, wenn er damit beispielsweise seinen Hauskredit abbezahlen oder Rücklagen für sich und die Familie schaffen kann. Personen mit hohem sozialen Streben nach Bindung und Fürsorge wiederum motiviert die Aussicht auf Geld dann, wenn sie es zum Beispiel zum Wohle anderer Menschen einsetzen können. Gerade die unzähligen ehrenamtlichen Helfer in karitativen und gemeinnützigen Stiftungen, die sich für soziale Zwecke einsetzen, sind zwar große Idealisten, doch um ihr Fürsorgebedürfnis zu befriedigen, haben sie oft auch eine sehr starke Geldorientierung; schließlich müssen sie auch Spenden- und Sponsorengelder gewinnen. Das Geld motiviert dabei indirekt als Erfüllungsgehilfe zur inneren Bedürfnisbefriedigung. Wenn Geld dem emotionalen Zweck dienen kann, werden auch Idealisten vorübergehend zu kleinen Kapitalisten.

ERFOLGSREGEL

## Geld wird dann wertvoll, wenn man es in positive Erlebnisse eintauschen kann.

Damit wird am Ende dieses Kapitels auch klar, wann beziehungsweise unter welchen Voraussetzungen finanzielle Anreize wirklich motivieren können. Geld berührt einen Menschen dann emotional, wenn er damit seine inneren Werte ausleben beziehungsweise praktisch umsetzen kann. Genau aus diesem Grund ist es so wichtig, Klarheit über die eigene Identität, über die eigenen Werte und die eigenen

Visionen zu haben. Denn wer nicht weiß, wer er selbst ist und was ihm im Leben wichtig ist, für den wird alles sinnlos – auch Geld. Erst wer den Sinn seines Lebens respektive seines Tuns definiert hat, kann sich über bestimmte Methoden motivieren. Erst wenn uns der wahre Wert unseres Lebens bewusst ist, können wir auch Geld dazu nutzen, um ihn zu erleben.

**Geld ist ein schlechter Chef,
aber ein hervorragender Diener.**

# FAZIT

- Geld motiviert, da es die Emotions- und Belohnungszentren im Gehirn aktiviert.

- Der Mensch entscheidet nicht rational vernünftig, sondern komplett emotional.

- Geld motiviert deshalb, weil es zur emotionalen Bedürfnis-befriedigung genutzt werden kann.

- Immer mehr Geld führt nicht automatisch zu immer mehr Leistung. Geld kann die Leistungsfähigkeit auch blockieren.

- Jeden Menschen motiviert Geld anders – je nach Ausprägung der persönlichen Emotionssysteme.

- Geld kann dem persönlichen Glück dienen, aber echte innere Zufriedenheit kann man nicht kaufen.

- Achten Sie darauf, Ihre Mitarbeiter gut zu bezahlen. Kaum etwas wirkt demotivierender als mangelhafte finanzielle Anerkennung.

- Falls Sie ein System mit variablen Gehaltsanteilen haben, überprüfen Sie dieses. Achten Sie darauf, dass unzufriedene Mitarbeiter oftmals mehr brauchen als lediglich neue Geldanreize.

- Führen Sie mehr persönliche Mitarbeitergespräche, und finden Sie heraus, was Ihren Leuten wirklich wichtig ist. Besprechen Sie gemeinsam, was den Angestellten einen echten Energieschub geben würde.

- Vermitteln Sie Ihren Kindern eine positive Einstellung zum Thema Geld und einen eigenverantwortlichen Umgang damit, indem sie damit in Kontakt kommen und eigene praktische Erfahrungen sammeln.

- Kinder und Jugendliche sind meistens sehr geldmotiviert, da sie damit viele ihrer Wünsche befriedigen können. Vermeiden Sie jedoch zu häufige und auch zu hohe Erfolgsprämien. Erschaffen Sie keinen Belohnungsjunkie! Wenn Kinder sich nur noch für Geld anstrengen, aber nicht mehr für die Sache an sich, tötet man damit ihre natürliche Motivation ab.

## Motivationslüge 11:

## *»Trennen Sie Arbeit und Privatleben.«*
## Die Lüge von der Work-Life-Balance

> *Dieses Kapitel räumt mit einem der größten Lebensmythen auf, der unzähligen Leuten seit vielen Jahren eingeredet wird: dass es um die richtige Balance von Arbeits- und Privatleben gehe. Doch tatsächlich steigt bei einer mentalen Trennung von Beruf und Leben die Gefahr, innerlich auszubrennen. Sie werden Sinn und Unsinn des Work-Life-Balance-Prinzips erkennen und einen besseren Ansatz finden, um zu innerer Ausgeglichenheit zu gelangen.*

### Entlarvung der Lüge

Kennen Sie den Spielfilm *Cast Away – Verschollen*? Dort spielt Tom Hanks einen äußerst arbeitseifrigen Kerl namens Chuck Noland. Chuck ist Controller eines Logistikunternehmens, reist ununterbrochen kreuz und quer durch die ganze Welt und ist nur selten zu Hause anzutreffen. Er liebt seine Arbeit trotz oder gerade wegen ihrer Intensität. Er ist kein typischer Workaholic, der vor seinem Lebensunglück flüchten möchte, indem er sich mit überzogener Arbeitswut ablenkt. Nicht nur der Beruf, sondern auch Chucks Privatleben läuft wunderbar. Er hat eine harmonische Beziehung zu seiner Freundin Kelly, die trotz seiner knappen Zeit ganz nah an seiner Seite ist. Sein Leben nimmt im Film jedoch eine abrupte Wende, als er Opfer eines Flugzeugabsturzes wird, den er als Einziger überlebt. Chuck landet auf einer einsamen Insel und sieht sich einer lebensbedrohlichen Situation ausgesetzt. Doch er kämpft und beginnt sich mit den wenigen Mitteln, die er vorfindet, so einzurichten, dass er überleben kann. Wieder hilft ihm intensive Arbeit, um sein Leben positiv zu gestalten.

Sein täglicher Kampf ums Überleben füllt ihn aus und lässt ihn – zumindest vorübergehend – die Einsamkeit ertragen.

Dass dieser Spielfilm ein amerikanischer ist, ist nicht verwunderlich. Nach dem deutschen Weltbild hätte die Story einen ganz anderen Verlauf genommen. Chuck wäre vermutlich ein vollkommen überarbeitetes und frustriertes Häufchen Elend gewesen, der durch den Flugzeugabsturz als Einsiedler auf der Südseeinsel erst mal so richtig zu Ruhe gekommen und dann komplett aufgeblüht wäre. Das Ende der Arbeit hätte den Anfang seines Lebens bedeutet. Ein klassisches Bild, das viele Menschen wohl in ihrer Lebensrealität abgeholt hätte. In unserer Gesellschaft genießt Arbeit im Großen und Ganzen das gleiche Image wie Muskeltraining: Man quält sich durch den Schmerz, weil es nun mal notwendig ist. Die steigende Zahl der Betroffenen von Burn-outs, Depressionen und sonstigen Belastungsstörungen kommt nicht von ungefähr. »Angststörungen, Panikattacken, Depressionen oder das Burn-out-Syndrom gehören zu unserer modernen Arbeitswelt wie fehlende Gliedmaßen oder Staublungen zur Industrialisierung«, bringt es Sebastian Jobelius, Referent aus dem Bundesarbeitsministerium, auf den Punkt. Er beschreibt damit eine unübersehbare gesellschaftliche Fehlentwicklung. Immer mehr Menschen leiden an Belastungen, denen sie in der Arbeitswelt ausgesetzt sind. Auf der Suche nach einer Bewältigungsstrategie hat dabei vor allem ein Wort Karriere gemacht: die Work-Life-Balance.

Stress- und Zufriedenheitsstudien der letzten Jahre berichten ein ums andere Mal, dass sich sowohl die psychische als auch die körperliche Befindlichkeit der Menschen hierzulande stetig verschlechtert. Die Betroffenen erhalten immer wieder den Rat, sie sollen mehr Balance zwischen der Arbeit und ihrem Privatleben herstellen. Das bedeutet, sie sollen sich in der freien Zeit bestmöglich von der stressigen Arbeitszeit regenerieren und mehr Kraft tanken. Das klingt vordergründig logisch, führt in den meisten Fällen jedoch völlig am eigentlichen Problem vorbei. Der Ansatz der Work-Life-Balance ist ein großes Missverständnis. Denn der Versuch, das Arbeitsleben mit dem Privatleben auszubalancieren, führt letztendlich zu noch mehr emotionalem Stress und Erschöpfung bei den Betroffenen.

### Die fatale Trennung von Arbeit und Leben

Der Grundgedanke des Konzepts war sicherlich gut gemeint, denn in einigen Fällen arbeiten Menschen tatsächlich deutlich zu viel und achten nicht auf Regenerationszeiten. Die Balance, die hier gefunden werden muss, ist jedoch eine ganz andere. Es geht um die richtige Mischung zwischen Anspannung und Entspannung, aber nicht um den Ausgleich von Arbeits- und Privatleben. Dieser Ansatz führt vom Regen in die Traufe, denn wer sich wochen- und monatelang im Job schlecht fühlt, braucht in den meisten Fällen weder ein neues Zeitmanagement noch einen zusätzlichen Yogakurs samt Kalender mit Glückskekssprüchen für den täglichen Motivationsimpuls. Vielmehr geht es um die Frage der Eigenverantwortung und die Fähigkeit, »Nein!« zu sagen. Wenn Sie seit Jahren das Gefühl haben, dass Ihr Job Ihnen noch mal ein Magengeschwür machen wird, dann brauchen Sie keine Work-Life-Balance, sondern einen neuen Job!

Ich habe es an mir selbst beobachtet: Ich arbeite heute mehr als noch vor zehn Jahren. Mit Mitte 20 fühlte ich mich allerdings komplett ausgebrannt durch das, was ich tat. Heute jedoch brenne ich vor Begeisterung, ganz egal, wie viele Stunden ich dafür investiere. Es ist nicht der Stress, der uns zu schaffen macht, sondern die Art des Stresses. Wenn Sie Stress und Belastung in Ihrem Leben komplett abstellen wollen, gibt es nur eine Möglichkeit: Legen Sie sich auf den Friedhof! Jeder lebendige Mensch hat Stress. Allerdings nicht jeder in der gleichen Form. Sie brauchen keinen Ausgleich zur Belastung, sondern einen sich positiv anfühlenden Belastungsreiz. Wenn Sie lieben, was Sie tun, und Sie auch noch Ihren Arbeitgeber und / oder Ihre Kunden lieben, dann ist der Belastungsschmerz eher eine Bestätigung Ihrer Aktivität und Wirksamkeit. Kennen Sie das, wenn Sie nach einem sportlichen Wochenende am nächsten Tag richtig Muskelkater haben? Der Schmerz fühlt sich zwar nicht toll an, aber das Gefühl, etwas für die eigene Fitness getan zu haben, macht zufrieden. In erster Linie ist im Leben also nicht entscheidend, ob wir ab und an Schmerz spüren, sondern wodurch er entsteht und wie wir darauf reagieren. Wenn Schmerz entsteht, weil Sie das Richtige machen, ist er akzeptabel. Wenn er aber entsteht, weil Sie das Falsche machen oder das

Richtige auf die falsche Weise, dann müssen Sie etwas verändern. Denn, um bei dem Vergleich zu bleiben, eines ist klar: Wer Muskelkater hat, braucht in jedem Fall erst mal wieder etwas Ruhe.

Der Begriff »Work-Life-Balance« hingegen verweist auf einen großen Denk- und Einstellungsfehler. Er suggeriert nämlich, dass Leben und Arbeit Gegensätze seien, die miteinander konkurrieren. Eine fatale Sichtweise, denn Arbeit und Leben sind keine Konkurrenten, sondern Partner. Wer seinen Job zu seinem Leben in Opposition setzt, kann niemals eine innere Balance finden, sondern befindet sich in einem ständigen Konflikt, der unmöglich zu lösen ist. Unsere Arbeit ist ein nicht abtrennbarer, wesentlicher Teil des Lebens. Schließlich wollen Sie auch nicht das Ei mit seinem Eigelb ins Gleichgewicht bringen. Beides gehört zusammen! »Work« gegen »Life« – dieser Wettbewerbsansatz erschafft zwei Gegenpole von gut und böse. Die Arbeit steht für das Böse, also den Minuspol, der als belastend, kraftraubend und stressig definiert wird. Das Privatleben hingegen ist die Sonnenseite, die als Quelle der Freude neue Energie gibt und die (Über-)Forderung im Job ausgleichen soll. Was für ein Unfug! Wer seine Arbeit von seinem Leben trennt, muss sich die Frage stellen, ob er überhaupt wirklich lebt oder die meiste Zeit eher nur existiert.

> **Arbeit und Leben sind keine Gegensätze**

### Die Interessen der Wohlfühlindustrie

Die meisten Menschen investieren einen Großteil ihrer Zeit in den Job. Wer seine Arbeit nicht mag, der mag auch das Gros seines Lebens nicht. Dabei können Privat- und Arbeitsleben wunderbar miteinander harmonieren. Doch diese Vorstellung wird nicht gerne gehört, da es zu viele gibt, die ein gesteigertes Interesse daran haben, die Wettbewerbssituation zwischen Work und Life aufrechtzuerhalten. Zahlreiche Trainer und Quacksalber aus der Wohlfühlindustrie verdienen Unsummen damit, gestressten Menschen einzureden, sie müssten durch Entspannungs- und Entschleunigungstechniken, Lebenshilfeliteratur oder Zeitmanagementmethoden wieder zu sich selbst finden.

Unzählige Work-Life-Balance-Coaches hüllen ihre Teilnehmer in eine Wohlfühl-Seifenblase, die sich während der Kursstunde zwar wunderbar anfühlt, doch bei der Rückkehr ins wahre Leben leider schnell zerplatzt. Mitarbeiter lernen in unzähligen Fachbüchern und Seminaren zwar, Prioritäten zu setzen, ihre Zeit besser zu managen, Pläne und Listen zu erstellen und sogenannte »Ich-Zeiten« im Kalender einzutragen – doch auf Dauer bleibt das gewünschte Ergebnis meist dennoch aus. Oftmals erhöht sich sogar noch die Frustration, wenn das Lebensgefühl nicht besser wird, obwohl man schon alles versucht hat. »Nirgends strapaziert sich der Mensch so sehr wie bei der Jagd nach Erholung«, sagte der englische Schriftsteller Laurence Sterne schon im 18. Jahrhundert. Modernes Selbstmanagement lindert vielleicht das Chaos auf dem Schreibtisch, doch es kann das Lebensgefühl nicht von Schwarz auf Weiß umfärben. Nicht weil die Techniken und Ansätze in der Literatur nicht funktionieren würden, denn vieles davon sind durchaus sinnvolle Ansätze. Doch sie alle können keinen Frieden im Leben herstellen, wenn man mit sich oder seinem Arbeitsleben grundsätzlich im Kriegszustand ist.

ERFOLGSREGEL

**Zeit lässt sich managen,
aber Lebensgefühl nicht.**

In Wahrheit gibt es nur eine Möglichkeit, das eigene Lebensgefühl tatsächlich in Balance zu bringen: die Auflösung des Glaubenssatzes, dass Arbeit grundsätzlich etwas Energieraubendes und Anstrengendes wäre, was durch ein energiegebendes Privatleben ausgeglichen werden müsste. Wer sein Herz nur zu Hause, aber nicht auf der Arbeit spürt, kann seine Zeit bis zum Sankt-Nimmerleins-Tag managen oder zwanghaft versuchen, sich vom Arbeitsalltag abzulenken. Doch auf diesem Weg wird er dennoch nie das finden, was er tatsächlich sucht und was ihm seine vollständige Lebensmotivation zurückgibt.

Ein chinesisches Sprichwort bringt es schön auf den Punkt: »*Wenn du eine Stunde lang glücklich sein willst, schlafe. Wenn du einen Tag glücklich sein willst, geh fischen. Wenn du ein Jahr lang glücklich sein willst, habe ein Vermögen. Wenn du ein Leben lang glücklich sein willst, liebe deine Arbeit.*«

Durch die fehlorientierte Work-Life-Balance-Bewegung hat sich die Ablehnung des Arbeitslebens mittlerweile so hochgeschaukelt, dass nun diejenigen, die ihren Beruf lieben und wirklich auch für ihn leben, als psychisch »auffällig« betrachtet werden. Es kann ja kaum normal sein, wenn jemand sich auch noch in seiner Freizeit begeistert mit Themen aus seinem beruflichen Umfeld beschäftigt. Verächtlich wird heutzutage schnell von »Verrückten« oder »Workaholics« gesprochen, wenn Menschen es sich nicht vorstellen können, ohne ihre Arbeit zu leben. Manche schütteln nur verständnislos den Kopf über diejenigen, die sich mit vollem Einsatz in ihre beruflichen Projekte werfen und darin total aufgehen. Der Leistungswillige steht plötzlich fast auf Augenhöhe mit Alkoholikern oder Drogenabhängigen, denn es kann ja kaum gesund sein, so an seinem Beruf zu hängen. Eine selbst reichlich desillusionierte Psychologin sagte mir einmal: »Wenn jemand nichts lieber mag als seine Arbeit, steckt dahinter meist eine Verdrängung eines großen Lebensproblems, vor dem der Betroffene flüchtet.« So einen Unsinn können nur Menschen reden, deren eigenes verdrängtes großes Lebensproblem wohl ihr Job ist. Wenn Menschen mit einer Riesenbegeisterung für ihren Beruf mittlerweile zu »Kranken« umdefiniert werden, weil diejenigen, die ihre Arbeit als belastend empfinden, infolge der Überzahl als normal gelten, wird es Zeit für einen Weckruf.

Der Ansatz der Work-Life-Balance ist eine leere Formel, die uns suggerieren soll, dass das wahre, das gute Leben erst nach Feierabend beginnt. Work-Life-Balance ist Opium fürs Arbeitsvolk. Sie macht unzufriedene, hart malochende Menschen gefügig für schlechte Jobs oder Jobbedingungen. Sie soll ablenken von dem, was der Lebensqualität abträglich ist. Dabei hängt Lebensqualität stärker von der Qualität unseres Arbeitslebens ab als von der Qualität oder gar Quantität von Freizeit. Wir brauchen Menschen, die in ihren beruflichen Tätigkeiten aufblühen, anstatt zu verwelken. Dafür gilt es sich zu engagieren und nicht für mehr Freizeit, die wir ohnehin oft mit sinnlosen Dingen vergeuden. Der Durchschnittsbürger arbeitet 40 Stunden in der Woche und das 45 Wochen im Jahr und etwa 45 Jahre lang. Das sind genau 81 000 Stunden – und die lassen sich von unserem Leben doch nicht abtrennen. Wollen Sie wirklich auf einen erheblichen Teil Ihres Lebens verzichten, indem Sie sich in der Früh auf den Weg zum Arbeitsplatz machen, während Ihr Herz den Tag über lieber im Bett liegen bleibt, bis Sie wieder nach Hause kommen?

## ERFOLGSREGEL

**Das wahre Problem der meisten Leute ist nicht ihr Freizeitmangel, sondern der Mangel an beruflicher Erfüllung.**

### Die Thank-God-it's-Friday-Gesellschaft

Vor einigen Monaten saß ich im Auto und fuhr die Bundesstraße entlang. Es war Montag, 10 Uhr vormittags, und ich war auf dem Weg zu einer Veranstaltung, bei der ich einen Vortrag halten durfte. Ich freute mich wie immer auf das Event und saß vergnügt hinter dem Steuer. Nebenbei lauschte ich dem Programm eines bekannten Radiosenders. Der Moderator der Morningshow hatte Hörerin Marianne am Telefon. Marianne war Friseurin und 25 Jahre jung. Sie erzählte dem Moderator kurz von ihrer relativ eintönigen Arbeit und wie ihr die unheimlich abwechslungsreiche Musik des Radiosenders dabei helfe, bessere Laune zu haben. »Typisch künstliches Marketinggequassel, wie jeden Tag«, dachte ich mir. Doch dann sagte Marianne einen Satz, der mich wirklich schockierte. Ich zitiere wörtlich: »Eure Musik hilft mir immer dabei, meinen Tag zu überstehen!«

Diese Aussage macht mich bis heute fassungslos. Was zum Teufel führt eine junge Frau mit 25 Jahren für ein trostloses Leben, obwohl sie einen festen Arbeitsplatz hat, anscheinend gesund ist und arbeiten kann, sich ihren Job selbst ausgesucht hat und auch noch in einem Land lebt, in dem man sich frei bewegen und komfortabel leben kann?! Deutschland ist mittlerweile eines der wenigen Fleckchen auf unserem Planeten, an denen man von den größten Katastrophen in der Welt in aller Regel verschont bleibt. Wir können hier sagen, was wir wollen, und uns im Grunde auch jeden Tag neu für das entscheiden, was wir tun wollen. In Anbetracht dieser Tatsachen muss man sich Mariannes Aussage wirklich mal auf der Zunge zergehen lassen. Sie muss ihre Tage und somit diese Lebensphase überstehen? Wenn der Psychologe Viktor Frankl für seine Zeit als KZ-Häftling derartige Formulierungen wählt, kann ich das nachvollziehen. Wenn Marianne so spricht und denkt, frage ich mich: Was um Himmels willen macht diese Frau mit ihrem Leben? Geld zu verschwenden, ist ungut; aber Lebenszeit zu verschwenden, ist grob fahrlässig.

> Geld zu verschwenden, ist ungut; aber Lebenszeit zu verschwenden, ist grob fahrlässig

Szenenwechsel. Zwei Tage später. Ich sitze wieder im Auto. Im Radio läuft diesmal eine dieser dämlichen Thank-God-it's-Friday-Shows. Die Moderatorin kreischt ins Mikro hinein: *»Jaaaawwwooollll, meine Lieben, nur noch zwei Tage, dann habt ihr es geschafft! Es ist Licht am Ende des Tunnels. Das Wochenende ist in Sicht. Haltet noch ein bisschen durch. Und damit euch die Arbeit nicht ganz so schwerfällt, spielen wir für euch nur die besten Hits, damit ihr besser in den Feierabend kommt.«*

Ich muss sofort umschalten! Ich ertrage diesen geistigen Sondermüll nicht. Am liebsten würde ich beim Sender anrufen, um die Moderatoren zu fragen, was für eine geistig unbewaffnete Knalltüte man sein muss, wenn man den Menschen ständig indirekt suggeriert, wie schrecklich doch ihre Arbeit ist. Der volkswirtschaftliche Schaden, der daraus entsteht, ist bestimmt enorm. Für mich gilt das Thank-God-it's-Friday-Motto auch – weil ich mich auf jeden Freitag genauso freue wie auf alle anderen Wochentage. Wo bitte leben wir, dass irgendwelche Bespaßungsanimateure den Leuten tagtäglich ihre Unzufriedenheit einreden, die sie nur nach Feierabend kompensieren können? Was ist das für eine Form von Leben, wenn wir uns in vier Freizeitstunden am Abend von acht bis neun Arbeitsstunden erholen müssen? Oder wenn wir uns an zwei Wochenendtagen von fünf Arbeitstagen ablenken? Oder in fünf Urlaubswochen von 47 Arbeitswochen? Das ist keine Work-Life-Balance, sondern eine Bankrotterklärung an das eigene Leben!

### Mittels Volkshypnose zur Verbraucherdepression?

Vielleicht gibt es ja noch einen ganz anderen Grund für die regelmäßige Stärkung der Thank-God-it's-Friday-Mentalität bei der breiten Masse. Menschen, die ihre Arbeitszeit als notwendiges Übel betrachten, durch das man sich so gut wie möglich durchkämpfen muss, sind emotional geschwächt. Schwache, latent unzufriedene Menschen sind von äußeren Glücksmachern leichter abhängig zu machen. Die Werbeindustrie lebt grundsätzlich zu einem großen Teil von unzufriedenen Leuten, die versuchen, Glücksgefühle durch materielle Ersatzbefriedigungen zu kaufen. Wer sich mit dem, was er tut, beziehungsweise seinem Leben insgesamt glücklich und erfüllt fühlt, konsumiert nachweislich weniger künstliche Glücksmacher, die in der Werbung angepriesen werden. Glücksanimation ist gemacht für Unglückliche. Sie sind die Kernzielgruppe der Industrie und bekommen durch die ständige Werbeberieselung folgende Botschaft eingetrichtert: »Wenn du dieses Produkt kaufst, wirst du dadurch glücklicher.« Das bedeutet im Umkehrschluss: Hat man es nicht, ist man unglücklich(er). Eine ziemlich geschickte, aber auch fiese mentale Falle. Die unterschwellige Botschaft lautet hier: Wenn du glücklich sein will, musst du konsumieren.

Diese Masche funktioniert seit vielen Jahren bestens, denn nur die wenigsten sind wirklich glücklich. Daran hat auch die Armee der Work-Life-Balance-Coaches nichts verbessert. Wer in seinem Job unzufrieden ist, wird dies weder durch den Kauf von Ersatzbefriedigungen noch durch Aktionen am Feierabend oder Wochenende ändern, bei denen man versucht, den Kopf freizukriegen. Lebensglück und Motivation entstehen nicht durch mehr Freizeit oder sonstige

Glückssurrogate. Wenn die Basis fehlt, kann man damit weder die eigene Arbeitsmoral noch die seiner Mitarbeiter wesentlich positiv beeinflussen. Wer Schmerzen hat, der freut sich nicht über einen Blumenstrauß. Schlechte Gefühle in der Belegschaft kann man nicht wegmanagen oder mit Geld ruhigstellen. Emotionen sind nicht bestechlich. Führung in Unternehmen bedeutet daher, den Mitarbeitern die Rahmenbedingungen anzubieten, die sie für ihre persönliche Leistungsfreude brauchen. Diese Rahmenbedingungen sind nicht nur materieller, sondern in erster Linie emotionaler Art. Glücksgefühle im Beruf entstehen nicht durch das, was man vom Unternehmen bekommt, sondern durch das, was man dort während der Arbeitszeit erlebt. Wenn die täglichen Erlebnisse im Berufsleben primär negativ sind, gibt es keine Strategien und Methoden auf der Welt, die dieses Defizit ausbalancieren können.

## Es gibt keine Ersatzbefriedigung für fehlendes berufliches Glück.

Genau aus diesem Grund warne ich vor der Thank-God-it's-Friday-Philosophie. Sich durchzukämpfen und zu hoffen, dass die Zeit bis zum Feierabend, zum Wochenende, zum nächsten Urlaub oder zur Rente schon irgendwie verstreichen wird, ist eine Form von Resignation. Wer zu lange verharrt und auf den Moment wartet, in dem er glücklich sein könnte, wird den Moment verpassen, in dem er es kann – nämlich jetzt. Das Motto »Thank God it's Friday« muss umgewandelt werden in »Thank God it's my Day«. Es gilt, aus jedem Tag so viele besondere Momente herauszuziehen wie nur möglich. Jürgen Klopp sagte mir einmal: »Unser Leben sollte eine Aneinanderreihung von außergewöhnlichen Geschichten sein.« Er hat recht. Denn nur so können wir

**Auf das Verstreichen der Zeit zu warten, ist eine Form von Resignation**

eines Tages mit einem Lächeln auf unsere Lebenszeit zurückblicken und uns an intensiven Erinnerungen eines intensiven Lebens erfreuen. Der Freitag ist kein besserer oder schlechterer Tag der Woche, sondern so wie jeder andere Wochentag auch eine Einladung dazu, aus diesem Tag etwas Besonderes zu machen. Der Montag ist nicht doof, sondern höchstens unsere Grundsatzeinstellung dazu.

## ERFOLGSREGEL

**Jeder von uns hat nur ein Leben.**
**Aber wenn wir es wirklich intensiv leben,**
**ist eines auch genug.**

### Die Wahrheit hinter dem Schein

Nach dem Zweiten Weltkrieg galt es zu arbeiten, um zu überleben. Zur damaligen Zeit vollkommen nachvollziehbar. Es ging zunächst nur um die Existenzsicherung, wofür man hart malochte; die Leute versuchten im Schweiße ihres Angesichts, über die Runden zu kommen. Eines fernen Tages dann sollte der Moment der Entspannung kommen, in dem man sein Leben genießen kann. Mit einem Wort: Rente! Daraus entstand ein Weltbild, das auch heute noch Bestand hat, obwohl die gesellschaftlichen Umstände bereits komplett anders sind. Die Leute sehen ihre Arbeit noch immer als kraftraubende Pflicht und warten hoffnungsvoll auf den Tag X, der die Erfüllung bringen soll. Wer sich die früheren Generationen ansieht, merkt allerdings, dass das unentwegte Frohlocken der Ruheständler dann meist ausblieb. Bei logischer Betrachtung verwundert dies kaum, denn ein Mensch, der sich sein Leben lang durchgekämpft hat, hat diesen Lebensstil so verinnerlicht, dass er nicht einfach per Knopfdruck auf Lebensglückmodus umschalten kann.

In der heutigen Zeit setzt sich immer mehr die Erkenntnis durch, dass der Beruf vor allem auch Spaß und Freude machen sollte. Doch in der Alltagspraxis deutscher Unternehmen ist das eher noch ein theoretischer Wunschgedanke, der nur vereinzelt gelebt wird. Ein zentraler Grund dafür ist, dass die psychische Arbeitsbelastung der Menschen in gewisser Weise tatsächlich immer mehr steigt. Die Leute haben zu viele Aufgaben in zu kurzer Zeit zu erledigen. Sie kämpfen mit einer überhandnehmenden Bürokratisierung, mit Verkomplizierungen von Gesetzeslagen oder auch mit trägen und kommunikationsunfähigen Konzernstrukturen. Auch die tägliche E-Mail-Flut oder die ständige Erreichbarkeit durch bimmelnde, schrillende, piepsende und vibrierende Mobiltelefone setzen Mitarbeiter unter starken mentalen wie auch emotionalen Druck. Mit dem Modebegriff »innere Kündigung« wissen heutzutage die meisten Achtklässler schon etwas anzufangen, da er in der Erwachsenenwelt ständig präsent ist. Allein das spricht Bände über unser Verhältnis zum Thema Job.

Die Ausmaße der Beziehungsstörung zwischen Menschen und ihrer Arbeit kann man auch mithilfe einer kleinen Internetrecherche verdeutlichen. Geben Sie bei Google doch mal folgenden Suchauftrag ein: »Meine Arbeit«. Nun scrollen Sie ganz nach unten und schauen, welche »verwandten Suchanfragen« Google zu dieser Suchanfrage anbietet. Sehr wahrscheinlich bekommen Sie ein ähnliches Ergebnis wie ich:

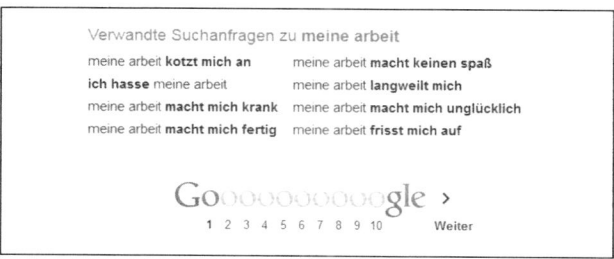

Diese »verwandten Suchanfragen« werden von Google deswegen vorgeschlagen, weil sie die am häufigsten gesuchten Begriffskombinationen sind. Suchergebnisse wie »Meine Arbeit kotzt mich an«,

»Meine Arbeit macht mich krank« oder auch »Meine Arbeit frisst mich auf« sprechen eine eindeutige Sprache. Dieser Missstand ist der Grund, warum es ein derartiges Überangebot an Büchern, Kursen und Trainern gibt, die sich um die Work-Life-Balance von Menschen kümmern. Die Nachfrage nach einem Ausweg aus der Misere ist vorhanden. Doch die Faktenlage zeigt, dass der Work-Life-Balance-Ansatz nicht zielführend ist. Die Entwicklung eines Kontrasts zwischen Arbeits- und Privatleben führt am Ziel vorbei. Unglücklich und unfrei im Job zu sein ist das eine. Diesem Unglück aber eine glückliche Freiheit im privaten Umfeld entgegenzustellen, führt zu noch größerer Unzufriedenheit, die über kurz oder lang auch die Freizeitqualität eines Menschen beschädigt. Es kann nicht das Ziel sein, einen unguten Lebensbereich mit einem (scheinbar) besseren ausgleichen zu wollen. Es geht darum, das Berufsleben so zu gestalten, dass dabei keine Motivations- und Energielöcher entstehen, die es zu Hause dann wieder zu stopfen gilt. Menschen brauchen keine Ausbalancierung ihres Berufs- und Privatlebens, sondern eine sinnstiftende und erfüllende berufliche Tätigkeit, für die sie brennen. Alles andere ist der perspektivlose Versuch der Begrenzung eines Schadens, der auf längere Sicht aber keine Grenzen kennt.

### Work-Life-Balance wirkt sich negativ auf Arbeitgeberattraktivität aus

Eine empirische Studie der FOM-Hochschule München aus dem Jahr 2012 brachte ein paar eindrucksvolle Ergebnisse zum Thema »Arbeitgeberattraktivität« auf den Punkt. Das Ziel war es, herauszufinden, welche Faktoren die Attraktivität einer Firma steigern. Wie die Befragung von über 300 Berufstätigen ergab, wirkt es sich tatsächlich nachteilig auf die Attraktivität eines Arbeitgebers aus, wenn er sich für eine Work-Life-Balance einsetzt.

»Dabei bewerteten die Befragten bei den acht größten Arbeitgebern im Münchner Raum (Allianz, Siemens, BMW, Munich Re, MAN, Linde, Wacker Chemie und ProSieben Sat.1 Media) insgesamt 20 Merkmale. Zu diesen Merkmalen zählten unter anderem Fragen nach bekannten Marken, den Aufgaben im Unternehmen, nach aktivem

Umweltschutz, der Bezahlung wie auch nach flexiblen Arbeitszeiten und der Chance auf Sabbaticals. Im nächsten Schritt wurden diese Merkmale zu fünf Hauptkomponenten zusammengefasst: Work-Life-Balance, Unternehmensreputation, materielle Aspekte, Unternehmenskultur und Arbeitsinhalte. FOM-Studienleiter Prof. Dr. Oliver Gansser: »Wir haben festgestellt, dass Reputation und Arbeitsinhalte eines Unternehmens einen deutlich höheren Einfluss auf dessen Bewertung in der Öffentlichkeit haben als die Unternehmenskultur und die materiellen Aspekte. Gleichwohl haben alle vier Komponenten einen signifikant positiven Einfluss auf die Unternehmensattraktivität, wohingegen der Faktor Work-Life-Balance einen negativen Einfluss hat.« (Vgl. https://www.fom.de/2014/februar/work-life-balance-wirkt-sich-negativ-auf-arbeitgeberattraktivitaet-aus.html)

Die Erklärung dafür liegt auf der Hand: Die Entgegensetzung von »Work« und »Life« führt dazu, dass die Arbeitszeit eindeutig negativ bewertet wird. Wenn das nun durch Maßnahmen zur Work-Life-Balance abgemildert wird, erscheint die Arbeitszeit vielleicht ein bisschen weniger negativ, aber auf keinen Fall positiv. Doch auch Arbeitszeit ist in hohem Maße Lebenszeit. Mit Kompensierungsstrategien ist den Menschen da nicht gedient. Es setzt sich immer mehr und mehr das Bewusstsein durch, dass das Leben nicht erst nach Feierabend stattfinden darf. FOM-Professor Oliver Gansser sagt dazu: »Objektiv betrachtet sollten Unternehmen, die ihre Attraktivität als Arbeitgeber in der Öffentlichkeit steigern möchten, das Thema Work-Life-Balance eher nicht in den Vordergrund stellen. Es könnte suggerieren, dass sich die Arbeitnehmer von der Arbeit im Unternehmen in ihrer Freizeit erholen müssen. Dies wiederum wirkt sich negativ auf die Gesamtbewertung der Arbeitgeberattraktivität aus.« Daraus lernen wir: Die Aufgabe von Unternehmen ist es nicht, einen Ausgleich zum unbefriedigenden Arbeitsalltag zu erschaffen, sondern eine Arbeitsplatzkultur zu entwickeln, in der Menschen voller Energie sind, anstatt sich mit leerem Akku wieder nach Hause zu schleppen und diesen dort aufladen zu müssen.

> Es geht nicht um einen Ausgleich zum unbefriedigenden Arbeitsalltag, sondern um eine bessere Arbeitsplatzkultur

**Arbeitszeit versus Lebenszeit?**

Wie sieht es mit Ihrer frei verfügbaren Zeit aus? Gehören Sie vielleicht auch zu denjenigen, die mehr Freizeithemden haben als Freizeit? Wenn ja, dann befinden Sie sich in guter Gesellschaft, denn so geht es den meisten Leuten. Experten der Stiftung für Zukunftsfragen beschäftigen sich seit 1993 mit der Auswertung einer Langzeitstudie zum Freizeitverhalten der Deutschen. Demnach hat der Bundesbürger im Durchschnitt pro Werktag knapp vier Stunden Freizeit. Das ist nicht viel, wenn man bedenkt, dass wir täglich rund 16 Stunden auf den Beinen sind, von denen wir mindestens acht Stunden arbeiten, zuzüglich Fahrzeiten zwischen Zuhause und Arbeitsplatz. Diese Zahlen zeigen, warum sich die Menschen mit der qualitativen Abwertung ihrer Lebenszeit am Arbeitsplatz nicht mehr zufriedengeben. Wer täglich nur knapp vier Stunden Zeit hat, um wirklich zu leben, dem helfen auch keine Work-Life-Balance-Strategien. Die Lösung liegt nicht darin, mehr Freizeit herauszuholen, sondern darin, für Freude bei der Arbeit zu sorgen. Wäre dies nämlich sichergestellt, könnte man seine Freizeit noch mal ganz anders genießen und müsste sie nicht als Erholungszeit missbrauchen.

Die Zielsetzung kann nur sein, dass Menschen sich im Beruf wieder freier und selbstbestimmter fühlen. Sie müssen das tun können, was ihnen entspricht und Freude bereitet. Der Job ist kein Knastaufenthalt und die Freizeit kein Freigang. Sich Tag für Tag stundenlang zu quälen, nur um dafür das Geld zu bekommen, mit dem man sich ein paar Momente erholsamer Freiheit gönnen kann, führt zu einem emotionalen Ungleichgewicht, das nicht ausbalanciert werden kann. Negative Gedanken während der stundenlangen Arbeitszeit erschaffen zu viele negative Gefühle. Auf diese Weise verliert jeder Mensch sein Motivationsgefühl und das Bewusstsein dafür, was ihn im Leben wirklich begeistert. Die Folge sind Menschen ohne Träume, ohne Ziele, ohne vernünftige Hobbys; Menschen, die vor allem durch Teilnahmslosigkeit auffallen. Es kann nicht das Ziel von Unternehmen sein, solche Mitarbeiter auf ihrem Gelände zu haben, denn Weiterentwicklung kann so kaum stattfinden. Wer nur in vier von 16 Stunden das Gefühl halt, wirklich zu leben, ist emotional gesehen mehr tot als lebendig. Dementsprechend verliert auch das Privatleben an Wert und Bedeutung, da die ständige mentale Abstumpfung im Job zu Hause nicht einfach ausgeschaltet werden kann wie ein Geschirr-spüler. Es überrascht daher nicht sonderlich, dass die Experten der Langzeitstudie als Ergebnis unter anderem festhalten, dass es »der Großteil der Bundesbürger auch in der Freizeit oftmals nicht schafft, genau das zu tun, was sie eigentlich wollen«. Wie auch? Wie soll man wissen, wie man sein Leben gestalten möchte, wenn man selbst kaum daran teilnimmt?

### Wie Arbeit gesund und glücklich machen kann

Ich behaupte, dass Menschen ein natürliches Bedürfnis nach Arbeit haben, denn in ihr steckt ein enormes Glückspotenzial. Jeder Mensch braucht eine Aufgabe, das gibt unserem Leben Sinn. Jeder von uns will außerdem das Gefühl haben, Leistung zu erbringen und etwas bewegen zu können. Es geht dabei nicht nur um uns selbst, sondern auch um den Beitrag, den wir bewusst oder auch unbewusst für andere leisten wollen. Eine große Motivation ist es, das Gefühl zu haben, wirklich nützlich zu sein. Es ist ein großer emotionaler Antreiber, zu einer Gemeinschaft zu gehören, mit der gemeinsam etwas für andere erreicht werden kann.

ERFOLGSREGEL

**Kaum etwas macht glücklicher,
als sich für das Glück anderer Leute
zu engagieren.**

Unser Berufsleben entscheidet in hohem Maße über unser Lebens-glück. Denn nicht die Arbeit macht unzufrieden, sondern die Arbeits-losigkeit. Ich habe durch meinen Beruf schon häufig Leute kennengelernt, die rein finanziell nicht mehr arbeiten mussten, da sie ihre Schäfchen im Trockenen hatten. Diese Menschen ließen sich in den meisten Fällen in zwei Gruppen einteilen: Gruppe eins erfreute sich vorübergehend an der Dauerbespaßung durch Extrem-Sonnenbaden auf den Kanaren oder Segeln in der Ägäis. Doch schon nach kurzer Zeit entstanden eine gewisse innere Leere und die Sehnsucht nach einer sinnvollen Aufgabe. Die finanziell unabhängigen Mitglieder von Gruppe zwei arbeiteten weiter und stellten meist sogar noch neue Projekte auf die Beine, mit ganz neuen Herausforderungen. Interessanterweise sind diese Menschen auf Dauer deutlich zufriedener als diejenigen in Gruppe eins. Die Ursache dafür ist nicht die Höhe ihres Einkommens, sondern die Stärke ihres Lebenssinns, den sie daraus ziehen.

**Work-Life-Balance ist überflüssig, denn sie schafft keine Liebe zum Beruf**

Für den deutschen Schriftsteller und Literaturnobelpreisträger Thomas Mann war Arbeit manchmal »ein freudloses und mühseliges Stochern. Aber nicht zu arbeiten – das ist die Hölle«, sagte er. Was Menschen wirklich suchen und schätzen, ist nicht weniger Stress, mehr Urlaub oder mehr Gehalt. Zu diesem Ergebnis kam das Institut der deutschen Wirtschaft Köln (IW) in zwei Studien. Eigene Ideen zu verwirklichen, Einfluss zu haben auf Entscheidungen oder auch die Zielvereinbarungen mitbestimmen zu können, waren für viele Beschäftigte ein zentrales Bedürfnis. Die Studienergebnisse zeigten vor allem, dass die Faktoren für Arbeitszufriedenheit nicht pauschalisiert werden können. Prof. Dr. Michael Hüther, Direktor des Instituts der deutschen Wirtschaft Köln, sagt dazu: »Es gibt Menschen, denen ihre Arbeit zum Beispiel auch dann – oder gerade dann – Spaß macht, wenn sie mit hohem Zeitdruck verbunden ist. Andere empfinden eine starke körperliche Belastung geradezu als Herausforderung. Wieder anderen gibt die psychische Komplexität einer Aufgabe den Kick.« Daran kann man erkennen, dass berufliche Erfüllung in hohem Maße vom eigenen Anspruch, der Persönlichkeitsstruktur und auch der eigenen Bewertung bestimmter Gegebenheiten abhängt.

Der IW-Studie zufolge haben Stress und Zeitdruck keinen nennenswerten Einfluss auf die Arbeitszufriedenheit. Rund 85 Prozent der Beschäftigten, die oft Stress haben und in hohem Tempo arbeiten müssen, sind dennoch happy mit ihrer Arbeit. In einem Beruf, der uns erfüllt, spielt auch die Menge der Zeit, die wir dafür investieren, keine wirkliche Rolle. Wochen vergehen wie Tage und Stunden wie Sekunden, wenn man in dem aufgeht, was man tut. Work-Life-Balance ist überflüssig, denn sie erschafft keine Liebe zu einem Beruf. Wer nicht liebt, was er tut, dem hilft auch die Optimierung seines überwiegend unglücklichen Lebens in der Freizeit nicht entscheidend weiter.

## Salutogenetische Faktoren

Das Wort »Salutogenese« setzt sich aus den Begriffen »salus« für »Gesundheit« beziehungsweise »Wohlbefinden« und »Genese« für »Entstehung« zusammen. In Bezug auf die Arbeitswelt beschreibt die Salutogenese somit die Faktoren, die ein Mensch braucht, um sich in seinem Arbeitsleben dauerhaft wohl und gesund fühlen zu können. Entscheidend sind dafür im Wesentlichen drei Punkte, die alle erfüllt sein müssen, da ansonsten starke Motivationsdefizite und dementsprechende Leistungseinbrüche folgen.

### Faktor 1: Verstehbarkeit

Verstehbarkeit bedeutet, dass ein Mensch darauf vertraut, seine Aufgabenstellung richtig einschätzen und durchschauen zu können. Das Gefühl, mögliche Probleme dabei vorhersehen oder nach ihrem Auftreten verstehen zu können, ist wesentlich. Wer die Tätigkeiten, Abläufe oder Zusammenhänge an seinem Arbeitsplatz nicht durchschaut, verliert in hohem Maße seine Motivation und wird sich damit nicht länger lösungsorientiert beschäftigen. Der Grund dafür ist, dass es infolge dieses Mangels an Verständnis auch an dem Glauben fehlt, entsprechende Wirkungen mit den vorhandenen Ressourcen erzielen zu können.

**Wer nicht versteht, was geschieht,
verliert die Lust daran,
selbst etwas geschehen zu lassen.**

### Faktor 2: Gestaltbarkeit

Jeder Mensch verspürt den natürlichen Drang dazu, etwas zu gestalten, Dinge zu entwickeln, auszuprobieren und etwas bewegen zu können. Niemand will nur ein teilnahmsloser Erfüllungsgehilfe sein, der maschinell sein Pensum abspielt, ohne auf Abläufe oder Prozesse in irgendeiner Form Einfluss zu haben. Wer das Gefühl hat, sich mit einbringen und mitgestalten zu können, wird in seiner Grundmotivation massiv gestärkt. Besteht dieser Gestaltungsspielraum nicht, schaltet die Person irgendwann ab und macht im besten Falle noch Dienst nach Vorschrift. Wer sich nicht eingebunden fühlt, verliert seinen inneren Antrieb und seine Freude an der Sache.

### Faktor 3: Sinnhaftigkeit

Der vielleicht wesentlichste Faktor dafür, dass Menschen sich bei ihrer Arbeit wohlfühlen und somit auch dauerhaft starke Leistungen bringen können, ist Sinn. Erst wenn eine Aufgabe oder ein Ziel als sinnstiftend empfunden wird, beginnen Menschen sich dafür zu engagieren. Mitarbeiter, die sich mit einem Produkt oder bestimmten Vorgaben nicht identifizieren können, da sie keinen Sinn dahinter erkennen, werden ihren Einsatz dafür stark begrenzen. Fehlende Sinnhaftigkeit ist der größte Demotivator, den es gibt. Wer jedoch Sinn im eigenen Handeln sieht, beginnt sich mit seiner Aufgabe voll zu identifizieren und steigert damit automatisch sein Engagement dafür.

## Die Kleinen schaffen. Der Große erschafft.

Genau aus diesem Grund ist Arbeit für Menschen so wichtig. Das Leben solle nicht nur aus Arbeit bestehen, sondern natürlich auch aus einem erfüllenden Privatleben, dem täglich Zeit geschenkt wird. Doch in unserer Arbeit steckt eine wichtige Form von Lebenssinn, die Identifikation stiftet. Menschen identifizieren sich seit Zehntausenden von Jahren über ihre Aufgabe in einer Gemeinschaft. Dies bestätigt auch Arbeitspsychologe Tim Hagemann, der als Professor an der Fachhochschule der Diakonie in Bielefeld arbeitet. Er sagt: »Arbeit ist identitätsstiftend.« Damals wie heute kommen Menschen beim Kennenlernen schnell auf die beruflichen Tätigkeiten zu sprechen. Der Beruf hat ein sehr hohes Potenzial für persönliches Glück und Wohlbefinden, da man während der Arbeitszeit in vielen Fällen mehr Anerkennung findet und Erfolgserlebnisse hat als am Wochenende. Falls es nicht so ist, ist man im falschen Job, an der falschen Stelle oder vielleicht auch im falschen Unternehmen.

Noch mal: Sich mit seinem Beruf zu identifizieren, bedeutet nicht, dass die Arbeit das ganze Leben ist, auch wenn sie allein schon zeitlich eine wichtige Rolle einnimmt. Dennoch *sind* wir nicht unser Beruf, sondern wir haben einen Beruf. Es ist genauso wichtig, persönliche Lebensqualität und Freude nicht nur aus dem Arbeitsleben ziehen zu wollen. Sich mit der Arbeit vom unglücklichen Privatleben ablenken zu wollen, führt genauso in eine Sackgasse. Es geht im Leben immer darum, alles, was man tut, mit dem Herzen zu tun. Deswegen sollten wir auf Dauer auch keinem Job nachgehen, bei dem wir unsere Zeit nur gegen Geld eintauschen, denn das wäre eine Form von Prostitution. Erfüllung entsteht, wenn man nicht nur mit Kopf und Körper arbeitet, sondern mit dem Herzen.

## Ein Job ist etwas, wovon man lebt.
## Ein Beruf ist etwas, wofür man lebt.

Verwandeln Sie daher die Work-Life-Balance in eine persönliche Work-Life-Romance. Erst wenn Sie in Ihrem Privatleben gerne über Ihre berufliche Tätigkeit sprechen und nachdenken, können Sie nachhaltig Stress abbauen und Lebensfreude entwickeln. Es ist nicht das Ziel, zu lernen, den Privatbereich von der Arbeit abzuschotten und in der Freizeit keinen Gedanken mehr an die Arbeit zu »verschwenden«, sondern genau das Gegenteil. Wenn Sie sich sonntags schon auf montags freuen, anstatt den Freitag herbeizusehnen, sind Sie auf dem richtigen Weg.

# FAZIT

- Arbeit und Leben dürfen nicht als Gegensätze konzipiert werden. Auch Arbeitszeit ist Lebenszeit.

- Berufliche Unzufriedenheit in der Freizeit ausgleichen zu wollen, ist sinnlos, da wir die meisten wachen Stunden des Tages bei der Ausübung unserer Arbeit verbringen. Daher gilt: Sein Leben kann nur derjenige lieben, der auch seinen Beruf liebt.

- »Identifikation« heißt das Zauberwort! Nur wer sich mit seiner Position, seiner Aufgabe und evtl. auch seinem Unternehmen wirklich identifizieren kann, entwickelt auf Dauer Liebe zu seinem Beruf.

- Drei salutogenetische Faktoren sind die Voraussetzung für innerlich ausgeglichene und zufriedene Mitarbeiter: 1. Verstehbarkeit, 2. Gestaltbarkeit, 3. Sinnhaftigkeit.

- Optimieren Sie die Umfeldbedingungen für Ihre Mitarbeiter und erschaffen Sie ein »Treibhausklima«. Fragen Sie Ihre Leute, was sie sich wünschen würden, um aufblühen zu können.

- Wissen Sie, was Ihren Mitarbeitern wirklich Freude macht und was ihre größten Stärken sind? Finden Sie es im Dialog heraus und überprüfen Sie dahingehend Ihren Personaleinsatz. Nur wer täglich das tut, was er wirklich kann und liebt, bringt dauerhaft Topleistung.

- Überprüfen Sie Ihre berufliche »Energiebilanz«. Schreiben Sie sich für 14 Tage täglich in zwei Spalten auf, welche Tätigkeiten Ihnen heute Energie gegeben und welche Ihnen Energie genommen haben. Bewerten Sie die Energiekiller von 1 (kaum) bis 10 (sehr viel). Prüfen Sie dann, welche Seite stärker ausgeprägt ist. Um sich auf Dauer gesund und glücklich im Leben fühlen zu können, müssen Sie Maßnahmen ergreifen, damit Ihre Energiebilanz konstant positiv ausfällt.

## Motivationslüge 12:

### *»Suchen Sie sich einen Beruf, der Ihnen vor allem Spaß macht.«*

### Die Lüge vom Spaßfaktor im Job

> *In diesem Kapitel erfahren Sie, warum Spaß nicht das primäre Kriterium bei der Berufswahl sein darf. Ich zeige Ihnen im Detail, welche verschiedenen Zusammenhänge es zwischen Arbeit und Freude zu beachten gibt. Sie erfahren außerdem, welche Voraussetzungen neben dem reinen Spaßfaktor in Wahrheit zu beruflicher Erfüllung führen und weshalb es ein großer Fehler sein kann, sein Hobby zum Beruf zu machen.*

### Entlarvung der Lüge

Der berühmte Dichter Bertolt Brecht sagte einmal: »Arbeit ist alles, was keinen Spaß macht.« Obwohl ich das so nicht unterschreiben würde, gibt es doch einen wahren Punkt in dieser Aussage. Denn das, was wirklich Spaß macht, ist nicht unbedingt die Arbeit an sich, es sind vielmehr die Ergebnisse und die Erlebnisse, die daraus folgen. Ich möchte in diesem Kapitel gerne zwischen den Begrifflichkeiten »Beruf« und »Arbeit« unterscheiden. Beides ist zwar miteinander verwandt, aber es sind keine Zwillinge. Hier klar unterscheiden zu können, ist wichtig, wenn man verstehen will, welchen Anteil der Spaßfaktor an der beruflichen Tätigkeit hat.

Ein Beruf ist etwas, wozu man sich berufen fühlt. Es ist eine Aufgabe, die einen erfüllt, die Sinn verleiht und wofür man sich mit Leidenschaft engagiert. Arbeit hingegen ist genau genommen etwas ganz anderes. Die Arbeit sind die konkreten beruflichen Aufgaben, die man tagtäglich zu erledigen hat und sozusagen abarbeiten muss. Dinge, die einem von anderen aufgetragen werden, Probleme, die es zu lösen gilt, oder auch Vorbereitungen, die zu treffen sind. Und: Diese Arbeit macht nicht immer Spaß! Sie kann häufig auch anstrengend sein und Energie kosten. Daran ist nichts Negatives, denn dadurch entsteht auch eine bestimmte Form von Belastbarkeit und Stressresistenz. Beispielsweise macht so gut wie keine Arbeitstätigkeit wirklich Spaß, wenn sie lange Zeit mehr oder weniger ununterbrochen ohne große Abwechslung durchgeführt werden muss. Entweder tritt irgendwann eine gewisse Erschöpfung ein oder die entstehende Monotonie erzeugt einen Spannungsabfall. Die wenigsten zu erledigenden Aufgaben bringen auch sofort konkrete Erfolgserlebnisse, sondern kosten erst mal einfach nur Energie. »Die Arbeit macht sich nicht von allein«, sagte mir meine Oma schon in Kindertagen. Jeder Arbeitsschritt ist eine Investition an Aufmerksamkeit, Konzentration, Körpereinsatz, Denkleistung und vielem mehr. Da unser Körper allerdings von Natur aus aufs Energiesparen programmiert ist, fallen diese Energieinvestments nicht immer ganz leicht. Aus diesem Grund sehnt sich jeder Mensch regelmäßig nach Erholung. Für unseren Körper, aber auch unseren Geist ist Arbeitsaufwand zunächst einmal kein Spaß, sondern Stress. Doch schon William Shakespeare bemerkte seinerzeit sehr richtig: »Wenn das ganze Jahr über Urlaub wäre, wäre das Vergnügen so langweilig wie die Arbeit.« Menschen streben nicht nur nach Erholung, sondern eben auch nach Herausforderung, weil dabei neue Reize gesetzt werden. Der Autor und Journalist Manfred Hinrich sagte diesbezüglich mit einem Augenzwinkern: »Arbeit ist die Erholung von der Arbeitslosigkeit.« Das bedeutet: Arbeitsbelastung ist nicht grundsätzlich spaßig, aber kann dennoch lohnend sein.

### Arbeit muss nicht immer Spaß machen

Was wir aus dieser Betrachtung lernen können, ist: Arbeit muss und kann gar nicht immer Spaß machen. Ob eine Tätigkeit zielführend und sinnvoll ist, definiert sich nicht durch die Höhe des Vergnügens, das man bei ihrer Ausübung erfährt. Arbeit verursacht in vielen Fällen zunächst erst mal eine gewisse Form von Schmerz. Bewusst empfundene Freude kommt dabei erst dann ins Spiel, wenn durch den Arbeitsaufwand gewisse Ergebnisse erzielt werden, die eine emotionale Befriedigung mit sich bringen. Diese Ergebnisse (oder allein schon die Aussicht darauf) sind es, die Spaß und Leistungsfreude entstehen lassen. Nicht die Arbeit selbst befriedigt uns, sondern das, was wir daraus ernten. Wer diesen Zusammenhang versteht, kann endlich den Gedanken loslassen, zu jeder Zeit grenzenlosen Spaß an dem empfinden zu müssen, was er tagtäglich zu erledigen hat. Ein Mensch, der niemals das Gefühl hat, lieber auf der Couch als am Arbeitsplatz sitzen zu wollen, oder nie die Schreibtischlampe gegen die Urlaubssonne eintauschen möchte, der sollte sich selbst zur Forschung einschicken. Diese Empfindungen sind einfach nur menschlich.

**Was wir durch unsere Arbeit bewirken, befriedigt uns**

Arbeit fühlt sich nun mal nicht immer angenehm oder befriedigend an – auch wenn das nach der Lehre vieler sogenannter Life-Coaches und Glücksgurus so sein müsste. Doch es ist eine große Motivationslüge, zu erzählen, dass sich der Beruf immer wie Urlaub anfühlen müsste. Heutzutage bekommt man den Eindruck, man müsse sich fast schon dafür schämen, wenn man bei manchen Aufgaben nicht mit einem vergnügten Dauerlächeln dasitzt. Die Lebenshilfeindustrie bedient das schlechte Gewissen der Leute gerne und verdient viel Geld mit ihrem Leitgedanken, dass man dann im richtigen Beruf sei, wenn man nie mehr das Gefühl habe, wirklich zu arbeiten. Das ist ein zum Himmel schreiender Blödsinn! Fragen Sie jeden x-beliebigen Fußballer, Tennisspieler oder Eishockeycrack, ob ihm jedes Krafttraining oder jede Übung auf dem Feld immer Spaß macht. Kein Einziger wird Ihnen sagen: »Ja, es ist immer alles supertoll und verursacht nie Schmerzen.« Natürlich tun manche Arbeitsaufgaben weh – ganz gleich, ob im Sport oder in der Wirtschaft. Doch die Propaganda vom ununterbrochenen Arbeitsglück wird weiter aufrechterhalten, wobei diejenigen, die damit ihr Geld verdienen, genau wissen, dass dieses Ziel niemals zu erreichen ist. Dadurch hält man den Konsumenten langfristig im Hamsterrad des Selbstoptimierungswahns, da er immer noch nicht ganz zufrieden ist. Das ist keine Kundenbindung, sondern Kundenbetrug!

Was uns beruflich wirklich erfüllt, sind nicht immer die einzelnen Arbeitsschritte, sondern der Sinn, den wir durch unser Tun erfahren. Manche To-dos machen mehr Spaß, manche weniger. Die Frage ist nicht, was Sie tun und wie viel Fun Sie dabei empfinden, sondern die Frage ist: Warum und wofür tun Sie das alles? Wenn Sie die Warum-Frage beantworten können, dann fällt Ihnen auch der bisweilen anstrengende Arbeitsalltag leichter, da Sie einen Sinn darin sehen.

## ERFOLGSREGEL

### Wenn Sie das »Warum« kennen, finden Sie Sinn und Erfüllung.

Fallen Sie also bitte nicht auf die Motivationslügen unzähliger Jobcoaches, Businesstrainer und sonstiger Dampfplauderer herein, die Ihnen etwas von der rosaroten Glückswolke des Berufslebens erzählen wollen. Natürlich darf und soll Ihnen Ihre Tätigkeit idealerweise so oft wie möglich Freude bereiten. Spaß ist ein wesentlicher Bestandteil eines erfüllenden Berufslebens! Aber er ist nur ein Mosaikstein und nicht das gesamte Bild.

Ich verrate Ihnen jetzt mal eine Sache, die ich öffentlich noch nie gesagt habe: Ich gehe zwar einerseits als Redner und Coach wirklich meinem absoluten Traumberuf nach. Aber: Manche Dinge an diesem Beruf kotzen mich unglaublich an! Lange Autofahrten zum Beispiel! Die viele Reiserei im Allgemeinen! Buchführung, Steuerabrechnungen und noch ein paar Dinge mehr. Damit bin ich tagtäglich konfrontiert – Traumberuf hin oder her. Wenn Sie glauben, dass Menschen, die ihre berufliche Erfüllung gefunden haben, jeden Tag *La Paloma* singend durch den Raum tänzeln, während sie ihre Aufgaben abarbeiten, dann täuschen Sie sich gewaltig. Häufig habe ich nur eine einzige Stunde auf der Bühne, für die ich aber 15 bis 20 Stunden Reisezeit habe. Vorbereitungen auf spezielle Coachings dauern manchmal dreimal so lange wie das Coaching selbst. Rein rechnerisch steht das in keinem zeitlichen Verhältnis zu den Tätigkeiten, bei denen mir wirklich das Herz aufgeht. Doch wissen Sie, warum ich meinen Beruf trotzdem so liebe und das in Kauf nehme? Weil Spaß und Freude nicht grundsätzlich durch die Ausführung bestimmter Arbeitsschritte entstehen, sondern durch die Resultate, die man dabei erzielt, und den Sinn, den man dabei erfährt.

ERFOLGSREGEL

**Arbeitsmotivation entsteht zu 20 Prozent
aus der Arbeit an sich
und zu 80 Prozent aus den Wirkungen,
die man dabei erzielt.**

### Arbeitsmotivation entsteht durch Ergebnisse und Erlebnisse

Vergessen Sie Sätze wie »*Wenn du einen Beruf suchst, dann mach das, was dir am meisten Spaß macht*«. Spaß ist definitiv ein absolut wesentlicher Faktor für berufliche Erfüllung und auch Erfolg. Aber er ist nicht das primäre Entscheidungskriterium. Warum? Weil Spaß weniger Voraussetzung als vielmehr eine Folge ist. Ein nachhaltiges Gefühl von Freude im Beruf kann nur dann entstehen, wenn man erfolgreich ist bei dem, was man tut. »Nichts ist erfolgreicher als der Erfolg«, heißt es im Volksmund. Dieser Erfolg kann sich dabei in ganz unterschiedlichen Aspekten zeigen. Doch eine Regel gilt immer: Wer keinen Erfolg hat bei dem, was er tut, verliert über kurz oder lang auch den Spaß daran.

Spaß ist etwas ganz anderes als Begeisterung. Im Grunde ist er nur ein Teil davon. Spaß ist ein kurzfristiges Strohfeuer, das unter Umständen sehr oberflächlich sein kann. One-Night-Stands machen einigen Leuten Spaß – aber sie bringen keine nachhaltige Freude. Die bekommen wir nur durch liebevolle Sexualität. Sport im Fernsehen zu gucken macht Spaß – aber echte Freude bereitet es nur, selbst Sport zu betreiben. Spaß ist oft etwas Passives, Freude ist etwas Aktives, das man selbst spürbar erlebt. Spaß erfährt man von außen, Freude von innen. Spaß erzeugt eine kurze Stichflamme von Begeisterung, Freude spendet langfristige Wärme. Spaßfaktoren können schnell süchtig machen, sind aber immer nur kurzlebig. Echte Freude erfüllt hingegen dauerhaft und macht frei. Genauso ist es auch mit dem scheinbaren Spaß am Job, hinter dem alle herjagen wie verrückt. Das Problem ist: Mal macht dies Spaß, mal jenes. Das kann für eine wirklich sinnstiftende Berufswahl kein Wegweiser sein. Wer glaubt, er brauche für sein persönliches Glück einen Job, der einen möglichst hohen Funfaktor hat, läuft in Wahrheit am Ziel vorbei. Spaß haben können Sie nicht immer. Aber tiefe Freude und emotionale Befriedigung empfinden angesichts dessen, was Sie bewirken, sehr wohl.

## Was Arbeitnehmern wirklich Freude bereitet

Mal abgesehen vom Gehalt: Was zählt eigentlich am Arbeitsplatz, damit sich Menschen dort topmotiviert fühlen? Muss es menscheln oder muss einfach nur der Kaffee besser schmecken? Ein paar interessante Erkenntnisse dazu brachte die repräsentative Studie »Arbeitsmotivation 2014« der ManpowerGroup Deutschland ans Tageslicht, für die 1000 Bundesbürger ab 18 Jahren befragt wurden. (Vgl. https://www.manpower.de/neuigkeiten/presse/pressemitteilungen/studie-die-10-wichtigsten-gruende-warum-der-job-spass-macht/) Aus der Studie ergibt sich folgendes Ranking der Top Ten der Motivationsfaktoren im Unternehmen:

1. Ein gutes Arbeitsverhältnis zu Kollegen und Vorgesetzten (77 Prozent)
2. Flexible Arbeitszeiten (67 Prozent)
3. Ein gutes Verhältnis zu Kollegen, auch über die Arbeitszeit hinaus (45 Prozent)
4. Betriebliche Gesundheitsförderung (38 Prozent)

5. Ansprechende Raumgestaltung (35 Prozent)
6. Teamarbeit (33 Prozent)
7. Kostenlose Getränke (32 Prozent)
8. Pflanzen im Büro (28 Prozent)
9. Kleine Aufmerksamkeiten (24 Prozent)
10. Individuelle Schreibtischgestaltung (24 Prozent)

Die Auflistung zeigt: Nicht die Arbeit selbst ist das Motivierende, sondern das Drumherum. Man könnte noch genauer sagen: das Erlebnis dabei. Bitte erinnern Sie sich kurz an die vier Emotionssysteme zurück, die ich in Teil 1 dieses Buches vorgestellt habe. Das, wonach der Mensch in Wahrheit strebt, ist die Befriedigung seiner emotionalen Grundbedürfnisse. In der obigen Auflistung finden sich die allermeisten dieser Bedürfnisse, die den Stimulanz-, Dominanz-, Sozial- oder auch Sicherheitssystemen entspringen. Menschen empfinden ihren Beruf als erfüllend, wenn sie sich geschützt, frei oder mit anderen verbunden fühlen und dabei auch noch eine gewisse Abwechslung erleben. Was uns im Beruf tatsächlich bewegt und echte Freude vermittelt, sind Erlebnisse wie Anerkennung, Erfolg, Vertrautheit und die Möglichkeit, selbst mitzubestimmen und selbst zu gestalten. Diese Werte haben zeitstabilen Charakter. Spaßgefühl hingegen ist etwas Situatives, was zwangsläufig gewissen Schwankungen unterworfen ist. Wissen Sie, wie das Verhältnis von Spaß und Anstrengung beim Training eines Profisportlers ist? Es liegt bei maximal 20 Prozent Spaß und mindestens 80 Prozent Anstrengung. Anders wäre kein Fortschritt möglich. Dennoch sind Profisportler hoch motiviert. Der Grund dafür ist, dass ein Beruf dann an Qualität gewinnt, wenn sich aus den Anstrengungen entsprechende Ergebnisse entwickeln und man dadurch seinen Zielen näher kommt. Das macht wirklich Spaß!

Eines der bekanntesten Beispiele dafür findet man am weltberühmten Pike-Place-Fischmarkt in Seattle. Dort haben einfache Fischverkäufer vor vielen Jahren die Entscheidung getroffen, ihrem Beruf mit großer Freude nachgehen zu wollen, obwohl er eigentlich gar keinen Spaß macht. Die Tätigkeit der Händler an sich ist ziemlich langwei-

Auch im Beruf strebt der Mensch nach der Befriedigung seiner emotionalen Grundbedürfnisse

lig, eintönig und knochenhart. Sie stehen inmitten von stinkenden Fischbergen, die sie bei Wind und Wetter an ihre Kunden verkaufen müssen. Doch sie entschieden sich dafür, aus diesem Horrorjob eine große Show mit viel Humor zu machen. Seitdem fliegen die Fische von einem zum anderen durch die Luft, werden in atemberaubender Schnelligkeit verpackt, ein witziger Spruch der Fischverkäufer jagt den nächsten und die staunenden Kunden werden aktiv in das Spiel mit einbezogen. Mittlerweile gehört dieser Fischmarkt zu den großen Attraktionen der Stadt, die kein Seattle-Tourist verpasst. Im Jahr 2001 wurde der Pike-Place-Fischmarkt von TV-Sender CNN zum beliebtesten Arbeitsplatz der Vereinigten Staaten gekürt. Das Fish-Prinzip lehren mittlerweile mehrere Managementtrainer in Unternehmen, denn die Botschaft ist klar: Wenn diese Arbeiter bei solch einer unattraktiven Arbeit dennoch Spaß haben können, dann kann jeder davon etwas für seinen Job lernen. Das Beispiel des Fischmarkts in Seattle ist der Beweis dafür, dass bestimmte Tätigkeiten ohne intrinsischen Spaßfaktor trotzdem zu einer inneren Erfüllung führen können.

**Echte Berufsfreude ist nicht abhängig von dem, was man tut, sondern davon, wie man es tut und welches Ziel dabei zugrunde liegt.**

## Die Wahrheit hinter dem Schein

Lassen Sie uns nun näher betrachten, welche Faktoren es sind, die sich im Berufsleben tatsächlich langfristig motivierend auswirken. Spaß ist keiner dieser Faktoren, denn erstens ist er schnell vergänglich und zweitens ist er die Folge einer bestimmten Einstellung und von positiven Ergebnissen. Die topmotivierten Fischhändler aus Seattle fragten sich damals: Was fehlt uns, um auf Dauer wirklich Spaß an unserem Job haben zu können? Die folgenden vier Punkte haben sie gefunden:

### 1. Die Wahl der persönlichen Einstellung

Jeder Mensch hat zu jedem Zeitpunkt die Wahl, wie er seine Arbeit machen will. Man kann jammern oder lachen. Man kann aufschieben oder anschieben. Man kann sich dazu entscheiden, seinen Job zu behalten oder zu wechseln. Niemand zwingt einen. Wer sich über Monate oder sogar Jahre hinweg komplett unglücklich an seinem Arbeitsplatz fühlt, hat sich selbst für dieses Unglück entschieden. Denn wir entscheiden jeden Tag aufs Neue, was wir machen und was nicht. Natürlich kann man nicht immer von heute auf morgen seinen ungeliebten Job hinwerfen, wenn man finanziell davon abhängig ist. Aber mal ganz ehrlich: Verantwortung für sich selbst und sein Leben zu übernehmen heißt doch, einen Plan davon zu haben, wie man in Zukunft leben möchte. Vielleicht kann man nicht immer alles sofort verändern, aber man kann mit kleinen Veränderungen am Ende Großes bewirken und vielleicht in ein oder zwei Jahren einen anderen Job haben. Ganz unabhängig davon kann auch die langweiligste Arbeit erträglich(er) werden, wenn man seine Sichtweise und Einstellung dazu verändert. Ich sage nicht, dass das leicht ist, aber es ist sinnvoll.

ERFOLGSREGEL

**Ein Job macht dann auf Dauer Spaß,
wenn man sich dazu entscheidet,
daran Spaß haben zu wollen.**

## 2. Spielen und gestalten

Damit sind wir beim zweiten Punkt, den die Fischhändler in Seattle befolgen. Sie machen ständig verrückte Dinge, die gegen die üblichen Regeln und Prinzipien gehen. Aus ihrer Arbeit wurde ein Spiel. Menschen lieben Spiele, denn spielen bedeutet Abwechslung. Haben Sie in diesem Zusammenhang schon einmal etwas von der »Fun Theory« gehört? Es handelt sich um die These eines Automobilherstellers, dass sich Verhalten und Leistungsfähigkeit von Menschen verändern, wenn eine relativ unattraktive, normale Tätigkeit mit neuen Reizen verknüpft wird. Um diese These zu überprüfen, wurde ein Experiment gestartet, und zwar mit einem »Treppen-Klavier«. Sie wissen: Wenn Menschen aus der U-Bahn steigen, nutzen sie aus Bequemlichkeit anstatt der normalen Treppenstufen in aller Regel die danebenliegende Rolltreppe. Für das Experiment wurden in Schweden die Treppenstufen einer U-Bahn-Station so umgestaltet, dass sie optisch an ein Klavier erinnerten. Doch nicht nur das: Sie wurden sogar so präpariert, dass jede Stufe einen bestimmten Ton von sich gab, wenn sie betreten wurde. Nun war man gespannt, ob sich durch die Neugier der Leute auch tatsächlich ihr Verhalten verändern würde.

Das Ergebnis: Rund 66 Prozent mehr Menschen als zuvor benutzten die Klaviertreppe und ignorierten die Rolltreppe. Einige Leute waren so amüsiert von der Idee, dass sie die Treppe sogar mehrfach hoch- und runterliefen. Es entstand plötzlich Spaß und Interesse an einer ansonsten eigentlich weniger erfreulichen Tätigkeit. Denn Treppensteigen strengt an. Doch die Neugier war so groß, dass die »Arbeit« an sich plötzlich gar nicht mehr als anstrengend, sondern sogar als äußerst positiv empfunden wurde. Nicht die Tätigkeit des Treppensteigens ist also das Anstrengende, sondern vor allem das, was wir damit verbinden. Entdecken wir daran plötzlich einen neuen Reiz, fällt der körperliche Energieaufwand dabei kaum mehr ins Gewicht.

**Die Freude an einer Tätigkeit
ist abhängig von der Bedeutung,
die man ihr gibt.**

### 3. Anderen eine Freude bereiten

Ein weiterer Faktor, der den Fischhändlern die Motivation gab, ihren harten Knochenjob mit deutlich mehr Freude zu machen, war der Gedanke, anderen Menschen Freude und Spaß zu bereiten. Der Philosoph Erich Fromm sagte einmal so schön: »Nicht der ist reich, der viel hat, sondern der, welcher viel gibt.« Einen positiven Einfluss auf das Lebensgefühl anderer Leute zu haben, ist ein großer Motivationsfaktor. Anderen Menschen Spaß zu bereiten, macht auch einem selbst großen Spaß. Die Erfahrung, nützlich zu sein und einen positiven Einfluss auf das Leben anderer zu haben, wirkt hochgradig motivierend. Viele Leute empfinden einen tiefen Sinn darin, andere Menschen glücklicher zu machen. Der Weg dorthin ist klar: Man kann niemandem ein Gefühl geben, das man selbst nicht empfindet.

**Glücklich macht, sich für
das Glück anderer Menschen einzusetzen.**

*4. Präsent sein*

Das vierte Prinzip der Fish-Philosophie dreht sich um das Thema Aufmerksamkeit. Es geht darum, einer Aufgabe oder einem Menschen maximale Beachtung zu schenken und echtes Interesse daran zu haben. Aufmerksamkeit ist das Wertvollste, was wir zu verschenken haben. Sich mit Kopf und Herz komplett auf jemanden oder etwas einzulassen, erschafft ein Gefühl von Vertrautheit, die beiden Seiten gut tut. Aus dem Profisport weiß ich: Ein Tennisspieler, der sich voll und ganz in sein Match fallen lässt, dabei alles um sich herum vergisst und nicht mehr über gestern oder morgen nachdenkt, entwickelt eine unglaubliche Energie. Man nennt diesen Zustand in der Psychologie auch »Flow«. In diesem Zustand läuft plötzlich alles komplett automatisch, leicht und nahezu fehlerfrei ab. Man vergisst die Zeit, den Schmerz und negative Gedanken. Man wird eins mit dem, was man tut. Falls Sie mal einen Film über die Fischhändler von Seattle sehen, werden Sie auch dort den Eindruck gewinnen, dass es für diese Leute in diesem Moment einfach nichts anderes auf der Welt gibt als ihre Fische und ihre Kunden. Sie sind voll bei dem, was sie tun, und arbeiten weder hektisch noch wild, sondern einfach nur intensiv. Sie sind vollkommen präsent bei dem, was sie tun. Zahlreiche Zuschauer stehen um den Ort des Geschehens herum und schauen ihnen bei ihrer Arbeit mit Freude zu. Einige von ihnen wollen selbst gar keinen Fisch kaufen, aber allein die Beobachtung dieser Arbeitsfreude und Leichtigkeit ist begeisternd. Die Fischhändler in Seattle sind heute nicht deswegen weltberühmt und erfolgreich, weil sie den besten Fisch verkaufen, sondern weil sie den Leuten dabei das beste Erlebnis verkaufen.

## Was einen Traumberuf ausmacht

Am Beispiel der Fischverkäufer kann man die Zusammenhänge zwischen Arbeit, Beruf und Freude gut erkennen. Natürlich ist es wichtig, dass von Beginn an Interesse an der Sache vorhanden ist. Doch in Bezug auf die Nachhaltigkeit ist Spaß nicht der entscheidende Punkt. Der wichtigste Faktor für langfristige Leistungsfreude ist: Erfolg.

Nehmen wir an, aus unerklärlichen Gründen würde die Show der amerikanischen Fischverkäufer beim Publikum nicht ankommen. Stellen Sie sich vor, die Leute würden an dem ganzen Spektakel einfach nur vorbeigehen und dabei den Kopf schütteln. Nehmen wir weiter an, die witzigen Sprüche der Arbeiter würden ignoriert werden und es kämen vielleicht nur alle 30 Minuten zwei oder drei Kunden vorbei, um über einen Fischkauf nachzudenken. Natürlich gäbe es dann auch kein Medieninteresse und niemand würde von der Verkaufsshow ernsthaft Notiz nehmen. Was würde passieren? Der Spaßfaktor würde nach einiger Zeit abrutschen wie eine Lawine.

Einer der Hauptgründe, warum die Fischhändler bis heute jeden Tag so hoch motiviert ihrer Arbeit nachgehen, ist, dass sie mit dem, was sie tun, eine enorme Wirkung erzielen. Sie sind äußerst erfolgreich. Kaum etwas bringt mehr Spaß als der Erfolg!

**Spaß und Leistungsfreude bedingen auf Dauer den Erfolg**

Aus meinen Erfahrungen im Spitzensport weiß ich: Erfolg sorgt dafür, dass Probleme und Konflikte in den Hintergrund treten. Misserfolg hingegen betont vorhandene Missstände. Ich kenne keinen Menschen auf der Welt, der dauerhaft großen Misserfolg bei einer Sache hat und daran immer noch riesigen Spaß hat. Wir brauchen die Erfahrung, etwas gut zu können und positive Wirkungen mit dem zu erzielen, was wir tun. Jeder will Leistung bringen und etwas erreichen. Die Fischverkäufer sind deswegen noch immer so motiviert in ihrem Job, weil sie mit ihrer innovativen Verkaufsshow eine riesige Erfolgswelle losgetreten haben. Weltweit arbeiten Managementtrainer heutzutage nach dem Fish-Prinzip für Unternehmen und mehrere Autoren haben sogar ganze Bücher darüber geschrieben. Jede Woche sind Kamerateams und Journalisten in der Fischhalle in Seattle und filmen oder interviewen die Verkäufer bei ihrer Arbeit. Bei so viel Aufmerksamkeit und Anerkennung knallen die Sektkorken in den limbischen Hirnarealen.

Eine Sache muss aber explizit gesagt werden: Durch die anfängliche Entscheidung der Fischverkäufer, ihren Job unkonventionell und mit viel Spaß machen zu wollen, beeinflussten sie ihr Motivationsgefühl nur kurzfristig. Es war eine Art Startschuss. Diese Motivation auf so

hohem Niveau aufrechtzuerhalten, war nur möglich, weil sich aufgrund bestimmter Voraussetzungen auch der Erfolg einstellte. Wäre
die ganze Nummer gefloppt und keiner hätte darauf reagiert, wäre
auch das Motivationsgefühl relativ bald wieder verebbt.

Was sind nun diese wichtigen Voraussetzungen, um langfristig beruflich erfolgreich sein zu können und somit auch Spaß daran zu haben?
Es gibt mehrere Faktoren, aber der wichtigste lautet: Kompetenz!
Nichts beeinflusst unseren Erfolg so sehr wie ein klares Bewusstsein
für unsere Stärken und Talente. Wer seine persönlichen Fähigkeiten
in hohem Maße mit berücksichtigt, steigert die Wahrscheinlichkeit
enorm, beruflich erfolgreich und glücklich zu werden. Denn was hilft
es, an etwas Spaß zu haben, wenn man damit keinen Erfolg hat? Bei
privaten Hobbys ist mangelnder Erfolg noch vertretbar, da es hier weniger um Leistung und Fortschritt geht als einfach nur um das Tun an
sich. Ich persönlich zum Beispiel bin ein miserabler Beachvolleyballer,
aber ich spiele für mein Leben gerne, da es für mich eine Sportart
mit äußerst hohem Fun-Faktor ist. Beruflich allerdings kann diese
Haltung nicht gelten, denn hier investiere ich einen Großteil meiner Lebenszeit, und somit geht es auch darum, positive Ergebnisse
zu erzielen. Wer bei seiner beruflichen Tätigkeit seine Talente und
Kompetenzen kaum einsetzen kann, wird dabei auch nicht die Resultate produzieren, die er will. Durch diese Erfolglosigkeit ist auch der
Motivation früher oder später ein Ende gesetzt.

**Der perfekte Beruf ergibt sich
aus der Kombination
der größten Freuden und
der größten Stärken eines Menschen.**

### Warum man sein Hobby nicht unbedingt zum Beruf machen sollte

Das ist auch der Hauptgrund, warum man sehr vorsichtig damit sein sollte, sein Hobby zum Beruf zu machen. Es gibt natürlich einige Beispiele von Karrieren, wo dieser Weg hervorragend geklappt hat. Ein Hobby kann unter Umständen Hinweise auf ein passendes Berufsfeld geben. Aber die generelle Empfehlung, beruflich das zu machen, was einem privat am meisten Spaß macht, beruht auf einem großen Irrtum! Die Wahrheit ist: Hobby und Beruf sind in vielen Fällen kein Dream-Team. Nicht für alles, was man wahnsinnig gerne macht, hat man automatisch auch wahnsinnig viel Talent. Es gibt beispielsweise Kinder, die nichts lieber machen, als Fußball zu spielen. Doch nur sehr, sehr wenige der Knirpse bringen dann tatsächlich so viel Talent mit, dass eine Profikarriere möglich werden könnte. Die Wahrscheinlichkeit dafür liegt bei unter einem Prozent, trotz aller Freude an diesem Sport. Es gibt viele Erfolgsfaktoren, die dabei beachtet werden müssen. Nicht jeder kann alles schaffen, egal, wie interessiert er an der Sache ist – das ist eine Wahrheit, die so mancher Motivationsguru gerne verschweigt. Eine weitere Wahrheit ist jedoch auch: Jeder Mensch kann mit den Talenten, die er hat, berufliche Erfüllung finden. Entscheidend dafür ist allerdings, dass er diese Begabungen erkennt und dann ein berufliches Element wählt, das zu ihm passt und in dem er diese Kernkompetenzen auch wirklich einsetzen kann.

ERFOLGSREGEL

**Wirkliche Freude an einem Beruf entsteht,**
**wenn man seine Talente**
**zur Erreichung von Zielen nutzt,**
**die einem am Herzen liegen.**

Die Frage bei der Berufswahl ist also nicht nur: »Was macht mir am meisten Spaß?«, sondern vor allem auch: »Was kann ich besonders gut?« beziehungsweise »Was fällt mir leicht?«. Etwas gern tun und etwas gut tun sind zwei verschiedene Dinge, die nicht unbedingt miteinander zusammenhängen. Man kann Dinge gern tun, obwohl man kein besonderes Talent dafür hat. Natürlich ist es hilfreich für die Qualität des Ergebnisses, wenn man die Tätigkeit mag. Denn wenn man Dinge ungern tut, führt dies meist zu ziemlich schlechten Ergebnissen – egal, wie viel Kompetenz oder Talent man dafür besitzt. Denken Sie dabei nur mal an lustlose Fußballprofis, die unmotiviert auf dem Feld stehen und dementsprechende Resultate erzielen. Doch der Umkehrschluss gilt eben nicht. Wer etwas gern macht, muss dies noch lange nicht können, also »gut machen«. Denken Sie nur an die schrägen Gesangsaufführungen diverser Kandidaten bei TV-Castingshows. Viele dieser Leute lieben Musik und das Singen wirklich von ganzem Herzen. Aber sie können es einfach nicht und werden es auch nie so lernen, dass sie damit ihr Geld verdienen können! Man möchte ihnen zurufen: »Mach's für dich, aber belästige damit niemand anderen!« Wer als Gesangslegastheniker geboren ist, wird kein Goldkehlchen, auch wenn er sich auf den Kopf stellt. Ich selbst bin zum Beispiel komplett talentfrei im Malen und Zeichnen. Schon in der Schule habe ich meine Vier in Kunst nur durch massive Überredungskünste gesichert, was meine Lehrerin regelmäßig zur Verzweiflung brachte. Ich zitiere: »Steffen, wenn du nur halb so gut malen könntest, wie du redest, hättest du eine Zwei.« Jetzt wissen Sie, warum ich Redner und kein Maler geworden bin.

Natürlich schreien jetzt wahrscheinlich viele ambitionierte Mallehrer auf und sagen: »Das stimmt nicht! Malen kann jeder lernen.« Ja, schon, aber nicht so, dass man daraus einen Beruf machen kann! Das Gleiche gilt fürs Singen, fürs Tennisspielen und auch für jede andere Tätigkeit. Fast alles ist bis zu einem gewissen Grad für jeden erlernbar. Aber nicht in dem Maße, dass man damit beruflich erfolgreich wird.

## Vom Talent zur Stärke

Erfolg entsteht, wenn man das tut, was einem relativ leicht von der Hand geht. Persönliche Talente sind dafür die Basis. Diese zeichnen sich durch die folgenden vier Kriterien aus:

1. *Naturgegebenheit:* Die Fähigkeit ist nicht erst durch Übung erlernt worden, sondern wurde einem mehr oder weniger in die Wiege gelegt.
2. *Qualität:* Bei der Ausübung der Tätigkeit gibt es eine relativ hohe automatische Exzellenz. Man produziert einfach bessere Ergebnisse als die meisten anderen Leute.
3. *Leichtigkeit:* Die Ausübung der Tätigkeit fühlt sich relativ mühelos an. Es wird keine sonderliche Anstrengung dabei empfunden, die Aktivität fällt eher leicht und geht nahezu spielerisch von der Hand.
4. *Instinkt:* Die Abläufe erfolgen ganz natürlich und unbewusst. Man muss nicht groß darüber nachdenken, was zu tun ist und wie man es zu tun hat. Man macht es einfach und instinktiv richtig.

Wo liegt nun der Unterschied zwischen Talenten und Stärken? Wirkliche Kompetenzen erwirbt man erst dann, wenn man seine natürlichen Begabungen regelmäßig nutzt und damit arbeitet. Das bedeutet: Stärken entwickeln sich nur durch ständigen Einsatz von Talenten. Im Umkehrschluss wird damit auch klar, dass echte Stärken nur in Bereichen entstehen können, in denen auch entsprechende Begabungen vorhanden sind. Wenn auf diese Weise besondere Fähigkeiten entwickelt werden, steigt automatisch auch die Wahrscheinlichkeit für persönlichen Erfolg an, was wieder die Freude am Tun stärkt. Denn Menschen haben im Allgemeinen Spaß an dem, was sie richtig gut können.

> **Stärken entwickeln sich nur durch ständigen Einsatz von Talenten**

## Versuchen Sie nicht, Stärken in Bereichen zu entwickeln, in denen Sie keine Talente mitbringen.

Entscheidend für die Jobwahl ist es also, ein Berufsfeld zu finden, in dem man das, was man sehr gut kann, mit dem kombiniert, was man sehr gerne macht beziehungsweise wofür man echte Leidenschaft empfindet. Spaß allein bringt einen nicht weiter, denn für Erfolg braucht es die Kombination aus Kompetenz und Freude. Wie schon berichtet, habe ich diesen Zusammenhang schmerzhaft am eigenen Leib erfahren müssen. Seit meinem siebten Lebensjahr spiele ich mit Begeisterung Tennis; der Tennissport ist bis zum heutigen Tag eine der größten Leidenschaften in meinem Leben. Mein Talent dafür ist in einigen Bereichen gut, in anderen Bereichen eher unterdurchschnittlich. Begabungen sind vielfältig. Auch wenn ich aufgrund meiner großen Begeisterung mein Leben lang hart auf dem Platz für meine Ziele arbeitete, reichte es aufgrund bestimmter Limitierungen nicht zum Durchbruch. Es gab ein paar wesentliche Stärken, die ich aufgrund mangelnder Begabung dafür einfach nicht entwickeln konnte. Somit stellte sich in der Folge auch nicht der gewünschte Erfolg ein, was irgendwann den Spaß an der Sache zerstörte. Beispielsweise fehlte mir die Gabe, das Leben als Profisportler zu lieben. Die ständige Reiserei, das eintönige Training, der unregelmäßige Lebensrhythmus – aus meiner Sicht alles sehr lästig. Es ging nicht um fehlendes technisches Talent, sondern darum, dass ich nicht die Bereitschaft in mir hatte, mein gesamtes Leben dem Tennissport unterzuordnen. Man könnte auch sagen: Es ist und war nicht meine Bestimmung, Tennisprofi auf der großen ATP-Tour zu sein. Die Fähigkeit, diesen Beruf auszuüben, muss einem gegeben sein, ganz unabhängig von Spaß an diesem Sport und harter Arbeit. Es gab eine Zeit, in der ich zwar wie verrückt trainierte, es aber absehbar war, dass es nicht reichen würde, um wirklich ganz nach oben zu kommen. Mein jahrelanges Erfolgsdefizit führte dazu, dass ich Tennis irgendwann nicht nur weniger liebte, sondern phasenweise schon hasste. Ein normaler Prozess, denn was einem ständig Schmerz bereitet, wird irgendwann zum Feindbild.

Zum Glück habe ich in dieser Zeit meine wahren Talente erkannt und entwickelte eine neue berufliche Vision, der ich heute mit maximaler Freude und auch großem Erfolg nachgehe. Und auch die Liebe zum Tennis kam Gott sei Dank wieder zurück, da sich meine Ansprüche wieder normalisierten. Der Weg, mein Hobby zum Beruf zu machen, war ein Irrweg. Es war durchaus einen Versuch wert und die Erfahrungen von damals waren sehr wertvoll für mein Leben. Doch ich habe auch erkannt, dass Spaß und Leidenschaft für etwas noch lange keine Gründe dafür sind, um daraus einen Beruf zu machen. Besitzt man für eine Sache nur Begeisterung, aber wenig Begabung, sollte man das Ganze beim Hobby belassen und den Spaß daran in seiner Freizeit intensiv genießen.

## ERFOLGSREGEL

**Nicht nur die Freude bestimmt den Erfolg,
auch umgekehrt gilt:
Der Erfolg bestimmt über die Freude.**

### Berufliche Leistungsfreude durch Expertenstatus

Motivation ist abhängig von Erfolg – und Erfolg ist wiederum abhängig von Kompetenz. Diesen Zusammenhang gilt es zu verinnerlichen. Wissen Sie beispielsweise, warum viele beruflich sehr erfolgreiche Personen nach einigen Karrierejahren noch mehr für ihren Beruf brennen als zuvor? Das Geld ist nicht der Grund dafür, denn wie Sie aus den vorangegangenen Kapiteln ja schon wissen, haben finanzielle Anreize ab einer gewissen Höhe keinen nennenswerten Motivationseffekt mehr. Der Hauptgrund dafür ist vielmehr, dass sie eine ganz spezielle Sache besser können, als 99,9 Prozent aller anderen Menschen. Sie sind ein Topexperte mit ganz klaren Kompetenzen, wodurch sie zu etwas Besonderem werden und deutlich mehr Anerkennung und Erfolg erfahren als der Durchschnittsmensch. Das Dominanzsystem lässt grüßen.

Nehmen wir dazu ein Beispiel: Wodurch wurde David Beckham so berühmt? Weil er ein überragender Fußballer war, der alles perfekt konnte? Nicht wirklich. Beckham wurde deswegen zum Star, weil er die besten Freistöße der Welt schoss und die schärfsten, punktgenauesten Flanken in den Strafraum spielen konnte wie kein anderer Spieler zu seiner Zeit. Beckham war nie der Zweikampfstärkste und auch nicht der Schnellste. Aber seine speziellen Talente entwickelte er zu einer Weltklassekompetenz weiter, die ihn weltberühmt machte.

Nehmen wir ein anderes Beispiel: Was unterscheidet den Comedian Mario Barth von allen anderen? Wie schaffte er es, ein Weltrekordpublikum von 70 000 Menschen ins Berliner Olympiastadion zu locken und wenige Jahre später seinen eigenen Rekord sogar noch zu brechen, indem er binnen 24 Stunden mit 116 498 Leuten das größte Livepublikum der Welt unterhielt? Warum zieht er die Leute mehr an als seine Kollegen, die durchaus auch gute Gags auf Lager haben? Es gibt dafür zwei Hauptgründe. Grund Nummer eins: Mario Barth ist vom Thema her klar positioniert. Jeder weiß, worüber er spricht. Er spricht über die Alltagsprobleme einer Partnerschaft und über das Verhältnis von Männern und Frauen. Kaum ein Thema ist bei der Bevölkerung so emotional belegt wie dieses. Der zweite Grund ist allerdings noch viel wesentlicher: Kein Comedian in ganz Deutschland kann so gut Geschichten erzählen wie Mario Barth. Ganz unabhängig davon, ob Sie seinen Humor nun mögen oder nicht – eine Sache muss man anerkennen: In der Storytelling-Rangliste steht er auf Platz Nummer eins. Er ist mit Sicherheit nicht der beste Comedian in allen Bereichen. Aber er ist der Beste in einer speziellen Sache und das führt zu großem Erfolg und sicherlich auch viel Freude am Beruf.

Dieses Phänomen kann man auch auf alle anderen Branchen übertragen. Es geht darum, mit speziellem Wissen oder speziellen Fähigkeiten in die Spitze eines Bereichs vorzustoßen. Meine Empfehlung an Sie lautet daher: Wenn Sie beruflich auf Dauer sehr erfolgreich und topmotiviert sein wollen, schaffen Sie sich einen Expertenstatus in einem kleinen, aber interessanten Spezialgebiet. Es sollte natürlich ein Thema beziehungsweise ein Gebiet sein, das Sie brennend interessiert und für das Sie auch Talente und Fähigkeiten mitbringen. Kaum etwas baut mehr Selbstvertrauen und innere Zufriedenheit auf, als in einem Segment zu den absolut Besten zu gehören und aus der Masse herauszuragen. Denken Sie an das Dominanzemotionssystem: Etwas Besonderes zu sein, ist ein zentrales emotionales Grundbedürfnis.

**Schaffen Sie sich einen Expertenstatus in einem kleinen, aber interessanten Spezialgebiet**

## ERFOLGSREGEL

### Wer sich dauerhaft spitze fühlen möchte, muss auch spitze sein.

Nehmen wir nun mal ein Gegenbeispiel: Kennen Sie Ashton Eaton? Nein? Er zählt zu den besten Zehnkämpfern der Welt und stellte sogar schon Weltrekorde auf! Das Problem ist: Nur wenige interessieren sich für Leute, die vieles gut können. Im Verhältnis kann Eaton alle zehn Disziplinen (100-Meter-Lauf, Weitsprung, Kugelstoßen, Hochsprung, 400-Meter-Lauf, 110 Meter Hürden, Diskuswerfen, Stabhochsprung, Speerwerfen, 1500-Meter-Lauf) besser als alle anderen Menschen in der Welt. Das verdient höchsten Respekt! Aber kaum jemand interessiert sich dafür und kennt ihn. Das wird sich trotz seiner enormen Fähigkeit sicherlich auch an seinem Bankkonto bemerkbar machen. Liegt es daran, dass er als Amerikaner bei uns in Deutschland eben nicht so bekannt ist? Gute Frage. Ich habe eine Gegenfrage: Kennen Sie Usain Bolt? Natürlich! Unzählige Menschen auf dem ganzen

Planeten kennen ihn. Er ist der weltbeste Sprinter, wurde sechsmal Olympiasieger, ist achtfacher Weltmeister und Weltrekordhalter in der 4-mal-100-Meter-Staffel, im 100- und im 200-Meter-Lauf. Bei seinem Weltrekord von 9,58 Sekunden, den er am 16. August 2009 im Finale bei den Leichtathletik-Weltmeisterschaften in Berlin aufstellte, war er der bis dato einzige Mensch, der die 100 Meter in weniger als 9,6 Sekunden lief. Und jetzt denken Sie mal nach: Bolt kann genau zwei Disziplinen besser als Eaton. Beim Rest hat er gegen den Zehnkämpfer null Komma null Chance. Doch Bolt ist steinreich und hat Millionen von Fans auf der ganzen Welt. Eaton hat beides nicht. Dummköpfe würden nun sagen: »Usain Bolt ist nur ein Fachidiot.« Schlaue Leute verstehen: Er ist ein Spezialist. Bolt bekommt Beachtung und höchste Anerkennung von rund 17 Millionen Fans auf Facebook. Ashton Eaton hat ein paar Tausend. Mir geht es in diesem Zusammenhang nicht um die Frage, ob das gerecht ist oder wer von beiden glücklicher mit seinem Leben ist. Mir geht es darum, zu zeigen, dass beruflicher Erfolg von der Frage abhängt, wie gezielt man seine Talente und Leidenschaften einsetzt, um in einem Bereich an die Spitze zu kommen. Je besser man weiß, wer man ist, was man kann und wofür man brennt, desto besser werden die Chancen für Erfolg und somit auch für ein erfülltes Berufsleben.

**ERFOLGSREGEL**

**Der Durchschnitt konzentriert sich darauf,
alles zu beherrschen.
Champions konzentrieren sich darauf,
in einem Bereich spitze zu sein.**

Zusammenfassend lässt sich feststellen: Eine ideale Berufswahl hängt nicht nur vom Spaßfaktor ab. Die wirklich entscheidenden Kriterien für ein erfülltes Berufsleben sind (unabhängig von der Bezahlung):

1. *Sinn & Mitwirkung:* Sie brauchen das Gefühl, einen Beitrag für andere zu leisten und echten Nutzen zu stiften.
2. *Talent & Kompetenz:* Nur wer seine natürlichen Begabungen regelmäßig einsetzt und dadurch besondere Fähigkeiten entwickelt, kann auf Dauer auch lieben, was er tut.
3. *Gestaltung & Wachstum:* Ohne die Möglichkeit zur Weiterentwicklung und aktiven Einflussnahme kann keine Motivation entstehen.
4. *Leidenschaft:* Wer sein Herzensthema entdeckt, entwickelt auch die Energie, dafür hart zu arbeiten.

# FAZIT

- Arbeit kann nicht immer Spaß machen.

- Spaß ist weniger Voraussetzung als vielmehr die Folge beruflicher Erfüllung.

- Spaß ist kurzfristig und situativ. Freude ist langfristig und nachhaltig.

- Spaß und Freude am Beruf sind in hohem Maße abhängig vom Erfolg. Anhaltender Misserfolg zerstört jedes Spaßgefühl.

- Beruflicher Erfolg ist in erster Linie eine Frage der Kompetenz.

- Kompetenz entsteht durch die Entwicklung von Talenten.

- Die optimale Berufswahl ist eine Kombination aus den größten persönlichen Freuden / Leidenschaften und Stärken / Talenten.

- Beruflicher Erfolg und Leistungsfreude werden verstärkt durch persönliche Expertise.

- Berufliche Erfüllung bedeutet, einen Beitrag für andere zu leisten.

### HANDLUNGSEMPFEHLUNGEN FÜR UNTERNEHMER

- Versuchen Sie nicht, bei Ihren Mitarbeitern Stärken in Bereichen zu entwickeln, in denen sie keine Talente mitbringen.

- Überprüfen Sie Ihren Personaleinsatz: Machen Ihre Leute das, was sie wirklich gut können und ihnen gleichzeitig auch Freude macht?

### HANDLUNGSEMPFEHLUNGEN FÜR ELTERN

- Fördern Sie die Talententwicklung Ihrer Kinder und die Entdeckung ihrer Leidenschaften. Sorgen Sie dafür, dass beides intensiv und häufig eingesetzt bzw. erlebt werden kann.

### ALLGEMEINE HANDLUNGSEMPFEHLUNGEN

- Machen Sie sich eine Liste mit zwei Spalten. In die linke Spalte schreiben Sie Ihre größten Freuden im Leben. In die rechte Spalte tragen Sie Ihre größten Stärken und Talente ein. Auch all das, was Sie gut lernen könnten, wenn Sie sich die Zeit dafür nehmen. Lassen Sie sich dafür mehrere Tage Zeit und befragen Sie Ihre Freunde dazu. Finden Sie pro Spalte mindestens 20 Punkte. Markieren Sie nun die jeweils drei gewichtigsten Punkte pro Spalte und führen Sie diese zusammen. Diese Kombination liefert die Basiskriterien zur Wahl Ihres Traumberufs. Finden Sie ein Berufsfeld, in dem Sie beide Bereiche gleichermaßen ausleben können.

# Motivationslüge 13:

## »Stärken stärken, Schwächen ignorieren.«
## Die Lüge von den schwachen Schwächen

> *Dieses Kapitel räumt mit dem Mythos auf, dass Erfolg ausschließlich durch die Stärkung der eigenen Stärken entsteht. Ich zeige Ihnen, dass dieser Ansatz nicht zu den positiven Ergebnissen führt, die wir uns wünschen. Sie werden lernen, welch wichtige Rolle es spielt, sich mit seinen Schwächen zu beschäftigen, und wie daraus Stärken und Erfolgserlebnisse entstehen können. Sie werden außerdem erkennen, dass so manches Defizit ein großes Potenzial sein kann, wenn man genauer hinsieht, anstatt es zu ignorieren.*

### Entlarvung der Lüge

Lassen Sie uns mit einer kleinen Übung in dieses Kapitel eintauchen. Ich habe vier Gleichungen für Sie. Bitte sehen Sie sich diese an und beantworten Sie möglichst schnell folgende Frage: Was fällt Ihnen auf?

$$10 + 10 = 20$$
$$60 - 20 = 40$$
$$30 + 17 = 100$$
$$100 + 200 = 300$$

Und? Kein Problem, oder? Natürlich fällt Ihnen sofort auf, dass die dritte Gleichung falsch ist. Die spannende Frage jedoch ist: Warum antwortet niemand, dass die erste, zweite und vierte Gleichung richtig sind? Der Grund dafür liegt darin, dass wir Menschen einen sogenannten Rotstiftblick haben. Wir sind aufmerksamer für das Negative als für das Positive. So weit, so gut. Eine Vielzahl an Management-, Verkaufs- und Erfolgstrainern hat diese Übung mit ihren Teilnehmern in Vorträgen und Seminaren im Laufe der letzten Jahre schon gemacht. Da die Ergebnisse immer gleich sind, werden daraus auch zumeist die gleichen Schlussfolgerungen gezogen. Erstens: Wir sind alle zu negativ. Zweitens: Konzentrieren Sie sich auf Ihre Stärken und nicht auf Ihre Schwächen. Das sind gefährliche Halbwahrheiten, die auf ebenso gefährlichem Halbwissen beruhen.

Im Wesentlichen gibt es zwei Ursachen dafür, warum die meisten Menschen eher defizitorientiert durch die Welt laufen. Die erste Ursache liegt in der Erziehung. Kinder werden in unserer Gesellschaft darauf konditioniert, eher das Falsche zu sehen als das Richtige. Fehler werden oftmals stärker betont als Richtiges. Zu Hause hört das Kind im Laufe der Jahre deutlich häufiger Sätze wie »Das kannst du noch nicht« oder »So geht das nicht« als positive Aussagen wie: »Ja, mach das, du wirst sicher herausfinden, wie es geht.« Nachdem die Kleinen zu Beginn meist noch schreien: »Nein, lass mich! Ich mach das selber!«, sagen sie ein paar Jahre später: »Mach du. Ich kann das nicht.« Spätestens in der Schule verinnerlicht man den Rotstiftblick dann vollends, da unser Bildungssystem auf Fehlerkorrektur ausgelegt ist. All diese Umstände und jahrelangen Erziehungsmechanismen tragen dazu bei, dass wir mit einer Haltung heranwachsen, die eher auf Schwächen und Fehler ausgerichtet ist, die es zu verbessern gilt, anstatt sich mit der Betonung von Stärken und Positivem zu beschäftigen. Am Ende der Schulkarriere wissen Kinder meist ganz genau, was sie alles nicht können und was ihnen keinen Spaß macht, leider jedoch kaum, was alles in ihnen steckt und wofür sie sich begeistern. Keine günstigen Voraussetzungen für eine passende Berufswahl.

Die Folge ist: Aus defizitorientierten Jugendlichen werden defizitorientierte Erwachsene, die oft missmutig ihrem Arbeitsalltag nachgehen und nach wie vor keine Ahnung davon haben, was sie am besten können, geschweige denn, was sie am liebsten machen würden. Unternehmen versuchen in vielen Fällen vergeblich, die Defizite ihrer Mitarbeiter auszugleichen. In unzähligen Soft-Skills- und Persönlichkeitsseminaren werden die Leute leider fast schon zu Tode beschult, da man ihnen Fähigkeiten in Bereichen antrainieren möchte, für die sie keine Potenziale mitbringen.

Der Anteil des gesellschaftlichen Einflusses an unserem Rotstiftblick ist jedoch deutlich geringer, als es so mancher Motivationsguru glaubhaft machen will. Die zweite und wesentlichere Ursache für unsere hohe Defizitorientierung liegt in Wahrheit in unserem biogenetischen Erbe. Das Ganze ist ein Ergebnis der Evolutionsgeschichte. Probleme und Gefahren zu erkennen, stand im Laufe der Menschheitsentwicklung naturgemäß ganz oben auf der Prioritätenliste. Für das Überleben hatte es einfach oberste Priorität, Risikofaktoren zu identifizieren und die inneren Antennen auf mögliche Lebensgefahren auszurichten, und das praktisch rund um die Uhr. Hübsche kleine Blümchen am Wegesrand waren schon in der Steinzeit sicherlich nett anzusehen, aber lebensbedrohliche Tiere zwischen den Bäumen zu erkennen, war beileibe wichtiger. Unsere hohe Aufmerksamkeit für Probleme hat weniger mit negativer Mentalität zu tun als mit urzeitlichen Überlebensprogrammen. Aus diesem Grund besitzt nahezu jeder Mensch auf dieser Welt eine hohe Fehlersensibilität und wird diese niemals ablegen, auch wenn das die neue Generation an Life-Coaches ständig als oberstes Ziel auslobt. Doch das ist gegen unsere Natur und kann nicht funktionieren. Wir reagieren nun mal auf Negatives stärker und sensibler als auf Positives. Diesen genetischen Code gilt es zu akzeptieren und sinnvoll zu nutzen, auch wenn der gegenteilige Glaube mehr im wirtschaftlichen Interesse mancher Anbieter liegt.

Medien und Werbeindustrie nutzen diese menschliche Grundeigenschaft bereits seit Jahrzehnten äußerst erfolgreich aus. Warum, glauben Sie, sind um die 90 Prozent der Nachrichtenmeldungen negativ? Weil nichts Besseres in der Welt passiert? Nein, weil sich Negatives besser verkauft. Wir Menschen reagieren auf Schreckensmeldungen ganz einfach schneller und intensiver, da sie von unserem limbischen Emotionssystem naturgemäß als wichtiger eingestuft werden als Schönwetternachrichten. Stellen Sie sich vor, die Medien würden den ganzen Tag nur über Dinge berichten, die so laufen,

> **Menschen sind von Natur aus defizitorientiert**

wie sie laufen sollen – kein Mensch würde Zeitungen kaufen oder Nachrichtensendungen ansehen. Der grundlegende Sinn und Zweck von Berichterstattung ist, Menschen über Gefahren zu informieren und durch Information zum Schutz der Bürger beizutragen. Nachrichtensendungen wurden nicht dazu erfunden, um darüber zu berichten, was alles gut funktioniert. Der urzeitliche Vorläufer solcher Nachrichtensendungen war das Lästern in Gruppen. Der britische Psychologe Robin Dunbar hat durch gezielte Studien bewiesen, dass der Ursprung unserer Sprache im Lästern liegt. Die gezielte negative »Berichterstattung« über andere erfüllte früher die Funktion eines sozialen Warnsystems. Das ist im Grunde noch heute so. Man erfährt über Dritte, wenn jemand boshaft oder hinterhältig ist, und hält sich von ihm fern. Evolutionsbiologisch gesehen ist das wichtig für das Überleben in der Gemeinschaft und somit ein seit Urzeiten bewährtes Sicherheitssystem. Lästern ist also wie auch die gezielte Problemorientierung vom Ursprung her weder eine Charakterschwäche noch eine fehlerhafte Lebenseinstellung, sondern eine genetisch vererbte Überlebensstrategie.

Der Punkt ist nun folgender: Menschen einzureden, sie müssten ihre Schwächen ignorieren und sich ausschließlich auf ihre Stärken konzentrieren, ist sowohl eine biologische als auch eine psychologische Unmöglichkeit. Das Überleben und auch die Weiterentwicklung des Menschen gelangen über alle Zeiten hinweg nur dank der hohen Sensibilität für Probleme, Fehler und Risiken. Gerade aufgrund der nahezu perfekten Defizitfokussierung konnte der Mensch überhaupt diesen Planeten so erobern, wie er es bis heute getan hat. Aus diesem Grund können Sie weder Ihre Mitarbeiter noch Ihre Kinder noch sich selbst dazu bringen, ab sofort nur noch auf das Positive zu schauen und sich mit den Stärken zu beschäftigen. Das menschliche Schwächenbewusstsein ist ein Urinstinkt. Alle Welt redet davon, dass man Stärken stärken solle – und das ist auch vollkommen korrekt! Aber das darf im Umkehrschluss nicht dazu führen, persönliche Schwächen grundsätzlich zu ignorieren. Über diesen Weg versuchen lediglich unseriöse Anbieter, mit ihren Lebenshilfeangeboten ein gutes Geschäft zu machen. Das gilt besonders für all die wie Pilze aus dem Boden schießenden Erfolgstrainer und Bindestrich-Coaches. Heutzutage versuchen Glücks-Coaches, Potenzial-Coaches, Money-Coaches, Life-Coaches etc., dem Konsumenten den Blick auf die rosarote Seite des Lebens einzutrichtern. Stärken zu stärken und lösungsorientiert zu sein, ist selbstverständlich eine absolut sinnvolle Sache. Aber sie darf den gegenteiligen Aspekt nicht ausschließen, denn man muss immer für beide Seiten aufmerksam sein, wenn man das große Ganze verstehen will.

Wer die Welt des Spitzensports betrachtet, kann sofort erkennen, dass Erfolg nicht allein über Stärkentraining funktioniert. Gerne zitiere ich an dieser Stelle Thomas Huber von den »Huberbuam«, der als einer der erfolgreichsten Extremkletterer aller Zeiten genau weiß, wovon er spricht: »Ich habe an meinen Schwächen gearbeitet, habe versucht, das auszuebnen, und genauso Alexander.« Für die Huberbuam geht es in ihrem Beruf im wahrsten Sinne des Wortes ums Leben. Wer Interviews von ihnen sieht oder liest, stößt immer wieder auf Passagen, in denen die beiden betonen, wie wichtig es für sie schon immer war, sich mit den eigenen Schwächen zu beschäftigen und auch an ihnen zu arbeiten. Thomas Huber sagte dazu einmal: »Ich darf nicht erwarten, dass mein Teamgefährte meine Schwächen versucht zu kompensieren. Um das geht es ja im Training. Man tut immer das am liebsten, was man gut kann. Aber um wirklich spitze zu werden, muss man die Dinge tun, die man eben nicht so gut kann.«

### Schwächentraining ist ein Teil der Erfolgsbasis

Vor einiger Zeit kam nach einem meiner Vorträge ein Mann auf mich zu, der sich mir als »zertifizierter Stärken-Coach« vorstellte. Er erzählte mir seine Berufsphilosophie: »Sich auf Schwächen zu konzentrieren, bewirkt bestenfalls Schadensbegrenzung, bringt aber keine Motivation und Freude in ein Unternehmen.« Daran erkennt man den Unterschied zwischen Praktikern und Theoretikern. Leute wie Thomas Huber kennen aus eigener praktischer Erfahrung die Strategien, die wirklich zum Erfolg führen. Andere wiederum betreiben reinen theoretischen Motivationspopulismus und sprechen von Erfolgsrezepten, die an der Realität ganz einfach vorbeigehen. Auch durch meine eigene Zeit als Leistungssportler und Mentalcoach von Profi-athleten kann ich Ihnen aus der Praxis heraus versichern, dass es in Wahrheit oft die Schwächen sind, in denen bestimmte Erfolgspotenziale stecken, die einen entscheidend weiterbringen können. Persönliche Schwachstellen zu ignorieren bedeutet auch, seine Talente und Stärken nicht optimal fördern zu können. Beides ist gleich wichtig – Stärken wie auch Schwächen. Denn beide Aspekte haben einen wichtigen Anteil am Erfolg. Natürlich ist es unsere Aufgabe, persönliche Schwachstellen durch Kompetenzen zu ersetzen oder auszugleichen. Dies gelingt aber nur, wenn man sich mit den Defiziten beschäftigt. Wer hingegen seine Schwächen ignoriert, verleugnet einen wichtigen Teil der eigenen Persönlichkeit.

## Wahre Stärke bedeutet, seinen Schwächen ins Gesicht zu schauen.

Das Credo »Stärken Sie ausschließlich Ihre Stärken« verleitet dazu, den einfachen Weg zu wählen. Denn natürlich setzt sich niemand gerne mit seinen Unzulänglichkeiten auseinander. Weder Coaches noch Angestellte, Führungskräfte, Eltern oder Kinder – kein Mensch. Die Arbeit an den persönlichen Schwächen macht schlechte Laune, ist anstrengend und manchmal schwer auszuhalten. Demgegenüber verspricht der Ansatz der ausschließlichen Stärkenorientierung schnelle Lernerfolge und immer gute Stimmung. Allerdings sind dies trügerische Indikatoren einer nur scheinbar effektiven Weiterentwicklung. Das vorübergehend befriedigende Gefühl, auf dem richtigen Weg zu sein und sich nicht ändern zu müssen, endet früher oder später abrupt an der Stelle, wo eine Schwäche die persönliche Weiterentwicklung blockiert. Wenn dieselben Führungsdefizite – »Kann nicht zuhören«, »Drückt sich vor Entscheidungen«, »Führt von oben herab« – immer wieder beklagt werden, ist das ein Indiz dafür, dass die betreffenden

Personen in ihrer Entwicklung auf der Stelle stehen bleiben. Gehören zu einem Job bestimmte Aufgaben, die man aufgrund eigener Schwächen nicht bewältigen kann, muss an diesen Schwächen gearbeitet werden, und zwar für kurze Zeiträume sogar intensiv.

Nicht nur einzelne Personen, sondern auch Firmen sollten dieses Prinzip beachten. So manches Start-up-Unternehmen wäre heute noch am Markt, wenn es mehr an seinen eklatanten Schwachstellen gearbeitet hätte. Gesundes Wachstum funktioniert niemals ausschließlich ressourcenorientiert, sondern immer auch defizitbezogen. Spätestens in der Krise kommt diese Erkenntnis ans Tageslicht – doch dann ist es oftmals schon zu spät, um den Schwächen noch effektiv zu begegnen.

## ERFOLGSREGEL

**Ein Mensch ist immer nur so stark,
wie es seine größten Schwächen zulassen.**

## Die Wahrheit hinter dem Schein

Bitte verstehen Sie mich richtig: Ich bin keinesfalls ein Befürworter exzessiver Arbeit an Schwächen, sondern ein großer Freund und Befürworter des Stärkentrainings. Die wesentliche Aufgabe des Menschen liegt definitiv darin, sich überwiegend auf seine Potenziale, Talente und Ressourcen zu konzentrieren. Man wird weder glücklich noch erfolgreich, wenn man sich nahezu ausschließlich mit seinen Schwächen beschäftigt, um diese zu eliminieren. Viele Erfolgspersönlichkeiten haben in einzelnen Bereichen sogar relativ große Schwächen. Allerdings sind sie sich dieser Schwachstellen auch genau bewusst und verleugnen sie nicht (zumindest nicht sich selbst gegenüber). Gerade durch diese Bewusstheit entsteht eine Minimierung des

Risikos. Eine Schwäche wird erst dann richtig gefährlich, wenn man sich mit ihr nicht auseinandersetzt, sondern sie verdrängt.

Das Gleiche gilt auch für generelle Probleme oder Gefahren im Leben. Thomas Huber erklärte dazu in einem Interview: »Wenn du dir der Lebensgefahr bewusst bist, wenn du dem Tod ins Auge siehst, dann bist du sicher unterwegs. Wenn du akzeptierst, dass du bei Fehlverhalten sterben kannst. Bei Motorradfahrern, Formel-1-Piloten, Skirennläufern ist es genauso: Die Gefahr ist immer am größten, wenn die sagen: ›Jetzt mache ich noch eine lockere Abfahrt, oder jetzt fahre ich noch mal mit dem Motorrad irgendwohin‹ – da passiert's. Seltenst in einer Extremsituation.« Was wir daraus lernen können, ist, dass das Risikopotenzial einer Schwäche oder Gefahr in dem Maße sinkt, in dem ich mir ihrer bewusst bin und gezielt damit arbeite beziehungsweise mich darauf einstelle. Eine hohe eigene Kompetenz hat erst dann ihren optimalen Wert, wenn ich gleichzeitig eine große Aufmerksamkeit für Gefahren und Schwachstellen besitze. Erst dann entsteht das Gefühl, mich selbst und mein Handeln wirklich im Griff zu haben.

Sicherlich ist dabei auch das Timing entscheidend. Nicht zu jedem Zeitpunkt sollte man sich mit seinen Schwächen, Problemen oder Gefahren auseinandersetzen. Stellen Sie sich vor, die Huberbuam fingen an, sich geistig mit der Gefahr des Abstürzens zu beschäftigen, wenn sie gerade kopfüber und ungesichert an einer Felswand auf 4000 Metern Höhe hängen. Auch das ist eine Fähigkeit der Erfolgreichen: Sie wissen genau, wann es Sinn macht, sich mit Stärken und Potenzialen zu beschäftigen, und wann mit dem Gegenteil.

**Champions ignorieren ihre Schwächen nicht immer, sondern zum richtigen Zeitpunkt.**

Die Wahrheit ist: Erst wenn Sie sich einer Schwäche zu 100 Prozent bewusst sind, da Sie sich intensiv mit ihr beschäftigt haben, minimieren Sie auch das Risiko, das von ihr ausgeht. Wirklich gefährlich werden Schwächen erst dann, wenn sie komplett aus dem Blick geraten. Dann sind sie nämlich außerhalb unserer Kontrolle und dafür bekommen wir früher oder später eine dicke Rechnung. Wir können Defizite nicht einfach ausschalten wie einen Wecker. Sie sind Teil unserer Persönlichkeit. Es gilt, den Hintergrund unserer Defizite verstehen zu lernen, um mit ihnen positiv umgehen zu können. Wer das akzeptiert und seine Schwächen als Partner nutzt, um von ihnen zu lernen, eröffnet sich oftmals ungeahnte Wachstumspotenziale.

### Was macht Menschen wirklich stark?

Erfolg ist eine vom Talent getriebene Tätigkeit. Das weiß man nicht nur aus dem Sport, sondern auch aus dem Wirtschaftsleben. Das Gallup Institut führt dazu seit einigen Jahren eine interessante Erhebung durch. In der Gallup-Studie *Engagement Index Deutschland 2013* gab es folgende Ergebnisse zur Stärkenorientierung von Mitarbeitern:

- Dort, wo Führungskräfte stärkenorientiert führen, beträgt der Anteil der emotional ungebundenen Mitarbeiter nur ein Prozent. Ohne Stärkenorientierung liegt dieser Anteil bei 17 Prozent!
- Wer jeden Tag seine Stärken nutzt, hat eine zu 7,8 Prozent höhere Produktivität und bewertet mit einer dreimal so hohen Wahrscheinlichkeit seine Lebensqualität als hervorragend.
- Teams, die Feedback zu ihren Stärken bekamen, konnten ihre Rendite um 8,9 Prozent erhöhen.

Sichtbar wird hier, dass die Stärkenorientierung auch im Unternehmenskontext die Leistungsfähigkeit auf vielen Ebenen steigert und somit auch den Erfolg positiv beeinflusst. Das ist leicht nachvollziehbar, denn die menschliche Leistungsbereitschaft steigt naturgemäß an, wenn man sich mit Dingen beschäftigt, die den eigenen Talenten und Persönlichkeitseigenschaften entsprechen. Dennoch bleibt festzuhalten, dass jede Stärkenorientierung auch ihre Grenzen hat.

Um den Anteil des Schwächentrainings am Gesamterfolg zu verdeutlichen, hier ein Beispiel aus dem Profisport: Rafael Nadal ist einer der erfolgreichsten Tennisstars aller Zeiten. Zwischen August 2008 und Juli 2014 stand er insgesamt für 141 Wochen an der Spitze der Tennis-Weltrangliste. Er gilt als der körperlich wahrscheinlich fitteste und stärkste Spieler überhaupt. Seine Athletik und seine Schlagtechnik, mit der er eine unglaubliche Ballrotation erzeugt, machten es in der Vergangenheit für jeden Gegner auf der Welt fast unmöglich, ihn zu besiegen. Durch seine Spielweise war Nadal von Kindheit an besonders auf Sandplätzen erfolgreich und galt dort jahrelang als nahezu unschlagbar. Das wichtigste und prestigeträchtigste Turnier der Welt jedoch ist kein Sandplatzturnier: Wimbledon. Ein wesentlicher Unterschied zwischen Rasen und Sand ist, dass Rasen ein deutlich schnellerer Belag ist. Die Bälle springen auf Rasen sehr flach ab, was für Nadals Spielstil und Technik äußerst ungünstig ist. Die Bedeutung eines guten Aufschlags ist auf dem schnellen Rasen ebenfalls besonders hoch, genauso wie ein gutes Volleyspiel am Netz. Rafael Nadals Spezialitäten lagen vor mehreren Jahren allerdings immer genau im gegenteiligen Bereich. Er attackierte seine Gegner nie mit Netzangriffen, sondern gewann seine Matches immer durch wuchtige Vorhandschläge aus dem hinteren Spielfeldbereich. Doch nicht nur sein Volleyspiel war aus diesem Grund unterentwickelt, sondern vor allem auch sein Aufschlag war lange Zeit eine Schwäche. Es fehlten Geschwindigkeit, Präzision und Konstanz. Der Aufschlag im Herrentennis ist grundsätzlich der wichtigste Schlag, mit dem man das Match stark zu seinen Gunsten beeinflussen kann. In Wimbledon bekommt er aufgrund der beschriebenen Gegebenheiten eine noch größere Bedeutung.

Nadals Schwächen verhinderten einige Jahre lang seinen Aufstieg an die absolute Spitze der Tenniswelt. Galt er auf Sand als nahezu unbezwingbar, verlor er auf anderen Belägen häufig relativ früh. Ein Erfolg in Wimbledon schien für ihn lange unerreichbar, da seine Aufschlag-

> Die Leistungsbereitschaft steigt, wenn die Arbeit den eigenen Talenten und Persönlichkeitsmerkmalen entspricht

und Flugballschwäche ganz einfach leistungslimitierend waren. Nadal arbeitete jedoch wie besessen an seinen Stärken und schaffte es damit in den Jahren 2006 und 2007 sogar, bis ins Finale von Wimbledon einzuziehen. Beide Endspiele verlor er alledings aufgrund seiner Schwachstellen. Er merkte, dass er sich auf der Basis seiner Stärken kaum mehr weiterentwickeln konnte. Die Wachstumspotenziale seiner Stärken waren praktisch ausgereizt.

Nadal wählte eine andere Strategie und begann, mehr Aufmerksamkeit auf seine Schwächen zu legen und in diesen Bereichen verstärkt zu trainieren. Dabei ging er in drei Schritten vor: 1. Er identifizierte seine Schwachstellen exakt. 2. Er trainierte die defizitären Bereiche intensiver. 3. Er begann seine Matchstrategie und Spielweise so zu verändern, dass er seine Fortschritte gezielt nutzen konnte. Als Zuschauer am Fernseher konnte man fast von Monat zu Monat dabei zusehen, wie Nadal auf einmal immer stärker aufschlug, öfter ans Netz rannte und auch seinen in der Vergangenheit eher durchschnittlichen Rückhandschlag variantenreicher einsetzte.

Die Ergebnisse ließen nicht lange auf sich warten: In den Jahren 2008 und 2010 gewann Nadal das Rasenturnier von Wimbledon. Auch auf Hartplatzbelägen, wo er bis dato noch keine Grand-Slam-Turniere gewinnen konnte, triumphierte er plötzlich (2009 bei den Australian Open, 2010 und 2013 bei den US Open). Durch die gezielte Arbeit an seinen Schwächen erreichte Nadal eine neue Spielqualität, die ihn für lange Zeit nahezu unschlagbar machte. Der positive Effekt daraus war nicht nur, dass er kaum mehr echte Schwächen hatte. Er konnte jetzt sogar seine Stärken noch viel besser einsetzen als zuvor. Hatten seine Gegner früher ein klares Konzept, wie sie die Stärken des Spaniers im Spiel umgehen konnten, bekamen sie nun das Gefühl, dass er in jedem Moment gefährlich sein konnte, ganz gleich, wie man gegen ihn spielte.

Was können wir von Rafael Nadals Beispiel lernen? Es geht sicherlich nicht darum, Stärkentraining zu vernachlässigen und 90 Prozent seiner Zeit an den Schwächen zu arbeiten. Es geht vielmehr darum, persönlichen Schwächen Beachtung und Raum zu geben. Meine persönliche Erfahrung ist, dass die Verbesserung eigener Talente und Kompetenzen zwar im Mittelpunkt stehen sollte, doch dass wesentliche Entwicklungssprünge häufig auch durch die Verbesserung von Defiziten erreicht werden können. Ein Verhältnis von 70 Prozent Stärkentraining und 30 Prozent Schwächentraining könnte sinnvoll sein. In manchen Phasen vorübergehend sogar 50:50. Wenn wir beschließen, uns ausschließlich auf unsere Stärken zu konzentrieren, dann dämmen wir damit auch viele persönliche Wachstumspotenziale ein. Wir beschneiden unseren Entwicklungsspielraum und verhindern, neue Fähigkeiten an uns zu entdecken. Wer ganz ehrlich zu sich selbst ist, muss erkennen: Isoliertes Stärkentraining ist ab einem gewissen Punkt reine Potenzialverwaltung.

### Die Stärke in unseren Schwächen

Gezielte Arbeit an den Schwächen kann auf zwei Arten bei unserer Weiterentwicklung helfen. Zum einen verhindern wir durch die Arbeit an unseren Schwächen, dass sie zu einem Problem für unsere Stärken werden. Denn ignorierte Schwächen können unter Umständen wie ein Geschwür so groß und mächtig werden, dass sie unsere Fähigkeiten und unseren persönlichen Fortschritt blockieren. Einem künstlerisch-kreativ veranlagten Kind helfen beispielsweise seine Einsen in Musik und Kunst nicht viel, wenn es in Mathematik und Chemie eine Sechs im Zeugnis stehen hat. Ein technisch und athletisch perfekt ausgebildeter Sportler ist in seiner Entwicklung limitiert, wenn er mental nicht belastbar ist. Ein Abteilungsleiter kann die höchste Fachkompetenz und Unternehmenserfahrung von allen haben, doch wenn er seine Leute nicht begeistern oder seine Gruppe nicht führen kann, wird er es in dieser Position schwer haben – trotz all seiner Stärken.

## Das gezielte Training in schwachen Bereichen schützt auch unsere Stärken.

Zum anderen ist es in manchen Fällen durchaus auch möglich, Schwächen durch gezielte Arbeit in sekundäre Stärken zu verwandeln und damit seine primären Kompetenzen zu unterstützen. Dies funktioniert nicht in jedem Fall, denn nicht jede Schwäche hat das Potenzial, eine sekundäre Stärke zu werden. Daher gilt der Grundsatz: Versuchen Sie nicht, all Ihre Schwächen in Stärken zu verwandeln. Das ist nicht möglich! Wichtig ist, das persönliche Defizit genau zu analysieren und seinen Ursprung zu verstehen. Danach kann man entscheiden, wie viel Aufmerksamkeit man darauf verwenden möchte, Veränderungen zu erzielen. Im Grunde gibt es drei verschiedene Kategorien von Schwächen:

*Kategorie 1: Schwächen, die keine Rolle spielen*
In die erste Kategorie fallen Fähigkeiten, die nicht wirklich wichtig für die Erreichung Ihrer Ziele sind und somit weder für Ihren Erfolg noch für Ihre persönliche Zufriedenheit eine Rolle spielen. Beispielsweise bin ich ein miserabler Heimwerker. Außerdem besitze ich kein nennenswertes mathematisches Verständnis und schwimmen kann ich für einen Leistungssportler auch nicht wirklich gut. Doch wissen Sie was? Das ist völlig egal. Ich muss kein eigenes Haus bauen, keine Mathematikvorlesungen an der Uni halten oder den Bodensee durchqueren. Schwächen, die keinen Einfluss auf unser Leben haben, sollten wir großzügig ignorieren.

Einen wichtigen Punkt müssen wir an dieser Stelle verstehen: Nicht jede nicht vorhandene Begabung ist automatisch eine Schwäche. Wenn beispielsweise ein Automobilverkäufer nicht musikalisch ist, ist dies keine Schwäche von ihm. Es ist lediglich ein Talent, das er nicht besitzt. Genauso ist Schwimmen nicht meine Schwäche, sondern lediglich eine nicht ausgeprägte Begabung. Wir müssen nicht ständig an uns oder unseren Mitmenschen herumdoktern, damit all das gelernt werden kann, was man nicht beherrscht. Es ist bei vielen Fähigkeiten schlicht und einfach nicht notwendig, sie zu besitzen.

Fabian Hambüchen und Dirk Nowitzki sind beispielsweise zwei komplett unterschiedliche Athleten mit genauso komplett unterschiedlichen Fähigkeiten. Beide wollen seit Jahren als Profisportler zu den Besten der Welt gehören. Doch dafür muss Nowitzki keine Muskeln pumpen wie ein Kunstturner und Hambüchen braucht in seinen Händen kein Ballgefühl, sondern Kraft. Nicht vorhandene Potenziale, die keine Rolle spielen, sind keine Schwächen. Wer diesen Unterschied verstanden hat, kann mit sich selbst deutlich harmonischer und positiver umgehen.

ERFOLGSREGEL

## Das Nichtvorhandensein einer Stärke ist nicht gleichbedeutend mit einer Schwäche.

*Kategorie 2: Schwächen, die eine Rolle spielen, aber kaum behoben werden können*

Manchmal bleibt eine Schwäche einfach so lange eine Schwäche, bis man sich eines Tages die Radieschen von unten ansieht. Es gibt Kompetenzen, die können wir uns nicht antrainieren, auch wenn wir es noch so sehr wollen. Beispielsweise unterscheiden wir bei den Muskeln zwischen den roten, ausdauernden Muskelfasern und den weißen, schnellkräftigen Muskelfasern. Rote Fasern nutzt der Körper eher beim Marathonlauf, die weißen Fasern kommen primär beim

Sprinten oder generell bei schnellen Bewegungen zum Einsatz. Durch bestimmte Trainingsformen können wir natürlich beide Fasergruppen gezielt trainieren, doch es gibt ungeachtet dessen eine angeborene Grundveranlagung dafür. Das Naturtalent eines Usain Bolt ist eben, dass er schnellkräftig ist. Er wäre sehr wahrscheinlich nicht der beste Marathonläufer der Welt geworden, da sein Körper die natürlichen Voraussetzungen dafür nicht in ausreichendem Maße mitbringt.

Mir selbst liegen ausdauernde Tätigkeiten besser als schnellkräftige. Als Tennisspieler konnte ich oft länger laufen als alle anderen, war aber meistens auch ein Stück langsamer. Ganz gleich, wie viele Stunden ich in intensives Schnellkrafttraining investiert habe – ich bin nie zu einer Person geworden, die Geschwindigkeitsrekorde auf dem Tenniscourt in Sachen Aufschlag- oder Lauftempo aufgestellt hat. Mit diesem Defizit muss ich bis heute leben.

> ## ERFOLGSREGEL
>
> **Minimieren Sie die Arbeit an den Schwächen,
> für die es keine nennenswerten
> Wachstumspotenziale gibt.**

Wer seine Schwächen angehen will, sollte zunächst einmal genau analysieren, woher das Defizit eigentlich stammt. Liegt es daran, dass dieser Bereich bislang übersehen oder durch mangelndes Training vernachlässigt wurde? Oder ist es so, dass hier einfach keinerlei Begabung vorhanden ist? Beispielsweise würde ich Fremdsprachen als eine Schwachstelle in meinem Leben bezeichnen. Ich spreche zwar ganz ordentlich Englisch, aber darüber hinaus besitze ich keine Fremdsprachenkenntnisse. Dieses Defizit wäre allerdings durchaus aufholbar, da ich ein gutes Gefühl für Sprache besitze. Das Defizit existiert deshalb, weil ich mich bislang nicht wirklich mit anderen Fremdsprachen beschäftigt habe. Nicht der Status quo einer Kompetenz beziehungswei-se Inkompetenz ist also entscheidend, sondern ihr Hintergrund. Wenn Sie Ihre Schwachstellen analysieren, dann analysieren Sie nicht nur, was genau Sie nicht können, sondern vor allem, warum Sie es bislang nicht können. Durch diese Fragestellung trennt sich die Spreu vom Weizen, und man erkennt relativ schnell, wo es mehr und wo es we-niger Sinn macht, seine Zeit und Energie zu investieren.

### 3. Schwächen, die eine Rolle spielen und in Stärken verwandelt werden können

Es gibt Schwächen im Leben, die in Wahrheit nur verkleidete Stärken sind. Oftmals erkennen wir bestimmte Potenziale nicht, weil wir uns nicht damit beschäftigen. Häufig wurde uns beispielsweise von ande-ren gesagt, dass wir für etwas nicht der Typ seien, und daher wagen wir gar nicht erst den Versuch, näher hinzuschauen. Ich spreche da aus Erfahrung. Als Jugendlicher und auch junger Erwachsener lag mein Selbstvertrauenswert auf einer Skala von null bis zehn teilweise bei minus drei. Ich begeisterte mich zwar seit jeher für Themen wie mentales Training, Motivation und die Philosophie von fernöstlichen Kampfsportarten, doch ich bin von Natur aus eher ein etwas intro-vertierterer Typ und war damals auch noch sehr schüchtern. Als ich meine Idee, mich als »Motivationstrainer« selbstständig zu machen, meinen Freunden erzählte, rieten mir alle dazu, mich eher auf das persönliche Einzelcoaching zu konzentrieren, da ich nicht der Typ für die Bühne sei. »Steffen, du bist keine Rampensau und kannst an-dere Dinge bestimmt besser«, sagte mir einer meiner damals besten Kumpels, der es natürlich gut mit mir meinte. Sein Rat war nach-vollziehbar, denn wer mich beobachtete, musste den Eindruck eines eher unsicheren und leisen jungen Mannes bekommen, der sich lie-ber im Hintergrund aufhielt, als nach vorne ins Scheinwerferlicht zu stürmen. Ich hatte zahllose scheinbare Nachteile und Schwächen, die den Beruf des Bühnenredners im Grunde ausschlossen. Mein Selbst-vertrauen war ungenügend, ich konnte nicht wirklich gut reden und hatte große Angst davor, vor Leuten zu sprechen. Was will so jemand bitte auf einer Bühne?

Eines Tages saß ich als neugieriger Zuschauer in einer Großveranstaltung in Stuttgart, bei der laut Ankündigung acht der besten Redner Deutschlands auftreten sollten. Ich sah mir die Bühnenprofis genau an und kam zu folgendem Schluss: Zwei waren überragend, vier waren mittelmäßig, und zwei waren so schlecht, dass ich glaubte, sofort einen besseren Vortrag auf der Bühne halten zu können. Heute weiß ich, dass ich mich damals überschätzte, denn ich war keineswegs in der Lage, einen nur halbwegs vernünftigen Vortrag vor 4000 Menschen zu halten. Doch das Interessante war, dass ich sofort erkannte, was einen guten Vortrag ausmacht und welche Fehler dabei gemacht werden. Ich hatte ein gutes Auge und ein feines Gefühl dafür, was die Qualität dieses Berufs ausmacht. Ich begann das Ganze selbst zu trainieren und arbeitete zuerst an meiner Schwäche, nicht wirklich gut reden zu können. Ich wollte herausfinden, ob eine Fähigkeit in mir steckte, mitreißend und zugleich fundiert zu sprechen, ohne dabei besonders extrovertiert sein zu müssen. Ich übte wochenlang und versuchte gleichzeitig, erste Vorträge zu bekommen, ganz gleich, an welchem Tag, vor wie vielen Leuten und für welches Honorar. Ich wollte einfach möglichst oft vor Publikum sprechen, auch wenn ich dabei große Angst hatte und wirklich noch nicht gut war zu Beginn. Ich stand zitternd mit einem Notizzettel in der Hand auf der Bühne und kämpfte mich wie ein mittelmäßiger Hürdenläufer durch den Vortrag. Doch ich merkte, dass meine Leistungen von Mal zu Mal besser wurden und ich außerdem richtige Freude an dieser Tätigkeit bekam, auch wenn sie mir immer noch etwas Angst machte.

Nach und nach begannen sich meine Ängste aufzulösen. Aber nicht nur das. Auf einmal begannen sich meine Schwächen in riesige Stärken zu verwandeln. Ich konnte hervorragend sprechen, ganz gleich, vor wie vielen Leuten. Ich konnte meine Zuhörer emotional berühren und für Themen begeistern. Nach rund zwei Jahren begannen mich die Leute ständig weiterzuempfehlen, und so kann ich heute sagen, dass ich mittlerweile ein großes Selbstbewusstsein und eine hohe Selbstsicherheit besitze. Meine Bekannten von früher staunen heute Bauklötze und bestätigen mir immer wieder, dass meine »Verwandlung« unglaublich ist. Sie war nicht unvorhersehbar. »Wer hätte das damals von dir gedacht?«, sagte mir eine ehemalige Klassenkameradin bei einem Klassentreffen. Stimmt, das hatte keiner gedacht – ehrlich gesagt, ich selbst auch nicht immer. Aber es ging. Aus meinen Defiziten konnte ich große Kompetenzen entwickeln, da ich mich damit aktiv beschäftigte und so einige neue Talente an mir erkannte, die mir bis dahin verborgen geblieben waren.

**Manche Schwächen sind verkleidete Stärken.
Um sie zu enttarnen,
muss man mit ihnen in Kontakt treten.**

### Reframing – die Stärke in der Schwäche erkennen

Das Wort »Reframing« bezeichnet eine Technik, die ursprünglich aus der systemischen Familientherapie stammt. Der Begriff bedeutet übersetzt so viel wie: einer Sache oder einem Umstand einen neuen Rahmen geben (frame = Rahmen). Im Deutschen könnte man das Wort »Umdeutung« dafür benutzen. Beim Reframing werden bestimmte Situationen oder Sichtweisen umgedeutet, also neu bewertet. Es geht darum, einen anderen Sinn zu erkennen und das Ganze in einem anderen Licht zu sehen. Verändert ein Mensch seinen Blickwinkel auf eine bekannte Sache, entdeckt er sehr häufig ganz neue Aspekte. So verhält es sich auch mit unseren Schwächen. Wenn wir lernen, sie aus einer anderen Perspektive zu sehen und damit neu zu bewerten, entsteht die große Chance, etwas über unsere Stärken zu erfahren.

Vielleicht kennen Sie den Film *Rain Man*, der auf einer wahren Lebensgeschichte beruht. Dustin Hoffman spielt den an einem Savant-Syndrom leidenden Autisten Raymond. Das Savant-Syndrom ist eine tief greifende kognitive Entwicklungsstörung, die allerdings mit außergewöhnlichen Inselbegabungen einhergeht. Raymond kann aufgrund seiner geistigen Behinderung einerseits kaum Beziehungen zu anderen Menschen aufbauen, ist nicht in der Lage, einfachste Alltagshandlungen ohne Hilfe auszuführen, und erträgt keinerlei Abweichung von seinem gewohnten Tagesablauf. Seine Schwachstellen sind schnell erkennbar und von enormem Ausmaß. Was man allerdings nicht sieht, ist, dass ungeachtet der insgesamt sehr schwachen Begabung sein Gehirn in einigen Teilbereichen hochgradig funktionell arbeitet. Seine mathematischen Gedächtnisleistungen sind phänomenal. Er rechnet komplizierteste Rechenaufgaben im Kopf schneller aus, als man es mit einem Taschenrechner könnte. Als im Film eine Packung Zahnstocher zu Boden fällt, erkennt Raymond auf einen Blick, dass 3 mal 82, also 246 Zahnstocher auf dem Boden liegen.

**Unsere Schwächen erzählen uns etwas über unsere Stärken**

Der Film ist nicht überzogen, sondern sehr realistisch. Es gibt auf der ganzen Welt immer wieder vereinzelt Menschen mit derartig außergewöhnlichen Inselbegabungen. Raymond ist ein mathematisches Genie, auch wenn er simple praktische Aufgaben mit Geldbeträgen nicht lösen oder auf die Frage nach Preisen für bestimmte Waren nicht angemessen reagieren kann. Vielleicht fragen Sie sich jetzt, warum ich Ihnen von *Rain Man* erzähle. Nun, wir können daraus lernen, dass hinter jedem großen Defizit in aller Regel auch ein sehr großes Potenzial steckt. Sicherlich ist es nicht immer möglich, eine Schwäche in eine Stärke zu verwandeln, doch das ist gar nicht entscheidend. Denn die wahre Qualität unserer Schwächen ist, dass sie uns etwas über unsere Stärken erzählen. Das ist eine Erfolgsregel!

Es geht beim Reframing nicht darum, sich eine Schwäche schönzureden. Es geht auch nicht darum, sie mit einem Witz zu überspielen, nach dem Motto »Ich habe zugenommen, weil ich mehr Platz für meine inneren Werte brauche« oder »Ich bin ja gar nicht faul; ich bin nur hoch motiviert, nichts zu tun«. Das ist keine Umdeutung, sondern Selbstverarschung. Damit drückt man sich davor, seinen Defiziten ins Auge zu sehen und sich mit ihnen auseinanderzusetzen.

Bei der Umdeutung geht es vielmehr darum, seine Schwächen einerseits zu akzeptieren und andererseits exakt zu analysieren, welche Potenziale oder Persönlichkeitseigenschaften man gerade aufgrund dieses Defizits noch hat. Man blickt sozusagen auf die andere Seite der Medaille.

Viele Schwächen haben sich auch daraus entwickelt, dass bestimmte Fähigkeiten zu intensiv eingesetzt werden. Eifersucht beispielsweise zeugt auch von der Fähigkeit, einem Menschen gegenüber Gefühle zuzulassen. Übertreibt man das Ganze, entsteht daraus eben oft auch ein falsches Kontroll- und Besitzdenken, da einem der geliebte Partner allein gehören soll. Oder nehmen Sie einen Menschen, der komplett chaotisch ist. Im Kern dieser Schwäche liegt das Potenzial der Kreativität und geistigen Flexibilität. Doch wenn man zu kreativ ist, entsteht Chaos. Eine Schwäche ist also nichts ausschließlich Negatives, sondern oftmals einfach nur ein Hinweis, bestimmte Eigenschaften und Fähigkeiten dosierter einzusetzen.

ERFOLGSREGEL

## Schwächen sind oftmals übertriebene Stärken.

Der berühmte amerikanische Philosoph Ralph Waldo Emerson sagte schon im 19. Jahrhundert: »Our strength grows out of our weaknesses.« Auf Deutsch: Unsere Stärken erwachsen aus unseren Schwächen. Das ist wahr und der Hauptgrund dafür, warum wir nicht nur Stärken stärken und unsere Schwächen ignorieren dürfen. Es ist eine große Motivationslüge, dass nur diejenigen erfolgreich wären, die nahezu keine Schwächen haben. Musikstar Robbie Williams etwa hat durchaus auch Schwächen wie zum Beispiel große Selbstzweifel und einen gewissen Hang zum exzessiven Lebensstil. Steve Jobs sagte über sich, dass seine größte Schwäche sein Perfektionismus sei. Erfolglos war er deshalb aber nicht gerade – genauso wenig wie Robbie Williams. Die Wahrheit ist: Alle erfolgreichen Menschen haben starke Schwächen. Sie nutzen ihre Defizite, um dadurch noch stärker zu werden, und sie wissen, wann sie diese Schwachstellen ignorieren müssen und wann nicht.

**Eine gute Schwäche ist deutlich wertvoller als eine schlechte Stärke.**

Ich habe in den letzten Jahren mit sehr vielen Menschen arbeiten dürfen und habe ohne Ausnahme die Erfahrung gemacht, dass hinter jeder Schwäche immer auch ein Potenzial steckt, das oftmals übersehen wird. Chaotische Menschen sind häufig kreativ. Unflexible Leute sind in der Regel sehr gut organisiert. Sturheit zeugt auch von Willensstärke. Wer harmoniesüchtig ist, besitzt eine große Friedfertigkeit. Sehr empfindliche Menschen werden zugleich für ihre außergewöhnliche Feinfühligkeit geschätzt. Es gibt unzählige Beispiele dafür, dass hinter jeder Schwäche auch ein positiver Aspekt liegt, genauso wie sich natürlich auch hinter jeder Stärke oder hinter jedem Talent eine Schwachstelle verbirgt. Es gilt auch hier wieder einmal das Gesetz der Polarität – alles hat zwei Seiten. Die entscheidenden Fragen, die Sie sich hier stellen sollten, sind: Wie nutze ich meine Schwächen, um stärker zu werden? Und vor allem: Wie geht mein berufliches Umfeld mit meinen Stärken und Schwächen um? Werden Sie Ihren Fähigkeiten und Ihrer Persönlichkeit entsprechend behandelt und gefördert, oder werden Sie eher darauf trainiert, sich verbiegen zu müssen?

**Wenn Ihnen Ihre Stärken
als Schwächen ausgelegt werden,
ist dies ein sicheres Indiz dafür,
dass Sie sich im falschen Umfeld befinden.**

Wenn Sie all Ihre Defizite auflösen und wegzaubern könnten, sollten Sie von dieser Möglichkeit gar keinen Gebrauch machen. Denn Schwächen sind genauso ein Teil Ihrer Persönlichkeit wie Ihre Talente. Wer eine Schwäche komplett ignoriert, übersieht damit auch einen wesentlichen Teil seines Potenzials. Sehr viele unserer vorteilhaften Stärken haben sich gerade aufgrund persönlicher Nachteile entwickelt. Deshalb rate ich jedem Menschen, sich nicht ausschließlich auf seine Stärken zu konzentrieren, sondern auch regelmäßig gezielt an seinen Schwächen zu arbeiten beziehungsweise sich damit zumindest zu beschäftigen. Denn zu erkennen, was man nicht kann, hilft oft auch zu erkennen, was man kann.

# FAZIT

- Stärken zu stärken, ist ein Erfolgskonzept. Schwächen dabei zu ignorieren, ist hingegen ein Misserfolgskonzept.

- Defizitorientierung ist ein Überlebensprinzip und kein Einstellungs-fehler.

- Champions zeichnen sich durch das richtige Timing aus: Sie beschäftigen sich zur richtigen Zeit mit ihren Schwächen und unterlassen dies zur falschen Zeit.

- Viele persönliche Stärken erkennt man erst durch die Arbeit an seinen Schwachstellen.

- Persönliche Weiterentwicklung ist an bestimmten Punkten abhängig von gezieltem Training in den schwachen Bereichen.

- Schwächen können auch versteckte Stärken sein.

- Nicht jede Schwäche kann in eine Stärke verwandelt werden.

- Das Nichtvorhandensein einer Stärke ist nicht gleichbedeutend mit einer Schwäche.

- Punktuelles Training auf defizitären Gebieten schützt und unter-stützt auch persönliche Stärken.

- Längerfristig ignorierte Schwachstellen können zu leistungslimitie-renden Faktoren heranwachsen.

- Manche Schwächen sind übertriebene Stärken.

- Jeder Mensch ist nur so stark, wie es seine Schwächen zulassen.

### HANDLUNGSEMPFEHLUNGEN FÜR UNTERNEHMER

- Setzen Sie Ihre Mitarbeiter stärkenorientiert ein. Geben Sie aber auch den Raum, bei einzelnen leistungslimitierenden Schwächen gezielt trainieren zu können. Achten Sie dabei darauf, dass nicht jeder Mensch jede Schwäche in eine Stärke verwandeln kann.

### HANDLUNGSEMPFEHLUNGEN FÜR ELTERN

- Lassen Sie Ihre Kinder alle Schwächen aufschreiben, die ihnen zur eigenen Person einfallen. Beginnen Sie nun ein gemeinsames Reframing. Welche Stärken stecken hinter den Schwächen? Durch den veränderten Blickwinkel lernen Kinder, welche Potenziale in ihnen stecken, die ihnen zuvor kaum bewusst waren. Und auch das Selbstbewusstsein steigt!

### ALLGEMEINE HANDLUNGSEMPFEHLUNGEN

- Arbeiten Sie neben Ihren Stärken auch gezielt an einer Schwäche. Konzentrieren Sie sich nicht auf fünf Schwächen gleichzeitig, sondern immer nur auf eine einzige.

# TEIL 4:

No rain, no rainbow – über Sonnen- und Schattenseiten

# Was können Sie von Rednern, Trainern und Coaches erwarten?

»No rain, no rainbow«, lautet eine berühmte hawaiianische Volksweisheit. Ohne Regen gibt es keinen Regenbogen. Genauso muss dort, wo Schatten ist, auch Sonnenschein sein. Dies gilt für die Natur gleichermaßen wie für alle anderen Lebensbereiche und natürlich auch für alle Berufssparten. Ich habe in diesem Buch nun oft den Finger in die Wunde gelegt, habe Schattenseiten des Motivations- und Psychomarktes aufgezeigt und Kritik an vielen unseriösen Machenschaften geübt. Es wäre allerdings unfair und unzutreffend, ausschließlich die Schattenseiten dieser Branche darzustellen. Betrüger, Wichtigtuer und Verführer gibt es überall. Meist sind derartige Zeitgenossen laut, schrill und omnipräsent. Aber sie sind in aller Regel auch in der Unterzahl, was oft vergessen wird. Schwarze Schafe in einer Herde sind zwar auffällig, aber selten. Beschäftigen wir uns nun mit den seriösen Rednern, Trainern und Coaches. Was können Sie von diesen realistischerweise erwarten?

Grob vereinfacht kann man sagen: Der Redner inspiriert, der Trainer trainiert und der Coach begleitet. Wenn ich nun im Folgenden von einem Vortragsredner spreche, dann meine ich damit wirklich einen Profi, dessen Hauptberuf es ist, auf einer Bühne vor vielen Menschen zu sprechen. Es geht nicht um Gelegenheitsreferenten, die ab und an Fachvorträge mit PowerPoint halten, um die Hörerschaft über bestimmte Themen zu informieren. Ich beziehe mich hier auf professionelle Speaker, die ein inhaltlich und didaktisch ausgearbeitetes Vortragsprogramm entwickelt haben und im Jahr zwischen 60 und 100 Auftritte bei diversen Veranstaltungen haben. Der Auftrag eines solchen Profireferenten ist es in allererster Linie, sein Publikum zu inspirieren. Er ist der Herzensöffner, der Menschen für ein Thema oder eine Idee begeistern und ihnen darauf Lust machen soll, sich damit im Nachgang noch intensiver zu beschäftigen. Es geht nicht primär darum, zu infor-

**Der Redner inspiriert, der Trainer trainiert und der Coach begleitet**

mieren, sondern darum, die Zuhörer zu berühren, sie innerlich zu erreichen.

Von einem professionellen Keynote-Vortrag dürfen Sie drei Dinge erwarten: Erstens muss der Vortrag Sie unterhalten. Menschen wollen mit Spaß neue Dinge lernen und lachen. Erst dann öffnen sie sich auch wirklich für neue Ideen und behalten wichtige Kernbotschaften im Kopf. Ein guter Redner ist daher jederzeit in der Lage, dem Publikum ernste Themen unterhaltsam zu vermitteln. Die zweite Aufgabe eines Profireferenten ist es, Menschen zu berühren. Es geht nicht nur darum, ein reines Comedyprogramm abzuspulen, bei dem ein Lacher den nächsten jagt, sondern auch darum, Menschen emotional zu bewegen und motivierende Gefühle zu erzeugen. Die dritte Aufgabe eines professionellen Vortrags liegt darin, Menschen etwas zu vermitteln, was sie noch nicht wussten, und sie damit zu überraschen. Wenn das Publikum bei einer Rede überhaupt nichts Neues gelernt hat, war es kein guter Vortrag. Der Zuhörer muss allerdings eine Sache verstehen: Die Aufgabe des Speakers ist es nicht, tiefes Wissen zu vermitteln, sondern mit spannenden Ideen, interessanten Fakten und Zusammenhängen oder auch neuen Lösungsgedanken zu inspirieren. Nicht mehr, aber natürlich auch nicht weniger. Ein Impulsvortrag dauert in der Regel zwischen 30 und 90 Minuten. In dieser Zeit ist es überhaupt nicht möglich, umfassendes Know-how oder komplette Problemlösungen zu einem komplexeren Thema zu vermitteln. Aus diesem Grund ist auch die Frage nach der Nachhaltigkeit bei Impulsvorträgen überflüssig, denn ein Vortrag allein kann niemals nachhaltige Effekte bieten. Es ist auch einfach nicht seine Aufgabe. Ihr Arzt macht Sie ja auch nicht dauerhaft gesund, indem er Ihnen 30 Minuten etwas über Gesundheitsvorsorge erzählt. Er kann Ihnen damit nur Ideen zum eigenverantwortlichen Handeln vermitteln. Daher können Sie unseriöse Anbieter schon allein am Versprechen erkennen, der angebotene Vortrag würde Ihren persönlichen oder den Unternehmenserfolg nachhaltig sicherstellen. Ganz gleich, wie gut der Vortrag ist – das ist eine Motivationslüge.

Kommen wir zum Trainer. Seine Aufgabe ist es, Menschen in ihren Kompetenzen und Fähigkeiten weiterzuentwickeln, indem er ihnen konkrete Methoden vermittelt. Hierin ähnelt er durchaus einem Fuß-balltrainer. Auf dem Platz ist er derjenige, der die Aufgabe hat, die technischen und taktischen Fähigkeiten seiner Spieler auszubauen. Er sorgt bei den Kickern für die gezielte Entwicklung von Fachwissen und Fähigkeiten, die sie zuvor noch nicht hatten. Dies gilt auch für Trainer in anderen Fachgebieten, beispielsweise im Bereich Kommunikation, im Verkauf oder natürlich auch auf dem Gebiet der Motivation. Hier geht es um die konkrete Vermittlung von Konzepten und Strategien, die zum Erfolg befähigen sollen. In Seminaren, Trainings und Workshops stehen ganz klar Inhalte und Know-how im Vordergrund.

Auch in Seminaren werden in der Regel keine Probleme direkt gelöst. Die Umsetzungs- und Problemlösungsprozesse erfolgen erst nach dem Training in der Praxis. Auch von Trainern oder Seminarleitern darf man also nicht erwarten, dass sie einem die Zielerreichung auf dem Silbertablett präsentieren. Motivationsseminare machen Sie nicht dauerhaft motivierter. Sie erhalten nur das Wissen über Strategien, die danach bei der Umsetzung für Sie hilfreich sein können. Genauso wird man durch ein Verkaufstraining nicht automatisch zu einem besseren Verkäufer. Diese Erwartungen wären überzogen. Lassen Sie sich bitte nicht von vollmundigen Anpreisungen diverser Seminaranbieter ködern, die Ihnen versprechen, in ein paar Stunden oder Tagen Ihr komplettes Leben zu vergolden und Ihre Lebensprobleme zu lösen. Noch mal: Kompetente Trainer bieten Methoden für Lösungen, aber nicht die Lösungen selbst.

Wer die Lösung bestimmter Probleme in seinem Leben oder auch im Unternehmen wirklich forcieren möchte, benötigt die Unterstützung eines Coaches. Auch ich nutze externe Coaches für meine eigene Weiterentwicklung, denn man kann sich nur sehr begrenzt selbst coachen. Doch hier warne ich Sie vor einer falschen Erwartung, der manche erliegen: Auch Coaches lösen Ihre Probleme nicht. Nicht weil sie nicht wollen, sondern weil sie es nicht können. »Für was brauche ich dann überhaupt so jemanden?«, fragen Sie sich jetzt vielleicht. Ein Coach kann Ihnen als neutrale, außenstehende Person Impulse, Lösungsideen oder neue Sichtweisen geben, auf die Sie selbst unter

Umständen gar nicht mehr kommen, da jeder Mensch nach einiger Zeit eine gewisse »Betriebsblindheit« entwickelt.

Der Begriff »Coach« kommt aus dem Ungarischen und bedeutet zu deutsch soviel wie »Kutsche«. Das Bild der Kutsche vermittelt sehr klar, was Coaching ist und was nicht. Eine Kutsche ist ein »Hilfsmittel zur Beförderung«, um sich auf den Weg zu einem Ziel zu machen. Genau das ist die Aufgabe des Coaches. Er ist ein professioneller, neutraler Begleiter auf Ihrem Weg, der seinen Auftrag, aber auch die Grenzen seines Aufgabenbereichs ganz genau kennt. Er weiß sich von einem Berater klar zu unterscheiden. Ein Berater sagt Ihnen konkret, was Sie zu tun oder zu lassen haben, und definiert, was richtig und falsch ist. Steuerberater, Bankberater oder Ernährungsberater haben die Aufgabe, Ihnen konkrete Handlungsanweisungen zu geben und Fehlverhalten abzustellen. Die Aufgabe des Coaches ist eine komplett andere. Er bewertet nicht und setzt seinen Klienten auch nicht auf »die richtige Schiene«. Der Coach vermittelt nicht »den einen richtigen Weg«, sondern hilft seinem Klienten, dass dieser seinen eigenen Lösungsweg zum Ziel findet. Meiner Erfahrung nach sind Coaches oder auch Mentoren eine hervorragende Möglichkeit, sich unterstützen zu lassen. Aber erwarten Sie nicht, dass diese Leute Ihr Problem lösen. Das ist und bleibt Ihre eigene Aufgabe.

# Die fünf größten Vorurteile gegen Motivationscoaches und Referenten

Neben einigen berechtigten Kritikpunkten an denen, die als Motivations- und Erfolgsexperten hauptberuflich ihr Geld verdienen, gibt es auch viele unberechtigte Vorurteile. Viele Menschen und Unternehmen profitieren Tag für Tag von der Kompetenz seriöser Fachleute, die in der Motivationspsychologie zu Hause sind. Es gibt eine neue Generation an Experten, die eine hohe Qualität bieten und keine inhaltsleeren Massenbeschwörungen veranstalten.

Wer will, findet an jedem Motivationscoach, Managementtrainer oder Gesundheitsexperten, der sich heutzutage in der Öffentlichkeit präsentiert, etwas auszusetzen. Doch diese Bewertungen sind oft sehr subjektiv und haben keine objektiven Argumente. Ganz gleich, ob es sich um charismatische Redner handelt, die auf großen Bühnen vor vielen Leuten auftreten, oder ob wir von Trainern und Coaches sprechen, die in kleinen Gruppen und Einzelgesprächen mit Menschen arbeiten: Die fachliche Qualität vieler Leute in der Branche macht große Fortschritte. Wer seriöse Experten für seine Zwecke finden möchte, dem bietet der Markt mehr als genug Möglichkeiten dazu. Aus diesem Grund möchte ich nun eine Lanze für die vielen Kolleginnen und Kollegen im Markt brechen, die einen tollen Job machen. Werfen Sie bitte die folgenden fünf großen Vorurteile über Motivationstrainer über Bord:

*Vorurteil Nr. 1:*
*Motivationstrainer sind hyperaktive Showmaster*
Natürlich steht der Unterhaltungsfaktor auch heute noch im Vordergrund, wenn ein »Motivational Speaker« die Bühne betritt, denn das ist sein Job. Doch Unterhaltung schließt heutzutage, im Gegensatz zu früher, echte inhaltliche Qualität nicht mehr aus. Das Publikum ist müde geworden vom selbstverherrlichenden Motivationsgeschrei mancher Erfolgsgurus, die nur von ihren eigenen Heldentaten und

den schier unbegrenzten Möglichkeiten des menschlichen Geistes berichten. Selbstbeweihräucherungszeremonien werden glücklicherweise seltener. Daher schrumpft auch langsam, aber sicher die Zahl derer, die bei ihren Veranstaltungen mehr auf Partycharakter setzen als auf inhaltliche Tiefe.

Ich habe diesbezüglich in den letzten Jahren eine interessante Beobachtung gemacht: Echte Topleute erkennt man daran, dass sie weniger über sich selbst reden und stattdessen mehr konkrete Strategien und echte Inhalte in den Vordergrund stellen. Natürlich werden wichtige Lernpunkte oft durch eigene Geschichten oder Entertainmentelemente vermittelt, was als Mittel zum Zweck auch durchaus adäquat ist. Es genügt jedoch nicht mehr, die Selbstdarstellung zum Mittelpunkt der Veranstaltung zu machen, die Massen aufzupeitschen und zum Tanzen zu animieren. Das war die Erfolgsstrategie der Vergangenheit, von amerikanischen Motivationsgurus eingeführt und von vielen auch in Deutschland kopiert. Wenn man sich ansieht, wie es um den amerikanischen Trainings- und Weiterbildungsmarkt mittlerweile bestellt ist, sieht man, wohin dieser Weg führt. Kein Mensch, nicht mal die begeisterungsfähigen Amerikaner, ist auf Dauer bereit, für reines Motivationsentertainment viel Geld auszugeben. Das ist auch gut so und wird sich auch hierzulande früher oder später komplett durchsetzen. Der Wandel findet also auch auf der Nachfrageseite statt, was dazu führt, dass auch Motivationstrainer sich weniger Gedanken über ihre Show machen müssen als über den tatsächlichen Nutzen, den sie bieten.

*Vorurteil Nr. 2:*
*Motivationstrainer sind reine Sprücheklopfer*
Häufig wird Motivationstrainern vorgeworfen, lediglich mit rhetorisch gut verpackten Motivationsfloskeln um sich zu werfen und dabei nichts als heiße Luft zu produzieren. Damit tut man ihnen in zweierlei Hinsicht unrecht. Zum einen bieten, wie oben beschrieben, die allermeisten Topredner und Trainer heutzutage deutlich mehr Inhalt als noch vor einigen Jahren. Zum anderen ist der Vorwurf insofern ungerecht, als man bestimmte Aussagen auch mal plakativ formulie-

ren und damit knackig auf den Punkt bringen muss. Wer bei seinen Zuhörern längerfristig in Erinnerung bleiben möchte, muss gehirngerecht kommunizieren und darf nicht immer mit hochintelligentem Vokabular einen Knoten ins Gehirn seiner Zuhörer quatschen. Natürlich darf weder ein Impulsvortrag noch ein Training zum Thema Mitarbeitermotivation zu einer Aneinanderreihung von Erfolgssprüchen, Zitaten und Merksätzen werden. Das wäre definitiv zu wenig. Doch in Wahrheit ist es dennoch so, dass Menschen von denjenigen am besten lernen, die die einfachste und klarste Sprache haben und damit am tiefsten unter die Haut gehen können. Ein guter Redner muss kein Wortakrobat sein, sondern jemand, der die Menschen direkt anspricht – einfach und einprägsam.

*Vorurteil Nr. 3:*
*Motivationstrainer sind selbstverliebt*
Eine Sache ist Fakt: Um vor mehreren Tausenden Zuhörern auf einer großen Bühne souverän referieren zu können, ist ein großes Selbstbewusstsein Grundvoraussetzung. Wer sich selbst und seine Fähigkeiten nicht richtig gut findet, scheitert in diesem Beruf kläglich. Die eigenen Stärken zu kennen und nach außen zu betonen, gehört zum Grundhandwerkszeug eines jeden Selbstständigen. Das gilt insbesondere dann, wenn die Ausübung des Berufs auch noch in gewisser Weise öffentlich ist. Allerdings gibt es einen großen Unterschied zwischen starkem Selbstbewusstsein und Selbstverliebtheit beziehungsweise Arroganz. Nicht jede Persönlichkeit im Redner- und Trainermarkt ist automatisch arrogant, nur weil sie eine hohe Selbstsicherheit besitzt. Es gibt zwar nach wie vor ein paar Zeitgenossen, die über nichts lieber reden als über sich selbst und die eigenen Erfolge. Doch dieser Oberlehrerton nach dem Motto »Ich bin der Größte und weiß, wie das Leben funktioniert« geht den Leuten zunehmend auf den Zeiger. Die Menschen wollen nicht länger belehrt werden, sondern suchen nach Partnern, die ihnen auf Augenhöhe begegnen.

Seriöse Speaker, Trainer oder Coaches erkennen Sie an ihrer Fähigkeit zur Selbstkritik und Selbstironie. Wer nicht nur eigene Erfolgs-, sondern auch Misserfolgsgeschichten erzählen und dabei über sich selbst lachen kann, ist mit beiden Füßen auf dem Boden geblieben. Es gibt nicht nur die unnahbaren Motivationstrainer, die sich wie ein Star aufführen und sich vom Publikum distanzieren. Den allwissenden Halbgott auf der Bühne spielen heute nur noch die wenigen, die nach wie vor dem Vorbild amerikanischer Motivationsgurus nachlaufen. Doch diejenigen, die ehrlich und authentisch sind, lassen Nähe zu und nehmen sich selbst nicht wichtiger, als sie sind.

*Vorurteil Nr. 4:*
*Motivationstrainer erzählen alle das Gleiche*
Ich kann gut nachvollziehen, dass tatsächlich manchmal der Eindruck entsteht, dass viele der Sätze, Geschichten, Konzepte und Weisheiten dieselben sind und man nichts Neues erfährt. Ob im Bereich von Selbst- und Mitarbeitermotivation, Führung, Gesundheit, Kommunikation oder was auch immer – die meisten Aussagen hat man schon mal irgendwo so oder so ähnlich gehört. Das liegt vor allem daran, dass innerhalb der Branche zum einen gern auf dieselben wissenschaftlichen Studien zurückgegriffen wird. Zum anderen aber werden Gags, Erfolgssätze, Darstellungen und Geschichten gegenseitig derartig häufig geklaut, dass sogar die Panzerknacker ihren Hut davor ziehen würden. Ich weiß, wovon ich spreche, denn auch ich bin in den ersten zwei Jahren meiner Karriere der großen Versuchung erlegen, gute Inhalte anderer Kollegen zu übernehmen. Doch ich merkte sehr schnell: So kommt man nicht weiter. Unabhängig davon, dass es respektlos gegenüber den anderen ist, wird man vergleichbar, austauschbar und langweilig. Wer wirklich erfolgreich werden will als Trainer, Redner oder Coach, muss eigene Inhalte und Konzepte entwickeln.

Der Vorwurf, dass alle Motivationstrainer das Gleiche erzählen, stimmt dennoch so nicht. Es gibt einige innovative Leute, die tatsächlich neue Erkenntnisse, Zusammenhänge oder Konzepte entwickeln und diese in Büchern, Seminaren oder Vorträgen hervorragend präsentieren. Hier muss der Nachfrager, der wirklich Neues erfahren will, aktiv werden und sich informieren. Möglichkeiten, neue Inhalte und Erkenntnisse zu entdecken, sind da. Dieses Angebot kann jedoch nur derjenige nutzen, der sich intensiver mit den Anbietern auf dem Markt beschäftigt und sich nicht wahllos von jedem alles erzählen lässt. Wer außergewöhnlich gutes Essen kaufen möchte, geht ja auch nicht in den Supermarkt, sondern muss sich die Mühe machen, einen hochwertigen Feinkostanbieter zu finden. Das Problem ist nicht, dass es keine neuen Lerninhalte gäbe, sondern vielmehr, dass sich die wenigsten wirklich darum bemühen.

*Vorurteil Nr. 5:*
*Motivationstrainer verlangen Wucherpreise*
Dieser Vorwurf ist so nicht haltbar. Damit Sie hier Ihre Überzeugung ändern können, möchte ich auf diesen Punkt etwas genauer eingehen. Ich kann durchaus nachvollziehen, dass es in Anbetracht der Honorarsätze einiger Motivationstrainer zu Irritationen kommt, da deren Höhe astronomisch erscheint. Lassen Sie uns diesbezüglich ein paar nüchterne Zahlen und Tatsachen beleuchten, um etwas mehr Verständnis für die Situation im Markt zu entwickeln. Im Jahr 2013 führte die Redaktion des renommierten Magazins *managerSeminare* eine groß angelegte Honorar- und Gehaltsstudie unter Trainern, Beratern und Coaches durch, bei der mehr als 2000 Experten ausführlich Auskunft über ihre wirtschaftliche Situation gaben. Ohne auf die Details der Studienergebnisse einzugehen, kann ich Ihnen verraten, dass der Durchschnitt der Tageshonorarsätze von Trainern bei rund 1500 Euro liegt. Spitzenhonorare im deutschsprachigen Trainingsmarkt liegen bei etwa 2500 Euro am Tag. Allerdings schweben nur ca. fünf Prozent der Trainer in diesen hohen Dimensionen. Bei selbstständigen Coaches, die einzeln mit ihren Klienten arbeiten, werden den Kunden durchschnittlich 100 bis 150 Euro pro Coachingstunde in Rechnung gestellt. Der Vorwurf von Wucherpreisen ist bei Trainern und Coaches also definitiv nicht haltbar, denn auch ein guter Steuerberater, Anwalt oder Mediengestalter verlangt heute rund 100 Euro pro Stunde oder sogar mehr.

Bei professionellen Speakern gibt es nun durchaus einen größeren Honorarsprung. Es ist in der Branche üblich, für den Auftritt eines Topredners zwischen 4000 und 7000 Euro zu bezahlen. Die Dauer des Vortrags ist dabei in der Regel unerheblich und variiert meist zwischen 30 und 90 Minuten. Es gibt sogar Speaker, die Spitzenhonorare von 10 000 Euro pro Auftritt oder sogar noch mehr verlangen – und diese auch bekommen. Da sind sie also doch, die Wucherpreise, nicht wahr? Ich kann diese Sichtweise gut verstehen, möchte Ihnen aber dennoch erläutern, wie diese hohen Honorarsätze zustandekommen und inwiefern sie berechtigt sind.

Einen inhaltlich richtig guten, praxiserfahrenen und mitreißenden Redner finden Sie nicht einfach so an jeder Straßenecke. Es gibt relativ wenige davon, da man diesen Beruf nur bis zu einem gewissen Grad tatsächlich erlernen kann. Man kann sich zwar antrainieren, klarer zu sprechen, sich auf der Bühne sicherer zu bewegen und Inhalte besser auf den Punkt zu bringen, doch die wahre »Magie«, die von einem Profispeaker ausgeht, das Charisma, ist nicht trainierbar. Auch ein Moderator wie Thomas Gottschalk oder ein Entertainer wie Robbie Williams hat ein gewisses Etwas, das man anderen so nicht beibringen kann. Persönlichkeit und Ausstrahlung sind nicht kopierbar. Gute Redner besitzen die Fähigkeit, mit ihrem Expertenthema viele Menschen so zu fesseln, dass man eine Stecknadel fallen hören könnte. Diese besondere Gabe ist es, die man letzten Endes bezahlt. Veranstalter entrichten die hohen Honorare weniger für das, was gesagt wird, als vor allem dafür, wie diese Aussagen in die Herzen der Leute transportiert werden.

Die hohen Honorarsätze ergeben sich also erstens daraus, dass es generell nur relativ wenige hauptberufliche Profiredner gibt. Zweitens besitzen nur wenige Personen diese besondere Fähigkeit, die Herzen des Publikums wirklich zu erreichen und Menschen mit Worten zu begeistern und mitzureißen. Dieser Nutzen ist für Veranstalter gewaltig, denn über die Botschaften eines gelungenen Impulsvortrags wird noch Jahre später gesprochen. Natürlich gibt es auch einige Redner, die viel Geld verlangen, aber nicht die Qualität bringen, die sie versprechen. Auch hier gilt es, sich genau beraten zu lassen und ein Gefühl dafür zu entwickeln, welcher Referent auch wirklich das bietet, was man von ihm erwartet. Seien Sie daher auch sehr vorsichtig bei der Beratung durch größere Referentenagenturen. In einigen Fällen wird Ihnen dort nur das erzählt, was Sie hören wollen, aber weniger das, was Sie hören müssten. Es macht durchaus auch Sinn, sich hier von Fachleuten beraten zu lassen, doch machen Sie sich in jedem Fall selbst ein Bild von dem Experten, den Sie ins Auge gefasst haben. Studieren Sie seine Videos und seine Webseite genau, und verlassen Sie sich nicht nur auf den Rat, den Ihnen irgendwer gibt.

# Seriöse Coaches, Trainer und Redner – woran man sie erkennt und wie man sie findet

Das Überangebot auf dem Motivations- und Persönlichkeitsentwicklungsmarkt macht es fast unmöglich, den Überblick zu behalten; es gibt immer mehr Bücher, Produkte und Dienstleister mit immer noch mehr Angeboten. Hinzu kommt, dass – wie bereits erwähnt – messbare Qualitätsstandards und gesetzliche Beschränkungen fehlen. »Motivationstrainer«, »Redner« oder »Coach« sind keine geschützten Berufsbezeichnungen. Jeder kann sich so nennen, ganz ohne eine dafür qualifizierende Ausbildung zu besitzen.

Das führt leider genau dazu, dass es einige Möchtegernexperten gibt, die der Meinung sind, anderen etwas über ihr Leben, ihr Glück, ihre Gesundheit oder ihren finanziellen Erfolg erzählen zu können, ohne dabei selbst über fundierte Erfahrungen, Fähigkeiten und umfassendes Know-how zu verfügen. Es ist natürlich ein Leichtes, anderen schlaue Dinge zu erzählen, ohne selbst etwas davon zu beherrschen. Auffällig ist, dass beispielsweise selbst ernannte »Money-Coaches«, »spirituelle Finanzberater« oder »Finanztherapeuten« oft selbst am Existenzminimum herumkrebsen oder sehenswerte Insolvenzen aufs Parkett legen. Nach wie vor ist es eine Tatsache, dass diejenigen, die ihr eigenes Leben kaum mehr aushalten, gerne im Leben von anderen herumdoktern.

Heutzutage wird nahezu schon an jeder Straßenecke wild um die Wette gecoacht. Es gibt Anbieter, die von telepathischer Tierkommunikation über ganzheitliches Wirtschafts- und Finanzcoaching bis zu sensitiver Lebensberatung alles anbieten, was man sich so vorstellen kann. Leider gibt es im Tante-Emma-Laden der Lebenshilfeanbieter auch für alles eine Ausbildung mit Scheinlizenzen und Pseudodiplomen. Ich weiß, wovon ich spreche, denn auch ich bin vor vielen Jahren bereits auf ein derartiges Angebot hereingefallen. So manche Weiterbildung wird teilweise auf einem Niveau vermarktet, das der Bewerbung eines neuen Putzmittels im Supermarktprospekt gleichkommt. Von daher sage ich: Wer die Angebote von Keynote-Speakern, Trainern, Coaches und Ausbildern etwas genauer studiert und dabei seinen normalen Alltagsverstand einschaltet, bemerkt in vielen Fällen schon auf den ersten Blick eklatante Qualitätsunterschiede. Homepages, Social-Media-Auftritte, aber vor allem auch die Videos diverser Anbieter lassen bezüglich Seriosität und Qualität tief blicken.

Allerdings ist es zugegebenermaßen nicht immer so einfach, denn manche beherrschen die Kunst der professionellen Selbstdarstellung bei völliger Ahnungslosigkeit aus dem Effeff. Neben tatsächlich qualitätsstarken Dienstleistern gibt es auch diejenigen, die sich optisch stark präsentieren, aber inhaltlich dennoch unbewaffnet sind. Das Motto »Erst Schein, dann Sein« hat nach wie vor vielerorts Saison. Dies gilt aus meiner Sicht speziell für den Coachingmarkt, da er nicht so offensichtlichen Bewertungskriterien unterliegt wie der Trainer- oder Rednermarkt. Schlechte Speaker entlarven ihre Inkompetenz innerhalb von Minuten durch das, was sie auf der Bühne von sich geben. Für Trainer gilt Ähnliches, denn im Seminar zeigt sich meist schnell, ob es sich tatsächlich um einen Experten handelt oder nicht. Bei Coaches ist das schon ein bisschen weniger offensichtlich, denn ihre Qualität ist in mancher Hinsicht schwerer zu beurteilen. Natürlich kann man die Seriosität eines Coaches schnell auch durch sein Auftreten und seine Gesprächsführung einschätzen, doch ob er fachliche Qualitäten hat, ist für Otto Normalverbraucher vor allem im Vorfeld oft nur schwer erkennbar. Bei Referenten kann man anhand von wenigen Videos in der Regel sofort erkennen, ob man sich angesprochen fühlt oder nicht. Aber Videos von Coaches bei der Arbeit gibt es praktisch nicht. Sie würden auch kaum weiterhelfen, denn ein erfolgreicher Coachingprozess ist nicht beliebig in derselben Form reproduzierbar, im Unterschied etwa zu einem Vortrag. Beim Coaching ist die zwischenmenschliche Komponente noch mal um ein Vielfaches wesentlicher.

Das inflationäre Coachingangebot lässt sich durch eine kurze Internetrecherche schnell dokumentieren. Food-Coaching, Paarcoaching, spirituelles Coaching, Jakobsweg-Coaching, schamanisches Coaching,

Finanzcoaching, Motivationscoaching, Erziehungscoaching, Restaurantcoaching – die Liste wäre problemlos weiter fortsetzbar. Wie bereits ausgeführt, gibt es in diesem Berufsfeld keine Beschränkungen, Richtlinien oder ernsthaften rechtlichen Qualitätsstandards. Die Psychologen haben hier einen Vorteil, denn ihre Berufsbezeichnung ist (Gott sei Dank) gesetzlich geschützt. Nichtsdestotrotz gibt es natürlich auch bei der Qualität und Kompetenz von Psychologen oder Psychotherapeuten aller Fachrichtungen enorme Unterschiede. Ein Berufstitel allein verrät noch nichts über die letztendliche Kompetenz. Doch er schließt immerhin aus, dass man es mit absoluten Amateuren zu tun hat, da ein gewisses Fundament an fachlich standardisierter Bildung besteht. Da es in Deutschland für die Berufsbezeichnung des Coaches eine derartige Regelung nicht gibt, ist es besonders wichtig, sich mehrere Angebote einzuholen und diese genau zu studieren.

Im Folgenden stelle ich Ihnen nun einen Neun-Punkte-Katalog mit den aus meiner Sicht wichtigsten Bewertungskriterien für die Auswahl seriöser Coaches, Trainer und Redner zusammen. Dies soll Ihnen dabei helfen, aus der Masse der Anbieter die wirklich seriösen Dienstleister besser herausfiltern zu können.

### Kriterium Nr. 1: Nachweisbare Fachqualifikation
Auch wenn es bislang keine einheitliche Ausbildung zum Coach mit gesetzlich verpflichtenden Qualitätsstandards gibt, sind manche Berufe als Grundlage für das Coaching prädestiniert. Dazu können beispielsweise Gesprächstherapeuten, Psychologen oder Sozialpädagogen gehören. Bewerten Sie diese Grundlagen allerdings auch nicht über, denn es gibt ebenso hervorragende Coaches, die als Quereinsteiger zu ihrem Beruf gekommen sind. Das Gleiche gilt auch für Trainer und Redner. Nicht jeder, der über Verkaufs- oder Motivationspsychologie spricht, muss zwingend einen Master in Psychologie erworben haben. Dies kann zwar von Vorteil sein, aber es ist nicht entscheidend. Aus meiner Erfahrung ist es eher interessant, die Aufmerksamkeit darauf zu richten, wie sich die betreffende Person bislang weitergebildet hat und über welche nachweisbaren Zusatzqualifikationen sie verfügt. Welche Ausbildungen wurden bereits absolviert? Ist erkenn-

bar, dass der Experte seine Fachkompetenzen kontinuierlich erweitert hat?

Prüfen Sie genau, ob irgendwo erkennbar ist, dass die Person, für die Sie sich interessieren, überhaupt entsprechende Fachqualifikationen hat. Coaches legen ihren Aus- und Weiterbildungsweg meist sehr gut offen, doch bei Trainern und vor allem bei Rednern klaffen hier oft massive Informationslücken. Nicht ohne Grund, denn manche können schlichtweg nur gut reden, haben aber keine wirklich tieferen Bildungskenntnisse über ihre »Expertenthemen«. Natürlich gibt es gerade im Spea- ker- und Trainermarkt Leute, die über umfangreiche Praxiserfahrungen verfügen und in ihrem Leben selbst schon Dinge erlebt haben, die ihnen mehr Kompetenz eingebracht haben, als jedes Studium der Welt vermit- teln könnte. Teils waren sie Profisportler, manchmal auch Profitrainer, Großunternehmer, Abenteurer, erfolgreiche Manager und vieles mehr. Solange diese Leute von ihren persönli- chen Erfahrungen und Erkenntnissen sprechen, wie es zum Beispiel die »Huberbuam« oder auch Joey Kelly machen, ist das völlig in Ord- nung. Doch sobald konkrete Ratschläge zu Themen gegeben werden, die über ihren eigenen Erfahrungshorizont hinausgehen, wäre ich persönlich zumindest achtsam. Der Wert von Praxiserfahrung hat ge- nauso seine natürlichen Grenzen wie reines theoretisches Fachwis- sen. Die Kombination aus beidem ist mit Sicherheit der Königsweg.

> Am besten ist eine Kombination aus Praxiserfahrung und theoretischem Fachwissen

Ich selbst bin ebenfalls ein klassischer Quereinsteiger in den Spea- ker- und Coachingmarkt und habe nicht Psychologie studiert. Mein Wissen und meine Kompetenzen beruhten ursprünglich rein auf mei- nen Erfahrungen als Spieler, Trainer und Coach im professionellen Leistungssport. Dieses Praxiswissen ist sehr viel wert, aber ich merkte schnell, dass es nicht genügt, um etwas über Erfolgsprinzipien in der Unternehmenswelt, über Mitarbeitermotivation, Führungsstrategien oder den Aufbau von Selbstvertrauen und Selbstmotivation im Pri- vatleben mitgeben zu können. Man muss mehr verstehen als nur den Sport, wenn man die Erkenntnisse daraus auf andere Bereiche über- tragen will. Ich selbst wusste damals sehr viel über die psychologische

Welt des Sports, aber noch nicht genügend über die menschliche Persönlichkeit an sich oder über psychosoziale Abläufe in Unternehmen. All das begann ich mir über Jahre hinweg durch zahlreiche Aus- und Weiterbildungen nachträglich gezielt anzueignen. Praktiker belächeln die Wichtigkeit des theoretischen Fachwissens gerne. Viele von ihnen waren selbst sehr erfolgreich in dem, was sie taten, und glauben daher zu wissen, wie Erfolg funktioniert. Doch wer selbst erfolgreich war, kann aus meiner Sicht noch lange nicht über Erfolg unterrichten. Auch das kann man vom Profisport lernen, denn hervorragende frühere Weltklassespieler scheitern als Trainer oftmals kläglich. Persönliche Erfolgsprinzipien in einem bestimmten Erfahrungsbereich sind nur selten eins zu eins auf andere Menschen oder Situationen übertragbar. Es gibt mehr zu wissen als »Du musst es halt wirklich wollen« oder »Du musst einfach an dich glauben«. Ich persönlich investiere nach wie vor Jahr für Jahr viel Zeit und Geld in die ständige Erweiterung meiner Fachqualifikationen, um meine Kompetenz konstant zu steigern. Ich empfinde das als unabdingbar für meinen Beruf, wenn ich als Experte gelten will. Anders würde ich mich nicht wohlfühlen. Es gibt unheimlich viel zu verstehen, zu lernen und zu erkennen. Wer sich rein auf das verlässt, was er irgendwann mal praktisch gemacht und erfahren hat, dem fehlen meiner Auffassung nach Professionalität und echte Expertise.

Mein Tipp daher: Studieren Sie die Webseiten und Broschüren der Anbieter, für die Sie sich interessieren, genau, und achten Sie darauf, ob Ihnen diese Personen glaubhaft versichern können, über entsprechendes Fachwissen zu verfügen. Eines ist mir dabei noch wichtig zu betonen: Falls Sie nichts finden sollten, ist das noch kein definitiver Beweis dafür, dass es sich bei der betreffenden Person um einen Scharlatan handelt. Doch Sie sollten dann zumindest etwas kritischer sein und genau hinterfragen, was derjenige von sich gibt. Themen wie Motivation, Unternehmensführung und Lebensführung sind zu wichtig für Halbwahrheiten.

*Kriterium Nr. 2: Praktische Erfahrung*

Genauso wichtig wie die angesprochene Fachkompetenz ist eine hohe Praxiskompetenz. Viele Leute sagen sogar, Erfahrung sei wichtiger als Wissen. Ich behaupte, beides bedingt einander. Es ist eine Tatsache, dass theoretische Kenntnisse kaum nützen, wenn keine praktische Kompetenz dahintersteht. Genau das ist ja das Problem vieler Hochschulabsolventen, die zwar viele Jahre lang enormes Know-how eingetrichtert bekommen haben, aber im Unternehmen trotzdem erst mal als eine Art Azubi de luxe einsteigen, da die Praxis dann doch meist etwas anderes ist als das, was man aus den Lehrbüchern weiß.

Prüfen Sie daher bei Ihrer Recherche nach geeigneten Rednern, Trainern oder Coaches unbedingt, wie viel praktische Erfahrung diese Leute in den Bereichen vorweisen können, in denen sie als Spezialist auftreten. Es gibt Leute im Markt, die bieten bereits Ausbildungen in Themenbereichen an, obwohl sie selbst darin erst ein fortgeschrittener Anfänger sind. Lassen Sie sich dabei nicht mit allgemeinen Floskeln und ungenauen Größenangaben abspeisen. Wenn jemand behauptet, er habe schon »für zahlreiche Unternehmen« gearbeitet, möchte ich gerne wissen, für welche. Mentaltrainer schreiben gerne, sie würden seit Jahren viele Profisportler betreuen. Okay. Welche Sportler? Welche Sportarten? Mit welchem Erfolg? Finanz- und Managementberater geben oftmals an, bereits mit mehreren Vorständen internationaler Großkonzerne gearbeitet zu haben. Hört sich gut an, aber ein echter Kompetenzbeweis wäre es, die Namen der Großkonzerne und deren Vorstände zu nennen und sie Statements über den Erfolg der Zusammenarbeit abgeben zu lassen. Das hätte Gewicht. Anders ist es nur Blabla.

Lassen Sie sich auch nicht davon blenden, wenn permanent mit großen Zahlen herumgeworfen wird, die beeindrucken sollen. Hunderte von Vorträgen vor Zigtausenden Teilnehmern wurden angeblich schon gehalten. Man sei Autor von zahlreichen Bestsellerbüchern. Diese Angaben sind mir als Beweis für die Praxiskompetenz eines Dienstleisters zu schwammig. Es geht nicht darum, jedes Detail haarklein zu nennen, sondern darum, dass echte Praxiskompetenz eines

Experten daran erkennbar ist, dass er kein großes Tamtam um abstrakte Erfolgsangaben macht, sondern seine praktische Erfahrung punktuell an einzelnen messbaren Beispielen aufzeigt.

### Kriterium Nr. 3: Spezialisierung

Misstrauen Sie bitte omnipotenten Alleskönnern. Es gibt eine Tendenz dazu, dass Motivations- und Life-Coaches meinen, jedes Problem lösen zu können und für jeden Menschen der Richtige mit dem richtigen Angebot zu sein, ganz gleich, um was es sich auch drehen mag. Ich kann mich darüber nur immer wieder wundern, denn ein Schreiner verspricht doch auch nicht, Ihnen das ganze Haus samt Swimmingpool und Elektroinstallation hinzustellen. Gute Coaches erkennen Sie daran, dass sie auf bestimmte Themen oder Zielgruppen spezialisiert sind und »Nein« zu Anfragen sagen, die außerhalb ihres Kompetenzfeldes liegen.

Für professionelle Trainer und Referenten gilt das Gleiche. Manche sprechen heute über Themen wie Gesundheit und Ernährung, morgen über Fitness, übermorgen über Mitarbeitermotivation und nächste Woche über Lebensglück oder Teambuilding im Unternehmen. Ein echter Profi kann durchaus mehr als ein Thema im Repertoire haben. Aber hüten Sie sich vor denjenigen, die sich als eierlegende Wollmilchsau präsentieren. Ein echter Experte zu sein bedeutet nicht, zu jedem Thema etwas sagen zu können, sondern zu einer Sache all das sagen zu können, was wirklich relevant und nutzenstiftend ist.

### Kriterium Nr. 4: Vorgespräch

Seriöse Coaches, Trainer und Redner bieten *vor* der festen Buchung einer Zusammenarbeit ein persönliches Gespräch zur Klärung von Erwartungen, Inhalten und Rahmenbedingungen an. Dieses Gespräch kann persönlich oder auch »nur« telefonisch erfolgen. So oder so sollte es jedenfalls die Möglichkeit geben, mit dem Experten selbst zu sprechen. Es sei denn, es handelt sich um einen wirklich prominenten Referenten wie Rainer Calmund oder Oliver Kahn. In diesen Fällen gilt auf alle Fälle eine Ausnahme, denn es ist nachvollziehbar, dass solche Persönlichkeiten nicht mit jedem telefonieren können, der sie gerne zu seiner Verkäufertagung einladen würde.

Speziell bei Coaches aber sind solche Vorgespräche Pflicht. Das Ganze dauert in der Regel maximal eine halbe Stunde und dient dem persönlichen Kennenlernen. Ob ein Vorgespräch kostenpflichtig ist oder nicht, unterscheidet sich von Anbieter zu Anbieter und stellt definitiv kein Qualitätskriterium dar. Die verfügbare Zeit wirklich guter Leute ist knapp und muss daher auch bezahlt werden – das ist marktüblich. Wenn Sie ernsthaftes Interesse an einem Experten haben, sollte Ihnen ein Vorgespräch auch eine kleine Investition wert sein, um am Ende wirklich das Ergebnis zu bekommen, das Sie erwarten. Achten Sie darauf, welches Gefühl Sie beim ersten Kontakt bekommen und ob sich Ihr Gesprächspartner auch wirklich Zeit für Sie nimmt. Wichtig ist, dass er Ihnen zuhört, anstatt nur selbst dauernd zu reden, und dass er durch Rückfragen auch versucht, Sie und Ihr Anliegen zu verstehen und gut einzuschätzen.

**Misstrauen Sie der eierlegenden Wollmilchsau**

Als Brancheninsider möchte ich Ihnen dazu noch einen Zusatztipp mitgeben. Bei bekannteren Rednern werden Sie den Erstkontakt mit deren Büro beziehungsweise Management haben. Achten Sie auf den Kommunikationsstil der Assistenten und Mitarbeiter des Referenten. Oft sagt der Kundenumgang in Bezug auf Freundlichkeit und Bemühen des Managements schon einiges über die zwischenmenschliche Qualität eines Speakers aus.

### Kriterium Nr. 5: Hohes Engagement

Ein absoluter Profi wird nicht einfach nur einen Job machen. Er wird hohen Einsatz zeigen, sich für Sie oder Ihr Unternehmen aktiv interessieren und mit hoher Professionalität und Bodenständigkeit überzeugen – vielleicht sogar überraschen. Wirklich engagierte Experten erkennen Sie schon beim Erstkontakt am Telefon. Das Engagement der Mitarbeiter des Experten gibt Ihnen einen Vorgeschmack auf seines. Prüfen Sie, ob man wirklich daran interessiert ist, Ihnen weiterzuhelfen. Auch im egobetonten Rednermarkt verstehen langsam immer mehr, dass sie für ihre Kunden da sind und nicht andersherum. Das gilt übrigens auch für Referentenagenturen. Hier werden Sie als Kunde genauso schnell erkennen, ob Sie als eine Nummer von vielen durch einen Prozess durchgeschleust werden oder ob man sich Ihrer und Ihres persönlichen Anliegens wirklich annimmt. Grundsätzlich gilt: Vertrauenswürdige Profis arbeiten nicht nur Ihren Auftrag ab, sondern strengen sich für Ihren Kunden an, um die Erwartungen nicht nur zu erfüllen, sondern nach Möglichkeit sogar zu übertreffen.

### Kriterium Nr. 6: Keine Garantien

Die Aufgabe von Coaches, Trainern und Rednern ist es immer, Veränderung und persönliche Entwicklung zu initiieren. Jedoch wird Ihnen kein seriöser Anbieter das Ergebnis voraussagen oder Ihnen den sicheren Erfolg garantieren. Ganz gleich, wie hoch seine Erfolgsquote in der Vergangenheit auch sein mag: Der letztendliche Erfolg liegt nicht allein in seiner Hand, sondern ist immer ein Zusammenspiel verschiedenster Kriterien. Sollte Ihnen jemand von vornherein die Erreichung Ihres Ziels fest zusagen, ist Vorsicht geboten. Meist handelt es sich dabei nur um etwas zu viel Erfolgswille, Euphorie oder eine Prise Selbstüberschätzung. Doch in dem ein oder anderen Fall steckt auch gezielte Täuschung dahinter, bei der dem Kunden ganz bewusst Dinge versprochen werden, die man aber nicht garantieren kann. Echte Fachleute werden Ihnen niemals das Blaue vom Himmel herunter versprechen. Weniger ist hier oft mehr.

### Kriterium Nr. 7: Referenzen

Dieser Punkt ist bei Coaches zugegebenermaßen nicht immer ganz einfach. Einerseits sind Referenzen etwas, was man als Interessent erwarten sollte, andererseits wollen viele Leute nicht zugeben, die Hilfe eines Coaches in Anspruch genommen zu haben, da dies leider bisweilen als Schwäche angesehen wird. Aus diesem Grund möchte ich diesen Punkt nur auf Trainer und Redner beschränken, da auch wirklich gute Coaches aus Diskretionsgründen manchmal nur wenige Referenzen vorweisen können.

Falls Sie einen Speaker oder Seminaranbieter suchen, sehen Sie sich die Art der Referenzen unbedingt genau an. Hier gibt es massive Qualitätsunterschiede, die einiges über die Seriosität aussagen können. Ausschließlich Logos oder Namen von Unternehmen anzugeben, für die man angeblich schon gearbeitet hat, ist wenig aussagekräftig. Häufig sieht man auch mehrzeilige Lobeshymnen auf den Experten, die dann von Geschäftsführerin Petra F. aus K. unterschrieben wurden. Ganz ehrlich: So was hat einen Scharlatanfaktor von nahezu 100 Prozent. Nehmen Sie solche »Kundenstimmen« keinesfalls ernst, denn die kann man sich auch selbst schreiben. Aus meiner Sicht haben Referenzen nur dann eine echte Aussagekraft, wenn der Referenzgeber komplett transparent ist. Ich selbst mache dies auf meiner Website so konsequent wie möglich: Unter dem Referenztext steht immer der volle Vor- und Nachname des Kunden. Außerdem nenne ich seinen Arbeitgeber und seine Position im Unternehmen beziehungsweise seine eigene Firma. Auf Wunsch vermittelt mein Büro ernsthaften Interessenten auch einen direkten Kontakt zum Referenzgeber, um bei Bedarf ein persönliches Feedback von ihm erhalten zu können. So etwas ist transparent und ein ehrlicher Qualitätsnachweis. Alles andere ist reine Show oder sogar Täuschung.

**Einer Referenz von »Petra F. aus K.« sollten Sie nicht glauben**

Der absolute Gipfel der Unseriosität ist für mich, wenn Coaches, Trainer oder Rednerkollegen auf ihrer Website eine ganze Litanei an angeblichen Auszeichnungen von Verbänden oder Portalen präsentieren, die den Anschein erwecken soll, für besondere Leistungen gewürdigt worden zu sein. Bei so etwas schwillt mir wirklich der Kamm! Ein Mitglied der German Speakers Association (GSA) beziehungsweise der Global Speakers Federation (GSF) zu sein, im *Deutschen Rednerlexikon* zu stehen, zu den Top-100-Speakern / Trainern einer Agentur zu gehören, in der Best-of-Liste bei Semigator zu stehen oder Mitglied im Deutschen Verband für Coaching und Training (dvct) zu sein, sind alles keine Auszeichnungen! So eine Darstellung wählen nur Leute, die damit entweder ihr Ego streicheln wollen oder ansonsten einfach keine Referenzen vorzuweisen haben. Oft ist beides der Fall.

Es gibt aber durchaus auch echte Auszeichnungen für wirklich verdiente Persönlichkeiten. Mein Kollege Martin Limbeck ist dafür ein gutes Beispiel, er war unter anderem Mitglied am »Million Dollar Table« der GSA, wurde schon von verschiedenen Weiterbildungsmagazinen und Verbänden als Trainer des Jahres ausgezeichnet und erhielt den CONGA-AWARD. Die vielleicht höchste echte Auszeichnung ist die Aufnahme in die »Hall of Fame« des offiziellen deutschen Rednerverbandes, der German Speakers Association (GSA). Dort werden in der Tat von Zeit zu Zeit einzelne besondere Persönlichkeiten aufgenommen, die außergewöhnliche Lebensleistungen in ihrem Beruf vollbracht haben. In der Hall of Fame zu sein, ist wirklich ein Ritterschlag, was man auch an den Namen erkennen kann, denen diese Ehre bislang zuteil wurde. Unter den Ehrenträgern sind beispielsweise Leute wie Rüdiger Nehberg, Ulrich Wickert, Dr. Florian Langenscheidt, Reinhold Messner oder Prof. Dr. Lothar Seiwert. Doch so gut wie alle anderen »Auszeichnungen« können Sie getrost vergessen. Die Wahrheit ist nämlich, dass man diese schlicht und einfach erhält, indem man sich in die entsprechenden Portale und Organisationen einkauft. Man bezahlt Jahr für Jahr einen saftigen Mitgliedsbeitrag, wofür man im Gegenzug das Recht erhält, das Logo als »Qualitätssiegel« für Marketingzwecke nutzen zu dürfen. Dafür muss man nichts erreicht haben, nichts können, nichts ernsthaft nachweisen, sondern einfach nur bezahlen! Lassen Sie sich von derartigen Auflistungen an »Auszeichnungen« also nicht beeindrucken. Seien Sie lieber kritisch und machen Sie sich mal den Spaß, bei den betreffenden »Experten« direkt nachzufragen, woher er diese Auszeichnung hat und was er dafür leisten musste. Da kann ich Ihnen schon jetzt interessante Reaktionen und Antworten versprechen.

### Kriterium Nr. 8: Kosten

Weder bei Coaches noch bei Trainern oder Referenten ist ein hoher Preis ein sicheres Kriterium für Qualität. Dafür ist allerdings ein sehr niedriger Preis ein Indiz dafür, dass eine gewisse Skepsis angebracht ist. Seien Sie vorsichtig, wenn Sie zu günstige Angebote bekommen. Mit »zu günstig« meine ich hier konkret Honorarsätze, die beim Coaching unter 100 Euro pro Stunde liegen. Gut ausgebildete Proficoaches kosten für 60 Minuten mindestens 150 Euro und bewegen sich eher meist zwischen 200 und 400 Euro. Bei sehr erfahrenen oder bekannteren Leuten sind natürlich auch deutlich höhere Preise möglich. Im Trainermarkt sind qualitativ gute Leute unter 1000 Euro am Tag nicht zu haben. Manche Spezialisten können auch bei 2500 Euro oder darüber liegen. Bei Trainingsanbietern, die unter 1000 Euro für ihre Dienstleistung aufrufen, würde ich Ihnen dringend empfehlen, sehr genau zu prüfen, woher der günstige Preis kommt und ob Sie wirklich die Qualität erhalten werden, die Sie suchen. Der Berufsverband für Trainer, Berater und Coaches (BDVT) hat im Jahr 2012 eine klare Honorarempfehlung herausgegeben, der zufolge der Tagessatz eines professionellen Trainers bei mindestens 1000 Euro lag. Ich möchte nicht unerwähnt lassen, dass diese Preisangaben für Themenbereiche wie Motivation, Kommunikation, Vertrieb, Präsentation oder Management gelten. Trainer, die sich im EDV-Bereich bewegen und zum Beispiel Excel-Schulungen oder Ähnliches anbieten, liegen preislich durchaus auch mal nur bei ein paar Hundert Euro am Tag.

Das Honorar eines professionellen Redners liegt, wie bereits erwähnt, bei mindestens 3000 Euro für einen Vortrag. Profis bewegen sich zwischen 4000 und 7000 Euro, zuzüglich Spesen und Reisekosten. Honorare von 10 000 Euro und mehr werden fällig, wenn es sich um prominente oder äußerst erfahrene Referenten handelt.

Interessant ist nun, dass in der Honorarstudie der *managerSeminare* rund 75 Prozent aller Speaker lediglich bei einem Vortragssatz von 2000 Euro und weniger lagen. Dies rührt daher, dass diese Anbieter zumeist keine wirklichen Profiredner sind, sondern als Trainer oder Coach »nebenbei« auch noch ins Vortragsgeschäft einsteigen wollen. Viele bezeichnen sich recht schnell als »Keynote-Speaker«, ohne zu wissen, was eine echte Keynote ausmacht. Das Ganze ist meist der Versuch, sich ein zweites finanzielles Standbein aufzubauen, da der Trainings- und Coachingmarkt stark überlaufen ist. Dazu meine klare Empfehlung: Wenn Sie einen echten Profiredner suchen, der das Publikum mit seinem Vortrag wirklich begeistern kann, anstatt nur zu informieren, dann buchen Sie einen hauptberuflichen Profireferenten und investieren Sie den höheren Betrag dafür. Sie sparen mit einem günstigen zweitklassigen Anbieter am falschen Ende. Professionelle Speaker bieten klare Qualitätsvorteile. Erinnern Sie sich: Es geht weniger darum, was gesagt wird, als darum, wie intensiv die Botschaften in die Herzen der Zuhörer kommen und dabei emotionale Erinnerungswerte schaffen. Diese Fähigkeit erlernt man nicht nebenbei. Wenn Sie das höhere Budget für einen Topreferenten nicht zur Verfügung haben, dann lassen Sie das Ganze lieber bleiben und verzichten Sie auf den Vortrag. Das ist immer noch besser, als sich mit mittelmäßigen Low-Budget-Referenten mehr schlecht als recht durchzumogeln.

### *Kriterium Nr. 9: Abgrenzung*

Dieser letzte Punkt ist mir einer der wichtigsten: Ein seriöser Coach setzt klare Grenzen, wofür er steht und an welchen Themen er arbeitet. Für Trainer und Speaker gilt im Grunde Ähnliches. Es gibt Auftraggeber, die Wünsche und Erwartungen äußern, die weder erfüllbar noch sinnvoll sind. Es geht mir hierbei jetzt nicht nur um eine inhaltliche Abgrenzung (siehe dazu Punkt 3, Spezialisierung), sondern auch um eine ethisch-moralische. Ganz unabhängig davon, dass ich persönlich es wichtig finde, sich von jeglicher Art sektenähnlicher Gruppierungen öffentlich klar zu distanzieren, müssen sich gerade auch Coaches vom Kompetenzbereich eines Psychologen und Psychotherapeuten abgrenzen. Ich habe schon häufiger beobachtet, dass sich manche Coaches und Seminarleiter an Themen heranwagen, die definitiv ausschließlich in den Kompetenzbereich eines Therapeuten gehören. Von starken Traumatisierungen, Süchten oder schweren familiären Konflikten hat man einfach die Finger zu lassen, wenn man nicht speziell dafür ausgebildet wurde, Punkt! Life-Coaching ist eine gute Sache, aber es ist keine Therapie. Dass solche Angebote ausschließlich an gesunde Menschen gerichtet werden dürfen, versteht sich von selbst – und entspricht zudem geltendem Recht.

Wenn ich mitbekomme, an welchen Lebensproblemen so manche Coaches und Bühnengurus bei ihren Kunden herumdoktern, ohne dafür die entsprechenden medizinischen oder psychotherapeutischen Qualifikationen zu besitzen, dann schüttelt es mich. Wer behauptet, er könne in 15 Minuten Phobien heilen oder Betroffene in ein paar Seminarstunden von ihren Depressionen befreien, der gehört dafür hart bestraft. Das wäre ungefähr so, als ob ein Apotheker versprechen würde, Magengeschwüre zu heilen. Damit ist wirklich nicht zu spaßen! Seriöse Profis wissen, wo ihre Kompetenzen liegen, aber auch, wo sie enden. Achten Sie daher unbedingt darauf, ob Ihr Experte auch wirklich über entsprechende Kompetenzen verfügt oder ob er in Themenbereiche eingreift, für die ihm die Kompetenzen fehlen. Steckt er den Rahmen ab, in dem er Sie unterstützen kann, oder stellt er sich als Alleskönner dar? Ein seriöser Anbieter wird Sie an gute Fachleute oder entsprechende Stellen verweisen, wenn es um Problemstellungen außerhalb seines Wirkungskreises geht.

Natürlich gibt es keine vollständige Garantie, dass Anbieter, die viele oder sogar alle dieser neun Bewertungskriterien erfüllen, immer absolut empfehlenswerte und ehrliche Vollprofis sind. Leistungs- und Qualitätsschwankungen gibt es trotz allem. Auch rein menschlich passt nicht jeder Anbieter zu jedem Kunden, ganz gleich, wie professionell er seinen Beruf betreibt. Die Wahrscheinlichkeit, dass Sie eine gute Wahl treffen, ist auf dieser Basis jedenfalls deutlich höher, da viele Schauspieler und Schwindler durch das Raster fallen. Aus zahlreichen Kundengesprächen der letzten Jahre habe ich gelernt, dass die meisten Leuten ihre Entscheidung für einen Experten letztendlich nach ihrem Gefühl treffen. Das ist sicherlich kein verkehrter Weg, aber achten Sie dennoch auch darauf, dass die grundsätzlichen Voraussetzungen stimmen.

# DANKE

Es gibt unendlich viele Menschen, die einen Dank an dieser Stelle verdient hätten. Personen, die mich geprägt und immer zu 100 Prozent unterstützt haben, wie meine Eltern oder meine Freundin Sabrina. Auch tolle Fachleute, die seit Jahren ihr Wissen mit mir teilen und von denen ich viel lernen durfte. Natürlich auch meine Kunden aus der Welt des Sports, aus dem Schulwesen und der Wirtschaft, durch deren Vertrauen ich so viele wertvolle Erfahrungen sammeln konnte, die dieses Buch überhaupt erst möglich gemacht haben. Alle Namen aufzuzählen, ist unmöglich. Daher beschränke ich mich nun auf den kleinen Kreis derer, die den größten direkten Anteil an der Umsetzung dieses Buch, meiner Herzensangelegenheit, haben.

Zunächst danke ich ganz herzlich dem GABAL Verlag und hier speziell Ute Flockenhaus für ihr großes Vertrauen in mich und diese Buchidee. Liebe Ute, Dein Engagement und Dein sympathisches Wesen haben mich begeistert!

Weiterhin danke ich meiner PR-Managerin Bettina Klevers von der Agentur PS:PR für ihre großartige Unterstützung. Ohne Dich wäre dieses Buch so nicht entstanden. Du warst eine tolle, geduldige und engagierte »Hebamme« für dieses »Baby«.

Ich danke meinem Mitarbeiterteam, allen voran Susanne Groth, für die vielen Gespräche, Hinweise, Diskussionen, Kritiken, Ideen und Bestärkungen zu Inhalten und Aussagen dieses Buches.

Ich danke Thomas und Alexander Huber ganz herzlich für ihr Vorwort. Die Beteiligung zwei solch außergewöhnlicher Persönlichkeiten an meinem Buch bedeutet mir viel. Denn kaum jemand weiß besser, was es bedeutet, sich hoch motiviert am Limit zu bewegen.

Am allermeisten aber bedanke ich mich bei Ihnen, liebe Leserinnen und Leser. Für Ihr Interesse und Ihre Offenheit, so manch bekanntes Thema aus einer neuen Perspektive zu betrachten. Sie haben mir das wertvollste Geschenk gemacht, das es für einen Menschen geben kann: echte Aufmerksamkeit. Ich hoffe, wir lernen uns eines Tages persönlich kennen.

*Steffen Kirchner*

# Register

10 000-Stunden-Regel  185–187

**A**

Aktionsorientierung  198 f., 202,
   207 f., 210
Anerkennung  155–157
Anerkennungsstreben
   265–267
Angst  89, 155, 158 f., 161,
   164–166, 285
*Arambasic, Kristian*  208
Arbeit  168, 170 f., 174–181,
   184, 299–304, 306, 308–313,
   316–318, 320–322, 324–329,
   331
   – Arbeitszufriedenheit  315
   – Definition  320
   – Ergebnisse  321
   – Motivationsfaktoren  325 f.,
     328–331
Arbeitgeberattraktivität  310 f.
*Ardey, Isa*  178 f.
*Ariely, Dan*  287
*Armstrong, Lance*  106
Armut  291
*Ashe, Arthur*  126
*Aslin, Richard*  50
*Astaire, Fred*  136
AstroTV  54 f.
Audi  80
Aufgeben  235, 246–252
   – Entscheidungsfindung  247
Aufmerksamkeit  331

Auszeiten  191
Autofahren  195
Automatismen  90 f., 181, 188

**B**

*Bach, Richard*  136
*Bandelow, Borwin*  159
*Barth, Mario*  339
*Beckham, David*  339
Bedürfnispyramide  73 f.
*Beethoven, Ludwig van*  136
Begabung  185
Begeisterung  183, 188
Belastungsreiz  300
Belohnungen  110 f., 126, 220,
   257–259, 263 f.
   – Belohnungserwartung
     110
Berufsverband für Trainer, Berater
   und Coaches (BDVT)  393
Berufswahl  320 f., 334 f., 337,
   341–343
Bestrafung  109–111, 258
Beziehung  113, 116, 269–272,
   274, 276
Bildzeitung  92
*Blackwood, Peter*  258 f.
BMW  80
*Bolt, Usain*  340
*Brand, Russell*  222
*Brecht, Bertolt*  320
Buchmarkt  54

## C

»*Cast Away*« 298

*Chamorro-Premuzic, Tomas* 292

Charakterzüge 95

*Churchill, Winston* 136

Coaches 373 f., 378, 382 – 384, 387 – 390, 392 f.
– Aufgaben 373
– Bewertungskriterien 384 f., 387 – 389, 391, 393 f.
– Honorare 380, 393

Coaching 53, 56, 323, 383

*Connors, Jimmy* 142

*Conran, Terence* 131

*Correll, Werner* 74

## D

Defizitorientierung *siehe:* Schwächenorientierung

Demotivierung 112 f.

*Disney, Roy E.* 105

*Disney, Walt* 137

Disziplin 171, 173 f., 179, 181 – 183, 186, 188

Dominanzstreben 293 f.

Dominanzsystem 78 f., 260 f.

*Dorniden, Heather* 197 f., 210

*Dunbar, Robin* 347

Durchhaltevermögen 234 – 241, 245, 252

## E

*Eaton, Ashton* 340 f.

Eifersucht 78

Eigenverantwortung 95, 153, 165, 262, 300, 328

Einkommen 219 f., 283, 289, 292, 294

Einsatz *siehe:* Engagement

*Einstein, Albert* 137

*Elger, Christian* 286, 294

*Ellington, Charles* 47

*Emerson, Ralph Waldo* 363

Emotionen 75 – 78, 205
– Definition 75 f.

Emotionssysteme 78 – 82, 98, 326

Energie 91 f., 100, 104, 250, 319, 321

Engagement 171, 174, 211, 273, 316, 389

Erfahrungen 34

Erfolg 25, 34, 103, 132 – 139, 141, 143 f., 146, 180 – 182, 185 f., 188, 190, 217, 221, 224, 232, 324, 331 – 333, 336, 341 f., 352
– Definition 25
– durch Übung 185 – 188
– Erfolgsfaktoren 180 f., 186, 188, 190, 333
– Erfolgsgeschichten 235
– Erfolgsprämien 110
– kurzfristig bzw. langfristig 141

Erfüllung 25, 95, 103, 139, 170, 173, 181, 216, 223 f., 232, 292, 308, 313 f., 317, 323
– im Beruf 326, 341, 342

Erfüllungsmelancholie 221

Ergebnisorientierung 207, 209

Erholung 321

Erziehung 42, 98, 108 f., 112, 273

Esoterik 53 – 55, 59 f.

*Evans, Jeffrey* 66

Evolution 70
Expertenstatus 339 f.

**F**
Facebook 27
*Falk, Armin* 285, 294
*Federer, Roger* 106
Fehler 34, 345
Fish-Philosophie *siehe:*
  Pike-Place-Fischmarkt
Flow 331
Fokussierung 192, 194 f.,
  204 f.
*Ford, Henry* 137
*Frankl, Viktor* 104
Freizeit 303, 310, 312 f.
Fremdbestimmung 262
Freude 325, 342
*Fromm, Erich* 330
Fun Theory 329
Furcht *siehe:* Angst

**G**
Gallup Institut 352
*Gansser, Oliver* 311
Garantien 390
*Gates, Bill* 185
Gefühle 75–77, 96, 138, 205
Gehalt 283, 292, 297
Gehaltserhöhung 219 f., 263, 289
Gehirnforschung 129–131, 284
Gehirnwäsche 239 f.
Geld 219 f., 264, 278–296
  – und Emotionssysteme 293
  – und Lebenserwartung 290 f.
  – Verlust 287
*Geller, Uri* 23, 56–58

German Speakers Association
  (GSA) 391
Gestaltbarkeit 316
Gewohnheiten 181, 188 f.
Gewöhnungseffekt 110, 220
Gier 285
Glaubenssätze 146, 169
Glück 88 f., 98, 135, 170, 214,
  217–219, 225–232, 313, 317
  – Glückshormone 227
  – zeitliche Beschränkung
  229
*Goodin, Robert* 246
Gorilla 204
Grenzen *siehe:* Leistungsgrenzen
Grundbedürfnisse, emotionale 68,
  72, 74, 77–80, 82, 326
*Grusec, Joan* 266

**H**
*Hagemann, Tim* 317
*Hambüchen, Fabian* 357
*Handy, Charles B.* 241
*Hanks, Tom* 298
»*Hans im Glück*« 229–231
Härte 173 f., 186, 188
*Häusel, Hans-Georg* 77
Heilungsschmerz 140 f.
*Herberger, Sepp* 271
*Herzberg, Frederick* 279
*Hesse, Hermann* 241
*Hinrich, Manfred* 321
*Hitzfeld, Ottmar* 43
Hobby 334 f., 338
Höchstleistung 188
*Hoffman, Dustin* 361
Homo oeconomicus 285

Huber, Thomas und Alexander   9, 133,
   145, 221, 348
Hugendubel, Heinrich   54
Hummel-Lüge   46 f.
Hutchinson, Victor   241
Hüther, Gerald   87, 130, 194
Hüther, Michael   314

**I**

Identifikation   316–318
Illusion   235
Inselbegabungen   362
Inspiration   29, 40, 190, 371 f.

**J**

Jasilionis, Domantas   291
Jobelius, Sebastian   299
Jobs, Steve   363
John, Elton   158
Johnson, Samuel   150
Jordan, Michael   227
Judge, Tim   292

**K**

Kahneman, Daniel   219, 289
Kahn, Oliver   138 f., 175–177, 237
Kelly, Joey   40
Keynote-Speaker   393
Keynote-Vortrag   372
Kibele, Eva   291
Kidd, Celeste   50 f.
Kino   97
Klopp, Jürgen   43, 148, 307
Kommunikation   272
Kompetenzen   333, 336, 342
Konditionierung   130–132
Können   120

Konzentration *siehe:*   Fokussierung
Koreakrieg   239 f.
Krampe, Ralf   186
Kreislauf des Lebens   93–95
Kroos, Toni   206
Küchenschaben-Experiment   193
Kündigung, innere   113
Kunst   72

**L**

Lally, Phillippa   189
Lästern   347
Lau, Christoph   219
Lebensenergie   38 f.
Lebenserwartung   291
Lebenshilfebranche   53–55, 59, 152
Lebensmotive   37, 39, 111–113,
   120
Lebensorientierung   29
Lebensqualität   88
Leidenschaft   183, 186
Leistungsfreude   322, 331
Leistungsgrenzen   171–173
Levitin, Daniel   185, 188
Limbeck, Martin   392
Limbic-Ansatz   77 f.
Linden Lab   27
Loben   148, 257, 259, 262,
   264–270
   – im Übermaß   262, 267
   – negative Wirkungen   266–268
Logau, Friedrich von   173
Loslassen   237, 239, 241, 244, 249,
   251 f.
Lottomillionäre   219
Lyubomirsky, Sonja   217

## M

Magath, Felix 42
Magnetresonanztomografie 284
Manipulation 42, 44
Mann, Thomas 314
ManpowerGroup 325
Marshmallow-Test 48–51
Maslow, Abraham 73 f.
Meisterschaftsprämien 111
Memmert, Daniel 204
Mentalisten 23, 56
Mercedes 81
Messi, Lionel 157
Messner, Reinhold 223
Meyer, David 66
Mischel, Walter 48
Misserfolg 136–138, 142, 147, 166, 224, 226, 229, 232, 332
Mitarbeiterentwicklung 343
Mitarbeiterführung 107, 122, 233, 307, 352
Mitarbeitermotivation 62–64, 113, 116, 122–125, 257, 277, 292, 297, 325, 327
Mohr, Bärbel 60
Möhren-Philosophie 263
Moss, Kate 158
Motivation
 – Definition 36, 77
 – Ziel 44
Motivationsbranche 59, 372, 375
 – Vorurteile 375
Motivationsjunkie 262, 264
Motivationskunst
 – Definition 72
Motivationstrainer 37
Motivator-Hygiene-Theorie 279

Motivierung von außen 109, 111–113, 115 f., 122, 124, 127, 257, 259, 262 f., 269, 274 f., 289
 – Übermaß 125 f.
Multitasking 65 f.

## N

Nachrichtensendungen 346
Nadal, Rafael 353 f.
Nehberg, Rüdiger 40 f.
Neuroforschung 90
Niederlande 88
Nowitzki, Dirk 357
Nutzenmaximierung 286

## O

Orientierung 55
 – mentale 205 f., 208 f.
O'Shea, John 206
Oxytocin 27

## P

Partnerschaft 153
Pattinson, Robert 157
Perfektionismus 265
Periodisierung 177, 186
Persönlichkeitsmerkmale 97
Phrasen 30–34, 89, 217
Pike-Place-Fischmarkt 326, 328–331
Pink 158
Polarität 133 f., 221, 229, 364
Pöppel, Ernst 65 f.
Positive Psychologie 60
Positives Denken 33, 47 f., 85, 88–90, 97, 102 f., 145
Prämien 261–264

Priddat, Birger 286
Probleme 30 f., 34, 145, 226
Prokrastination 49
Pyrrhussieg 245

Q
Qualifikationen 181
Questico 54

R
»Rain Man« 361 f.
Randi, James 57
Ratelband, Emil 21 f.
Redner siehe: Speaker
Referenzen 390
Reframing 361 f.
Reiss-Profile 117–119
Reiss, Steven 35, 117, 265
Reize 329
Rettig, Daniel 50
Rilke, Rainer Maria 175
Risiken 145
Rohn, Jim 146
Rotstiftblick 344–346
Rückschläge 140–142

S
Sabella, Alejandro 157
Sahin, Nuri 148
Salutogenese 315
Savant-Syndrom 361
Scheitern 137, 225
Schiffer, Claudia 158
Schmerz 237–240, 247, 252, 300
Schopenhauer, Arthur 35
Schule 129, 345

Schwächen 152, 347–366
– Kategorien 356–360
– Reframing 361, 363 f., 367
Schwächenorientierung
345–347
Schwarzenegger, Arnold 158, 289
Schweizer, Jochen 80
Selbstbewusstsein 150–166
Selbstdisziplin 40, 177
Siehe auch: Disziplin
Selbstkontrolle 173
Selbstprogrammierung 132
Selbstwirksamkeit 135, 155, 166
Seminare 373
SG Aumund-Vegesack 208
Shakespeare, William 321
Shkolnikov, Vladimir 291
Sicherheitsbedürfnis 154
Sicherheitsstreben 293, 295
Sicherheitssystem 80
Sieg 245
Sinn 26 f., 29, 313 f., 316, 323
Snyder, Allan 90
Sozialsystem 81 f.
Spaß 320–327, 331–333, 342
Spaßgesellschaft 26
Speaker 371 f., 375, 378, 380,
383 f., 387–391, 393
– Aufgaben 371 f.
– Bewertungskriterien 384–394
– Honorare 380, 393
Spezialisierung 388
Spezialist 341
Siehe auch: Expertenstatus
Sprenger, Reinhard K. 115–117
Stärken 69–71, 87, 153, 155,
159, 162, 166, 178, 333, 336,

343–348, 352, 354–356,
359–367
– sekundäre  356
Stärkenorientierung  352 f.
*Steiner, Matthias*  31
*Stein, Gertrude*  289
*Sterne, Laurence*  302
Stimulanzsystem  79 f.
Strafen  263
Streben nach Konsistenz  268
Stress  178, 300, 309, 315, 321
Stuhl-Levitation  58

**T**

Talente  87, 108, 181, 183, 186,
333 f., 336, 342 f., 352
– Kriterien  336
TARGET  41
*Tesch-Römer, Clemens*  186
Thank-God-it's-Friday-
Mentalität  304–307
Timing  192, 200 f., 247
Trainer  372 f., 378 f., 383 f., 387 f.,
390–394
– Aufgaben  372
– Bewertungskriterien  384 f.,
387 f., 390 f., 393 f.
– Honorare  379, 393
– Vorurteile gegen  375 f.,
378 f.
Treppen-Klavier  329
Tschakka  21
Tunnelblick  195, 205

**U**

Umdeutung *siehe:* Reframing
Unaufmerksamkeitsblindheit  204

Unsicherheit  154–162, 166
Unterbewusstsein  90–92, 96 f.,
101, 104
Unterhaltungsfaktor  375

**V**

Veränderungen  32 f., 79, 99 f., 102,
106
Veränderungsschmerz  240
Verantwortung *siehe:*  Eigen-
verantwortung
Verbundenheit  27, 271
Verhaltensänderung  189
Verständigung *siehe:*  Kommu-
nikation
Verstehbarkeit  315
Vision  181, 183 f., 186
Volition *siehe:*  Willenskraft
Vorgespräche  388

**W**

Wachstum  135, 137, 139, 159, 178,
224, 226
Wahlfreiheit  328
Wahrnehmung, selektive  194, 196,
204
*Walras, Léon*  285
*Watson, Thomas*  137
Weiterentwicklung  366
*Wenzel, Eike*  54
Werte  25, 29, 103, 105 f., 210 f.,
216
Wettbewerb  123, 264
Willenskraft  34–40
*Williams, Robbie*  158, 363
*Winfrey, Oprah*  61
Wohlfühlindustrie  301

Work-Life-Balance 299–303, 306,
310–312
*Wrosch, Carsten* 246

**Z**
Ziele 25 f., 105 f., 172, 177,
181, 184, 192, 194–197, 199,
200–205, 210–213, 221–223,
225, 227, 248 f.
– am Ziel angekommen
222–224
– große 227
– konkrete 213
– überprüfen 248 f.
– Zielerreichung 216
– Zielorientierung 192–203,
205, 210
– Zielvereinbarungsgespräche
107
*Ziglar, Zig* 62
Zwei-Faktoren-Theorie 279
Zweifel 154

# Über den Autor

**Steffen Kirchner** (Jahrgang 1981) ist Coach im Spitzensport, TV-Experte bei SKY und beim ZDF, Kolumnist beim FOCUS und Vortragsredner zu den Themen Motivation, Leistungsfreude und Mitarbeiterführung. Zu seinen Kunden zählen Unternehmen wie Adidas, Audi, Siemens, VW und ThyssenKrupp. Unter den Mentaltrainern ist Steffen Kirchner einzigartig, denn er besitzt nicht nur fundiertes theoretisches Fachwissen, sondern auch eigene praktische Erfahrungen auf allen drei Ebenen des Hochleistungssports: als aktiver Leistungssportler, als Manager und als Coach. Neben zahlreichen Vorträgen in Unternehmen arbeitet Steffen Kirchner mit vielen Profisportklubs und Topathleten zusammen – sowohl im deutschsprachigen Raum als auch auf internationaler Ebene. So betreute er als Mentaltrainer u. a. die Tennisspielerin Sabine Lisicki, Profis aus der Fußball-, Eishockey- und Volleyball-Bundesliga und die Deutsche Turner-Nationalmannschaft um Fabian Hambüchen und Marcel Nguyen bei den Olympischen Spielen 2012 in London. Privat spielt Steffen Kirchner bis heute in der Tennis-Bundesliga (Herren 30).